Inseln und Meere

Gloria Meynen

Inseln und Meere

Zur
Geschichte und Geografie
fluider Grenzen

 Matthes & Seitz Berlin

Inhaltsverzeichnis

Vorwort 8

Inseln, Meere

1 Die Erfindung ähnlicher Welten 14
  Mobile Inseln 26
  Synthetische Fakten 32
  Mögliche Welten 46
  Andere Welten 51
  »Keine zwei Dinge gleichen einander« 70
  Gleiche Orte, parallele Welten 74

2 Eine Reise ins »Innere zweier Continente« 84
  Die Entdeckung der Meere 85
  Eine Wissenschaft der Wechselwirkungen 91
  Vom Inselberg zum Naturganzen 94
  Welt im Profil 119
  Auf der Suche nach dem großen Ganzen 146
  »Das Meer will ans Land« 153

3 **Nichts als heiße Luft** 160
  »Die Luft gleichsam als Meer betrachtet« 161
  Die Analogie der Meere: Das Barometer als Gleichmacher 170
  Land – Wasser – Luft: Die Mechanik der Kreisläufe 177
  »Communication«, eine Sprache der Wechsel- und
     Fernwirkungen 183

Die Natur ist ein Brennkessel 190
Luftmeer und Dampfmaschine: Das Psychrometer 194
Zu einigen Techniken der Generalisierung am Beispiel
   der Schneehöhe 200

Science, Fiction

4 **Eine zirkuläre Reise auf der geraden Linie** 212
   Die Abenteuer der geraden Linie 213
   Die Nivellierung der Schienenwege 215
   Die Glättung der Seewege 221
   »Ein mathematisch exakter Menschenschlag« 226
   Der Nabel der Welt 236
   »... round and round« 238

5 **Die Mysterien der Dampfmaschine** 248
   Initiation nach Fahrplan 252
   Narrationen der Schwelle 258
   »Driving me backwards« 266
   »Beweglich im beweglichen Element« 273
   Lunge oder Kiemen? 281
   Ein Tier, das herumtappt, sich wiederholt und verirrt:
      Die Kulturtechniken der Abweichung 287
   Von Wasser- und Meeresmenschen 293
   Wie man die Initiation auf Dauer stellt 301

6 **Nicht Fisch, nicht Land: Grenzfälle des Wissens** 308
   Eine nomadische Klippe 309
   Ein Tier, das auf der Schwelle lebt 311
   Mensch oder Wal? 320
   Zwei sind einer zu viel 327

7 Das Leben schreiben 336
   Out of the Closet 343
   Unterwegs im Grenzland der Vieldeutigkeiten 353
   Eine neue Wissenschaft vom Leben 364
   Die Evolution im Wasserglas 368
   »Tatsächlich! Fische!« 371
   Das Leben ist eine Projektion 377
   Ohne Ende 390

   Nachwort 397
   Literaturverzeichnis 400
   Anmerkungen 455
   Bildquellen 499

Vorwort

An der Schwelle zum 20. Jahrhundert blickt Herbert George Wells noch einmal zurück: »Die Wiederholung des Gleichen verschwindet überall. Je schärfer die Wahrnehmung und Analyse, desto sichtbarer wird das Einzigartige«.[1] Seine Diagnose beruht auf einem Paradox. Wells' Jahrhundert erfindet das Fließband, den Film und den Revolver. Die Industrialisierung produziert die Serie und die Wiederholung. Der Plural entsteht in Massen, zur gleichen Zeit kehrt dagegen in den empirischen Wissenschaften die Einzigartigkeit mit der massenhaften Herstellung von Zahlen, Tabellen und Reihen zurück. »Jeder seriöse Chemiker [...] wird zugeben, dass die elaboriertesten und genauesten Wasseranalysen auf gebrochenen oder schwankenden Messwerten beruhen«.[2] Messungen lassen sich auch unter Laborbedingungen nicht reproduzieren:

> Schneekristalle sind etwa rein äußerlich identisch. Legt man sie aber unter ein Mikrometer, Mikroskop oder einen Polarisator und unterzieht sie mikrochemischen Tests, stellt man fest, dass sie weder in ihrer Größe noch in Form, Irregularität [...] einander gleichen.[3]

Singularitäten entstehen mit den immer präziser arbeitenden Messgeräten. Erst die Beschreibung und quantitative Analyse überführen die Rohdaten in ein Gesetz und eine Aussage. Ihre Übersetzung in wissenschaftliche Narrationen vertraut der Einheit von Experiment und Analyse. Wells lenkt dagegen die Aufmerksamkeit auf die Verfahren der Trennung, Reinigung und Verdichtung, mit denen Wissenschaftler aus den Rohdaten die Generalisierungen ihrer

Erzählungen gewinnen. Er unterscheidet zwischen »theoretischen und experimentellen Ergebnissen«. Die Homogenität entspringe lediglich einem »Laboreuphemismus«.[4] Denn Theorieerzählung und Messergebnisse folgen unterschiedlichen Erkenntnisinteressen. Die Theoretiker selektieren, konjizieren und nivellieren. Sie interpretieren die Abweichungen als »Messfehler« und werden von dem Optimismus getragen, dass man alle Messungen auf ein Gesetz oder einen Ursprung zurückführen kann, den jede Messung unaufhörlich wiederholt und bestätigt. Die Praktiker meinen dagegen zu wissen, dass die Gesamtheit der Messungen sich nur gewaltvoll bündeln lässt. Die Abstraktion vertraut dem Plural und der Wiederholung des Gleichen. Die Praktiker verweisen indes hartnäckig auf die Singularität ihrer Messungen und finden in der Abweichung eine irreduzible Vielfalt. Die Theoretiker zielen auf die Generalisierung. Jedes Datum wollen sie verallgemeinern oder zumindest den Widerstand gegen ein Gesetz und jede Einheit systematisieren. Den Praktikern wird dagegen die Generalisierung zum Problem. Jede Messung und Beschreibung ist notwendig diskret. Wie kann man also verallgemeinern, was sich fortwährend verändert – wie beschreiben, was sich der Wiederholung entzieht?

Meine Überlegungen folgen einem langen Gespräch, das so oder ähnlich zwischen einem Theoretiker und einem Praktiker stattgefunden haben könnte. Sie sezieren das Verhältnis von Daten, Analyse und Narration, räsonieren über den Zusammenhang von Empirie, Beschreibung und Theorie, diskutieren die wechselhafte Beziehung zwischen Wissenschaft und Fiktion. Wie entsteht aus der Singularität der Messungen eine Erzählung? Wie wird der glatte Raum der Erzählung aus disparaten Daten hergestellt? Welche Fiktionen, Metaphern und Modelle liegen den wissenschaftlichen Verallgemeinerungen zugrunde? Dieses Buch handelt von dem gleißenden Augenblick der ersten Übersetzung. Es lenkt den Blick auf eine Schwelle, die meist kunstvoll verborgen, selten beschrieben, doch immer überschritten wird. Wie werden Beobachtungen zu

Zahlen, Daten zu wissenschaftlichen Erzählungen? Wie entstehen überhaupt Beispiele oder wissenschaftliche Aussagen?

Viele Anfangs- und Ursprungserzählungen besitzen einen performativen Widerspruch. Sie unterliegen dem narratologischen »Dilemma, *innerhalb* einer Geschichte erzählen zu müssen, wie die Erzählung dieser Geschichte begann«.[5] Wie kann man also erzählen – wie den Prozess einer magischen Aufladung festhalten? Eine Geschichte der ersten Übersetzung kann nur nachträglich geschrieben werden.[6] Man muss die Schwelle überschritten haben, um über sie schreiben zu können. Ich will darum nicht Anfänge, sondern Übertragungen untersuchen. Den Echos, Interferenzen und Rückkopplungen nähere ich mich erstens von der Seite der Wissenschaft und, zweitens, von der Seite der Literatur. Der erste Teil *Inseln, Meere* handelt von den Fiktionen der Wissenschaft. Er diskutiert mit Alexander von Humboldts Isothermen und Profilen die Werkzeuge und Schnittstellen der Datenanalyse, ihre Visualisierung und Narration. Im zweiten Teil *Science, Fiction* trifft Alexander von Humboldt auf Jules Verne. Vernes Erzählungen sind Expeditionen auf dem Papier. Auf den ausgedehnten Reisen seiner Protagonisten entdeckt er die empirischen Wissenschaften selbst als Gegenstand der Fiktionen.

Verne und Humboldt verbindet eine obsessive Leidenschaft für Zahlen; Räume, Ereignisse und Geschichten werden auf Daten reduziert. Sie scheinen erst zu leben, weil sie gemessen, gezählt und katalogisiert worden sind. So bereist Humboldt 1799 die Tropen Amerikas mit zwei Koffern, die identische Instrumenten enthielten, so sehr war er in Sorge, dass seine Instrumente auf der fünfjährigen Expedition Schaden nehmen könnten. Jeder Tag wird vermessen, der geografische Ort und die Temperatur genau bestimmt. Humboldt misst die Bläue des Himmels, die magnetische Abweichung auf verschiedenen Breiten, den Siedepunkt des Wassers auf verschiedenen Höhen. Er berechnet die Dichte von Flüssigkeiten, bestimmt die Menge des Sauerstoffs, beziffert die Kohlensäure in den Gebirgsflüssen der Kordilleren. Aber wie fein er das Netz der Messungen auch spinnt – die Daten wiederholen sich nicht. Kein Ort gleicht dem nächsten. Humboldts Reisen hinterlassen Tabellen und Zahlenberge, die er am Ende nur mühsam zu einer konsistenten Erzählung zusammenfügen kann. Jules Verne begegnet dagegen den Zahlen nicht in der Empirie, sondern lediglich in den Bibliotheken seiner Romanhelden, die das Wissen des 19. Jahrhunderts versammeln und verdoppeln. Seine Protagonisten reisen mit Ballons, in Kanonenrohren, Unterseebooten. Sie leben auf motorisierten Inseln über und unter der Erde und scheinen wie Vernes Leser das heimische Wohnzimmer niemals zu verlassen.

Die *Außergewöhnlichen Reisen* handeln von den Forschungsreisenden des 18. und 19. Jahrhunderts. In der Geografie, Geologie, Biologie, Meereskunde und Archäologie findet Jules Verne den Rohstoff für seine Protagonisten, Beschreibungen und Handlungen. Aber die Seeromane Jules Vernes, Victor Hugos, Herman Melvilles, die zahllosen Porträts der Meere von Jules Michelet, Louis Figuier, Arthur Mangin, Frédéric Zurcher und Élie Margollé sind nur ein blasser Reflex einer neuen Massenbewegung und Freiluftwissenschaft, die von England nach Frankreich übersetzt. Mitte des 19. Jahrhunderts pendeln zahllose Städter mit den neuen Bahnlinien im Stundentakt von Paddington Station (1833) und London Bridge Station (1846) an die Küsten Südenglands – Strandläufer und Flaneure, die mit dem Naturführer in der Hand Jagd auf Muscheln, Krebse und Seesterne machen, um die heimischen Aquarien mit ihnen zu besiedeln. Philip Gosse, einer der prominentesten Autoren, der den *Ozean auf dem Tische* popularisiert, wendet sich gegen Carl von Linné. Die Fiktion, die bei Humboldt noch die Daten durch das Tableau oder Naturgemälde belebt, ist bei Gosse zum schärfsten Kritiker von Linnés *Systema Naturæ* geworden. Die Zoologie müsse das Leben töten und präparieren, damit sie es klassifizieren könne. Auf die *closet science*, die Wissenschaft der Naturalienschränke, die das Leben auf wenige Merkmale reduziert, antwortet der *true naturalist*, ein Amateurwissenschaftler, Sammler und Tourist, der das Leben nur wenige Meter unter dem Meeresspiegel in seiner ganzen Mannigfaltigkeit sucht. Das letzte Kapitel wendet sich darum erneut dem dünnen Streifen zwischen Meer und Land zu. Zu diskutieren bleibt, wie die Ozeanografie, eine Wissenschaft vom Leben, die Einzigartigkeit auf der fluiden Grenze zwischen Land und Meer erneut entdeckt und reproduziert.

Inseln, Meere

1

Die Erfindung ähnlicher Welten

Was hat es mit der Einzigartigkeit auf sich – wo entsteht sie, wie äußert sie sich? Dem gleißenden Moment der Transformation und Übertragung zwischen Beobachtung, Messung und wissenschaftlicher Erkenntnis begegnen wir zum ersten Mal an der Schwelle zwischen Land und Meer. Das Singuläre tritt als fluide Grenze auf. Was könnte besser die Zweifel an der Abstraktion und am Begriff nähren als eine Unterscheidung, die kontinuierlich in Bewegung ist, die kein Wort und keine Erzählung festhalten kann?[1]

Folgen wir zunächst Wells' Beispielen und tauchen mit einer Detailfrage ins 19. Jahrhundert ein. Später soll auch die fluide Grenze zwischen Namen und Bezeichnungen kontextualisiert und systematisiert werden. Die »Vorstellung von gleichartigen Wesen« beruhe auf einer »unbeabsichtigten Nichtberücksichtigung unendlich vieler, kleiner Unterschiede«, schreibt Wells. »Die Dinge gleichen einander nicht«.[1] Auf den Dualismus von Abweichung und Wiederholung stößt er in den biologischen und naturphilosophischen Debatten seiner Zeit. Die Vertreter der Evolutionsbiologie, der Taxonomie Linnés, die Amateur- und Freiluftwissenschaftler, die mit Philip Gosses Naturführer in der Hand die Strände erobern, diskutieren im 19. Jahrhundert ausdauernd und kontrovers über die Invarianz und Variation der Arten.[2] Entsteht die Vererbung aus der Wiederholung? Wie entstehen neue Arten? Den infinitesimal kleinen Unterschieden begegnet Charles Darwin zum ersten Mal auf den Galapagosinseln.[3] »Das Merkwürdigste«, so hält er in einem Tagebucheintrag vom 8. Oktober 1835 auf San Salvador fest, »ist die vollkommene Abstufung der Schnabelgröße bei den verschiedenen Arten des *Geospiza*, von einem, der groß ist, wie der des Kernbeißers, bis zu dem des Bruchfinken und [...] selbst dem der Grasmücke«.[4] Die distinkte Trennung zwischen den Arten ist einer stufenlosen Serie kleinerer und größerer Abweichungen gewichen. Neunundfünfzig Finkenbälge werden mit Darwin an Bord der *Beagle* die Rückreise nach London antreten. Doch im *Journal of Researches* reduziert Darwin die kontinuierliche Abweichung am

Ende auf nur »sechs Arten mit unmerklich abgestuften Schnäbeln«. Im Übergang von der Empirie zur Beschreibung sind die Grenzen zwischen Wiederholung und Differenz nicht einfach zu ziehen.

> Eine genaue Grenze konnte bisher nicht gefunden werden, weder zwischen den Arten und Unterarten, d. h. solchen Formen, welche nach der Meinung einiger Naturforscher den Rang einer Spezies fast, aber doch nicht ganz erreicht haben, noch zwischen den Unterarten und einigen ausgewählten Varietäten oder den geringeren Varietäten und individuellen Differenzen. Die Unterscheidungen scheinen ineinander überzugehen. Die Reihe erweckt die Vorstellung eines wirklichen Übergangs.[5]

Die Unterschiede, so nimmt Darwin an, entspringen nicht distinkten Merkmalen, sondern einem stufenlosen Kontinuum. Die »Meinung«, das »gesunde Urteil« oder die »reiche Erfahrung« seien manchmal die alleinigen Wärter der unscharfen Grenze, führt er an gleicher Stelle aus.[6] Darum schlägt der britische Geologe und Ornithologe Hugh Edwin Strickland 1841 vor, das System der Natur nicht mit Symmetrien oder Unterschieden zu beschreiben, sondern nach Graden der Ähnlichkeit zu ordnen. Die Abstraktion kann nur verfälschen. Man solle keine distinkten Merkmale bestimmen, sondern die Nachbarschaften und Verbreitung der Arten aus den Rohdaten statistisch ermitteln.[7] Strickland ersetzt die natürlichen Zahlen durch das Kontinuum der reellen Zahlen und geht wie Wells von einer irreduziblen Unordnung aus: »Keine zwei Pflanzen oder zwei Blätter einer Pflanze gleichen einander in Größe, Form, Farbe oder Lage«.[8] Inseln und Kontinente seien nicht symmetrisch über die Erdoberfläche verteilt, die Lage der Flüsse und Gebirgsketten lasse sich nicht auf einfache Muster reduzieren. Die zwei Seiten eines Gesichts folgten ebenso wenig der Symmetrie wie die Anordnung der Sterne am Firmament.

Alfred Russel Wallace erklärt nur wenige Jahre später die Singularität zum »allgemeinen Naturgesetz«. In dem Manuskript *On the*

Tendency of Varieties to depart indefinitely from the Original Type, das er im Januar 1858 zwischen den täglichen Fieberschüben der Malaria in nur drei Tagen auf der Insel Ternate verfasst, formuliert er erstmals eine zentrale evolutionsbiologische These. Jede Art variiere mehr oder minder stark, »um die vorgängige Art zu überleben. In gleicher Weise ist sie der Ausgangspunkt für die zahlreichen zukünftigen Varietäten, die sich immer mehr von der ursprünglichen Art entfernen«.[9] Den Essay schickt Wallace an Darwin. Die Fieberträume auf Ternate müssen Darwin im kühlen Kent augenblicklich den Schweiß auf die Stirn getrieben haben. Nur wenige Monate zuvor hat er in einem Brief an den amerikanischen Botaniker Asa Gray auf nahezu gleiche Weise das Aufkommen der Varietäten erklärt: »Sobald sie existiert, wird jede Varietät den Platz der weniger gut angepassten Art einnehmen und ihre Vorgänger ausrotten«.[10] Es gebe immer einen *struggle for existence*, erklären Wallace und Darwin mit Thomas Malthus. Malthus hat mit Kriegen, Hungersnöten, Krankheiten und Naturgewalten dem Bevölkerungswachstum eine natürliche Grenze gezogen und den Garten und die Insel zum Modell seiner Bevölkerungsarithmetik erklärt.[11] In einer Passage, die Darwin mit der vierten Ausgabe aus *Die Entstehung der Arten* wieder löscht, vergleicht er in sichtbarer Nähe zu Malthus die Natur mit einem *bellum omnium contra omnes*. »Das Gesicht der Natur ähnelt einer ertragreichen Fläche, auf der zehntausend scharfe Keile dicht nebeneinanderliegen und durch Schläge fortwährend ineinander getrieben werden«.[12] Darwin erweckt bekanntlich in den frühen Ausgaben den Eindruck, als wolle er die Natur und damit die ererbten Einflüsse zum Protagonisten der Evolution machen.[13] Wallace argumentiert dagegen aus der Perspektive der Arten weitgehend kulturell. Er betont die Anpassung an wechselnde Umweltbedingungen. Weniger der Krieg als das Überleben und die Mechanik der Ersetzung habe die zahllosen Varietäten hervorgebracht. So mag es nicht verwundern, dass er zu einer Maschinenmetapher greift. Den Zwang zur Singularität veranschaulicht

Wallace mit James Watts Fliehkraftregler, der die Dampfmaschine davor bewahrt, sich selbst in Stücke zu reißen – eine Metapher, die Gregory Bateson dazu veranlasst, Wallace als Kybernetiker *avant la lettre* zu lesen. Die Anpassung der Arten sei eine Form der negativen Rückkopplung, die bereits auf die »Pathologien geschlossener Systeme« reagiere.[14] Die infinitesimal kleinen Differenzen zur Elterngeneration wachten über ein Gleichgewicht, das die Arten vor ihrem eigenen Untergang schützen soll. Jede Varietät tendiere dazu, ihre Elterngeneration durch noch bessere Anpassungen zu ersetzen und sich mehr oder minder schnell von ihren Ursprüngen zu entfernen.

Die Entstehung der Arten enthält ein Kapitel über die »Geografische Verbreitung«. Die geografische Verteilung der Arten lasse sich weder aus dem Klima noch aus der Topografie der Erdgestalt vollends erschließen.[15] Dennoch gebe es Zonen gleicher Arten. Wie Strickland trennt Darwin die kleinen Unterschiede von den größeren Abweichungen, um mit ihnen über alle Kontinente hinweg eine Karte ähnlicher Arten zu zeichnen. Reise ein Brite auf dem kürzesten Weg von Großbritannien nach Japan, trenne ihn vom Mutterland »eine endlose Kette von Ebenen, Bergen, trockenen Wüsten und eisigen Hochebenen«, schreibt Wallace. Doch wenn er ins Inland Japans aufbreche,

> erkennt er so viele vertraute Arten, dass er meinen könnte, er sei zu Hause. Die Wiesen und Wälder sind von Meisen, Heckenbraunellen, Zaunkönigen, Stelzen, Lerchen, Rotkehlchen, Drosseln, Wimpeln und Spatzen bewohnt. Einige gleichen unseren einheimischen Vögeln, andere sind ihnen so ähnlich, dass nur ein erfahrener Ornithologe den Unterschied entdecken kann.[16]

Die Klassifikation invarianter, distinkter Arten ist einer Erzählung der gleichartigen und ähnlichen Orte gewichen. Sie handelt von einer Physik der Daten, die die physikalischen Grenzen mit einer zweiten, numerischen Geografie überschreibt. Vor allem aber hat

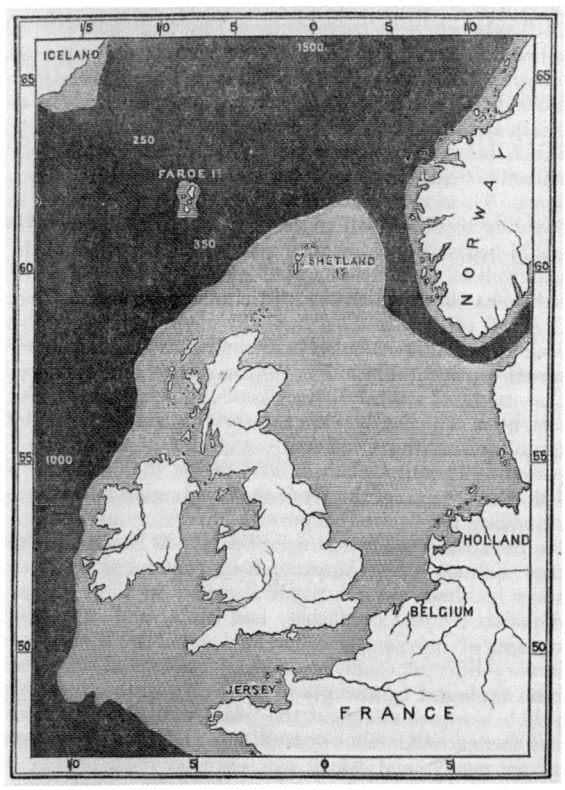

Großbritannien als kontinentale Insel. Die binäre Codierung der Inseln schlägt sich in der starken Schematisierung und Farbgestaltung der Karte nieder. Zugleich wird der lediglich graduelle Unterschied zwischen den Arten und den Varietäten sichtbar. Je kleiner der graue Flor, desto mehr variieren Tier- und Pflanzenwelt auf den Nachbarinseln. Alfred R. Wallace, *Island Life*, 1881.

ein Kontinuum die Vorstellung der Wiederholung ersetzt. Wie kann man also beschreiben, was sich fortwährend ändert – wie das Aufkommen kleinster Nuancen beobachten und analysieren?

Die Abweichung systematisiert Alfred Russel Wallace mit der Grenze zwischen Land und Meer. Zwischen Varietät und Art unterscheidet er mithilfe der Insel – sie ist die kleinste Raumeinheit der infinitesimal kleinen Unterschiede. Das Eiland ist Freiluftlabor und Beobachtungseinheit. Es besitzt, so führt Wallace in *Island Life* 1880 aus, erstens eine »endliche Fläche« und habe zweitens »absolute Grenzen«.[17] Wallace' Inseln tun vor allem eins: sie isolieren. Als Isolatoren und Grenzen werden sie zu effizienten Werkzeugen der Datenanalyse, weil sie helfen, das Kontinuum der Abweichungen auf zwei Zustände zu reduzieren. Inseln können entweder ähnlich oder unähnlich sein. Sind sie ähnlich, fallen sie in geologischer und geografischer Hinsicht mit dem Festland zusammen. Sind sie unähnlich, grenzen sie sich vom Festland ab. Statistisch betrachtet sind Inseln gar keine selbstständigen geografischen Orte. Wallace beschreibt mit ihnen vielmehr Relationen und Nachbarschaften. So gebe es kontinentale und ozeanische Inseln. Die kontinentalen Inseln sind dem Festland vorgelagert und

> immer durch versunkene Landmassen mit ihm verbunden. Die Tiefe des trennenden Meeres überschreitet keine 100 Faden. Kontinentale Inseln übernehmen die Geologie des Festlands, während die Tier- oder Pflanzenwelt entweder mit der des Festlands identisch ist oder sich nur geringfügig von den benachbarten Arten desselben Typs unterscheidet.[18]

Mit der 100-Faden-Zone bezeichnet Wallace den Kontinentalsockel, den er auf allen Inselkarten schraffiert darstellt.[19] Das Schelf ist ein Hybrid, weder Land noch Meer. Die Schraffuren bezeichnen eine steinerne Schwelle, die zwischen Land und Meer vermittelt und Inseln zu Kontinenten zusammenfassen kann. An der Ausdehnung des Kontinentalsockels kann man auf Wallace' Karten die Grade der Ähnlichkeit und Gleichförmigkeit ablesen. Die ozeanische Insel ist dagegen eine Abgesandte des Meeres, die immer isoliert vom Festland auftritt. Die Abwesenheit von Säugetieren belege, »dass diese Insel nicht mehr das Relikt eines wirklichen oder versunkenen Kontinents ist und auf dem freien Meer nur aus sich selbst heraus entstanden ist«.[20] Die ozeanischen Inseln sind einander unähnlich und einzigartig. Auf ihnen entstehen und gedeihen endemische Arten. Die Unterscheidung zwischen den ozeanischen und kontinentalen Inseln geht auf den Berliner Geologen Friedrich Hoffmann zurück.[21] Die Macht der Unterscheidung wird erst in der stufenlosen Variation der Arten sichtbar, die Wallace mit einer einfachen Frage als Erster auf die Topologie der Inseln überträgt. Wie kann aus einer kontinentalen Insel eine ozeanische Insel entstehen? Die Antwort gibt Wallace in einer Fußnote:

> Wenn eine kontinentale Insel nur für einen Tag vollständig untergeht und am nächsten Tag wieder auftaucht, so werden tatsächlich ihre höheren Lebewesen alle verschwunden sein, und wenn man sie dann in weiterer Entfernung zum Festland verlegt, werden auf ihr bald dieselben Arten wie auf den ozeanischen Inseln zu finden sein.[22]

Wallace dritte Insel ist weniger ein geografischer Ort als eine Technik, mit der man Kontinua synthetisch herstellen kann. Die dritte Insel unterläuft seine Unterscheidung – sie ist der Ort, an dem die geografische Systematik der Inseln baden geht und die Kulturgeschichte beginnt. H. G. Wells hat Wallace' dritter Insel einen Essay gewidmet. In *The Influence of Islands on Variation* fragt er nach einer künstlichen Evolution im Zeitraffer und spielt das Szenario einer Sintflut an Großbritannien durch. Die britischen Inseln seien in grauer Vorzeit einmal mit Europa verbunden gewesen, doch sänken sie nun unaufhaltsam zum Meeresboden hinab: »So mag das kontinentale England zukünftig zu einer einsamen Insel oder einem Inselarchipel werden, während das Festland wie die Malaiische Halbinsel in zahlreiche Inseln zerfällt«.[23] Mit der Sintflut verbindet Wells eine »synthetische Evolution« des Menschen, die Kulturen verändern und überschreiben kann. In *Human Evolution* vergleicht er die Geburtsraten von Menschen mit denen der Kaninchen. Die Tiere vermehren sich vierzig bis fünfzig Mal schneller als die Menschen. »In hundert Jahren setzen sie sich 200 Mal dem langen Arm der natürlichen Selektion aus«, folgert Wells.[24] Jede Generation entferne sich immer weiter von ihren Ursprüngen. Jede Variation birgt die Möglichkeit einer ozeanischen Insel. Denn fünfzig Mal das Ähnliche im Dutzend ergibt irgendwann eine neue Art. Das Lob der Einzigartigkeit findet im Kaninchen einen beispiellosen Evolutionsbeschleuniger. Der Mensch habe seine Feinde dagegen nahezu eliminiert und stagniert. »Der Durchschnittsmensch ist im Innern immer noch paläolithisch«.[25] Wie kann man also der eigenen Steinzeit entkommen, wie jedes Festland in eine einsame Insel verwandeln, wie die Abweichung und die Singularität synthetisch herstellen?

Die amerikanische Erstausgabe von *Die Insel des Doktor Moreau* trägt den Untertitel *Eine Möglichkeit*. Die Möglichkeit, der eigenen Kultur zu entkommen und auf ihren Fundamenten eine neue Kultur zu gründen, erkundet Wells' Erzähler in Szenarien und Gedankenexperimenten. Wallace' dritte Insel bezeichnet eine Möglichkeit. Die Grenzen der Möglichkeit will sein Protagonist Dr. Moreau auf einer ozeanischen Insel, fernab der Zivilisation, mit den Techniken der Vivisektion und Amputation vermessen. Inwieweit kann man die eigene Art verlassen – wie fremde Arten nachbilden und züchten? Die Verpflanzung von Haut und Knochen könne man an einem einzigen Tier vornehmen. Doch wenn man lebenden Tieren die Körperteile toter Tiere einpflanze, könne man mit jedem Schnitt eine neue Art züchten, erklärt Dr. Moreau: »Denken Sie an die Rhinozerosratten der Algierzuaven – Monstren, die man erzeugte, indem man ein Stück Schwanz einer gewöhnlichen Ratte auf ihre Schnauze verpflanzte und es dort anheilen ließ«.[26] Aber damit nicht genug. Er hätte ebenso gut auch »Schafe in Lamas und Lamas in Schafe« verwandeln können. Die eigentliche Herausforderung liege nicht im Schnitt, sondern in »der Veränderung der inneren Struktur«:

»Ein Schwein könnte erzogen werden. Die geistige Struktur ist viel weniger festgelegt als die körperliche«.[27] Die menschliche Evolution entstehe nicht mit »dem Naturmenschen, der das Produkt der natürlichen Auslese ist[,] einer Tierart, die noch unfügsamer und beharrlicher ist als jedes andere Lebewesen«, sondern mit dem »kulturellen Menschen, das äußerst formbare Geschöpf der Tradition, der Gelehrsamkeit und des logischen Denkens«.[28] Die Tiere taucht Moreau in ein Bad des Schmerzes, damit sie alle Anzeichen des Tierseins vergessen, mit dem aufrechten Gang das Alphabet, die Zahl und das menschliche Denken erlernen. Mit dem Bad des Schmerzes hat Dr. Moreau die Sintflut, in die Wallace die kontinentalen Inseln taucht, um sie dem Festland zu entfremden, auf dem Seziertisch nachgebaut. Sein Labor betreten kontinentale Tiere, die das Tierreich verlassen müssen, um als Inselmenschen weitab vom Festland wiederaufzutauchen. Als Tiere sollen sie sich selbst fremd werden, um als Menschen niemandem mehr zu ähneln. Die Formbarkeit der inneren Struktur, die die Neurologie heute mit dem Begriff *Plastizität* diskutiert, sucht Moreau nicht im Tier, sondern in der fluiden Grenze zwischen Mensch und Tier. Wie kann also aus der Wiederholung des Gleichen ein einzigartiges Wesen, wie aus einer kontinentalen Insel eine ozeanische Insel entstehen? Wie wird aus den anthropomorphen Träumen der plastischen Chirurgie ein Roman, wie verhalten sich Fiktion und Wissenschaft zueinander?

H. G. Wells, Edgar Allan Poe und Jules Verne seien die Erfinder eines neuen Genres, schreibt Hugo Gernsback. Ihre Romane verbänden »wissenschaftliche Tatsachen« mit »Prophetie«. Die *Scientifiction* webe eine Romanhandlung um einen wissenschaftlichen Kern.[29] Das Kunstwort, das Gernsback aus *scientific facts* und *fiction* zusammenflickt, beschreibt ein Verfahren der Montage und stillen Post, das den Zulieferern der Freakshows wohlbekannt ist. »Wissenschaftliche Fakten« werden ausgeschnitten und in einen Roman verpflanzt, um dort anzuwachsen und nahtlos zu verheilen. Wells ist Futurologe, Romanschreiber, Autor und Fan populärwissenschaftlicher

Sachbücher. Den wissenschaftlichen Kern, um den er die Romanhandlung webt, hat er selbst ausgesetzt. Das zentrale Romankapitel *Dr. Moreau Explains* paraphrasiert und wiederholt den Essay *The Limits of Human Plasticity*, den Wells ein Jahr zuvor selbst geschrieben hat.[30] Wie Dr. Moreau entnimmt der Erzähler von Wells' Roman einzelne Glieder eines Textkorpus und näht sie an anderer Stelle wieder an. Die Texte werden durch Kopien vermehrt. Wells hat sie so dem langen Arm der Evolution gleich mehrfach ausgesetzt, in der Hoffnung, dass aus der Wiederholung irgendwann eine Differenz, eine eigene Art und Fiktion entsteht. Die Möglichkeit einer Insel braucht Dr. Moreaus Messer nicht mehr, weil sie das Bad des Schmerzes stillschweigend durch die Kulturtechniken des Schreibtischs ersetzt hat. Lesen und Schreiben werden dabei zu Kulturtechniken der Abweichung, die Techniken der plastischen Chirurgie auf die Vivisektion und Amputation wissenschaftlicher Texte übertragen. Die anatomischen Experimente schnurren bei Gernsback auf das Schachtelwort *Scientifiction* zusammen. Sie können an dieser Stelle auf plastische Weise den gleißenden Augenblick der Übersetzung veranschaulichen, weil sie den flüchtigen Moment sichtbar machen, in dem aus Wissenschaft Fiktion wird. Doch so wenig wie die dritte Insel ozeanischen Ursprungs ist, entsteht Science-Fiction fernab des Festlands. Sie beschreibt die Möglichkeit einer Fiktion, durch die Wallace' dritte Insel ein Gesicht – eine literarische Technik und Mechanik – erhält.

Meine Überlegungen gehen von Wallace' dritter Insel aus. Dabei folgen sie Wallace auf Wells' Spuren, um eine einzige Frage aus verschiedenen Blickwinkeln zu beleuchten und das Wechselspiel zwischen Fiktion und Wissenschaft in nuce zu zeigen: Wie kann aus der Wiederholung Einzigartigkeit entstehen? Diese Frage ist der rote Faden des vorliegenden Buchs, der anhand der Möglichkeit einer Insel weitergesponnen werden soll. Die Möglichkeit einer Insel bezeichnet dabei weniger einen spezifischen geografischen Ort als eine Kulturtechnik der Isolation und Abweichung. Die mannigfaltigen Operationen der Abgrenzung, Abspaltung und Kapselung,

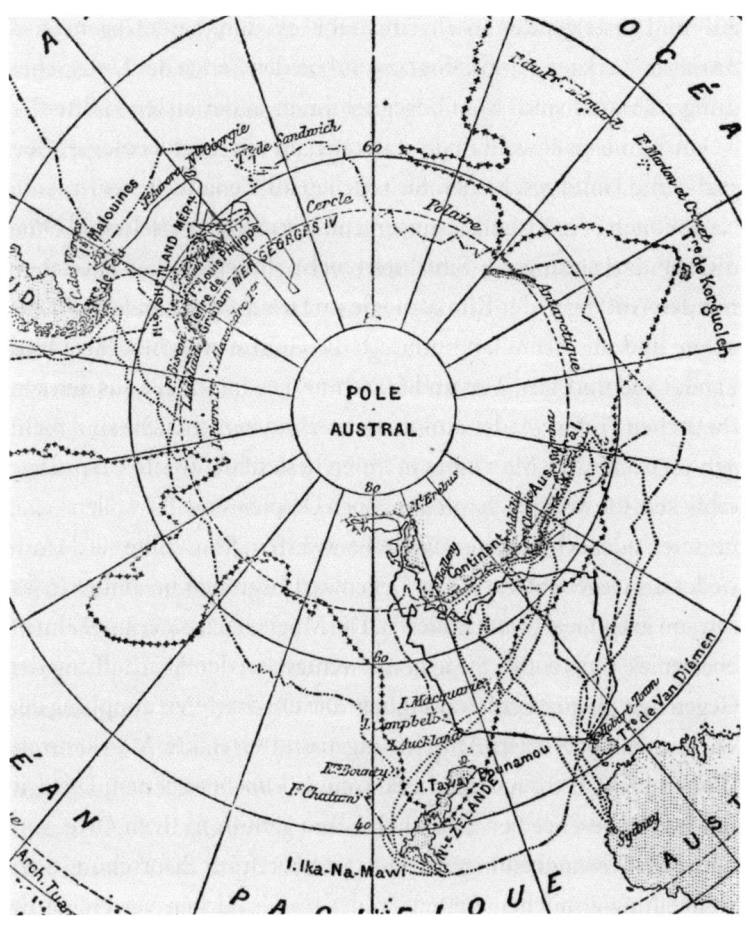

Polarprojektion des Südpols mit den angedeuteten Konturen des Südkontinents. Jules Verne, *Les voyageurs du XIXe siècle*, 1880. (Ausschnitt)

der Differenzierung und Unterscheidung stecken schon in ihrem Namen *île, isle, isola*. Doch wird die Insel zugleich auch als Modell und Medium thematisiert. Sie ist Paradigma und Vehikel, mit dem das komplexe Verhältnis von Fiktion und Wissenschaft aus der Perspektive der Literatur und Wissenschaft betrachtet werden soll. Die auf- und absteigenden Inseln sind dabei ein dankbarer Gegenstand, da sie als Werkzeug und Geografie auf beiden Seiten der Unterscheidung zu Hause sind. Man begegnet ihnen in der ersten Hälfte des 19. Jahrhunderts sowohl in der Literatur als auch der Geologie, Geografie und Naturgeschichte. Sie tauchen als Gedankenexperimente, Narrationen oder Visualisierungen auf. Die mobilen Inseln sind ohne die Säkularisierung der Sintfluten nicht zu denken. Sie entstehen mit den Anfängen der Klimatologie im Umfeld der Land- und Luftmeere und überschreiten notorisch die Grenze zwischen Meer und Land, Land und Tier, Tier und Maschine. Die Inseln, die aus den synthetischen Fluten wieder auftauchen, erfinden nichts. Sie sind nicht genuin ozeanisch. Man kann in ihnen bestenfalls zweite Ursprünge erblicken, die weder Heterotopien noch Utopien sind. Sie wollen keine besseren oder schlechteren Welten entwerfen. Man sollte sie darum weder als Gegenentwürfe zur Gegenwart begreifen noch ihre Insassen von jeder Gegenwart exilieren. Die Möglichkeit einer Insel ähnelt eher einer Tapetentür. Sie arbeitet weniger an der Abschaffung der Gegenwart als an ihrer Verzweigung. Die unscharfe Verdopplung der Wirklichkeit provoziert Abweichungen und Artefakte. Man kann sie darum auch als Szenariotechnik *avant la lettre* bezeichnen. Die dritten Inseln beschreiben demnach keine genuin fiktiven Orte, sondern Versuchsanordnungen und Apparaturen zur Erforschung oder Herstellung ähnlicher Welten. In der unmerklichen Verschiebung der Gegenwart liegt ihre Stärke. An dieser Stelle verlassen wir Wells, fokussieren das Verhältnis von Wissenschaft und Fiktion und blicken mit Jules Verne auf die Mechanik ähnlicher Welten. Unter welchen Bedingungen können Fiktion und Wissenschaft einander ähneln?

Mobile Inseln

Tauche man in die Tiefe des Meeres hinab, verliere man schon bald das Licht und lande im »Reich der Finsternis«, schreibt Jules

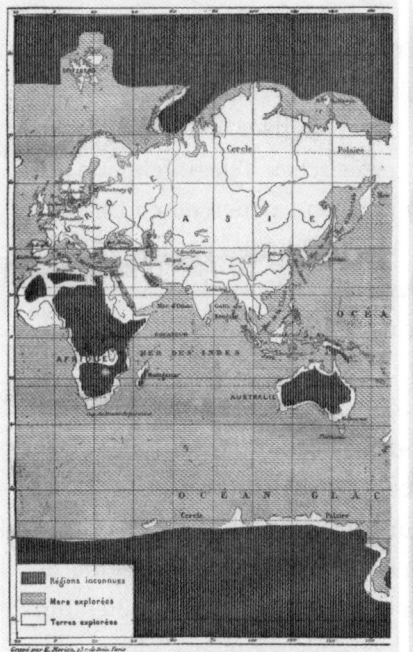
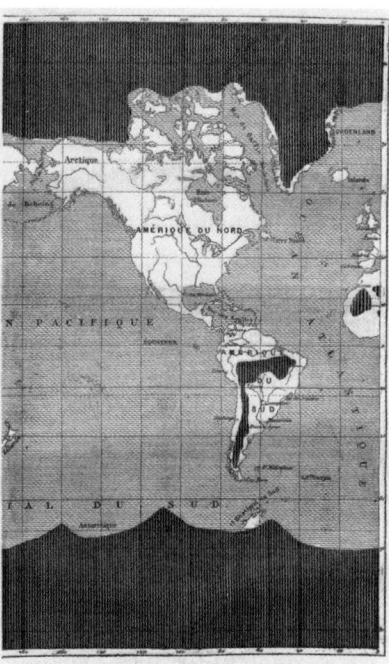

Jules Verne: *Les desiderata de la géographie au XIXe siècle*, 1880.

Michelet 1861 in *Das Meer*.³¹ Wie groß das Meer sei, könne man noch nicht mit Bestimmtheit sagen. Aber eines sei sicher: »Auf der Oberfläche des Erdballs ist das Wasser die Regel, die Erde die Ausnahme«.

Das Wasser macht vier Fünftel aus, das ist die wahrscheinlichste Annahme. Andere Forscher haben von zwei Dritteln oder drei Vierteln gesprochen. Aber das läßt sich nur schwer genau bestimmen. Die Erde nimmt zu und ab; sie ist in ständiger Arbeit begriffen; ein Teil mag absinken, ein anderer hebt sich.³²

Die Gestalt der Erde, die Grenzen ihrer Inseln und Kontinente, die Erstreckung der Flüsse und Meere, zeichnet das jeweilige geografische Wissen der Zeit. Das neue Wissen kann dabei wie der Rücken eines Wals aus den Fluten auftauchen, um widerlegt und entwertet bald darauf wieder hinabzusinken. Das Wissen schwanke, weil der Meeresboden noch nicht vollständig kartiert sei. So hat das Vermessungsschiff *Dolphin* 1854 auf der Grundlage von lediglich 200 Lotungen die Existenz eines unterseeischen Telegrafenplateaus angenommen, mit wenigen Punkten und Linien einen fiktiven Tafelberg skizziert, auf dem die *Atlantic Telegraf Company* 1858 vergeblich versucht, ein Telegrafenkabel zu verlegen. Die Messungen erwähnt Michelet gleich mehrfach. Das Telegrafenplateau tauchte vom Meeresboden auf, um gleich wieder zu verschwinden.[33] Die »allerersten unsicheren Sondierungen« zeichnen nach Michelet nur ein unscharfes Bild des Meeresbodens. Über die Meerestiefe könne man nur spekulieren. Der Blick dringe nicht in die Tiefe: Das Meer bleibe »verschlossen« und »undurchdringlich«.[34]

Die opake Meeresoberfläche nährt nicht nur die Spekulationen der Wissenschaft, sondern auch die Fiktionen der Literatur. Die Vorstellung, dass geografisches Wissen kentern, als ausrangiertes Wissen zum Meeresboden hinabsinken und von dort mit neuer Bedeutung aufgeladen wieder aufsteigen kann, hat Jules Verne ungemein befeuert. Die Tauchgänge und Transformationen des Wissens verfolgte er um 1869 in zwei Buchprojekten, die das Meer als Gegenstand einer populärwissenschaftlichen Geschichtsschreibung und Schauplatz einer fiktiven Wissenschaft entdecken. 1870 erscheint *20.000 Meilen unter den Meeren*, 1870 ein erster Band der *Geschichte berühmter Reisen und berühmter Reisender*. Das dreibändige Werk verspricht den deutschen Lesern »eine vollständige Geschichte der geografischen Erforschungen und Reisen aller Zeiten«.[35] Im ersten Band *Die Entdeckung der Welt* segelt der Leser mit Hanno dem Seefahrer die afrikanische Westküste entlang, entdeckt mit Kolumbus die neue Welt, um schließlich mit dem Mathematiker Philippe de la Hire und dem Geodäten Jacques Cassini die Anfänge der mathematischen Kartografie zu betreten. Die zwei Fortsetzungen *Die großen Seefahrer des 18. Jahrhunderts* (1878) und *Der Triumph des 19. Jahrhunderts* (1879) erzählen von James Cook bis

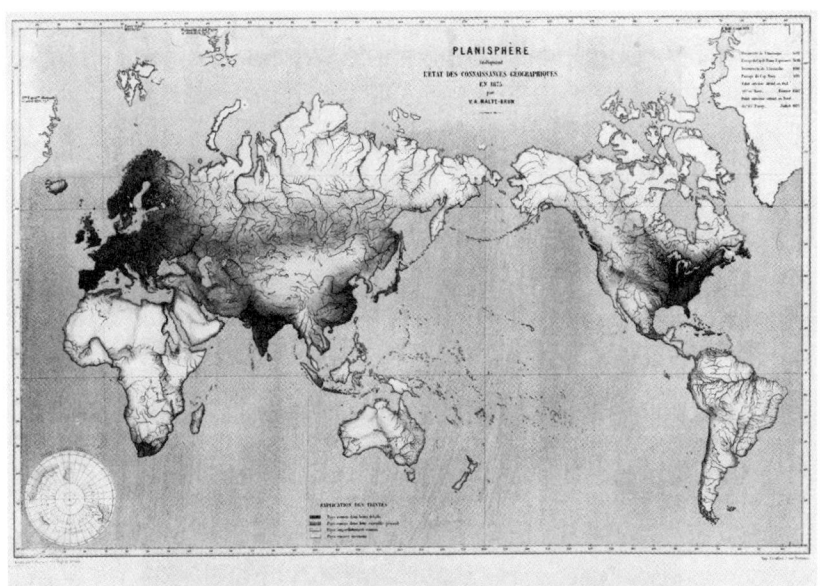

Victor Adolphe Malte-Brun: *Planisphère indiquant l'état des connaissances géographiques en 1875.*

James Clark Ross eine Geschichte der Kolonialisierung, der Bezwingung der Pole, der vollständigen Vermessung und Erfassung der Welt im Stil eines Fortsetzungsromans. Die Natur habe dem Fortschritt des geografischen Wissens zahlreiche Hindernisse in den Weg gelegt, Vernes Jahrhundert habe sie alle überwunden: »[D]as ist ›der Triumph des 19. Jahrhunderts‹«.[36] Der Triumph des geografischen Fortschritts – die Manie, die Welt durch Zahlen, Daten und Messungen vollständig zu erfassen – schlägt sich im selben Jahr in der Literatur nieder. Mit *20.000 Meilen unter den Meeren* verdichtet Verne die Geschichte der ozeanischen Expeditionen zu einem Roman über einen wundersamen eisernen Kontinent, auf dem aus »Meereskohle« Elektrizität gewonnen wird, um ihn mit dem fossilen Brennstoff der Meere zwischen 1865 und den Relikten rauer Vorzeiten munter auf- und absteigen zu lassen. Die mehrbändige *Geschichte* und der Roman sind chiliastisch aufeinander bezogen.

»Une fenêtre ouverte sur ces abimes inexplorés«,
Jules Verne, *Vingt milles lieues sous les mers*, 1870.

So trägt die *Entdeckung der Erde* Züge eines Abenteuerromans, der Roman imitiert dagegen den Stil geografischer Lehrbücher. Beide Werke sind Zeitreisen, die die Meere als Orte des Fortschritts und der Fortbewegung in unterschiedlicher Weise durchqueren und thematisieren. Vernes *Geschichte* segelt oberirdisch unter der Flagge des Wissens, der Roman erforscht dagegen kielunter das Nichtwissen. Der letzte Band von Vernes *Geografie* endet mit den Polarexpeditionen um 1840. Die ozeanische Ontologie, die die Geografen von der vergleichenden Kartografie Carl Ritters, Alexander von Humboldts und Conrad Malte Bruns bis zu Oppels wandernden geografischen Horizonten mit den schwankenden Wissensständen verfassen,[37] erzählt Verne mit den mobilen Ufersäumen einer fiktiven Insel. Ihre Geschichte kann man einer Karte in kompakter Form entnehmen, die die Expeditionen von James Cook (1773–1774), James Weddell (1828), John Biscoe (1831, 1838), Jules Dumont d'Urville (1838–1840), Charles Wilkes(1838–1840), John Balleny (1839) und James Clark Ross (1839–1843) zusammenfasst.[38] In einer Polarprojektion skizzieren sie mit dem Südland einen Kontinent, der rasch Konturen gewinnt und am 6. März 1841 abrupt wieder abtaucht. Das Südland entsteht mit den zahlreichen Äußerungen der Seefahrer, die in den kargen Küsten der Shetlandinseln, Adélielands und Enderby Islands sowie den zahllosen Eisbergen und Inseln des transantarktischen Gebirges die ersten Anzeichen eines Kontinents vermuten. Mit einer Begebenheit, die in der Erkundung der Antarktis rückblickend nicht mehr als eine Fußnote hinterlässt, endet die Suche nach dem Südland.[39] James Ross wird von der britischen Admiralität mit dem alleinigen Ziel auf die Reise geschickt, die Antarktis zu erforschen. Am 29. September 1839 verlässt er mit der HMS *Erebus* und HMS *Terror* England und sucht am 6. März 1841 mit der Kopie einer Karte von Charles Wilkes die Balleny-Inseln. »Die Sonde war weit entfernt, hier Berge zu finden. Sie traf selbst bei sechshundert Faden Tiefe noch auf keinen Grund«.[40] Die kreisförmige Suche in achtzig Quadratmeilen bleibt ergebnislos. Kein Land weit und breit. Die Existenz des antarktischen Gegenkontinents ist damit endgültig widerlegt. Die Geschichten der überseeischen Entdeckungen zentriert Verne mit dem Südland um eine Phantominsel, die im 18. Jahrhundert vom Meeresboden aufsteigt und zur Mitte des 19. Jahrhunderts bereits restlos verschwunden ist. Mit den Entdeckungen am Nordpol, der Kartierung der Victoria-Insel endet Verne. Die letzte Linie ist gezogen, der nordamerikanische Kontinent umsegelt, die Welt endgültig umrissen: »Jetzt also ist alles bekannt, klassifiziert, katalogisiert und bezeichnet«.[41] Die Bände schließen 1878 und 1880 mit einer Weltkarte, die die *terres explorées* mit den *régions inconnues* bilanzieren und die Wissensstände von 1800 und 1840 im Vergleich und Überblick zeigen.[42] Die bekannte Erde ist schneeweiß, die entdeckten Meere sind schraffiert und die unbekannten Länder invers geschwärzt. Von den Rändern aus treffen die schwarzen Balken auf weißen Grund. Mit der Aufklärung thematisiert Jules Verne das Nichtwissen, dessen Geschichte er mit *20.000 Meilen unter den Meeren* zur gleichen Zeit schreibt. Der Roman steuert hingegen mit den zwei Polen, dem Packeis, den pazifischen Inseln, Patagonien, dem Mittelpunkt der Welt, Australien und Labrador zielsicher die schwarzen Ränder von Vernes Weltkarte an.[43]

In *Der Entdeckung der Welt* zeigt die Weltkarte einen gerahmten Blick. Es scheint, als schaue man mit fremden Augen von einem außerirdischen Standpunkt auf das Weltwissen des 18. und 19. Jahrhunderts. Die halb geschlossenen Lider wurden dabei gleich mitabgelichtet. Sie haben sich als schwarze Ränder in die Weltkarte eingebrannt. In Vernes *Geografie* bezeichnen die schwarzen Ränder lediglich das Halb- und Nichtwissen. In *20.000 Meilen unter den Meeren* verkehrt sich dagegen die Perspektive. Auch der Blick aus dem Salon der Nautilus ist gerahmt. Doch während die Weltkarte im Zentrum das Wissen ausstellt, blicken die Passagiere durch die Scheiben der Nautilus auf das Halb- und Nichtwissen, das in grauer Vorzeit in den Fluten versunken ist. Der Meeresboden ist besiedelt von herabgesunkenen Kontinenten des Wissens. Die Ränder sind zum Zentrum geworden, der Blick hat sich verkehrt. »Das Meer ist das Medium eines übernatürlichen und wunderbaren Lebens«, sagt Nemo.[44] Was über dem Meeresspiegel bekannt war, wird unter dem Meeresspiegel verfremdet. Was fremd war, erscheint im Scheinwerferlicht der Nautilus wundersam lebendig und real. Der Roman antwortet auf die Aufklärung der Entdecker mit einer Ästhetik der Wunder.[45] Tauchen wir hinab und blicken über Vernes Schulter auf seinen Schreibtisch. Was verbindet er mit der Ästhetik der Wunder? Wie werden die Wunder hergestellt?

Synthetische Fakten

Die Pazifikinsel Vanikoro tauft Dumont D'Urville auf den Namen *Recherche* – »Ermittlung«, »Forschung«, »Suche«. Auch Kapitän Nemo hat die Details seiner Geschichte gut recherchiert und aus den Quellen kombiniert. Mit Dampfkraft durchpflügt er die Meere, um das herabgesunkene Wissen der Geografen zu inventarisieren. Das Nichtwissen der letzten Jahrhunderte will er von einem fiktiven Ort des Überblicks aus restlos beschreiben, damit das Buch der Natur endlich zugeschlagen werden kann. Über das enzyklopädische Begehren schreibt Vernes Verleger Pierre-Jules Hetzel: »Sein Ziel besteht darin, alle geografischen, geologischen, physikalischen, astronomischen Kenntnisse, die die moderne Wissenschaft aufgehäuft hat, zusammenzufassen und in der ihm eigenen reizvollen Form die Geschichte des Universums neu zu schreiben«.[46] Aber die restlose Weltbeschreibung ist keine getreue Wiederholung. Das Arbeitsziel, das Hetzel Verne in den Mund legt, nämlich, »die Geschichte des Universums n e u zu schreiben«, zielt auf Abweichungen. In einer Welt, die vollständig katalogisiert und inventarisiert ist, kommt jede Entdeckung notwendig zu spät.[47] Verne wie Aronnax sind zum Kopieren verdammt. Das Wissen ihrer Vorgänger müssen sie zum Kentern bringen, um es neu und anders erzählen zu können. Die mobilen Inseln sind darum nicht nur Gegenstand, sondern auch Werkzeug. Mit welchen Fähigkeiten laden Verne und seine Erzähler sie auf? Was transportieren sie? Fragen wir nach der fluiden Topografie der Inseln und Meere: Wie entsteht aus der Mobilität der Inseln eine Schreibtechnik, die Wissen in Nichtwissen übersetzen kann?

Jules Verne wolle ein »Porträt der Erde« zeichnen, schreibt Hetzel, das möglichst detailreich ausfallen solle. Darum plane man statt

Nadar, *Premier résultat de photographie aérostatique*, 1858.

der ursprünglichen vierzig nun einhundert Bände der *Außergewöhnlichen Reisen*. Trotz seines immensen Arbeitspensums hat Verne am Ende nur vierundfünfzig Bände verfasst.[48] Dennoch bleibt die Absicht selbst im Scheitern aufschlussreich. Gaspard-Félix Tournachon, besser bekannt unter dem Namen Nadar, hat 1858 von einem Ballon aus die ersten Luftaufnahmen gemacht. Seine Aufnahmen haben Verne 1862/63 zu dem Roman *Fünf Wochen im Ballon* und zu

Der Ballon Victoria 1500 Fuß über Sansibar.
Jules Verne, *Cinq Semaines en Ballon*, 1863.

den Mondromanen angeregt.[49] Nadar lässt sich die Luftfotografie 1858 patentieren. In der Patentschrift erläutert er:

> Die Kombination verschiedener Mittel verspricht mir eine Anwendung der Photographie zur Herstellung topographischer Pläne ... ferner die Möglichkeit, strategische Operationen zu lenken und die Aufnahme von Befestigungen. Ich habe

dazu im Ballon zu arbeiten und besondere Vorrichtungen zu schaffen versucht, die mir erlauben, die Gondel in einen photographischen Arbeitsraum zu verwandeln.[50]

Von der Luftfotografie verspricht sich Nadar offenbar eine Geografie, die die Natur selbstständig zeichnet – ein Versprechen, das selbst die gegenwärtigen digitalen Algorithmen der Luftbilderkennung nicht einlösen können. Dennoch ist Verne von der Detailauflösung der Fotografie fasziniert. In der *Société d'encouragement de la navigation aérienne au moyen du plus lourd que l'air* assistiert er dem Präsidenten Nadar als Sekretär. Am 28. September 1873 besucht er eine Flugschau und unternimmt mit Nadar, Eugène Godard, Godards Sohn Leon und einem Affen eine Ballonfahrt.[51] Die neuen Perspektiven und Panoramen der Ballonfotografie haben Jules Verne nicht nur zu Romanen angeregt. Sie haben ihm offenbar auch einen neuen Realismus und sein aeronautisches Schreibziel eingegeben. Wie Nadar hat sich Verne mit seinem ehrgeizigen Schreibprojekt in einem »photographischen Arbeitsraum« eingerichtet, um zu einer fotografischen Platte zu mutieren, die die Erde mit größtmöglicher Detailschärfe einfängt und wiedergibt. Den Realismus-Effekt erzeugt er dabei nicht durch Lichtbilder, sondern durch Zahlen. So werden Orte in *20.000 Meilen unter den Meeren* zu numerischen Positionsbestimmungen:

> Am 28. Januar, gegen Mittag, tauchte die *Nautilus* bei 9° 4' nördlicher Breite auf. Etwa fünfzehn Kilometer westlich von uns entdeckten wir ein Land, von dem ich zuerst ein ungefähr zweitausend Fuß hohes Bergmassiv wahrnahm.[52]

Verne beschießt die Leser mit Daten. Sein Roman imitiert die Logbücher der Forschungsreisenden von Kolumbus bis Cook. Neben den genauen Zahlangaben ist auffällig, dass Ortsangaben häufig vage bleiben. Namen besitzen die Orte selten, doch Zahlen geben ihnen

Kontur. An vielen Stellen hat Verne offenbar den Inhalt geografischer Lehrbücher ohne große Umschweife in den Roman übertragen:

> Der Atlantik! Eine riesige Wasserfläche, die fünfundzwanzig Millionen Quadratmeilen bedeckt und bei einer mittleren Breite von zweitausendsiebenhundert Meilen neuntausend lang ist.[53]

Vernes Erzähler wollen nicht ruhen, bis sie jeden Flecken beschriftet, beziffert und vermessen haben. Neben den Zahlangaben verwenden sie viele Aufzählungen. Die prominenteste und längste Liste ist eine Bücherliste. Mit Aronnax sehen wir auf die Rücken zahlloser Bücher:

> Ich erblickte das gesamte Werk von Humboldt und Arago, die Arbeiten von Foucault, von Henri Sainte-Claire Deville, von Chasles, Milne-Edwards, Quatrefages, Tyndal, Faraday, Berthelot, vom Abbé Secchi, von Petermann, vom Kommandanten Maury, von Agassiz und so weiter, außerdem die Veröffentlichungen der Akademie der Wissenschaften, die Verlautbarungen verschiedener Geografischer Gesellschaften und, an einem ehrenvollen Platz, meine beiden Bände, die den Kapitän wohl bewogen hatten, mich relativ wohlwollend an Bord aufzunehmen. Auch Joseph Bertrand war mit seinem Werk vertreten.[54]

Mit Aronnax folgen wir Jules Vernes Reise durch die geografischen Bibliotheken des 18. und 19. Jahrhunderts. Die Bücherliste scheint Vernes Zettelkasten im Roman zu verdoppeln. Doch neben dem einschlägigen Weltwissen der Geografie und Naturgeschichte finden wir auch Aronnax' Werke in Nemos Bibliothek. Als Buch unter Büchern tritt der Meeresforscher im Roman als Romanfigur und Autor gleich doppelt auf. Der Roman handelt von seiner Forschungsreise unter den Meeren, die er zugleich erlebt und beschreibt. Der Kurzschluss zwischen Reisen, Lesen und Schreiben ist bezeichnend.

Die Handlung wird durch die Aufzählung erst erzeugt. Die Namen und Orte geben die Route vor, auf der die Leser mit dem Roman in der Hand um die Welt reisen. Die Schilderung zeitgenössischer Sehenswürdigkeiten, die Besichtigung antiker Stätten und die Nacherzählung antiker Mythen verbindet Verne mit geografischen Positionsbestimmungen, der Beschreibung nautischer Messgeräte und der Aufzählung maritimer Pflanzen- und Tierarten. Vernes Protagonisten und Handlungen schwimmen in einem Meer von »wissenschaftlichen Fakten. Auch Michel Serres und Christoph Buch verweisen auf den eindrucksvollen Katalog von Daten, Zahlen und Namen.[55] Das Handbuchwissen der Zoologie und Meereskunde, das Jules Verne aus den populären Darstellungen der physikalischen Geografie entnimmt, sinkt mit der Nautilus zum Meeresboden hinab. Unter Wasser geht das Wissen neue Konstellationen mit den submarinen Lebensläufen seiner Romanfiguren ein.

Hinter den manischen Positionsbestimmungen – der Häufung von Messdaten, der Liste der Ortsnamen –, den Namen von Geografen, Ozeanologen, Biologen und Wissenschaftlern, den Taxonomien der Tiere und Pflanzen mag man eine Parodie auf Naturgeschichten, Logbücher und Taxonomien vermuten.[56] Man kann sie als ironischen Reflex auf die Messwissenschaften des 19. Jahrhunderts interpretieren. Doch Ironie und Parodie können Vernes Schreibtechnik nur vage beschreiben. Mit den Listen, Zahlenreihen und Messungen gewinnt er offenbar den Rohstoff für neue, unbekannte Wissenschaften.[57] Christoph Buch bezeichnet die Verneschen Listen als *objets trouvées* und verweist auf die Montage. Michel Serres konzentriert sich auf die Wissensordnungen der Liste und setzt sie von dem visuellen Kartenwissen der Kartografie ab.[58] Aus der Liste entstehe eine neue »Utopie«, ein Garten Eden der Tier- und Pflanzenwelt, den Verne mit dem enzyklopädischen Wissen seiner Zeit am Meeresboden anlege und pflege.[59] Als enzyklopädisches Projekt ordnet auch Roland Barthes Vernes Vorliebe für Aufzählungen ein:

Verne war besessen von der Idee der Fülle. [...] Die Welt ist voller zählbarer, dicht beieinanderliegender Dinge. Der Künstler hat keine andere Aufgabe als Kataloge anzufertigen, Inventare zu erstellen, leere Winkel zu beseitigen, um dort in strenger Ordnung die menschlichen Schöpfungen und Werkzeuge zu versammeln.[60]

Ein vollständiges Inventar einer Abendgesellschaft findet man gleich zu Beginn von *Fünf Wochen im Ballon*. Auf den ersten Seiten des Romans stellt uns der Erzähler alle Gäste des *Traveller's Club* vor: Von A wie »Abbadie« bis W wie »Wild« lässt er hunderteinunddreißig Gäste einer Tisch- und Abendgesellschaft in alphabetischer Reihenfolge vor unseren Augen vorüberziehen.[61] Fülle und Abzählbarkeit? – das Projekt der Enzyklopädie interpretiert Barthes als Weltprojekt: Die Welt solle restlos aufgezählt und katalogisiert werden.[62] Barthes liest Verne 1957. Sputnik, der erste Satellit von Menschenhand, zog seine Bahnen. Er beschoss die Erde mit Sinustönen, die man überall mit einem einfachen Mittelwellensender empfangen konnte. Von den Planetenräumen des Kalten Krieges zu Verne stehen Kataloge und Enzyklopädien für ein Unbehagen: Man katalogisiert erst, wenn Gefahr und Verlust drohen, eine Katastrophe sich ankündigt oder bereits ereignet hat. Verne zitiert mit der alphabetischen Tischgesellschaft das Gastmahl von Skopas, zu dem auch der Dichter Simonides von Keos geladen ist. Als er von den Zwillingen Kastor und Pollux zur Tür gerufen wird, stürzt der Festsaal hinter ihm ein und begräbt den Gastgeber und die Gäste. Simonides wird zum Buchhalter der Toten. Er kann den Leichenteilen nur Namen zuordnen, weil er im Gedanken die Tafel abschreitet. Die Tischplatte wird zur Schreibtafel und Liste, die der Dichter mit dem Namen der toten, entstellten Körper vollschreibt. Das 19. Jahrhundert ist dagegen vollständig inventarisiert. Die Tafeln sind bis zur letzten Zeile mit Namen und Daten gefüllt. Jules Vernes Erzähler reagieren auf eine erdrückende Fülle. Sie müssen ihr Trauma erst finden, damit aus der drögen Katalogisierung der Welt Halluzination und Dichtung entstehen kann. Die Welt ist restlos entdeckt, das Meer von allen Ungeheuern gereinigt. Was wartet also im All, in der Luft oder in der Tiefe des Meeres auf die Romanhelden Jules Vernes?

In *Der Triumph des 19. Jahrhunderts* erklärt Verne, nun nachdem die Erde vollständig entdeckt und beschrieben worden sei, müsse sie »urbar« gemacht und »ausgebeutet« werden. »Jetzt darf es keine brachliegenden Gebiete, keine undurchdringlichen Wüsten, keine unbenützten Flüsse, keine unergründlichen Meere, keine unbezwingbaren Höhen mehr geben!«[63] Die Flecken der Erde, die die Entdecker erobert, benannt und kartiert haben, müssen besiedelt und bewohnt werden:

> Wir überwinden alle Hindernisse, welche die Natur noch bietet. Die Landengen von Suez und Panama sperren uns die Wege: Wir durchschneiden sie. Die Sahara erschwert den Verkehr zwischen Algier und dem Senegal: Wir legen eine Eisenbahn durch dieselbe. Der Kanal zwischen England und Frankreich hindert zwei befreundete Völker, sich die Hand zu drücken: Wir treiben einen Schienenweg unter demselben hin![64]

In seiner Geschichte der Entdecker verweist Verne auf die Ingenieursleistungen der Zivilisation. Kapitän Nemo dagegen setzt auf die Ingenieursleistungen der Natur. Das Meer ist ein glatter, kreuzungsfreier Verkehrsraum, den die Meeresströmungen erst urbar machen. Das wiederholt er mehrfach.[65] Verne war offenbar ein begeisterter Leser Matthew Fontaine Maurys. Dem Begründer der modernen Ozeanografie verdankt er jedenfalls das Portrait des Golfstroms, mit dem Maury den damaligen Bestseller *The Physical Geography of the Sea* eröffnet. Es hat nahezu unverändert Eingang in Vernes Roman gefunden. Die Meeresströmungen seien die Flüsse des Meeres, man könne sie an ihren Temperaturen und Farben erkennen, schreibt

Verne mit Maury.[66] Die Meeresströmungen seien Verkehrsweg und Vehikel, die neben Personen, Schiffen und Fischen auch Treibholz transportierten und die Aleuten auf den kargen Inseln der Beringsee mit Bau- und Brennholz beliefern, erklärt Verne mit nahezu gleichen Worten wie Maury.[67] Doch sind weniger die auffälligen Parallelen und Paraphrasen bezeichnend, sondern das Verkehrssystem der Übertragungen, das erstens den Roman mit der Physik der Ozeanografie auflädt und zweitens die Erzählräume strukturiert.[68] Kapitän Nemo und Phileas Fogg folgen auf ihren Weltreisen über und unter Wasser den Meeresströmungen, die Maury 1855 als schnellste Verbindungen zwischen den Kontinenten seinen Zeitgenossen empfiehlt. Der Golfstrom wird dabei zum roten Faden, der die Episoden des Fortsetzungsromans verbindet und zusammenhält. Er vermag, die zahllosen Wunder des Meeres in die Linearität des Textes zu übersetzen. Reise- und Erzählweg fallen auf weiten Strecken zusammen. Wie Verne folgt Aronnax' fiktiver Forschungsbericht den Meeresströmungen, die Maury mit einer Eisenbahnfahrt vergleicht.[69] Und tatsächlich scheinen auch die Entdeckungen von Vernes Meeresforscher durch die Meeresströmungen wie auf Schienen zu gleiten. Wenn sich die Läden der Nautilus öffnen, sehen wir die Wunder des Meeres wie aus den Abteilfenstern einer Eisenbahn. Doch bergen die Wunder der Nautilus weder Geheimnisse noch Überraschungen. Sie erscheinen nach Fahrplan.

Die Meeresströmungen schildert Maury als Kreisläufe, deren Funktionsweise er mit der Zimmerheizung im nautischen Observatorium vergleicht.[70] Das Wasser, das zwischen Kessel, Heizungsrohr und Heizkörper beständig zirkuliere, oszilliere zwischen Erhitzung und Abkühlung. Den »Einfluss des Golfstroms auf das Klima« vergleicht Maury mit dem Raumklima. Die Karibik und der mexikanische Golf seien der Heizkessel, der Golfstrom das Heizungsrohr und Europa der Heizkörper, an den der Golfstrom beständig die Hitze der Tropen verfeuere. Die Zirkulation des Golfstroms hält Maury in *Physical Geography of the Sea* in einem Netzplan fest, der in schematisierter Form auch in Vernes Roman eingegangen ist und die Route der Nautilus nachzeichnet.[71] Sein Unterwasserboot vertraut Kapitän Nemo dem ewigen Kreislauf des Meeres an und zitiert Maury: Der Ozean »besitzt einen Puls und Arterien, er windet sich in Konvulsionen, und ich kann nur dem Gelehrten Maury beipflichten, der im Meer einen Kreislauf entdeckt hat, der ebenso tatsächlich vorhanden ist wie der Blutkreislauf von Tieren«.[72] Die Meeresströmungen synchronisieren also nicht nur Reise- und Erzählwege. In den Adern der Weltmeere lässt Verne neben der Handlung auch mit Nemos Bibliothek das Weltwissen seiner Zeit zirkulieren. Die Kreisläufe des Ozeans mögen die wechselseitigen Ansteckungswege zwischen Fakten und Fiktionen aufzeigen: die gegenseitigen Erhitzungen, Abkühlungen und nervösen Fieberträume. Sie können die Wege aufzeigen, auf denen das kartografische Wissen auf den Meeresboden hinabsinkt, um von dort die Episoden des Romans auf unterschiedliche Weise zu befeuern.

Einen Einblick in den ozeanischen Kreislauf von Wissen und Fiktion gewährt Verne im Kapitel »Vanikoro«. Vor der Insel Vanikoro sollen die Schiffe des Kommandanten Jean-François de La Pérouse im Februar 1791 Schiffbruch erlitten haben. Mit der Nautilus entdeckt Nemo das dritte Schiffswrack, das die Geografen und Historiker dreißig Jahre lang gesucht und niemals gefunden haben. Verne erzählt die Geschichte von La Pérouse in der mehrbändigen Geschichte und in *20.000 Meilen unter den Meeren* gleich zweimal.[73] Er zitiert den letzten Brief von La Pérouse an den Marineminister und seine Absicht, Santa-Cruz und die Salomonen zu erkunden. Er erwähnt das spurlose Verschwinden von La Pérouse und die vergebliche Suche von Joseph Bruny d'Entrecastreaux. Er schildert den abermaligen Aufbruch Jules Dumont D'Urvilles dreißig Jahre später, der vor Vanikoro nicht viel mehr als einige alte Kanonenrohre, Kanonenkugeln, Anker und Unmengen von Bleiplatten findet. La Pérouse und seine Gefährten bleiben verschwunden. Jules Dumont D'Urville beschließt die ergebnislose Suche mit der

Die Reiseroute der Nautilus in Jules Verne, *20.000 Meilen unter den Meeren*, 1871. (Ausschnitt)

Errichtung eines Denkmals auf Vanikoro.⁷⁴ Der Roman zitiert die Quellen mit ihren historischen Daten, die der Meeresforscher Aronnax vermutlich aus dem mehrbändigen Forschungsbericht Dumont D'Urvilles zusammenfasst. Die Nautilus taucht ab und muss nicht lange suchen. Sie findet die Wracks von La Pérouse'. Zwischen Nemo und Aronnax herrscht Arbeitsteilung. Der Meeresforscher Aronnax verkörpert das gesicherte Buchwissen, Kapitän Nemo das Nichtwissen, das am Meeresboden darauf wartet, entdeckt zu werden. Aus den unbewiesenen Indizien – den zahllosen Mythen und Spekulationen, die das spurlose Verschwinden von La Pérouse begleiten⁷⁵ – gewinnt er das Seemannsgarn für seine Geschichten. Aronnax findet etwa den Ort, an dem Nemo auf das Schiffswrack stößt, im strittigen Augenzeugenbericht von Kapitän George Bowen. Bowen versichert, zwischen Kap Déception und Kap Satisfaction 1791 einige Wrackteile von La Pérouse' Schiffen entdeckt zu haben.⁷⁶ Doch die Beweise bleibt er schuldig. Kapitän Nemo liefert zu Bowens Behauptungen nicht nur die Wracks, sondern auch die Kapitänskiste von La Pérouse' Kommandanten, die die Anweisungen des Marineministers mit den Kommentaren von Ludwig XVI. enthalten. Im Roman wechselt irgendwo zwischen *Deception* und *Satisfaction* das Wissen den Aggregatzustand. Weitab vom Festland, zwischen Täuschung und wohliger Zufriedenheit, entsteht aus Wissen Nichtwissen.

Den Kreislauf von Science und Fiction thematisiert Verne mit Darwins Korallentheorie. Die Insel Vanikoro erwähnt Darwin 1842 in *Über den Bau und die Verbreitung der Corallen-Riffe*. Während Darwin zwischen Saumriff, Barriereriff und Atoll unterscheidet und mit der Differenz der küstennahen und ozeanischen Riffe die Grenze zwischen Art und Varietät darlegt, finden Vernes Protagonisten lediglich verschiedene Orientierungen des Wachstums. Die Saumriffe wachsen durch das Werk der Polypen von unten nach oben, erklärt der Meeresforscher Aronnax. Sie lassen den Meeresboden allmählich ansteigen, bis alle Inseln zu einem einzigen Kontinent zusammenwachsen.⁷⁷ Die Atolle entstehen dagegen von oben nach unten. Sie wachsen durch die Arbeit der Madreporen und nehmen mit den Rückständen ihrer Absonderungen Form an.[78] Die Saumriffe entstehen also *bottom up*, die Atolle *top down*. Die Saumriffe sind Satelliten, die das Festland im Meer reproduzieren. Die Atolle sind dagegen ozeanischen Ursprungs: Inseln, die schwimmend auf dem Meer entstanden sind. Vernes Romanhandlung ist demnach ozeanisch und kontinental zugleich. Sie gründet auf einem Upcycling besonderer Art. Mit den Schiffwracks von La Pérouse' Flotte sinkt das Wissen der Entdecker als Rest und Absonderung zum Meeresboden hinab, wird dort von Korallen überwuchert, um in ferner Zukunft als ozeanische Insel und eigenständiger Kontinent aus den Fluten des Meeres wieder aufzusteigen. Verne erzählt im Kapitel »Vanikoro« die Geschichte einer Zirkulation und Verwandlung am Beispiel verschiedener Inseltypen. Wo Saumriffe sind, sollen Atolle werden: Wo Science ist, soll Fiction wuchern. Vernes Roman oder vielmehr Aronnax' vermeintlicher Forschungsbericht gedeiht *bottom up* und *top down*: Er ist quelltrunken und doch frei erfunden.

Wie kann also aus der bloßen Wiederholung historischer Daten eine fiktive Geschichte und ozeanische Insel entstehen? Eine Antwort findet Verne auf halbem Weg. Dabei kommt ihm die Unschärfe des Wissens gerade recht. Nur weil der Meeresboden uneinsichtig ist, kann er jede Wahrheit bezeugen. Das opake Meer wird so um 1868 erneut zum Schauplatz und Medium der Magie und Projektion. Vernes Protagonisten brauchen nichts weiter als offene Fragen und unsichere Quellen, um im Scheinwerferlicht der Nautilus verschollene Personen und Requisiten wieder aufleben zu lassen. Der Roman ist ein Schirm, auf dem die Evolution Sonderschichten fährt und nie gesehene Blüten treibt. In *20.000 Meilen unter den Meeren* lässt Verne seinen Ich-Erzähler ein ozeanisches Zeitalter heraufbeschwören, aus dem die Erde nach einigem Zögern entstanden sei:

Zunächst wurde alles vom Ozean bedeckt. Dann tauchten im Paläozoikum nach und nach Berggipfel und Inseln aus dem

Wasser auf, verschwanden wieder unter nachfolgenden Sintfluten, erhoben sich erneut, wuchsen zusammen, bildeten Kontinente, und schließlich nahmen die Festlandmassen jene geografische Gestalt an, die wir heute kennen.[79]

Die auf- und absteigenden Inseln variieren Darwins Frage nach den fluiden Grenzen zwischen den Arten und Varietäten, die während seiner Fahrt mit der Beagle im Herbst 1835 zwischen den Inseln des Galapagos-Archipel zum ersten Mal aufschien. Wie kann man die Vielzahl der endemischen Arten auf den nahe beieinanderliegenden Inseln des Archipels begründen?[80] Den Umschlag von der Wiederholung zur Differenz, den Darwin in seinem Tagebuch mit der bekannten Zeichnung der vier Finkenschnäbel illustriert, überträgt Nemo mit einer überraschenden Pointe auf die eigene Spezies und Zivilisation: »Wir brauchen keine neuen Kontinente, sondern neue Menschen!«[81] Die Welt ist bereits vollständig entdeckt, beschrieben und inventarisiert. Vernes Protagonisten setzen darum nicht auf passive Beschreibung. Sie wollen die Welt kielunter ein zweites Mal erfinden – die Versuchsanordnung der Evolutionsbiologie spielen sie mit den ingenieurstechnischen Wundern und Mythen der eigenen Zeit durch. Sie sinken zum Meeresboden hinab und gehen zurück auf Los – löschen alle Spuren der Zivilisation und tauchen als Wasser- und Meeresmenschen aus den Fluten wieder auf. Als Schiffbrüchiger ist Aronnax auf dem Rücken eines eisernen Wals gestrandet. Kann aus einem metallischen Walrücken ein neues Festland werden?

Mögliche Welten

Die Frage, ob man in der Nautilus wie auf nahezu jedem anderen Fleck der Erde heimisch werden könne oder als Mensch die Lebensgewohnheiten eines Wals annehmen müsse, überträgt die

Fragen der Akklimatisation auf die eigene Spezies. Sie dreht eine Versuchsanordnung um, die um 1853 in den städtischen Aquarien neugierig bestaunt und in den botanischen und zoologischen Gärten experimentell erprobt wird.[82] Aus einer gegenwärtigen Perspektive kann man fragen, wer sich an dieser Stelle eigentlich wem anpasse: der Wal dem Menschen oder der Mensch dem Wal? Kann man das eigene Habitat wie ein Schneckenhaus mit auf Reisen nehmen und es gegen alle Umwelteinflüsse isolieren? Kann oder soll man die Variation einer Spezies überhaupt in den Kategorien der Unterwerfung und Subordination denken? Wie ist das Verhältnis zwischen den Lebewesen beschaffen – wie wollen wir es beschreiben? Die Antworten sind politisch, weil aus ihnen Diagnosen und Handlungsanweisungen – Allmachtsfantasien der Kontrolle, Apokalypsen, Mahnungen und Kriseninterventionen – erwachsen.

Doch zurück zu den Fragen – mit welchen Narrationen, Fiktionen und Metaphern kommen sie auf die Welt? Die Fragen entstehen mit den auf- und absteigenden Inseln. In dieser Hinsicht ist die Nautilus ein Weltlabor im Taschenformat. Die Vorstellung, dass die Welt in zahllosen Formen aus den Meeren als Insel auftauchen kann, um erneut in den Fluten zu versinken und schließlich dauerhaft als Festland und Gebirge über Null den Wellen zu trotzen,[83] übernimmt Jules Verne von dem bekanntesten Vertreter der Kataklysmentheorie. Der französische Naturforscher Georges Cuvier lässt die Welt in fortwährenden »Umwälzungen«, »Catastrophen« und »Irruptionen« Gestalt annehmen. Verne erwähnt Cuvier in *20.000 Meilen unter den Meeren* mehrfach.[84] Seine Katastrophentheorie liefert die Blaupause für die Tauch- und Zeitreisen der Nautilus, die die Welt nach einigem Zögern aus der Sintflut entstehen, verschwinden und wieder auftauchen lassen:

> Das Land ward [...] auf dieser Erde häufig durch schreckliche Ereignisse gestört. Zahllose Lebewesen waren das Opfer dieser Catastrophen. Die Einen, welche den trocknen Boden des

Festlandes bewohnten, wurden von den Fluthen verschlungen; während Andere, die den Schoos der Gewässer belebten, mit dem Meeresgrund plötzlich emporgehoben und aufs Trockne gesetzt wurden; selbst ihre Arten sind für immer untergegangen, und haben nur wenige, kaum nur noch dem Naturforscher erkennbare Trümmer zurückgelassen.[85]

Überflutungen haben bei Georges Cuvier die alten Welten in Lagern archiviert und neue Welten auf ihren Ruinen errichtet. Die fossilen Überreste von Muscheln, Fischen und Mollusken auf dem Festland sind Zeugen vergangener ozeanischer Welten. Die möglichen Welten findet man mit umgekehrten Vorzeichen auch bei Charles Darwin. Auch er lässt die Galapagosinseln aus einer Serie von Vulkanausbrüchen vom Meeresboden aus entstehen. Das geologische Alter der Inselgruppe sei jung: »Daher scheint es, als seien wir, sowohl in Zeit wie Raum, einigermaßen nahe jenem großen Faktum gebracht – jenem Rätsel aller Rätsel –, dem ersten Erscheinen neuer Lebewesen auf dieser Erde«.[86] Die Erde kann gelesen werden, sie hat die Kosmologie auf der Erdoberfläche aufgezeichnet.

Wie können wir also die Geschichte unserer eigenen Menschwerdung entschlüsseln, wie mit Oberflächen, Strata und physikalischen Messungen Geschichte schreiben? Ein Naturforscher finde im Boden nur »die Ueberbleibsel ganz abweichender Wesen«, schreibt Cuvier.[87] Die Schichten beschreiben eine Serie von unsteten, abgeschlossenen Ereignissen. Cuviers Arten sind demnach nahezu unveränderlich. Ihre »Lager« sind Archive, Lesespeicher, in denen die Natur die Arten offenbar mit *numerus currens* in chronologischer Reihenfolge abgeheftet hat. Dreißig Jahre nach Cuvier haben neue archäologische Funde das Archiv der Natur kräftig durcheinandergewirbelt. »Man kann die Erdrinde mit den in ihr enthaltenen organischen Resten nicht als ein wohlgefülltes Museum, sondern nur als eine zufällige und nur dann und wann einmal bedachte arme Sammlung ansehen«, erklärt Darwin.[88] In den Schichten des

Tertiärs könne man etwa neben ein bis zwei toten Arten auch die Fossilien noch lebender Arten finden. Die Unordnung herrsche vor. Cuviers lineares Geschichtsmodell hat Darwin darum ausrangiert. Das »plötzliche Auftreten einer ganzen Arten-Gruppe«, wie etwa die »ächten Knochenfische« oder »das gänzliche Fehlen der mächtigen Stöße Fossilien-führender Schichten« sprechen gegen jede chronologische Abfolge der Schichten.[89] Die geologischen Schichten konservierten nicht notwendig eine lineare Erdzeit, schreibt Darwin. Die Funde könnten Lücken aufweisen, die Lebenszeiten der Fossilien fielen nicht immer mit den Grenzen der Schichten zusammen. Tote und lebende Arten können mannigfaltige Verwandtschaftsbeziehungen eingehen, weil die Schichten und Speicher der Arten keine zeitlosen, abstrakten Begriffe sind, sondern selber der Geschichte unterliegen. In einer frühen Schrift *Über den Bau und die Verbreitung der Corallen-Riffe* hat Darwin Cuviers Schichten, die Archive und Naturalienschränke der Arten, historisiert, indem er den Bausteinen der Erde – Meere, Kontinente, Inseln – eindeutige kosmologische Schachzüge zugewiesen hat. Meere können herabsinken, Kontinente sich heben, Inseln sind Mischwesen zwischen Land und Wasser, die aufsteigen und untergehen können. Trotzdem zweifelt Darwin:

[H]aben wir ein Recht anzunehmen, dass diese Dinge sich seit dem Beginne dieser Welt gleichgeblieben sind? Unsere Festländer scheinen hauptsächlich durch vorherrschende Hebung während vielfacher Höhe-Schwankungen entstanden zu seyn. Aber können nicht die Felder vorwaltender Hebungen und Senkungen ihre Rollen vor noch längerer Zeit umgetauscht haben? In einer unermesslich früheren Zeit vor der silurischen Periode können Kontinente da existirt haben, wo sich jetzt die Weltmeere ausbreiten und können offene Weltmeere gewesen seyn, wo jetzt die Festländer emporragen. Und doch würde man noch nicht anzunehmen berechtigt seyn, dass z. B. das

Bett des Stillen Ozeans, wenn es jetzt in ein Festland gewandelt wurde, uns ältere als silurische Schichten darbieten müsse«.[90]

War das Festland immer ein Festland, wird das Meer immer ein Meer bleiben? Die Koralleninseln sind Mischwesen: Schicht und Lebewesen zugleich. Darwins Zweifel sind wohlbegründet. Die geologische Schicht unterliegt als impliziter Erzähler der Geschichte selbst der Geschichte. Mit der fluiden Grenze zwischen den Arten und Varietäten erzählt *Die Entstehung der Arten* auch eine Kulturgeschichte der eigenen Taxonomien. Darwin formuliert eine Geschichte zweiter Ordnung. Er beschreibt, unter welchen geologischen Bedingungen eine Geschichte der Arten überhaupt erst gespeichert und geschrieben werden kann. Denn die Speicherung ist nur ein Spezialfall geologischer Geschichte, weil man das Ausbleiben oder Fehlen einer Art ebenso gut auf die fehlende Überlieferung, die Zerstörung einer geologischen Schicht zurückführen kann. Darwin normalisiert das Schweigen: »Arten verschiedener Genera und Klassen haben weder gleichen Schrittes noch in gleichen Verhältnissen gewechselt«.[91] Cuvier synchronisiert dagegen die Schichten mit der Geschichte der Arten. Die Schichten irren nie. Aus der Perspektive Darwins stattet er sie gleichsam mit einer unhintergehbaren Autorität aus. Als Lager und Wohnstätten helfen die Geschichten Cuvier, die Naturgeschichte der Arten zu unterteilen und zu klassifizieren. Während Cuvier den Arten feste Adressen zuweist, verwendet Darwin mobile Adressen und universalisiert die Korallenriffe. Die Schichten sind lebende Archive. So seien die Inseln des Galapagos-Archipels Satelliten des südamerikanischen Festlandes: eine »kleine Welt für sich«, die die Welt in der Welt verdopple.[92] Art und Schicht sind nicht voneinander geschieden. Lebende Schichten führen die Selbstreferenz in die Naturgeschichte ein. Sie können Einschlüsse und Parallelwelten erzeugen, die Darwin in Gestalt von zwei Schildkröten auf Chatham Island auch leibhaftig begegnet sind. »Die riesigen Reptilien, umgeben von der schwarzen Lava, den blattlosen Büschen und großen Kakteen, erschienen meiner Phantasie wie vorsintflutliche Wesen«.[93] Die »vorsintflutlichen Wesen« teilen mit Darwin offenbar nicht nur dieselbe geologische Schicht. Sie sind Zeitspeicher und gespeicherte Zeit zugleich. Als Art und Schicht kompostieren sich die Schildkröten gleichsam selbst.

Cuvier hat die Schichten von den Arten getrennt. Die Zeit ist eine statische Größe, die jede Selbstreferenz ausschließt – die Arten, eine »Wiederholung des Gleichen«. Wenn Arten aber absterben, herabsinken und selbst zu Schichten werden können, wird Zeit selbst zum Gegenstand von Geschichte. Die Geschichte wird, von einem technischen Standpunkt aus betrachtet, zu einem gewissen Teil animiert. Die strikte Trennung zwischen den Protagonisten und Chronisten einer Geschichte löst sich auf. Darwin erläutert in *Die Entstehung der Arten* die Gesetze der Variation zunächst an der Zuchtwahl, um sie dann auf die Ursprünge der Arten zu übertragen.[94] Er deutet damit eine bemerkenswerte Konsequenz an. Die Züchtung ist der Kosmogonie eindeutig überlegen, weil sie Ursprünge auf eine mögliche Zukunft hin auslegen kann. Inseln können synthetisch entstehen und untergehen, die Geschichte sich wie ein Erzähler oder Schriftsteller zu einem gewissen Maß selbst schreiben und erfinden.

Andere Welten
Das ausgeschlossene Dritte

Die Evolutionsbiologie setzt auf Umwege und Parallelwelten, die viele Jahrhunderte hindurch in der Logik keinen Platz gefunden haben. Die Selbstreferenz war ausgeschlossen. Im 4. Buch der *Metaphysik* führt Aristoteles die »Wissenschaft vom Seienden« mit Denkverboten ein: Den Satz vom Widerspruch bezeichnet er als »sicherste[s] Prinzip von allen«: »Es sei unmöglich, dass etwas zugleich sei und nicht sei«.[95] So könne das »Mensch-Sein« nicht zugleich dasselbe wie das »Nicht-Mensch-Sein« bezeichnen, weil nichts und niemand zugleich eine Eigenschaft besitzen und nicht besitzen könne. »So« und »nicht so« sind komplementär zueinander angeordnet.[96] Das andere kann nicht das Gleiche sein, mit dieser Überzeugung setzt sich Aristoteles von Heraklit und Protagoras ab. Darin unterscheidet er sich von den Vorsokratikern. Man kann darum annehmen, dass der Gebrauch der Negation keineswegs immer selbstverständlich war.[97] Die Selbstevidenz, das »sicherste Prinzip von allen«, ist nicht unmittelbar gegeben. Die Kulturtechniken der Abstraktion sind in der Logik, Zahllehre und Geometrie aus eigentümlichen Techniken der »Reinigung« hervorgegangen.[98]

Platon hat die Ideenlehre mit den Biotechniken der Züchtung verbunden. In den »Regeln der Züchtung, nämlich die besten und edelsten Tiere zu paaren, die schlechten und unedlen Exemplare auszusondern«, werde eine Praxis der »Selektion« und »Teilung« sichtbar, schreibt Thomas Macho.[99] Es gelte, die reinen von den unreinen Prätendenten zu unterscheiden.[100] Von der Züchtung leitet Platon die Beziehungen zwischen Abbild, Urbild und Trugbild ab, so Deleuze. Die Teilung trenne weniger die Art von der Gattung: Ihr Zweck liege »grundlegender in der Auswahl einer Linie, die die Bewerber voneinander trennt, das Reine und das Unreine, das Echte und das Unechte voneinander unterscheidet«.[101] Die Abbilder sollen von den Trugbildern geschieden werden:

> Es geht darum, für den Sieg der Abbilder, der Ebenbilder über die Trugbilder zu sorgen, die Trugbilder zu verdrängen, sie im Grund angekettet zu halten, sie im Aufstieg an die Oberfläche zu hindern, daran, sich überall einzuschleichen.[102]

Deleuze spricht von »Grund« und »Tiefe«, er thematisiert das Verhältnis beider zueinander. Die Idee sei der Grund, von dem aus die Abbilder an der Oberfläche ihre Legitimation erlangen.[103] Platons Ideen heftet er an den Grund und macht somit die Philosophen frei nach Victor Hugo und Arthur Mangin zu »Arbeitern des Meeres«. Unterhalb der Oberfläche müssen sie darauf achten, dass die Abbilder den Kontakt zum Grund, ihren Urbildern, nicht verlieren.[104] Deleuze beschreibt die Techniken der Teilung jedoch auch als Prozesse der Verdrängung: Die Oberfläche solle nicht an der Tiefe irrwerden. Die Erfindung des Unbewussten ist vielfach mit der Entdeckung des Meeresbodens und den Anfängen der Psychoanalyse verbunden worden.[105]

Auch die Kartografen verhandeln das Verhältnis von Grund und Oberfläche. Jeder soll ihre Karten ohne Vorwissen verstehen können. Man soll von der Karte geradewegs in den Raum fallen. Im Gelände lernen die Kartografen dagegen, jeden Raum in den Grund zu reißen. Sie sollen sich über die wahren Abmessungen des Raumes ohne Sinnestäuschung jederzeit Rechenschaft ablegen können. Auf dem Papier lieben sie die Bilder, im Gelände werden sie zu Bilderstürmern. Die Kartografen sind stets am falschen Ort. Sie treibt ein Dilemma, weil sie mit zweidimensionalen Oberflächen die Tiefe des Raumes bezeichnen müssen. Das komplizierte Verhältnis zwischen Grund und Oberfläche soll mit zwei Beispielen, auf dem Papier und im Raum, umrissen werden: erstens mit Ptolemaios' Quellenkritik auf den Zeichenflächen der Geografie und zweitens mit einem Navigationsproblem auf dem offenen Meer, mit dem die Tiefe zum Ende des 15. Jahrhunderts unterhalb der Meeresoberfläche buchstäblich zu einem Problem des Grundes wird. Im ersten Fall drohen die Kartografen an den Schreib- und Zeichenflächen irrzuwerden, im zweiten Fall an der Tiefe des Raumes. Die Gefahr des Schiffbruchs scheint allgegenwärtig, das Verirren selbst am Zeichentisch nicht ausgeschlossen.

Viele Orte, nirgends

Der Satz vom Widerspruch hat ganz praktische Auswirkungen. Er diszipliniert um 150 n. Chr. Ptolemaios' *Geographia*. Keinen Ort darf es zweimal geben. Reisen auf gleichen oder ähnlichen Strecken eignen sich besonders für die Überprüfung der Ortsangaben. So erwähnt Ptolemaios Septimius Flaccus, der in nur drei Monaten von Garama zu den Äthiopiern nach Süden gereist sein will, stellt ihm die Reise von Julius Maternus entgegen, der mit dem König der Garamanten nahezu auf derselben Route gereist sei, aber selbst nach vier Monaten nur die Wasserstelle der Nashörner erreicht habe. Ptolemaios mutmaßt, dass mit den Ortsbeschreibungen irgendetwas nicht stimmen könne. Vielleicht nahmen es die Schreiber mit der Berichterstattung nicht so genau, oder Maternus wurde aufgehalten, spekuliert Ptolemaios. Womöglich fand aber auch die Reise des Königs gar nicht auf derselben Route statt.[106] Doppelte Orte verweisen in der *Geographia* nicht auf Utopien, Szenarien oder Welten im Plural. Denn der Satz des ausgeschlossenen Dritten schließt parallele Welten aus. Sie entspringen Fehlern und Artefakten. Darum müssen die Ortsbeschreibungen geprüft und im Zweifelsfall korrigiert werden. Dies geschieht zweifach: erstens durch die Reiseberichte und Ortsbeschreibungen der Vorgänger und zweitens durch die astronomischen Messungen der Polhöhe. Bei der Überprüfung des geografischen Wissens fällt der Karte eine besondere Rolle zu. Wolle man sie korrigieren, so müsse man

> die durch die sicheren Beobachtungen gewonnen Punkte der Zeichnungen wie Grundpfeiler zugrunde leg[en] und die aus anderen Quellen gewonnenen Daten diesen anpass[en], bis die gegenseitige Lage der Orte so weit als möglich mit den verlässlicheren nach der ersten Methode gewonnen Angaben im Einklang steht.[107]

Die doppelten Orte treibt Ptolemaios der Geografie über die Fläche aus. Das lateinische *carta*, entlehnt von der griechischen *charta*, bezeichnet nicht allein die »Karte«, sondern auch ein »dünnes Blatt«, »Papier«, »Papyrus«, eine »Platte« oder »Tafel«.[108] *Charta* meint in einem übertragenen Sinn auch die Schrift, die man auf einer ebenen

Schreibfläche notiert. Eine Karte ist also vor allem flach. Als Medium und Untergrund aller Buchstaben und Linien verweist sie auf die Operationalisierung der Fläche, die auch Ptolemaios als Werkzeug entdeckt. Die Karte ist keine Form der Darstellung oder Visualisierung, vielen Ptolemaios-Ausgaben liegen gar keine Karten bei. Sie ist vielmehr ein Instrument der Quellenkritik und Wahrheitsfindung. Die zweidimensionale Fläche ist ein Kontrollinstrument, weil jeder Ort auf der Kartenfläche durch zwei Punkte eindeutig bestimmt werden kann. Man müsse seine geografische Länge und Breite kennen, wolle man ihn richtig eintragen, dies sei unerlässlich.[109] Das zweite Buch der *Geographia* trägt bei jedem Ort bis auf den zwölften Teil eines Grades die genaue geografische Breite und Länge ein. Es besteht aus Tabellen und Zahlenreihen, eine Technik, die Ptolemaios schon zuvor in seinem Sternenkatalog *Almagest* erprobt hat. Marinus von Tyros notiere Länge und Breite in unterschiedlichen Listen, klagt Ptolemaios. Er könne sie darum nicht systematisch aufeinander beziehen. So besäßen manche Orte nur eine Breite, keine Länge. Andere Orte verzeichne Marinus lediglich mit ihrer Länge, dritte mit mehreren Längen oder Breiten. Manche Ortsbeschreibungen gründen demnach auf zu vielen widersprüchlichen Informationen, andere auf einem Mangel. »Überhaupt erfordert jeder einzelne Karteneintrag die Durchsicht beinahe aller seiner Abhandlungen, da in allen etwas anderes über denselben Ort gesagt wird«, schreibt Ptolemaios über Marinos. »Und wenn wir nicht alles, was unter verschiedenen Rubriken über einen Ort gesagt ist, zusammensuchen, werden wir unbemerkt in vielen Punkten irren, die beachtet werden müssen«.[110] Marinos setzt auf die Beschreibung, Ptolemaios dagegen auf die Zweidimensionalität der Karten. Die Richtigkeit der Erdbeschreibung überprüft er nicht auf der Oberfläche, sondern am Grund. Zeichnet man eine Karte, braucht jeder Ort zwei Koordinaten. Fehlerhafte oder fehlende Angaben sortiert die Karte automatisch aus. Mit der Fläche überträgt Ptolemaios Aristoteles' Satz vom Widerspruch auf die Kartografie. Die Karte schließt aus, dass

Orte zugleich sind und nicht sind – das Dritte hat auf der zweidimensionalen Kartefläche keinen Ort. Ptolemaios versucht demnach, dem Irrewerden an der Tiefe, an der Differenz von Oberfläche und Tiefe, durch Nivellierung und Ersetzung zu entkommen. Die späteren Kartografen ersetzen auch die Erdbeschreibung durch die Karte. Denn auf der Karte kann man wie im Raum reisen und navigieren.

Zur Differenz von Oberfläche und Tiefe müsse man sich antizipierend oder abwehrend verhalten, schreibt Deleuze. Es gebe »zwei Lesarten der Welt«,

> die eine [...] veranlasst [uns], die Differenz ausgehend von einer vorgängigen Gleichartigkeit oder Identität zu denken, wohingegen die andere uns auffordert, die Gleichartigkeit und sogar die Identität als das Produkt einer Grunddisparität zu denken. Die erste definiert exakt die Welt der Abbilder oder Repräsentationen, die zweite definiert dagegen die Welt der Trugbilder.[111]

Die Welt der Abbilder reduziert das andere auf das Gleiche. Die Welt der Trugbilder beharrt dagegen auf der Differenz, die sie in jeder Gleichförmigkeit findet. Die Logik der Abbilder veranschaulicht Deleuze mit Platons Höhlengleichnis an einem Schattenriss, der wohl frühesten Technik der Projektion, die im Umfeld der Astronomie und Geometrie entstanden ist. Auch die Kartenleser sind nicht selten in einer Höhle gefangen, da die Karten die Welt darstellen, aber niemals selbst enthalten können.[112] Die Schatten, die das Feuer an die Wand wirft, gleichen den Limitationen der Projektionen, die die Geografien und Weltbilder für den Überblick auf zwei Dimensionen reduzieren müssen. In der Kartografie fällt die Welt der Abbilder mit den Abbildern der Welt zusammen. Ptolemaios' Quellenkritik gewinnt dem Mangel eine Pointe ab, indem er die Projektion zur Synchronisation und Quellenkritik nutzt. Zwei sind einer zu viel: Jeder Ort, der in Platons Höhle mehrfach an der Wand erscheint, muss notwendigerweise ein Trugbild sein. Die

Erste gedruckte Karte, T-O-Karte aus Isidor
von Sevilla, *Etymologiae*, 1472.

Geographia reagiert nicht nur auf die unkundige Überlieferung, sondern auch auf den Eigensinn der Kopisten. Die Projektion gleicht der Neuner- oder Elferprobe in der Arithmetik, weil sie das Verhältnis zwischen Abbildung und Welt kontrolliert. Mit dem Buchdruck wird die Frage nach der Wiederholung und der Differenz neu gestellt. Die erste gedruckte Weltkarte, die 1472 in einer Ausgabe von Isidor von Sevillas *Etymologiae* abgedruckt ist, ähnelt eher einem Stempel oder Icon. Ein doppelter Kreis, eine Linie und ein Lot trennen die drei Erdteile voneinander. Und selbst die Weltkarte von Martin Waldseemüller, auf der zum ersten Mal 1507 der Name »America« auftaucht, mag andeuten, wie sehr die Produktionstechniken mit dem aufkommenden Buchdruck sich verändern.[113] Im Buchdruck ist das andere immer das Gleiche. Er verdrängt das singuläre Detail. Der Plural hat das letzte Wort.

Erste Zweifel an der Herrschaft des Plurals verbreiten sich erst im 19. Jahrhundert. Charles Darwin sucht in *Die Entstehung der Arten* die kleinsten Differenzen in den Varietäten: »Varietäten sind Arten im Werden«. Deleuze verbindet mit den Varietäten und den einsamen Inseln ein weitgehend »nomadisches Wissen« der Mannigfaltigkeiten, das »Typen durch Populationen, [...] Stufen durch Quotienten oder differentielle Beziehungen« ersetzt.[114] Dabei erwähnt er mehrfach die Tiefe. Im »subversive[n] Werden der Tiefen, das dem Gleichförmigen, der Grenze, demselben oder dem Ähnlichen auszuweichen vermag«. Platon unterscheide und isoliere. Das andere mache er ähnlich, er versuche es »möglichst tief zu verdrängen«, um das andere »in eine Höhle auf dem Grund des Meeres einzuschließen«.[115] Die folgenden Kapitel fragen nach den Orten der Tiefe. Die Materialisierung der Tiefe will keinen Beitrag zur Deleuze-Forschung leisten, die noch weitgehend auf ihre Historisierung wartet. Die Frage nach der Wiederholung und Differenz zielt vielmehr auf eine Theorie und Geschichte der Neben- und Wechselwirkungen. Ihr Medium und Schauplatz ist das Meer.

Die Vermehrung der Pole:
Zwischen Missweisung und Variation

Im Laufe des 15. Jahrhunderts taucht das andere im Gleichen als Navigationsproblem vom Grund des Meeres auf. Die »Fehlweisung«, »Deviation« oder »Deklination« ist die Ursache zahlreicher Irrfahrten, verursacht von der Abweichung und Neigung der Kompassnadel vom geografischen Nordpol. Die Deklination bezeichnet die Abweichung vom geografischen Pol. Sie misst den Winkel zwischen dem geografischen und magnetischen Meridian. Die Abweichung kann zu den Polarkreisen hin bis zu 180° anwachsen. Die Deviation, Inklination oder Ablenkung meint den Winkel zwischen der erdmagnetischen Kraftrichtung und der Horizontalen. Die Intensität zieht die Summe aus Abweichung und Ablenkung. Während Ptolemaios die Tiefe aus der Karte verbannt – er setzt die Tiefe mit der Oberfläche gleich – taucht sie mit der Missweisung und Ablenkung erneut als eigenständiger Ort aus der Tiefe der Ozeane auf. Die ersten Karten zur magnetischen Abweichung verorten sie tatsächlich oberhalb oder unterhalb der Meeresoberfläche. Die Deklination wird als Stigma, Mælstrom, Inselberg oder unterirdische Höhle dargestellt. Sie bezeichnet eine Wirkung und einen Ort, an dem die Reisenden drohen, der Welt abhandenzukommen oder buchstäblich an der Tiefe irrzuwerden.

Der rätselhaften Kraft der Missweisung begegnet Kolumbus zum ersten Mal 1492. Zumindest hat er sie am 13. September in seinem *Bordbuch* zum ersten Mal erwähnt: »Bei Nacht wichen die Kompassnadeln nach Nordwesten ab, morgens zeigten sie mehr nach Nordosten«.[116] Nur wenige Tage später wird er konkreter:

> Die Kapitäne stellten die Lage fest und merkten, daß die Kompasse wiederum um einen guten Strich deklinierten; die Matrosen zeigten sich furchtsam und bekümmert, sagten aber nicht warum. Ich bemerkte es und trug den Kapitänen auf, bei Tagesanbruch aufs Neue den Standort zu bestimmen und die Nadeln mit dem Nordpunkt genau zu kontrollieren.[117]

Mit der Verdopplung der Pole werden zum Ende des 15. Jahrhunderts zuerst die Entdecker konfrontiert. Der zweite Pol taucht als beharrliche Irritation auf. Missweisungen sorgen für Irrfahrten, sie drohen den Seefahrern mit Skorbut. Die Trugbilder sind eine Bedrohung für Leib und Leben. Den doppelten Polen sind die Entdecker auf den Meeren noch ohne Karten, Tabellen und Begriffe hilflos ausgeliefert. Die Verdopplung der Pole können die Kartografen im 16. Jahrhundert erst allmählich zähmen. Erste Anzeichen des neuen praktischen Wissens findet man auf der Weltkarte des Kartografen und Astronomen Johannes Ruysch. Seine Weltkarte erscheint 1508 in einer Ausgabe von Ptolemaios' *Geographia*.[118] Mit der konischen Projektion, die alle Breitengrade im gleichen Abstand

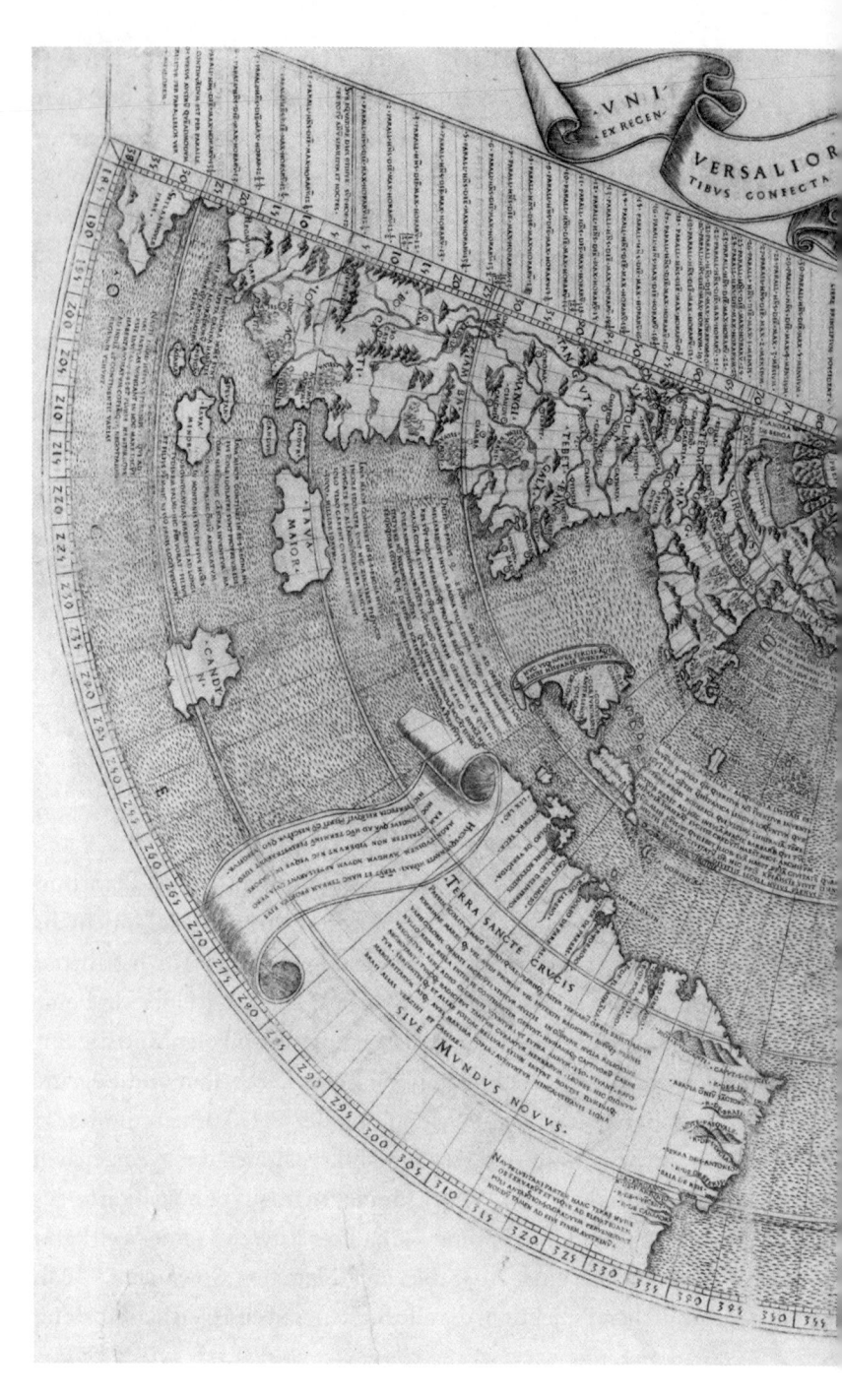

Johannes Ruysch, Weltkarte aus der *Geographia* von Ptolemaios, 1508.

TABULA ... BUS
...GNITI ORBIS
...OBSERVATIONI...

voneinander zeichnet, übernimmt er die Projektion mit wenigen Modifikationen von Ptolemaios. Bei Ptolemaios erstreckt sich die Karte der »Bekannten Welt« von Thule bis Meroe. Afrika endet in Ägypten. Amerika sucht man vergebens – die Oikumene bezeichnet mit 180 Grad nur die halbe Welt. Ruysch weicht in dieser Hinsicht deutlich von Ptolemaios ab. »TERRA SANCTE CRVCIS [...] SIVE MVNDVS NOVVS«, schreibt er auf einem nahezu weißen Fleck der Karte. Wie zuvor schon der venezianische Kartograf Giovanni Matteo Contarini hat er das Netz der Längengrade von 180 Grad auf 360 Grad erweitert, damit Amerika nicht aus der Welt fällt.[119] So deutet er mit wenigen Strichen eine Küste und einige Flussläufe an. Die östliche Küste Südamerikas erkennt man deutlich, aber die westliche Küste bleibt weiterhin schemenhaft. Bis man wisse, in welche Richtung sie verlaufe, müsse sie unbestimmt bleiben, erklärt Ruysch achselzuckend.[120]

Die neue Welt ist auf den Karten gelandet, doch ihre ersten Spuren hinterlässt sie weniger in der Kartenmitte als am Nordpol. Für Ptolemaios ist der Pol Ursprung und Fluchtpunkt der konischen Projektion – ein außerirdischer Ort, der das Weltbild bestimmt, aber nicht auf der Karte erscheint.[121] Ruysch hat dagegen den Nordpol als realen Ort auf der Karte eingezeichnet. Das ist auch der Grund für die modifizierte Projektion und ein direktes Echo auf die Missweisungen, die Diaz, da Gama, Vespucci und Kolumbus hartnäckig auf ihren Reisen in die neue Welt verfolgen. Die Entdeckung des Magnetpols schreibt er dem Karmelitermönch Nicolas de Linna zu. In der *Inventio Fortunata*, einem verschollenen Buch, habe er den Nordpol als Magnetberg und Mælstrom beschrieben:

> Unter [sub!] dem arktischen Pol ist ein magnetischer Stein, der 33 germanische Meilen im Umfang misst. Ein wogendes Meer umgibt den Felsen, und ringsherum liegen vier Inseln, von denen zwei bewohnt sind.[122]

Die Navigationsprobleme haben den Nordpol auf die Karten gespült und verdoppelt. Als Stigma und Zirkelstich wird er bei Ruysch zum Mælstrom, zu dem alle Meridiane und Magnetlinien hinfließen und enden. Der Pol ist der Nabel der Neuen Welt.

Doch auch Ruysch kann die Missweisung nicht erklären. Erst ein Holzschnitt des bayrischen Astronomen, Mathematikers und Geografen Jakob Ziegler thematisiert sie 1532 erstmals als Navigationsproblem.[123] Die Karte zeigt Teile der arabischen Wüste, die der gebirgige Küstensaum Palästinas vom Meer getrennt hat. Ein stark beschupptes Meerungeheuer weist auf die beunruhigende Neuerung hin: eine Kompassrose, die um knapp 28 Grad vom geografischen Norden abweicht. Eine Tabelle informiert für die zehn wichtigsten Reiseziele über die Neigungen der Kompassnadeln.[124] Jerusalem ist auf der Karte nicht eigens hervorgehoben. Stattdessen weist die Kompassrose in Richtung Regensburg, Venedig und Rom quer über das Meer. Die Ablenkung soll man offenbar mit dem eigenen Kompass durch einfache Parallelverschiebung ermitteln. Keine Polardarstellung, sondern ein unscheinbarer Kreis in der arabischen Wüste macht darauf aufmerksam, dass der Norden sich vervielfältigt hat.

Im Gegensatz zu Ziegler hat der Erzbischof Olaus Magnus die Pole zum ersten Mal zwischen Menschenfressern, »Meereswundern« und »greulichen Feuerlöchern« als Punkte und mikroskopisch kleine Inseln auf der Karte sichtbar verdoppelt. Zwischen vier Inseln, die schon bei Ruysch den nördlichsten Punkt der Erde bewachen, zeichnet er einen arktischen und einen magnetischen Pol.[125] Die polaren Zwillingsinseln bezeichnet Olaus mit dem Buchstaben »D« und schreibt in der Legende: »D zeigt an eine Insel von fünf oder sechs Meilen Länge und Breite, unter dem Nordpol gelegen, bei der der Schiffskompaß seine Kraft verliert«.[126] Olaus legt die Pole übereinander – den magnetischen Pol stellt er sich als unterirdischen Inselberg des Nordpols vor. Und in der *Historia de gentibus* von 1555 ergänzt er noch ein Detail: »Endlich finde man in den Inseln, die under dem

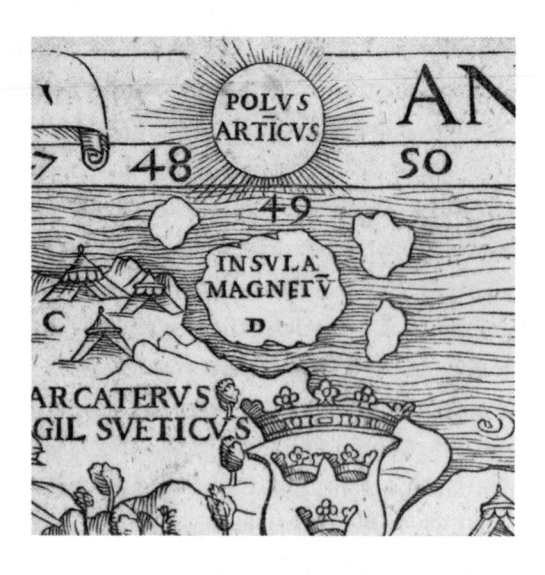

Olaus Magnus, *Carta marina et descriptio septemtrionalium terrarum ac mirabilium rerum in eis commentarium ...*, 1539.

Polo ligen, Berg, darinnen Magneten wachsen«.[127] Der magnetische Pol verdoppelt nicht nur den Nordpol, sondern im Innern der Inselberge auch die Höhlen. Mit der Zwillingshöhle wird das ganze Dilemma offenbar. Der magnetische Pol zwingt die Navigatoren zur doppelten Buchhaltung – zwei Pole, zwei Höhlen. Identität wird nicht mehr auf eine Einheit, sondern Zweiheit zurückgeführt. In Olaus' Nordpol befindet sich ein Magnetpol, der einen Berg beherbergt, in dem erneut Magnetinseln heranwachsen. Rekursive Inselberge verdoppeln Platons Grund: zwei Höhlen, zwei Urbilder. Die Vorstellung, dass die Pole übereinanderlagern, hat Olaus womöglich einer einfachen Beobachtung nachempfunden. Eine frei aufgehängte Kompassnadel zeigt in Polnähe mit der Spitze nach unten. Die Tiefe steht dem Polarreisenden also unmittelbar vor Augen.

Der magnetische und der geografische Pol müssen sich bei Olaus Magnus und Ruysch noch denselben Ort teilen. Erst Gerhard Mercator hat den Magnetpol auf seinem Erdglobus von 1541 an einem anderen Ort eingezeichnet. Dass die zwei Pole an unterschiedlichen Orten liegen, war so neu, dass Frans Hogenberg dies in einem Kupferstich 1574 eigens festhält. Mit dem Zirkel greift Gerhard Mercator den Abstand zwischen dem magnetischen und dem arktischen Pol ab, als wolle er ihre Entfernung messen. Die Abbildung hat Jodocus Hondius in leichter Variation 1609 im Hondius-Mercator-Atlas übernommen. Dem gemeinsamen Kartenwerk ist ein Doppelporträt von ihm und Mercator vorangestellt. Hondius tritt wie Mercator gottgleich mit ausgestelltem Zirkel auf. Die parallele Darstellung, die Hondius zum heimlichen Doppelgänger Mercators macht, veranschaulicht auf einfache Weise die Verdopplung der Pole. Die Furcht, die die Matrosen auf Kolumbus' Schiffen befallen hat, ist am Ende einer Gewissheit gewichen: Der Norden hat sich verdoppelt. Auf der Weltkarte *ad usum navigantium* hat Mercator darum den magnetischen Pol neben den vier symmetrischen Inseln des Mælstroms als eigenständigen magnetischen Inselberg im Weichbild des Nordpols angesiedelt. Von dort wirft er seinen blassen Schatten auf das Polarmeer. Die Verdopplung des Nordpols steht paradigmatisch für das andere im Gleichen.

Martín Cortés, der Sohn des Eroberers Hernán Cortés, erklärt 1551 die Missweisung zum ersten Mal ausführlicher in einem Handbuch über Sphärik und Navigation.[128] Die Deklination hat Cortés zwar nicht kartiert, doch gerät die Missweisung in seiner Abhandlung zum ersten Mal als abstrakter, numerischer Gegenstand in den Blick. Als sichtbares Zeichen der Abstraktion können die zwei beweglichen Papierscheiben gelten, mit denen der Leser selbst die Missweisung ermitteln kann. Sie antworten offenbar auf die Erfahrung, dass die Missweisung vom Äquator zu den Polen hin bis ins Unendliche zunimmt: Jeder Ort auf der Erdoberfläche besitzt einen eigenen Grad der Abweichung und Neigung. Ziegler kann bei den geringen Distanzen des Mittelmeeres noch eine annähernd konstante Missweisung voraussetzen. Cortés rechnet als Sohn des Entdeckers dagegen auf den Weltmeeren mit mobilen Missweisungen.

Dennoch kann auch er die Deviation der Magnetlinien auf dem Meer nicht fehlerfrei messen, weil er die Längengrade nicht genau bestimmen kann. Doch selbst wenn er dies könnte, fehlten ihm die Kenntnisse der sphärischen Trigonometrie. So bleibt es bis zur Mitte des 17. Jahrhunderts bei ersten Papiermaschinen und technischen Geräten. 1576 konstruiert Robert Norman das erste *Inklinatorium*, das auf das dreidimensionale Problem der Inklination nicht mehr mit zweidimensionalen Papierscheiben antwortet, sondern mit einem senkrecht aufgehängten Kompass, dessen Nadel die Neigung der magnetischen Feldlinien anzeigen soll. Aber der Verdopplung des Nordens steht um 1600 mitnichten die systematische Erkenntnis der Isogonen gegenüber, die das Netz der Längen- und Breitengrade als ungleiche Zwillinge überlagern und beugen. Noch Edward Wright nahm in seiner Vorrede zu Gilberts *De Magnete* an, dass der geografische Äquator mit dem magnetischen Äquator in eins falle.[129] Erst Edmund Halley verdoppelt die Äquatorlinien und versieht die Messungen der magnetischen Abweichungen in seinen Tafeln mit Jahreszahlen, denn die Missweisung variiert nach Ort und Messzeitpunkt.[130] Halley teilt Gilberts Vorstellung, dass die gesamte Erde magnetisch sei. Sie fällt in letzter Konsequenz mit den Inselbergen und Magnetinseln zusammen.[131] Er spricht nicht mehr von Meeresinseln, sondern von »Polen« und »Punkten« und nimmt an, dass es je zwei magnetische Punkte in der Nähe des Nord- und Südpols gebe, die die Kompassnadeln ablenken.[132] Den nördlichen »europäischen« Magnetpol könne man im Abstand von 7 Grad zum »Pole Arctick« finden.[133] Von seinen theoretischen Überlegungen ausgehend, zeichnet er 1701 die erste Seekarte, eine *Tabula Nautica*, die neben dem geografischen Längen- und Breitengraden in Mercatorprojektion auch die Magnetlinien von 1700 enthält.[134]

Knapp siebzig Jahre später führt Euler die theoretischen Überlegungen von Halley fort. Von einem mathematischen Standpunkt aus fragt Euler nach der Position der Magnetpole. Kann man den Magnetpolen auf der Erdoberfläche Orte zuweisen, oder muss man

Polarkarte mit magnetischem und geografischem
Nordpol. Gerhard Mercator, *Nova et Aucta Orbis Terrae
Descriptio Ad Usum Navigantium*, 1569. (Ausschnitt)

sie im Innern der Erdkugel suchen? Sind sie Gegenstände der Erdoberfläche oder nur Fluchtpunkte der Zeichenoberfläche, mit denen man auf einfache Weise die magnetischen Feldlinien konstruieren und erfassen kann? Sind die magnetischen Insel- und Eisenkerne in der Welt oder bloß visuelle Artefakte, Modelle der Einbildung?[135] Im Gegensatz zu Halley äußert sich Euler nicht mehr zu den Ursachen der Missweisung. Er setzt stattdessen auf ihre Wirkungen oberhalb der Meeresspiegel und Erdoberflächen, weil man über unterirdische Inseln und Eisenberge schlechterdings nichts wissen kann. Über ihre tatsächliche Lage können wir nur mutmaßen:

Man hat [...] keinen gedoppelten Magnet in der Erde, auch nicht vier magnetische Pole vonnöthen, um die Erscheinungen der magnetischen Abweichung zu erklären[.][136]

Auf die Versuche seiner Vorgänger, vor allem auf Halley, antwortet Euler mit Formalisierung. So berichtet er im *171. Brief an eine deutsche Prinzessin* lediglich von einer großen Unordnung, auf die er reagieren wolle. Die Messungen weichen nicht nur von den geografischen Polen ab. Jeder Ort hat eine andere Missweisung, jedes Jahr braucht neue Tabellen, da die Inklinationen ebenso in und mit der Zeit variieren können. Das hat auch schon Halley bedacht. Aber Euler reduziert das Navigationsproblem auf eine Frage der Mess- und Darstellbarkeit: Man wird nie genügend Messungen zusammentragen können, um alle Orte zu allen Zeiten mit den aktuellen und konkreten Graden der Missweisung und Neigung darstellen zu können. Euler will darum die Beobachtung und Reiseberichte durch ein Kalkül ergänzen.[137] Schon in einer Abhandlung von 1757 hat er die vier Lagen der Pole zueinander diskutiert. Die Pole, so vermutet er, liegen einander entweder gegenüber, oder sie befinden sich auf zwei Meridianen. Entweder sie teilen sich einen Meridian, oder sie liegen auf verschiedenen Meridianen.[138] Mit diesen vier Fällen hat Euler alle möglichen Lagen auf der Erdkugel vollständig beschrieben. Die Beschreibung der Lagen ist eine notwendige Voraussetzung, um die Missweisung mit den Mitteln der Algebra so zu formalisieren, dass sie für alle Orte und Zeiten berechenbar wird. In einem weiteren Schritt schließt er aus den Beobachtungen und Messungen die mathematischen Ursprünge und Fluchtpunkte. Man solle zuerst die Lage der Pole so wählen, dass man alle magnetischen Linien einzeichnen könne, die man aus Zahlentabellen, Beobachtungen, Logbuch-Eintragungen und Beobachtungen entnehmen könne. Von den wenigen Linien könne man dann auf die fehlenden Magnetlinien schließen. Euler hat die Frage nach dem Sitz der magnetischen Pole mit einer geometrischen Konstruktion gelöst:

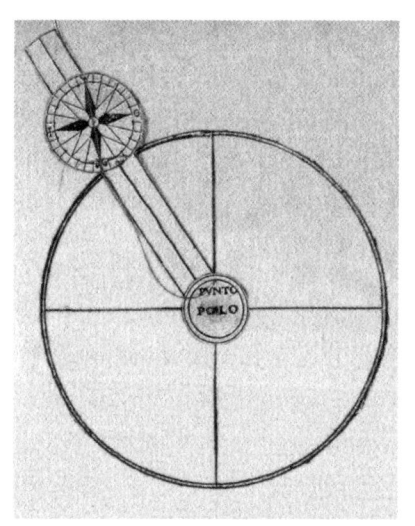

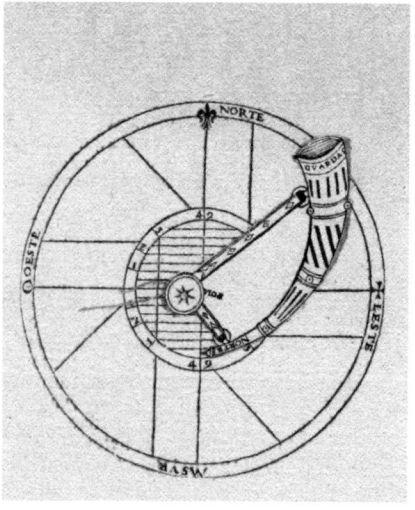

Zwei Papiermaschinen zur Errechnung der
Abweichung in Martín Cortés, *Breve compendio
de la sphera y de la arte de navegar*, 1551.

Also kömmt es, um den Zustand der magnetischen Abweichung zu kennen, nur darauf an, daß man die zwey magnetischen Pole festsetze; und sodann ist es eine geometrische Aufgabe, die Richtung aller dieser Linien zu bestimmen, [...] die durch alle diejenigen Oerter gezogen sind, wo die Abweichung die nemliche ist. Durch eben dieses Mittel würde man auch im Stande seyn, diese Linien zu berichtigen und Gegenden auszufüllen, wovon uns die Beobachtungen fehlen; und wenn man für alle künftigen Zeiten die Stellen der zwey magnetischen Pole auf der Erde bestimmen könnte, so würde das ohnstreitig die schönste Auflösung des Problems seyn.[139]

Schon 1757 hat Euler das Gradnetz der magnetischen Abweichung auf diese Weise trigonometrisch berechnet. Um vier Pole knüpft er das Netz der abweichenden Längengrade.[140] Blickt man von Euler

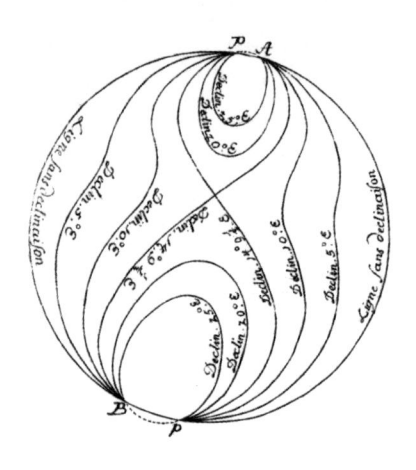

Leonhard Euler, *Recherches sur la déclinaison de L'aiguille aimantée*, 1757.

aus auf die mannigfaltigen Antworten auf das Problem der Missweisung, so kann man ähnlich wie bei Foucaults Heterotopien grob betrachtet drei Phasen beschreiben.[141] Der Suche nach dem Ort des Magnetberges bei Ruysch und Olaus folgte die Frage der Ausdehnung bei Mercator. Paradigmatisch für die Extension ist Mercators Zirkel, der Strecken und Differenzen zwischen dem arktischen und magnetischen Pol sichtbar macht. Auf die Ausdehnung antwortet Euler mit Fragen der Lage. Die Topologie überträgt die Orte des Gleichen vom Raum auf die Schreibfläche. Die Navigationsprobleme werden dabei auf die Probleme der Beschreib- und Berechenbarkeit reduziert.

»Keine zwei Dinge gleichen einander«

Von der Lokalisation über die Ausdehnung bis zur Lage haben die Zwillingsorte ihre Funktion und Identität verändert. Bei Ptolemaios traten sie noch als unerklärliche Rätsel auf, mit denen man sich notgedrungen beschäftigen muss. Zum Ende des 18. Jahrhunderts sind sie keine Irrtümer mehr. Als das Verirren nahezu ausgeschlossen ist, verschwinden die weißen Flecken nicht spurlos von der Karte. Sie werden vielmehr selbst zum Gegenstand wissenschaftlicher Erkenntnis. Rundungsfehler, Mutationen, Variationen und Devianzen geraten in den Fokus der empirischen Wissenschaften, in denen man die unbestechlichen Zeugen einer rohen, vermeintlich unverfälschteren Wirklichkeit zu finden glaubt. Herbert George Wells hat am Ausgang des 19. Jahrhunderts das Reale in den schwankenden Messwerten aufgespürt und seinem Jahrhundert eine »Wiederentdeckung des Einzigartigen« attestiert. So sei das Verhältnis von Wasserstoff und Sauerstoff nur in der Theorie konstant und ganzzahlig, die Korrektur der Rohdaten eine »numerische Täuschung« und »multiple geistige Schiefäugigkeit«. Gleichheit und Wiederholbarkeit der Versuchsanordnungen seien nur selten in den Messungen der empirischen Wissenschaften gegeben: »Die Zahl ist eine rein subjektive und trügerische Verdopplung des Einzigartigen«.[142] Die Kritik zielt auf das Zählen und berührt eine Frage, die schon die antike Zahlentheorie im 5. und 4. Jahrhundert v. Chr. kaum zufriedenstellend beantworten konnte. Den Übergang vom Eins-Sein zum Zwei-Sein, von den Fällen und Einzelbeispielen zur Konstruktion oder zum Lehrsatz kann sie lediglich mit einem kategorialen Sprung erklären: »Das Eins-Sein ist das Prinzip für etwas, eine Zahl zu sein; denn das erste Maß ist Prinzip«, erklärt Aristoteles.[143] Nicomachos von Gerasa folgert aus den arithmetischen und geometrischen Reihen, die die Pythagoreer mit den *psephoi* spielend entdeckten: »Die Einheit nimmt den gleichen Platz wie der Punkt ein. Sie teilt seine Eigenschaften. Sie ist der Beginn aller Abstände [*diasthma*] und Zahlen, ohne selbst Abstand und Zahl zu sein«.[144] Die Eins ist also nach Aristoteles und Nicomachos gar keine Zahl, sondern Gesetz und Einheit aller Zahlen. Während die Pythagoreer das Wegsehen und Vergröbern zu einer Technik der Wahrnehmung, oder genauer des Für-wahr-Nehmens, ausbauen und mit der Vervielfältigung des Eins-Seins das deduktive Schließen und die Abstraktion erfinden, entdeckt Wells in der Evolutionsbiologie und den Messwissenschaften am Ende des 19. Jahrhunderts erneut die Einzigartigkeit. Die Abstraktion – das Denken in Erstsätzen und Ursachen, das die Griechen mit dem axiomatischen Aufbau ihrer Geometrielehrbücher erfanden – wird Wells zur Fehlerquelle. Der Zahl Eins spricht er die Fähigkeit ab, Prinzip oder Einheit für irgendetwas außerhalb ihrer selbst zu sein: »Alles Sein ist einzigartig, oder: keine zwei Dinge sind sich gleich«, »die Vorstellung von gleichartigen Wesen [beruht] auf einer unbewussten oder absichtlichen Nichtberücksichtigung unendlich vieler kleiner Unterschiede«. Die Babylonier hatten bekanntlich Zahlsysteme für verschiedene Gegenstände: Fischhälften, Getreide, Schafe, Rinder, Felder zählten sie mit unterschiedlichen Symbolsystemen. Und selbst die Griechen unterschieden mit den Buchstabenzahlen und der akrophonischen Zahlschrift zwischen ihren zahltheoretischen Überlegungen und den alltäglichen Erfordernissen der Arithmetik auf den Rechentischen. Wenn Wells die Universalität der Begriffe und Zahlen anzweifelt, konfrontiert er die Abstraktion mit der Physik der analogen Welt. Die analoge Welt ist stufenlos.

»Der Punkt ist das, was keine Teile hat«, schreibt Euklid in den *Elementen*.[145] Ähnlich wie die Eins ist er keine Figur, sondern Element aller Figuren. In einer prominenten Euklid-Ausgabe, die zwischen 1574 und 1738 allein zweiundzwanzig Ausgaben erlebt, vergleicht Christophorus Clavius die Negativität des Punktes mit der »spitzesten Spitze einer Spitze«.[146] Clavius' Metapher für die Undarstellbarkeit des Punktes legt Robert Hooke unter das Mikroskop. Er will den »physikalischen Punkt« und das Eins-Sein experimentell erforschen. Auf der spitzesten Spitze einer Nadel hat er »Ausdehnung«, »Unebenheiten« und »Irregularitäten« entdeckt, die zum Wohnraum von »Hunderten von Milben« werden.[147] Die Milben sind Stellvertreter der »kleinsten Dinge«, die den reellen Zahlen ein Gesicht geben, bevor die Zahltheorie sie entdeckt und benennt. Der physikalische Singular bleibt unabzählbar. Die Frage nach dem arktischen und magnetischen Pol legt nicht den Singular, sondern den Plural unter das Mikroskop. Sie hat die Wiederholung stark vergrößert und bei jeder Vervielfältigung Rauschen und Abweichungen festgestellt. Die doppelten Pole haben neue Mess-, Zeichen- und Rechentechniken hervorgebracht, die man mit Deleuze tatsächlich auch als produktives Irrwerden an der Tiefe beschreiben könnte, weil sie die Frage nach der Wahrheit und damit nach dem Unterschied von Oberfläche und Tiefe, Vorbild und Abbild, Abbild und Trugbild durch die Fragen nach der Berechen- und Darstellbarkeit ersetzen.

»Zwei Lesarten der Welt« – was bleibt, und was war zuerst da? Die Differenz oder die Identität, das Zwei-Sein oder das Eins-Sein, der Singular oder der Plural?[148] Die zwei Lesarten, die Deleuze mit wenigen Strichen entwirft, kann man mit dem Flug einer Münze vergleichen. Das Metall erlangt rasch an Höhe, fliegt, dreht sich fortwährend um die eigene Achse. Schließlich verharrt es für einen kurzen, kaum wahrnehmbaren Augenblick in der Luft. Kopf oder Zahl? Der Weg von der Entdeckung des magnetischen Pols bis zur Formalisierung der Missweisung gleicht dem rudernden Flug einer Münze – bis sie fällt. Haben von Ptolemaios bis Halley die Kartografen den Raum auf die Fläche projiziert, um die Tiefe zu bannen und im anderen immer nur das Gleiche zu finden, so dreht sich die Blickrichtung am Ende des 18. Jahrhunderts nahezu um. Messfehler sind nicht länger irritierende Störungen. Auf der Münze sind sie die »Zahl«: die irreduziblen Singularitäten und das eingeschlossene Dritte.

Die Tier- oder Pflanzengeografie überzieht die Erdoberfläche mit gleichen und ähnlichen Orten. Die Universalisierung der Störungen ist eng mit den Anfängen der Klimatologie verbunden. Ihre Protagonisten sind die Zonen gleicher Wärme. Mit den Isothermen soll im Folgenden der Aufstieg der gleichen und ähnlichen Orte exemplarisch untersucht werden. Welche neuen Darstellungsformen und Formalisierungen erwachsen aus dem inflationären

Auftauchen gleichförmiger und ähnlicher Orte? Welchen Einfluss nehmen sie auf das Verhältnis von Einzelfall und Verallgemeinerung, wie will man noch urteilen und generalisieren, wenn nichts mehr dem anderen gleicht?

Gleiche Orte, parallele Welten

Die Gedankenexperimente der gleichen und möglichen Welten entstehen im 19. Jahrhundert mit einer Forschungsreise, die Alexander von Humboldt und Aimé Bonpland zwischen 1799 und 1804 über Spanien und Teneriffa in die Pflanzen- und Tierwelt Südamerikas unternehmen. Nahezu zeitgleich mit Heinrich von Ofterdingen in Novalis' gleichnamigen Roman suchen Humboldt und Bonpland die blaue Blume,

> ein Veilchen mit behaarten Blättern [*Viola cheiranthifolia*], das sozusagen die Grenze der Phanerogamen auf dem Vulkan von Teneriffa bildet und von dem man lange glaubten, daß es dieser Insel eigentümlich sei, wird 300 *lieues* nördlicher, in der Nähe des beschneiten Gipfels der Pyrenäen angetroffen. [...]
> Wie lassen sich die Pflanzenwanderungen durch Regionen von so abweichenden klimatischen Verhältnissen, die gegenwärtig vom Weltmeer bedeckt sind, erklären? Wie geschah es, daß die Keime von Organischem, die durch Wuchs und sogar in ihrer inneren Struktur ähnlich sind, sich in ungleichen Entfernungen von den Polen und von der Meeresfläche überall entwickelt haben, wo die voneinander so weit entfernten Orte einige Temperatur-Analogie darbieten?[149]

Zwei Reisen, eine Farbe. Heinrich von Ofterdingen wird auf der Suche nach der blauen Blume zum Schriftsteller. Die vergebliche

Suche nach der blauen Blume steht metonymisch für den Augenblick, in dem das Lesen ins Schreiben übergeht, die Wiederholung in Differenz und Urheberschaft umschlägt.[150] Humboldt und Bonpland finden dagegen blaue Blumen, wohin sie auch gehen. Teneriffa verlassen sie im Juni 1799 mit mindestens zwei Veilchen im Gepäck.[151] An verschiedenen Orten, auf verschiedenen Kontinenten kann man ein und dieselben Gräser und Pflanzen finden, schreibt Humboldt und schließt daraus, dass man ihre verschiedenen Umwelten als mögliche Welten für ein und denselben Organismus beschreiben kann. Die Veilchen haben die doppelten Pole, die als Rauschen und Störgröße die Entdecker ablenkten, weiter vervielfältigt. Einen unmittelbaren Niederschlag findet die Vermehrung des Gleichen in einer Weltkarte, mit der Humboldt seine Abhandlung über die Isothermen 1817 ergänzt.[152] Die *Carte des Lignes Isothermes* scheint eine eigentümliche Leere auszuzeichnen. Die Kontinente sind wie vom Erdboden verschluckt. Ein Netz von Breitengraden und Linien, das wenige Inseln und Orte überspannt, ersetzt die Ufersäume und Kontinentgrenzen. Die *lignes isothermes* kartieren die Jahresmittelwerte, die die Welt in Zonen gleicher Wärme teilen. Die Isolinien ähneln den Breitengraden, fallen aber nicht mit ihnen zusammen. Das scheint die wesentliche Aussage der Karte zu sein. Daneben fällt der veränderte Gebrauch der Breitengrade auf der annähernd leeren Kartenfläche auf. Die Breitengrade orientieren nicht den Raum, sie sortieren die Messdaten.

Edmund Halley hat 1701 auf den Weltmeeren der *Tabula Nautica* die Linien gleicher magnetischer Abweichung eingetragen. Humboldt bezieht sich zweimal in seiner Abhandlung über die Isothermen auf die magnetischen Linien und die *Tabula Nautica* des britischen Astronom.[153] Dieser wolle die große Anzahl der Daten nach einer »Methode [...] gruppieren«, die seit einem Jahrhundert in »der Darstellung der Erscheinungen der magnetischen Abweichung und Neigung (Deklination und Inklination)« angewendet werde, um Messfehler zu minimieren.[154] Die Abweichungen der

Magnetnadel nimmt Humboldt zum Vorbild: Anstelle von Einzeldaten will er das Verhältnis zweier Orte zueinander, ihre »Neigungen«, »Verteilungen« und »Intensitäten« untersuchen.[155] Gegen die Orte setzt er die »Wärme-Verteilung«, gegen die Isolation der Punkte die Gleichzeitigkeit der Flächen.

Da nun die physikalischen Wissenschaften immer das Gepräge der Örtlichkeit tragen, wo man ihren Anbau begonnen hat, so hat man sich gewöhnt, die Verteilung der Wärme, wenn man sie in der von uns bezeichneten Region beobachtet hat, als Urbild der Gesetze zu betrachten, welches den ganzen Erdkörper beherrschen soll.[156]

Die lineare Ordnung der Zahlen und Tabellen ersetzt Humboldt durch die Zweidimensionalität der Karte; damit kritisiert er die Auswertung singulärer Temperaturmessungen seiner Vorgänger. Sie ernennen einzelne Punkte zu Repräsentanten eines gesamten Spektrums und kontinuierlichen Feldes. Sie generalisieren, indem sie selektieren. Der Überzeugung, dass jede Messung zählt, entspringt auch Humboldts folgende Forderung: »Man muß sich hüten, zu eliminieren, was man finden will«.[157] Humboldt ersetzt die sorglose Generalisierung, den Plural der Vorgänger, durch den Singular: Einzig die Empirie der Daten soll zum Kompass der Beschreibung werden, die Selbstähnlichkeit der Daten an die Stelle des Urbilds treten. Strukturell betrachtet, richtet sich seine Kritik ähnlich wie bei Deleuze gegen die Vorstellung, dass man mit der Eliminierung aller Differenzen das »Urbild« der ersten Messung durch Teilung und Trennung möglichst rein und störungsfrei aus den folgenden Messungen erschließen könne. Mit dem »Urbild« kritisiert Humboldt den Platonismus seiner Vorgänger. Geht man davon aus, dass die Messungen einander niemals gleichen, dann kann man keinen singulären Messwert guten Gewissens zum Stellvertreter eines Feldes ernennen. Stattdessen solle man die Aufmerksamkeit auf

Relationen lenken: Alle Orte kommunizieren miteinander. Die Wechselwirkungen könne der Mittelwert am besten konservieren und offenbaren:

> Der Einfluß der kleinen Ursachen wird eben nicht verschwinden, wenn man das mittlere Resultat von einer großen Anzahl Beobachtungen nimmt; denn dieser Einfluß ist nicht eben auf eine einzelne Gegend beschränkt. Durch die Beweglichkeit des Luftmeeres pflanzt er sich von einem Kontinent zum anderen fort.[158]

Humboldt will den »Einfluß der kleinen Ursachen« auf das globale Klima messen und nennt Beispiele für ihre Nebenwirkungen:

> das durch die Winde hervorgebrachte Gemisch der Temperaturen verschiedener Breiten; die Nachbarschaft der Meere, [...] die Neigung, chemische Beschaffenheit, Farbe, Strahlung und Ausdünstung des Bodens; die Richtung der Gebirgsketten[,] die Gestalt der Länder, ihre Masse und ihre Horizontal-Ausdehnung gegen die Pole hin; die Schneemenge, die sie während des Winters bedeckt; ihre Temperatur-Zunahme und Reverberation in der Sommerzeit; endlich jene Eismassen, welche gleichsam pol-umgebende Festländer bilden, wandelbar in ihrer Ausdehnung, deren abgesonderte Teile, von den Meeresströmungen fortgerissen, auf das Klima der gemäßigten Zone merklich wirken.[159]

Das »Gemisch«, die »Nachbarschaft«, die »Neigung« sind »Neben-Ursachen«, die Humboldt in das Zentrum seiner Aufmerksamkeit stellt, da jedes Detail das globale Klima bestimmen kann.[160] Das Urbild ist »dasselbe«: »die abstrakte Beschreibung des Grundes als das, was an erster Stelle besitzt«, schreibt Deleuze, das Abbild ist das Ähnliche: »der Bewerber, der an die zweite Stelle tritt«. Nahezu wortgleich beschreibt Humboldt die erste Messung. Durch die Selbstähnlichkeit der Daten wird sie zum Grund aller folgenden Messungen. Doch mit den Isothermen vertauscht er nicht nur die Plätze von Urbild und Abbild. Das Abbild lässt sich genauso wenig aus dem Urbild erschließen, wie das Urbild Aufschluss über das Abbild gibt. Vielmehr ist die Kritik an den Abbildern fundamentaler: Die Hierarchie gibt er auf. Vor-, Ab- und Trugbilder behandelt Humboldt gleich. Alle Messungen sind gleichwertig. Darum sucht er keinen Fluchtpunkt als Gesetz aller folgenden Messungen, sondern bildet einen Mittelwert; denn die Beugung der Breitengrade geschieht nicht von einem singulären Kälte- oder Wärmepol aus – sie unterliegt dem Einfluss eines Feldes. Die Isothermen bezeichnen keine einzelne Ursache, sondern eine »Zentralwirkung«. In Anlehnung an die magnetische Missweisung hat Humboldt aus vielen eigenen Temperaturmessungen und dem kritischen Studium fremder Messwerte mit der *Carte des Lignes Isothermes* eine Darstellung gewählt, in der mögliche Welten in den engen Grenzen der neuen, korrigierten Breitengrade über alle Differenzen und Grenzen der Kontinente hinweg auf ähnliche Welten treffen können.

Die Magnetnadel und die Missweisung haben sichtbare Auswirkungen auf Humboldts Karte. Er überträgt die Isogonen, mit denen Edmund Halley, Leonhard Euler und Johann Heinrich Lambert ihre Meereskarten gerastert haben, auf das Festland. Schon Halley hat die Kontinente auf seiner *Tabula Nautica* als weiße Flecken eingezeichnet, er bezeichnete lediglich die Küstenorte und näherte sie auf diese Weise den Meeresflächen an.[161] Humboldt geht bei seiner Karte der Isothermen explizit von einer Erdoberfläche ohne Relief aus: Er behandelt die Kontinente wie schwellenlose Meeresflächen. Auf diese Weise nivelliert er die lokalen Unterschiede, die das gekerbte Relief in den Messdaten hinterlässt. Mit den Mittelwerten setzt er nicht auf Unterschiede, sondern auf Gemeinsamkeiten, die die Karte in zweifacher Weise betont:

(1) Die Kontinente besitzen keine Grenzen.
(2) Das Argument für mögliche Welten findet Humboldt nicht in anderen Welten, sondern in gleichen oder ähnlichen Insel-Welten.

Die Gleichartigkeit gab den *lignes isothermes* ihren Namen. Die Kontinente des Gleichen, die zwischen den Linien auf der Zeichenfläche auftauchen, unterscheiden sich auch in dieser Hinsicht von Michel Foucaults Heterotopien. Sie sind keine »Gegenorte« und »verwirklichte Utopien, in denen [...] die anderen realen Orte, die man in der Kultur finden kann, zugleich repräsentiert, in Frage gestellt und ins Gegenteil verkehrt werden«.[162] Der Unterschied zu den Heterotopien ist in aller Deutlichkeit dem doppelten Liniennetz eingeschrieben, das Isothermen und Breitengrade gleichermaßen verzeichnet. Die zwei divergierenden Raster verdeutlichen auf eindrucksvolle Weise, dass die Isothermen nicht mit den Breitengraden zusammenfallen. Sie sind noch nicht einmal mit ihnen verwandt. Will man wie Foucault ihre Funktionsweise mit den Metaphern der Optik ausdrücken, so entspricht der Mechanik des Spiegels auf der Seite Humboldts bestenfalls der Blick durch eine Blende oder ein Gitter:

Kann man verwickelte Erscheinungen nicht auf eine allgemeine Theorie zurückführen, so ist es schon ein Gewinn, wenn man das erreicht, die Zahlen-Verhältnisse zu bestimmen, durch welche eine große Anzahl zerstreuter Beobachtungen miteinander verknüpft werden können, und den Einfluß lokaler Ursachen der Störung rein empirischen Gesetzen zu unterwerfen.[163]

Bei Foucault wird der Spiegel zum Medium. Die Symmetrien verbinden die Heterotopien mit den Isotopien, die Welt mit der Umwelt.

Die Freiheit bekommt erst mit dem Gefängnis einen Namen, die Normalität durch die Pathologien ein Zuhause. Die Architekturen der Aus- und Einschließung bedingen einander. Das Gefängnis, die Psychiatrie oder der Friedhof sind Gegenorte, die eine Eigenschaft, etwa die Vorstellungen von Recht und Gerechtigkeit, der Unversehrtheit oder Normalität, auf eine spezifische Weise nicht nur aufheben und negieren, sondern auch begründen. Auf die empirischen Wissenschaften kann man die Mitorientierung am Gegenteil nicht übertragen. Humboldt kann die Rohdaten und Messreihen nicht durch die Mechanismen der Ausschließung sortieren, geschweige denn korrigieren. Die Spiegelung, die bei Foucault die Heterotopien bestimmt, ist auf seinen Reisen der irreduziblen Unordnung der Messung gewichen. Die Isothermen sind weder Spiegel noch Chladnische Klangfiguren. Ebenso wenig sind sie Antipoden der Breitengrade. Humboldt bezeichnet sie stattdessen als »Inflexionen«: »Beugungen« und »Krümmungen«.[164] Die Linien gleicher Wärme sind Inklinationen und Deklinationen der Breitengrade: irreguläre »Abweichungen« und »Neigungen«. Vergrößert man sie, sind sie unendlich zerklüftet. Ihre Krümmung geht gegen unendlich. Denn die Isothermen unterliegen einem kaum entwirrbaren Bündel lokaler Ursachen, die man weder am Reißbrett im Detail erschließen noch in der Theorie vollständig bestimmen oder vorhersagen kann.[165]

Auch *Limits to Growth*, der erste Bericht des Club of Rome, zielt 1972 mit Jay Forresters Weltmodell auf die »Kombination großer Informationsmengen«.[166] Seine Leistung besteht wie bei Humboldts Isothermen weniger in der Erhebung von Daten als in ihrer Analyse. Schon auf den ersten Seiten äußert Dennis Meadows Zweifel an den eigenen Erkenntnisinstrumenten: »Ein Modell ist nichts weiter als eine möglichst systematische Reihe möglichst realer Annahmen über ein wirkendes System, das Ergebnis des Versuchs, durch Wahrnehmung und mit Hilfe vorhandener Erfahrung eine von vielen Beobachtungen auszuwählen«.[167] In 2052, dem letzten

Bericht des *Club of Rome*, hat Jørgen Randers darum den globalen Computermodellen der Siebziger- und Achtzigerjahre weitgehend abgeschworen. Stattdessen werden die Simulationen durch lokale Szenarien des globalen Klimas ergänzt. Auf den Optimismus der Systemanalyse antwortet der Bericht mit unscharfen Erzählungen und wohldosierten Spekulationen: Randers hatte Freunde und Kollegen gebeten, mit 1500 Zeichen mögliche Trends in ihren eigenen Forschungsfeldern für 2052 zu formulieren.[168] Die Generalisierung entsteht durch die Zeichenbeschränkung auf die Länge von weniger als elf Tweets. Mit der Beschränkung will Randers eine kontrollierte, kreative Unschärfe provozieren. Auf unberechenbare Nebenwirkungen antwortet er mit Storytelling. Doch ob sich das menschengemachte Klima überhaupt an den Grenzen des Wachstums ausrichten lässt, ist umstritten, da jedes Modell zugleich den Zugriff auf das Klima modelliert und mitbestimmt.[169] Jedes Modell hat demnach eine faktische Wirkung. Unbeachtet der Zweifel macht der Grenzbergiff auch auf ein Matching- und Rundungsproblem aufmerksam. Computermodelle müssen analoge Prozesse mit einer endlichen Anzahl von Merkmalen codieren, damit wir überhaupt ein Rechenergebnis und eine interpretierbare Antwort erhalten. Mit dem »Einfluß der kleinen Ursachen«[170] benennt Humboldt erstmals prominent die Nebenwirkungen, die bis zu Meadows und Randers nicht vollständig mit den Klimamodellen berechnet und dargestellt werden können. Vom beharrten Veilchen bis zur gelehrten Spekulation hat sich lediglich die Skalierung des Problems verändert. Der Fokus liegt auf den Abweichungen, dem Schmutz und den Irregularitäten, die die Regeln beugen und partiell außer Kraft setzen: Gegen die Regelhaftigkeit des Systems setzt er ein Antisystem.

Die Zonen gleicher Wärme synchronisieren über alle Kontinente hinweg heterogene Orte. Sie erzeugen auf der Zeichenoberfläche eine beispiellose Angleichung. Dennoch entdecken Humboldt und Bonpland über die blaue Blume weder identische noch antipodische

> noioe the tediouse repetition of these woozdes : is ee-
> qualle to : I will sette as I doe often in woozke vse,a
> paire of paralleles,oz Gemowe lines of one lengthe,
> thus:=========,bicause noe.2. thynges,can be moare
> equalle. And now marke these nombers.

Erste Erwähnung des modernen Gleichheitszeichens
bei Robert Recorde, *Whetstone of Witte*, 1557.

Orte, da sie nicht statische Identitäten oder singuläre Merkmale suchen. Ihre Aufmerksamkeit gilt vielmehr den Verhältnissen, die das Heterogene im Gleichen bewahren können. So fassen etwa die Zonen gleicher Arten Orte verschiedener Breiten zusammen, die über die Temperatur auf mannigfaltige Weise miteinander verbunden sind. Dennoch ist die Ähnlichkeit keineswegs offensichtlich. Das Gleiche im anderen müssen Humboldt und Bonpland erst durch zahllose Messungen und die Analyse der Datenmengen mühevoll herstellen. Ptolemaios hat die Differenz zwischen Tiefe und Oberfläche durch die Projektion nivelliert. Zwischen den Abbildern und Urbildern wollte er den Abstand minimieren, um falsche Ortsbeschreibungen, Trugbilder und Zwillingsorte auszuschließen. Humboldt verfolgt indes ein nahezu gegenteiliges Ziel. Er will die kleinsten Differenzen und Neigungen mit der Kritik des Mittelwerts berechnen und erneut sichtbar machen.

Die *Carte des Lignes Isothermes* veranschaulicht die Verteilung und Streuung gleicher und ähnlicher Zahlen und Messungen. Wenn sich das Netz der Isothermen dabei am Raster der parallelen Breitengrade ausrichtet, lässt sich Humboldts Karte auch als impliziter Kommentar zu Euklids Parallelenaxiom interpretieren. Denn die parallelen Linien der Breitengrade sind von der klassischen Mathematik bis zur nichteuklidischen Geometrie Garant und prominentes Beispiel für Identität und Selbstgleichheit. Das moderne Gleichheitszeichen, das Robert Recorde 1557 erstmals beschrieben und eingeführt hat, nutzt die Evidenz der euklidischen Geometrie. Mit zwei Strichen, die in die Lehrbücher der Algebra nahezu in Diagrammgröße eingehen, hat er das Parallelenaxiom auf ein Bild und Zeichen reduziert. Zwei parallele Linien sollen die Gleichheit zweier Werte und Terme unmissverständlich bezeichnen, »because noe .2. thynges, can be moare equalle«.[171] Die Parallelen synchronisieren weniger, als dass sie eine selbstevidente Gleichheit beschreiben oder stillschweigend postulieren. Denn das Äquivalenzzeichen spürt im anderen lediglich das Gleiche auf. Auch Humboldt setzt mit den Breitengraden und Isothermen auf das Verhältnis zweier Linien, allerdings mit umgekehrtem Vorzeichen. Denn die gleichen Temperaturen behaupten an verschiedenen Orten nicht die ewige Wiederkehr des Gleichen, sondern eine Differenz und Abweichung. In dieser Hinsicht verhalten sich die Orte, die er in derselben Zone gleicher Wärme findet, paradox. Sie sind gleich und ungleich zugleich, weil sie sich als Potenziale, Varianten oder Ableitungen des Meridians begreifen lassen. Die Isothermen gleichen den Breitengraden nur bedingt. In Abwandlung von Recordes Äquivalenz formuliert Humboldt mit der Überlagerung der zwei Liniennetze die stumme Gewissheit, dass keine zwei Linien einander gleichen. Die Natur kennt keine Parallelen. H. G. Wells hat sich ähnlich geäußert: »No being is unique, or, nothing is strictly like anything else«.[172] Seine Einsicht, dass die Gleichheit zweier Dinge auf der »unbewussten oder absichtlichen Nichtberücksichtigung unendlich vieler kleiner Unterschiede beruht«,[173] gründet in den Messwissenschaften, die in den Anfängen der Evolutionsbiologie, Hydrologie und Pflanzengeografie ihre ersten Theoretiker und prominentesten Vertreter findet.

2

Eine Reise ins
»Innere zweier Continente«

Die Entdeckung der Meere

Dem Zusammenhang zwischen Himmel und Erde, den Humboldt im *Kosmos* beschreiben will, geht die Bezwingung und Erforschung der Meere voraus.[1] Noch bis zum Ende des 18. Jahrhunderts kehren die Kartografen dem Meer den Rücken zu. Die blaue Einöde muss erst entdeckt werden. Ptolemaios weist dem Meer nur eine Nebenrolle zu. Seine Listen katalogisieren lediglich die Koordinaten der bekannten Welt. Die Portolankarten sind fehlerhaft. Das Meer bleibt knapp fünfhundert Jahre lang ein dunkler und gefährlicher Ort. Kolumbus verlässt Spanien am 1. September 1492 mit drei Schiffen und zweihundertundzwanzig Seefahrern in Richtung Übersee. Die gewaltige Weite des Meeres erwähnt 1530 auch Petrus Martyr von Anghiera, Sekretär Karls V., in einem Brief an den Kardinal Ascanio Sforza:

> 33 Tage hatte er ununterbrochen nur Himmel und Wasser um sich. Seine spanischen Mannschaften begannen zunächst heimlich zu murren, bald fielen sie offen mit aufsässigen Worten über ihren Führer her und dachten daran, ihn abzusetzen. Schließlich planten sie sogar, ihn ins Meer zu stürzen. Sie seien, so hörte man sie reden, von einem Ligurer betrogen worden; sie würden von ihm ins Verderben geführt, woraus sie niemals zurückkommen könnten.[2]

Die dreiunddreißig Tage sind sprechend. Für die Seefahrer ist das Meer wie für Christus die Wüste ein Ort diabolischer »Versuchung«.[3] Den Unbilden der Meere sind die Seefahrer fernab des Festlands auf Gedeih und Verderb ausgeliefert. Von den Gefahren und Irrfahrten legt das *Bordbuch* ein beredtes Zeugnis ab. Den Seefahrern fehlen verlässliche Seekarten, schreibt Kolumbus. Unüberhörbar ist die Kritik an den Karten Paolo dal Pozzo Toscanellis, die ihn auf der Seereise begleiten und ihr Wissen überwiegend aus der Bibliothek beziehen. Die Konturen von Europa und Afrika entnimmt Toscanelli den zeitgenössischen Portolanen und vermischt sie mit Marco Polos Reisebeschreibungen aus Asien und Japan. Die Projektion borgt er von Marinus von Tyros. Die irrige Annahme, dass der Seeweg nach Indien weder lang noch beschwerlich sei, hat Toscanelli vermutlich von Seneca, Aristoteles oder Strabon übernommen.[4] Kaum heimgekehrt verspricht Kolumbus darum,

> eine neue Seekarte zu zeichnen, auf der ich die geografische Lage des ganzen Ozeans und der Länder dieses Ozeans angeben werde. Außerdem werde ich ein Buch zusammenstellen, worin ich alles nach äquinoktialer Breite und westlicher Länge bildhaft darstellen will. Um dies alles vollbringen zu können, wird es unbedingt nötig sein, daß ich den Schlaf vergesse[.][5]

Kolumbus will nicht ruhen, bis er eine verlässlichere Karte der Weltmeere gezeichnet hat. Die Missweisung ihrer Kompasse können die Entdecker seiner Zeit lediglich feststellen, aber nicht beschreiben, geschweige denn berechnen. Die Bestimmung des Längengrads ist ein Problem. Die eigene Position kann erst nach 1760 mit der Erfindung präziser Schiffsuhren verlässlich bestimmt werden. Früh finden die Reisen der Entdecker im 15. Jahrhundert Eingang in die Karte der *Schedelschen Weltchronik*. Obwohl der Nürnberger Arzt, Historiograf und Humanist Hartmann Schedel die Welt wie auf den *Mappae Mundi* mit Asien, Afrika und Europa in drei Teilen darstellt, breitet sich zwischen den Landmassen, gleich neben den Monstren, den Schrecken der Fremde, zum ersten Mal der indische Ozean als großer blauer Fleck aus. Als der Portugiese Bartolomeu Diaz 1487 im Auftrag des Königs Johann II. die Küste Westafrikas bis zum äußersten Ende hinuntersegelt und auf diese Weise als Erster das Kap der guten Hoffnung umrundet, muss Schedel die zukünftige Bedeutung des Kaps deutlich vor Augen gestanden haben. Seit 1270 hatten zahllose Seefahrer vergeblich versucht, das Kap zu umsegeln. Zwei Jahrhunderte lang waren sie gescheitert. Noch bevor also Vasco da Gama das Kap erneut passiert, um 1497 von Süd nach Nord über die Ostküste Afrikas nach Goa zu gelangen, räumt Schedel dem »groszen Meer« zwischen den Söhnen Noahs einen bedeutenden Platz auf seiner Karte ein.[6] 1507 taucht im Süden der fünfte Kontinent erstmals unter dem Namen »America« in Martin Waldseemüller *Cosmographia Universalis* auf. Zwischen 1519 und 1522 umsegelt Ferdinand Magellan zum ersten Mal die Welt. Dabei entdeckt er am 21. Oktober 1519 südlich von Chile, zwischen Kap Horn und Feuerland, eine Passage vom Atlantik zum Pazifik, die ihn auf direktem Weg in die blaue Einöde führt. »Nach Überwindung der Meeresenge fuhren sie hinaus auf den weiten Ozean«, schreibt Petrus Martyr von Anghiera,

> auf ein neues Meer, das hinter dem Land liegt, das wir für einen Kontinent halten und mit jenem Meer verbunden ist, das ich in den Dekaden das Südmeer nenne [...]
> [...] Über diesen unermeßlichen Ozean berichten sie, drei Monate und zwanzig Tage gefahren zu sein mit nichts als Himmel und Salzwasser vor Augen. Ihre Erzählungen von den bittersten Entbehrungen und der erdrückenden Hitze können nur Mitleid erregen. An vielen Tagen hätten sie nur eine Hand voll Reis ohne auch nur einen Krümel irgendeiner anderen Speise als Tagesration gehabt. Trinkwasser war derart knapp, dass sie beim Kochen des Reises ein Drittel Salzwasser zuschieben mussten, und wenn man einmal das Waser pur zu trinken versuchte, musste man dabei die Augen vor dem grünen Schleim und die Nase vor dem Gestank verschließen.[7]

Die Entbehrungen der Seefahrer sind über das Tagebuch des Schriftstellers, Kosmografen und Mathematikers Antonio Pigafetta gut überliefert. Das Zahnfleischbluten, der Zahnausfall, die

Antriebslosigkeit, die Hungersnöte und die Gefahren des gegenseitigen Kannibalisierens haben bis zu Georg Forster und Jules Michelet die Geschichtsbücher gefüllt. Von zweihundertsiebzig Seefahrern kehren lediglich achtzehn heim, wie Pigafetta, der Magellan auf der Reise begleitet hat, in einem Brief an Karl V. am 6. September 1522 summiert.[8] Die Gegend, die Magellan mit fünf, später drei Schiffen erforscht hat, taufen sie auf den Namen »Stilles Meer« [»mare pacifico«], weil sie »während der ganzen Fahrt keinen einzigen Sturm erlebten«.[9] Der neuen Bedeutung des Meeres kann man in der ersten Hälfte des 16. Jahrhunderts vor allem im lakonischen Namen des *mare pacifico* begegnen; denn das Stille Meer ist ein menschenleerer, nahezu idealtypischer »glatter Raum« – eine schwellenlose Welt, die nach neuen Projektionen, Geografien und Narrationen verlangt. Die neuen Geografien müssen über die Grenzen von Ptolemaios' Oikumene hinausgehen, mit den Weltmeeren die gesamte Welt darstellen. So beruft sich Gerhard Mercator in der *Neuen und erweiterten Beschreibung der Welt ad usum navigantium* mit »Africa«, »Nova India« und der Magellanstraße ganz explizit auf die Teile der Erde, die bei Ptolemaios offenbar von der Karte gefallen sind, weil sie südlich der Wendekreise liegen und mit den Seerouten nicht auf die Kontinente, sondern Meere zielen.[10] Die Portolankarten sind wegen der Missachtung der Erdkrümmung für die Weltumrundungen kaum zu gebrauchen. Mit den falschen Karten hat Kolumbus buchstäblich auf krummen Wegen Amerika entdeckt. Denn die geraden Linien der Portolankarten schicken die Seefahrer auf unendlich gekrümmten Wegen, den Linien einer logarithmischen Spirale, um den Globus. Mercator hat darum mit der tatkräftigen Unterstützung von Gemma Frisius eine Projektion erfunden, die die Karten- und Seewege aufeinander abbildet, sodass man zur Navigation tatsächlich nur Zirkel, Lineal und Kompass braucht, weil man die Kartenkurse ohne Umwege auf die Schiffskiele übertragen kann. Dennoch grenzen zur Zeit Mercators die Meere die Kontinente lediglich voneinander ab. Sie können nicht hoffen, ein eigenständiger Gegenstand der Kartografie zu werden. Erst nachdem James Cook unversehrt von seiner zweiten Reise heimgekehrt ist, mehren sich Weltkarten, die die Ozeane zum Mittelpunkt ihrer Darstellung wählen. Cook hat die Routen der ersten Expeditionen auf einer Karte verzeichnet. Sie zeigt seine akribische Suche nach dem Südland und verdeutlicht, dass am Südpol nichts als Wasser existiert. Cooks *Chart of the Southern Hemisphere showing the tracks of the most distinguished Navigators of his Majesty's Navy* (1777) verbreitet sich rasch. Nach ihrem Vorbild entstehen ab etwa 1778 die *Carte de Hémisphère Austral* von Jacques-Nicolas Bellin, die Karten von William Faden und John Pinkerton und vielen anderen. Erst mit der Entdeckung der Südsee kann sich der Ozean einen dauerhaften Platz auf den Weltkarten sichern. Die Azimutalprojektionen machen den Südpol oder das arktischen Meer zum Ursprung ihrer Darstellung und verkehren damit die vertraute Sicht. Die Landmassen rücken sie an den Rand, die Meere zeigen sie in ihrem Zusammenhang. Die Karten, die Cooks Vorbild folgen, offenbaren ohne Umschweife, dass die Erde größtenteils aus Wasser besteht. Die Kontinente zeigen sie als bloße Unterbrechungen der Ozeane.

Über die Ozeanisierung der Welt spricht der Berliner Geograf Carl Ritter 1833 vor der Berliner Akademie der Wissenschaften. Die Reise, die das Meer vom Erdrand zum Weltmeer zurücklegt, fasst er in zwei Sätzen zusammen:

> Früherhin waren die Gestade, die Meere, die Ozeane nur Hemmungen auf dem Planetenringe; nur die flüchtigsten Formen, die der Atmosphäre, überflogen sie. [...] Gegenwärtig scheiden die Meere nicht, wie ehedem, die Länder und Erdtheile, sie sind es, welche die Völker verbinden, ihre Schicksale verknüpfen, und auf die bequemste, und selbstsicherste Weise, seitdem die Schiffahrt zur vollkommensten Kunst herangereift ist, seitdem der schnellste und leichteste Transport durch die Beseelung der Bewegungen der flüssigen Elemente, welche bei

weitem den größeren Raum auf dem Erdrund einnehmen, das Verknüpfungsmittel aller Kulturvölker geworden.[11]

Die Meere sind nicht länger Erdenrand und Grenzfluss. Zur Mitte des 19. Jahrhunderts werden sie zum verlässlichen Verkehrsraum und Kommunikationsmedium. Was Ritter animistisch als »Beseelungen der Bewegungen der flüssigen Elemente« beschreibt, schlägt sich 1833 längst in den Zahlen der Massenauswanderungen nach Amerika nieder. Die Anzahl der Reisenden steigt ab 1820 rapide an. 1820 überqueren 8385 Auswanderer den Atlantik, 1828 bereits 24 729, 1837 sind es 71 039 und zur Mitte des Jahrhunderts schließlich 308 323. Zwischen 1846 und 1855 passieren 2,74 Millionen Iren und Briten den Atlantik.[12] Zwischen den Küsten werden Städte und Landstriche verschoben. Bis 1860 sind die Reisenden noch auf die Segelkraft der Paketschiffe angewiesen. Auf engstem Raum in dunklen, stickigen Zwischendecks müssen sie annähernd sechsundneunzig Tage zwischen Post und Fracht ausharren. Ab 1858 können sie im Linienverkehr in eigenen Kabinen und mit Dampfkraft die Meere überqueren. Die Passage ist so sehr zur Regel geworden, dass es scheint, als existiere zwischen Amerika und Europa eine stehende Verbindung.[13] Die Vorstellung, dass eine Brücke die Kontinente miteinander verbindet, ist das erste Anzeichen für die Nivellierung der Meere. Das Meer als Medium und Kanal entsteht zuerst im Kopf.

Die Nivellierungen – die Fiktionen des Naturganzen, die negativen Rückkopplungen der Dampfmaschine und der Hydrologie – reagieren auf die Vermehrung der Messdaten. Darum wollen die folgenden Kapitel die Aufmerksamkeit auf die fluide Grenze zwischen Land- und Wassermeer lenken. Unter welchen Bedingungen können Meere zu Speichermedien und Kontaktflächen werden? Die mannigfaltigen Wechselwirkungen, Transformationen und Kreisläufe erfinden eine Operation, die erst die Informations- und Systemtheorie vollends formalisieren: die Kommunikation. Eine Kultur- und Mediengeschichte der Wechsel- und Nebenwirkungen ist darum auch ein Beitrag zu einer Verkehrs- und Mediengeschichte der Kommunikation, die mit der gesteigerten Bedeutung der Meere zusammenfällt.

**Eine Wissenschaft
der Wechselwirkungen**

Das Meer ist nach Deleuze und Guattari der »Archetypus des glatten Raumes«.[14] Die Rede vom »Archetypus« mag irritieren – das Meer taucht zur Mitte des 19. Jahrhunderts keineswegs als ahistorischer Raum auf. Wenn etwa Jules Michelet *Das Meer* mit dem Schrecken des Meeres eröffnet und den Strand in Anlehnung an die *Divina Commedia* als »Zwischenlandschaft« und »Vorhof« zum Ozean bezeichnet, so zeigt sich das Meer mitnichten so finster und Furcht einflößend wie früher bei Homer, Kolumbus oder Dante Alighieri. Ab 1823 stattet Frankreich die Leuchttürme von Cordouan mit Fresnels Zonenlampe aus, die »4000-mal stärker strahlt als normale Lampen und aus 12 Meilen Entfernung zu sehen war«.[15] Zur Mitte des 19. Jahrhunderts umschlingt eine Kette der potenzierten Leuchtfeuer die Küsten Frankreichs von »Dünkirchen nach Biarritz«. »Die Finsternis verschwand von der Oberfläche unserer Meere.«[16] Von zahllosen künstlichen Sonnen erhellt und durchzogen von den Routen der Dampfer wird das Meer zur Mitte des 19. Jahrhunderts zu einem schwellenlosen Verkehrsraum.

In *Tausend Plateaus* von Deleuze und Guattari werden wir Zeugen einer neuen Kosmologie und eigentümlichen Entleerung. Das Meer ist eine ebene euklidische Fläche ohne Form und Begrenzung, die erst ein Wirbel und eine Strömung – eine Linie, ein Buchstabe, eine Unterscheidung – beschreiben und definieren kann.[17] Mit ihm entsteht eine Welt vor jeder Welt: »Der glatte Raum ist ein Feld ohne Leitungen und Kanäle«.[18] Ozeane ähneln dem »unmarked space«.[19] Deleuze und Guattari erklären sie wie George Spencer-Brown zu einer Form vor jeder Form, die nur in der Negation bestimmt werden könne und alle Paradoxien des Anfangs in sich berge. Kanäle und Leitungen müssen bereits bestehen, um einen Raum vor jeder Kultur zu beschreiben. »Das Meer ist dem Land nicht Feind, im Gegenteil. Es will ans Land«, schreibt Friedrich Kittler.[20] Das Argument negiert jeden Glauben an eine Isolation und baut stillschweigend auf Empathie und Nachbarschaft. Land und Meer kommunizieren miteinander. »Glatt« wird das Meer erst als Landgänger. Deleuze und Guattari können die glatten Räume nur beschreiben, weil sie diese zu den gekerbten Räumen in Beziehung setzen. So trifft der »Nomade« auf den »Siedler«, der »Filz« auf das »Gewebe«, der Abstand oder die »zählende Zahl« auf die feste »Größe« und die »gezählte Zahl«.[21] Was »glatt« und was »gekerbt« ist, lässt sich offenbar lediglich wechselseitig bestimmen. Der Ufersaum muss mit einer Linie und Grenze erst gezogen werden. Der »unmarked space« ist der Unterscheidung nicht vorgängig. Er entsteht mit der Teilung und Trennung. Was als Bedingung der Möglichkeit jeder Unterscheidung beschrieben wird, ist kein Anfang vor jedem Anfang, sondern die Narration eines zweiten Ursprungs. Noch am Ende des 19. Jahrhunderts finden die Geografen im Gut- und Fastbekannten Spuren des Nichtwissens.[22] Das Meer taucht inmitten des Festlands als *terra incognita* auf. Es ist ein synthetisch erzeugtes Nichtwissen. Als weiße Seite ist es eine Variable, die erst die Navigationstechniken in einen offenen, glatten Raum verwandeln.

Die Unterscheidung von Land und Meer ist weder naturgegeben noch selbsterklärend. Sie ist der Ausdruck einer Wechselwirkung, die in der ersten Hälfte des 19. Jahrhunderts nicht nur mit der Dampfschifffahrt und der Tiefseetelegrafie, sondern vor allem mit der Wissenschaft der Luftmeere erst entsteht. Die Klimatologie ist eine Wissenschaft der »Umhüllungen«, schreibt Humboldt. Sie beschäftige sich mit der Atmosphäre und den Meeren. Die Umweltwissenschaften tauchen zuerst als Wissenschaft der Lufthülle auf. »Beide Umhüllungen des Planeten, Luft und Meer, bilden ein Naturganzes, welches auf der Erdoberfläche die verschiedenen Klimate« erzeuge. Ihre

> Beschaffenheit ist abhängig von perpetuierliche[m] Zusammenwirken einer all- und tiefbewegten, durch Strömungen von ganz entgegengesetzter Temperatur durchfurchten Meeresfläche, mit der wärmestrahlenden trocknen Erde, die mannigfaltig gegliedert, erhöht, gefärbt, nackt oder mit Wald und Kräutern [Pflanzen] bedeckt ist.[23]

Deleuze' »Leitungen und Kanäle«[24] zeigen in Humboldts Meeresströmungen zum ersten Mal ihr Gesicht. Kontinente, Meere und Luftmeere kommunizieren miteinander. Die Klimatologie ist eine Wissenschaft der Zirkulationen und Wechselwirkungen. Doch noch 1845 weiß man wenig: »Die Tiefe des Oceans und des Luftmeeres sind uns beide unbekannt«.[25] Den Meeresboden vergleicht Humboldt mit dem Weltraum: Der Meeresgrund sei uns genauso unbekannt wie der Mittelpunkt der Erde und »das Innere der anderen Planeten unseres Sonnensystems«.[26] Der Weg zu einer systematischen Wissenschaft der Meere ist offenbar noch weit. Wie kann man also beginnen, wie das Nichtwissen produktiv machen? Wo kein Wissen existiert, setzt Humboldt auf Äquivalenzen. Die Meere sind Unbekannte, die er miteinander gleichsetzt. Das Vorbild ist in der Algebra wohlbekannt – Humboldt nutzt Techniken der Gleichungslösung.

Meine Überlegungen zielen nicht nur auf eine exemplarische Kulturgeschichte der Wechselwirkungen. Sie dokumentieren auch einen Kurzschluss. In dem englischen Wort *fluid* fallen »Medium« und »Flüssigkeit« zusammen. Das Meer als »flüssiger Körper« und »flüssiger Zustand« wird um 1740 im Umfeld der Äthertheorien (»fluid theories«), den Versuchen zum Vakuum, zur Elektrizität und der Dampfmaschine zur *lingua franca* der Wechselwirkungen.[27] Die Meere bringen dabei jene Wechselwirkungen hervor, denen sie selbst unterliegen. Sie sind ihr Gegenstand und Medium: Kanal und Botschaft zugleich. Dass Medium und Botschaft einander wechselseitig bedingen, hat McLuhan offenbar implizit der Doppeldeutigkeit von *fluid* entnommen. Meere erzeugen wie die Eisenbahnen, die Telegrafie oder die Elektrizität glatte Räume des Austausches und der Äquivalenz.[28] Die Wechselwirkungen der Meere sind darum ein dankbarer Gegenstand, wenn man nach dem Kurzschluss von Ding, Medium und Theorie fragen will.

Vom Inselberg zum Naturganzen
Inselberg und Inselwissen:
Die Reise zum Pico del Teide

In Jules Vernes *Reise zum Mittelpunkt der Erde* fallen Professor Lidenbrock und sein Neffe Axel bei ihrer Reise durch den isländischen Vulkanschlund Snæffelsjøkull ins Erdinnere und gelangen zu einem unterirdischen Meer. An seinem Ufer stoßen sie auf die Spuren ihrer ersten Vorfahren und erblicken schließlich auf der Insel Stromboli wieder das Licht der Welt. Alle Orte und Zeiten des Romans sind über den Snæffelsjøkull unterirdisch miteinander verbunden. Jede Gegenwart trifft auf ihre fernste Vergangenheit. Die Erzählung synchronisiert die Zeiten und verbindet die heterogensten Handlungsorte miteinander. Die narrativen Techniken der Angleichung gehen in die Handlung ein. Professor Lidenbrock wird am Ende »korrespondierendes Mitglied aller naturkundlichen, geologischen und mineralogischen Akademien und Gesellschaften der fünf Erdteile«.[29] Die Reise zum Mittelpunkt der Erde und die anschließende Wiedergeburt auf Stromboli haben Lidenbrock einen Platz in der Erdgeschichte gesichert und ihn zugleich zum Schreiben initiiert. Auf den Kurzschluss zwischen Reisen und Schreiben verweist auch Reinhart Koselleck mit dem Begriff der »Zeitschichten«. Mit den »Bruchlinien«, einer Tektonik der Konflikte und Kompromisse, gründet Koselleck eine Historik und Narratologie auf der Durchlässigkeit der geologischen Schichten, die alle Zeiten und Orte miteinander verbinden kann. Eine Geschichte könne »mehrere Zeitebenen verschiedener Dauer und unterschiedlicher Herkunft [haben], die dennoch gleichzeitig vorhanden und wirksam sind«:

> Alle Konflikte, Kompromisse und Konsensbildungen lassen sich als zeittheoretisch auf Spannungen und Bruchlinien [...] zurückführen, die in verschiedenen Zeitschichten enthalten sind und von ihnen ausgelöst werden können.[30]

So wie Professor Lidenbrock und seine Gefährten am Ende den Weg zum Ausgang des Vulkans mit Dynamit freisprengen müssen, macht Koselleck alle historischen Protagonisten insgeheim zu Eisenbahningenieuren, die Geschichte mit der Nivellierung und Manipulation von geologischen Zeitschichten schreiben. Koselleck bezieht sich mit Kant und Carus auf eine Geologie, die auch bei Humboldt zugleich Erd- und Naturgeschichte ist.[31] Auf den Kurzschluss von Geologie und Geschichtsschreibung gründet auch Vernes Roman. Mit den Reisen durch die Erdschichten erklimmt Professor Lidenbrock die Karriereleiter – den geologischen Zeitreisen folgen die Großerzählungen in den Wissenschaften auf dem Fuß.

Nicht nur Humboldt erwähnt den Snæffelsjøkull [»Snœfials Jokull«] in den *Ideen zu einer Geografie der Pflanzen*[32] – seine Biografie diente der Figur von Professor Lidenbrock als Vorlage. Wie Professor Lidenbrock beginnt auch er seine Reise nach Südamerika mit einer Reise zum Vulkangrund. Mit Bonpland besucht er am 23. Juni 1799 den Grund des Pico del Teide auf Teneriffa. Die Techniken der Angleichung kann man in der *Reise in die Äquinoktial-Gegenden des Neuen Kontinents* im Detail studieren. Vom Vulkanrand fertigt er eine Zeichnung an, die 1810 als Kupferstich in den *Atlas pittoresque* eingehen wird und ihn zu einem ersten Vergleich anregt: »Nichts ist auffallender als die Übereinanderlagerung der

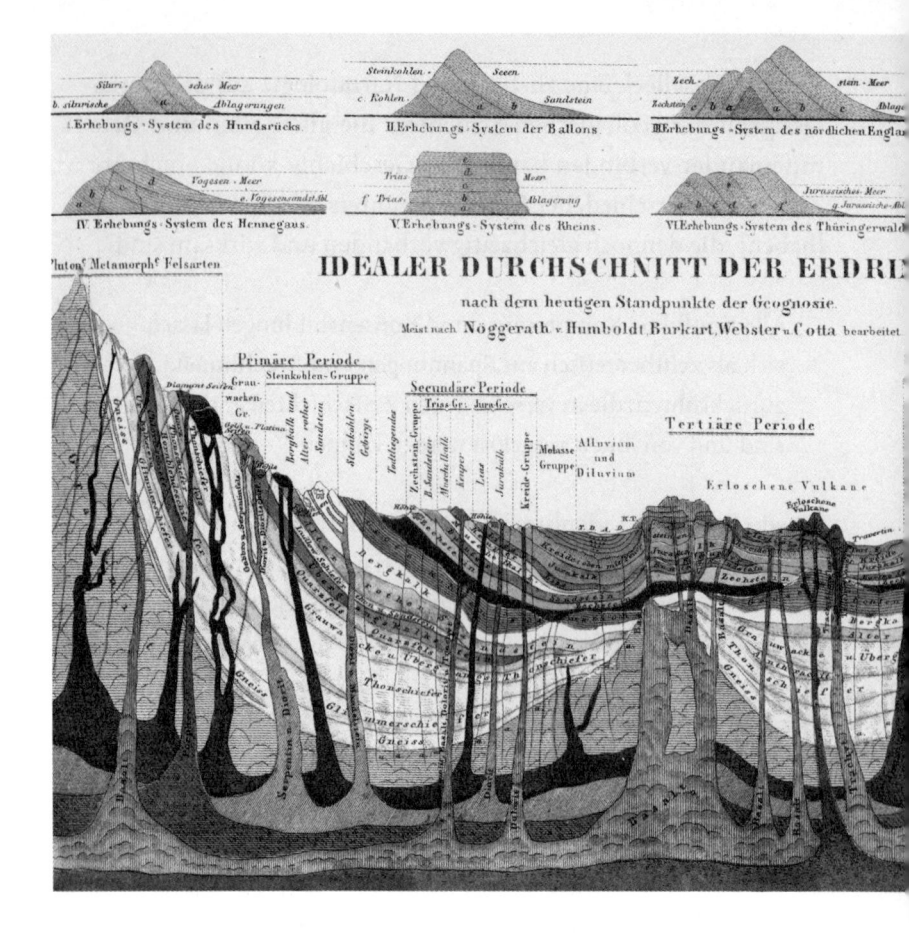

Lavaschichten, welche dieselben Krümmungen wie die Kalkfelsen der Hochalpen zeigen«. Der Vulkan ist für Humboldt ein naturalisierter Aufriss, der über das Magma mit allen anderen Gebirgen kommunizieren kann. Ein »idealer Durchschnitt der Erdrinde«, den Traugott Bromme 1851 im *Altas zu Alexander von Humboldt's Kosmos* entwirft, verbindet die Verkehrswege der Magmatite mit einer Ansicht der geologischen Schichten. Die Schichten sind Straßen und Kanäle, die die Kontinente über den Meeresboden miteinander verbinden, das hat Humboldt bereits 1807 in den *Ideen zu einer Geographie der Pflanzen* erklärt. »[I]n der Halbinsel Alaska scheinen

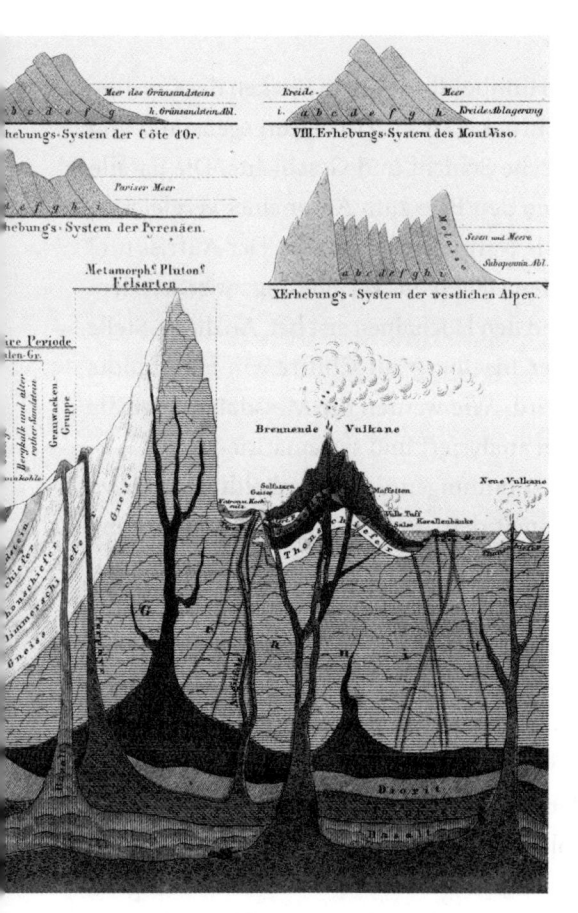

»Idealer Durchschnitt der Erdrinde nach dem heutigen Stand der Geognosie. Meist nach Nöggerath, v. Humboldt, Burkhart, Webster u. Cotta bearbeitet. Entworfen von Tr. Bromme. Ausgeführt von F. Malte«, Traugott Bromme, *Atlas zu Alexander von Humboldt's Kosmos*, 1851.

die Anden unter dem Meer in Verbindung mit den noch brennenden Vulkanen von Kamtschatka zu stehen. Die Gebirge des östlichen Asien sind demnach nur eine Fortsetzung der Gebirgskette des Neuen Kontinents«.[33] Die Lavaschichten sind Subway und Netzspinne, Bauplan und Infrastruktur zugleich, über die Humboldt das Naturganze erst herstellt. In ähnlicher Weise legt der Aufriss des Lavaflusses auch in Jules Vernes *Reise zum Mittelpunkt der Erde* die Reise- und Erzählwege von Professor Lidenbrock frei. Bei Humboldt kann die »Übereinanderlagerung der Lavaschichten« auf eingängige Weise die Funktionsweise der Vergleiche demonstrieren.

Vom Pico del Teide reist Humboldt »auf dem Rücken der Cordilleren« zu den Alpen und zurück. Der Pico ist Naturgegenstand und Flussdiagramm, geologische Schicht und Geschichte. Die parallelen Lavaschichten machen den Pico zum Autor einer vergleichenden Erdgeschichte, die die Natur selber schreibt. Der Aufriss und die geologischen Schichten stellen die Verbindung zwischen dem kanarischen Inselberg und den Hochalpen erst her. An dieser Stelle mag man fragen, wie der Inselberg zur Chiffre von Humboldts Geschichtsschreibung wird. Wie werden die Messdaten über die Parallelität der Schichten analysiert und systematisiert?

Die »Gleichheit der Krümmungen«, die Humboldt in den Lavaschichten bewundert, ähnelt den zwei Parallelen des Äquivalenzzeichens von Robert Recorde. Wo keine Gleichheit besteht, können zwei Striche eine Analogie herstellen und zwei heterogene Terme einander gleichsetzen. In den Beschreibungen ersetzt Humboldt die algebraischen Äquivalenzbeziehungen durch die vergleichende Geografie. Er spricht von der »Majestät der Natur«, der »Unermeßlichkeit des Raums, der Größe, Neuigkeit und Mannigfaltigkeit der Gegenstände, in deren Mitte wir uns versetzt finden«.[34] Doch verwirft er die Erhabenheit der Natur. Ein »einförmiger Blick der Bewunderung« könne den Leser bloß ermüden. Die Einförmigkeit zielt auf Überwältigung und Unvergleichlichkeit. Will man dagegen die Spezifik der Landschaft sichtbar machen, muss man Nachbarschaften herstellen, sie mit anderen Räumen vergleichen. So fällt Humboldts Blick vom Vulkanrand nach Nordosten in die Ebene, zur Küste und zum Meer:

> Von der Höhe dieser einsamen Gegenden schweiften unsere Blicke hinab auf eine bewohnte Welt; wir genossen den auffallenden Kontrast, den die entblößten Flanken des Pics, seine steilen mit Schlacken bedeckten Abhänge, seine aller Vegetation beraubten Ebenen mit dem lachenden Anblick bebauter Gegenden bilden; wir sahen die Pflanzen nach Zonen

geordnet, je nachdem die Wärme der Atmosphäre mit der Höhe der Lage abnimmt.[35]

Vom Pico, der höchsten Inselspitze, entrollt Humboldt ein Panorama. Der Überblick nivelliert die heterogenen Orte und Vegetationen. Was anders und verschieden ist, übersetzt er in die Gleichzeitigkeit eines gleißenden Augenblicks. Die Flanken des Pico enthalten auf kleinstem Raum die Klimata der Welt. Sie verdoppeln die Welt in der Welt. Welchen Stellenwert nehmen die »Unermeßlichkeit des Raumes« und die »Mannigfaltigkeit der Gegenstände« ein?[36] Werden sie vorgefunden oder entspringen sie Humboldts Vorstellung? Ist der Überblick vom Vulkanrand der Gegenstand oder die Methode der Wahrnehmung? Den Zweifel an der Anschauung nährt die Detailgenauigkeit seiner Beschreibungen:

> Unter dem Pitón fangen Lichenen an, die veschlackten und auf der Oberfläche glänzenden Laven zu bedecken; eine Veilchen-Art [*Viola miranthifolia*], nahestehend der *Viola decumbens*, findet sich auf dem Abhang des Vulkans bis auf 1740 Toisen Höhe[.] Mit Blüten bedeckte Ginsterbüsche zieren die kleinen Täler, welche die Bergbäche eingeschnitten haben, die durch die Wirkung seitlicher Ausbrüche angefüllt sind. Unter der Retama kommt die Region der Farnkräuter, begrenzt von baumartigen Heiden.

Vom Krater- bis zum Meeresrand arbeitet Humboldt eine Pflanzenliste ab. Den Flechten folgen die Veilchen bis zu den »Datteln und Bananen, deren Fuß der Ozean zu bespülen scheint«.[37] Die Pflanzen wird Humboldt kaum mit bloßem Auge wahrgenommen haben, die imaginäre Linie von 1740 Toisen nicht mit einem Blick vermessen haben.[38] Die vergleichende Geografie ist keine Bildwissenschaft, die das Sehen im Gelände lehrt. Schon allein die Vorliebe für Zahlenverhältnisse und Mittelwerte muss eine allzu teleologisch argumentierende bildwissenschaftliche Deutung irritieren. Die Naturbeschreibung entspringt nicht der unmittelbaren Wahrnehmung. Ihre Leistung besteht vielmehr darin, die zahllosen Temperatur-, Barometer- und Höhenmessungen mit den trigonometrisch bestimmten Fundorten der Pflanzen zu einer homogenen Narration zu verbinden. Die vermeintliche Anschaulichkeit des Pico del Teide beruht also auf einer Vielzahl heterogener Daten. Dass die Messungen erst in eine analytische und leicht fassbare ästhetische Form gebracht werden müssen, deutet das späte Publikationsjahr an. Allein die ersten vier Bände erscheinen zwischen 1814 und 1817. Sechs Jahre bereitet sich Humboldt auf einer der längsten Forschungsreisen seiner Zeit vor. Nach der fünfjährigen Reise ordnet er sein gesamtes Forscherleben lang die Präparate, Samen, Steine, Messungen, Notizen, Tabellen und Aufrisse. Er vernetzt die Einträge in den Fundbüchern mit den Temperatur- und Höhenmessungen, entziffert die wuchernden Marginalien in den Reisejournalen und memoriert die kaum zu Papier gebrachten Eindrücke und Beobachtungen. Von 1814 bis 1831 wächst die *Relation Historique* auf elf Bände und zwei Atlanten an.[39] Ungezählt bleiben die achtzehn botanischen Werke, die vier Co-Autoren zerschleißen, zwischen 1805 und 1835 in siebzehn Halbbänden erscheinen, die unterschiedlichen Klassifikationen und Deskriptionsstandards folgen. Unbeachtet bleibt die unübersehbare Anzahl publizierter und projektierter Bände, die Humboldt mit Fachkollegen zur Klärung geologischer Fragen, der Bestimmung von Gesteinsproben und zoologischen Präparaten, zur Berechnungen der Astronomie, zur Analyse meteorologischer und chemischer Messungen und den Fragen des Erdmagnetismus als Vorarbeiten des Reisewerks in Angriff nimmt. Seine Schriften wurden vielfach als lebenslanges Projekt im Werden beschrieben, das das Naturganze mit einer hemmungslosen Vorliebe für das Detail verfolgt. Mit 80.000 Francs Publikationskosten ist Humboldts Privatvermögen am Ende nahezu aufgezehrt, das Reisewerk muss weitgehend fragmentarisch bleiben.[40]

Die Systematisierung des Inselwissens: Der Inselberg als Technik und Artefakt

Der Blick vom Inselberg in die Ebene ist Humboldt nicht vor die Füße gefallen. Die Darstellung entspringt weder einem Geistesblitz noch einer Ästhetik des Naturalismus, sondern einer Technik, die die schiere Menge der singulären Daten, Beobachtungen und Erinnerungen mit einer einheitlichen Perspektive beschreiben und systematisieren will.[41] Das Vorbild für die Angleichung und Generalisierung des geografischen Wissens findet Humboldt dabei nicht nur in der Natur. Unter die *Anregungsmittel zum Naturstudium* zählt er neben dem Besuch der Gewächshäuser und botanischen Gärten vor allem die Panoramen, Dioramen und Neoramen: »Die Rundumgemälde leisten mehr als die Bühnentechnik, weil der Beschauer, wie in einem magischen Kreis gebannt und aller störenden Realität entzogen, sich von der fremden Natur selbst umgeben wähnt«.[42] Humboldt erwähnt die Bühne. Das rare Licht wird in den Panoramen wie bei den späteren Aquarienbauten effektvoll eingesetzt. Betreten die Besucher das Panorama, müssen sie das Tageslicht hinter sich zurücklassen. Sie passieren einen fensterlosen Vorraum oder Korridor, erklimmen die engen Wendelaufgänge zu den Galerien und Aussichtsplattformen – erst nach einer gefühlten Ewigkeit umfängt sie schlagartig die Rotunde mit dem lichten Panorama.[43] Der erzwungene Lidschlag soll die Augen auf die Illusionen der Anamorphose vorbereiten. Der Blackout ist eine Schwelle, die die Eindrücke der Straße löscht, damit die Besucher widerstandslos in die Totale des Panoramas eintauchen. Die Panoramen pflegen eine Nähe zur Zauberkunst und zum Spektakel. Die ersten zwei Panoramen, die Humboldt nach seiner Rückkehr aus Südamerika von seiner Pariser Wohnung aus gesehen haben mag, entstehen 1799 am Boulevard Montmartre. Zwischen Schaubuden, Hellsehern, Bauchrednern und Zauberkünstlern errichtet der geschäftstüchtige Amerikaner Robert Fulton zwei Rotunden in einem ehemaligen Klostergarten der Kapuziner. Der Jardin des Capucines sei ein »Tummelplatz des Lachens und der gereizten Neugier«, schreibt Johan Lorenz Meyer und lobt die kunstvollen Täuschungen der Stadtansichten.[44]

> Ihre erste Ansicht blendet, verwirrt das Auge; man muss es langsam an die Mannigfaltigkeit der Gegenstände, an eine gewisse Nachforschung der einzelnen Partien des großen Ganzen gewöhnen. Dann aber ist der Genuss vielfältig groß, und die Täuschung wächst mit jedem Moment des stillen Anschauens.[45]

Auch andere heben den Realitätseffekt hervor. Die Panoramen seien »die liebenswürdigste Kunst auch die geübtesten Augen zu täuschen«, zitiert das *Journal des Luxus und der Moden* 1801 den Maler und Architekten Léon Dufourny.[46]

Das Panorama solle den »Begriff des Naturganzen« schärfen, »das Gefühl der Einheit und des harmonischen Einklangs« stärken.[47] Humboldt übersetzt an dieser Stelle das Kunstwort »Panorama« nahezu wörtlich, das der Erfinder Robert Barker um 1787 geprägt und in der *Times* 1792 verbreitet hat. Das Panorama, so Barker, sei ein »Überblick der Städte London und Westminster[,] auf einer einzigen Leinwand dargestellt, auf der sie so groß und wahrhaftig wie in Wirklichkeit erscheinen«.[48] Auch Humboldt staunt über die Realitätseffekte der Panoramen, man wähne sich von der fremden Natur umgeben, und formuliert nahezu analog: Es gelte »die Gesamtheit der Naturerscheinungen zu anschaulichen Bilder zu gestalten«.[49] Die *Tableaux physiques* entstehen im Umfeld der Panoramen, die den Besuchern von einer Galerie, einem nachgebauten Fregattendeck oder Feldherrenhügel aus einen mehr oder minder gut ausgeleuchteten *Coup d'Œil* auf eine Stadt, eine ruhmreiche Schlacht oder die Antike versprechen.[50] Humboldt erwähnt die Verzierungen der Bühne, die kunstvollen Sinnestäuschungen

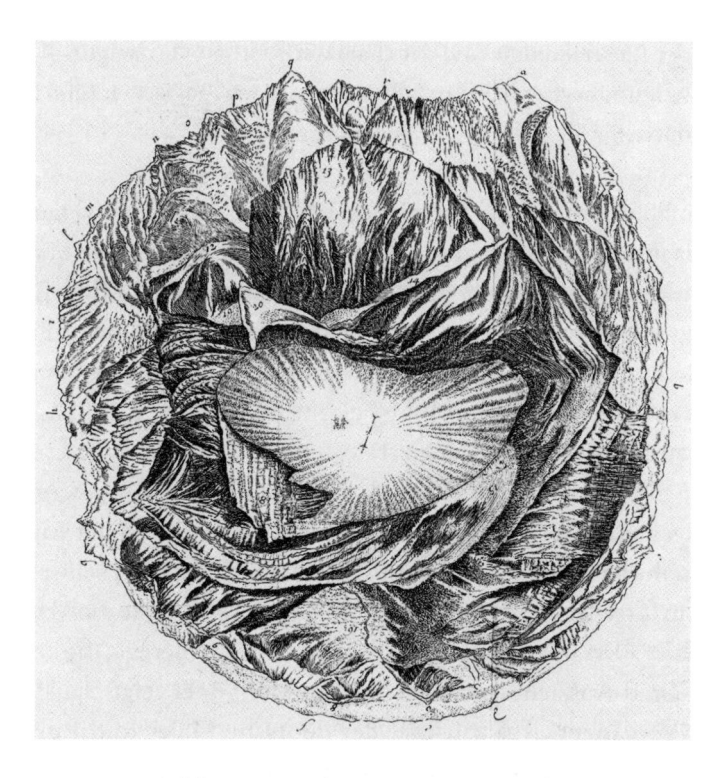

Bénédict-Horace de Saussure, *Vue circulaire
de la chaîne des montagnes depuis le glacier du Buet.
Deux observateurs au centre du glacier servant de
point de repère* von, Voyage dans les Alpes, 1790.

der Kulissen. Dennoch beklagt er, die Panoramen gäben bisher nahezu nur Ansichten von bewohnten Gegenden wieder. Weitaus größeren Nutzen könnten sie in der physikalischen Erdbeschreibung erbringen:

> Physiognomische Studien, an den schroffen Berghängen des Himalaja, und der Cordilleren oder im Inneren der indischen und südamerikanischen Flußwelt entworfen, ja durch Lichtbilder berichtigt, in denen nicht das Laubdach, aber die Form

der Riesenstämme und der charakteristischen Verzweigung sich unübertrefflich darstellt, würden einen magischen Effekt darstellen.[51]

Humboldt differenziert und ignoriert. Das erste Panorama taucht zunächst in der Kartografie auf und wird dem schweizer Mathematiker, Physiker und Geodät Jacques-Barthélemy Micheli du Crest zugeschrieben, der 1755 eine 180-Grad-Ansicht der schneebedeckten Schweizer Alpen auf viereinhalb Metern Länge bannt.[52] Das erste Vertikalpanorama ist eigentlich eine Liste, weil es die Alpen auf eine Zeile reduziert. Von der Aarburg aus wird jeder Berg mit einem Buchstaben indiziert, damit man die Höhenmessungen, die Lage der Berge und ihre Namen linear mit der Alphabetreihe bestimmen und überprüfen kann.[53] Auch der schweizer Naturforscher Horace-Bénédict de Saussure ergänzt die *Voyage dans les Alpes* durch eine »zirkuläre Ansicht der Berge«, die einen 360-Grad-Aussicht vom Gletscher des Mont Buet zeigt. Saussure hat Vorgänger. 1529 zeichnet der deutsche Maler und Kupferstecher Hans Sebald Beham vom Stephansdom aus die Belagerung Wiens als Rundansicht. 1705 fertigt der Schweizer Johann Scheuchzer eine Rundumsicht der Urner Alpen an. Scheuchzer überträgt die Profilansichten der Hafenbücher und Seekarten in eigentümlicher Weise auf die Alpen und begründet zusammen mit Luigi Ferdinando Conte di Marsigli, dessen Sekretär er war, mit einem ozeanischen Blick die Alpentektonik.[54] Doch im Gegensatz zu Saussure meiden Scheuchzer und Beham jede Projektion. Beham hat die Häuser und türkischen Belagerer im Weichbild Wiens unverändert der sanften Rundung des Horizonts anvertraut. Scheuchzer beharrt auf einem gleichbleibenden schrägen Lichteinfall. Auch er hat das Alpenpanorama in schlichter Parallelprojektion um die unregelmäßige Abrisskante des Sees zentriert, sie in die Aufsicht der Alpenkarte integriert. Dagegen pflanzt Saussure den Betrachter mitten ins Bild. Er zeichnet das

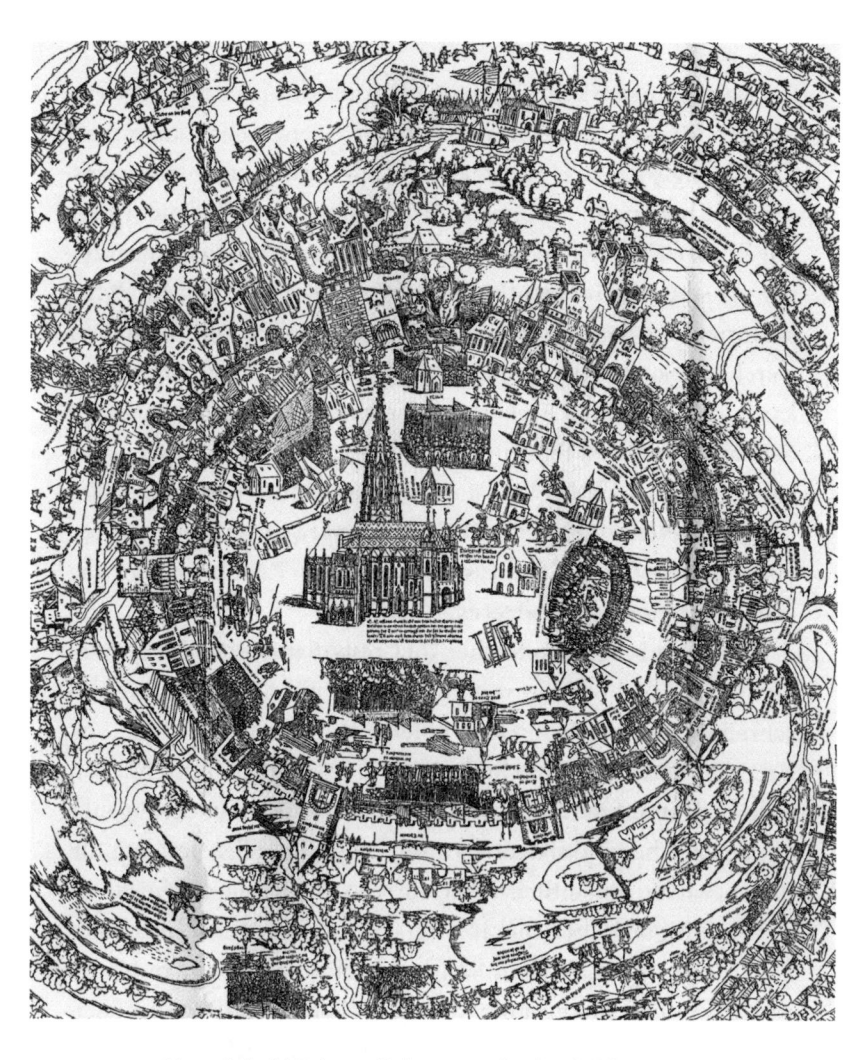

Hans Sebald Beham: *Belagerung der Stadt Wien*, 1529.

Panorama aus der Perspektive eines Wanderers, simuliert den Gang ins Gebirge und thematisiert die bekannten Sinnestäuschungen, mit denen sich auch die Maler der raumfüllenden Panoramen herumschlagen müssen. Die Profile der Berge gruppiert er um eine leere Mitte, die lediglich von einer Kompassnadel und zwei Figuren besiedelt wird. Diese unscharfen Gestalten sind wir.

Die Kartenscheibe kann man vor allem als Kompass der Berge verwenden. Dreht man sich mit ihr um die eigene Achse, kann man die Alpengipfel nach Himmelsrichtung und Profil genau erfassen und benennen. Saussures Zirkularansicht folgt nicht den Regeln der Zeichenfläche. Sie verlegt den Zirkelstich unmittelbar ins Auge des Betrachters. Das erste Panorama, das die Zylinderform der kommerziellen Rotunden vorwegnimmt, wird dem Zürcher Lokalpolitiker, Ingenieur, Kartografen und Seidenfabrikanten Hans Konrad Escher von der Linth zugeschrieben. Unter dem offenkundigen Eindruck von Saussure zeichnet er am 15. Juni 1792 vom Poncione di Fieud aus die Aussicht des Gotthardpasses in einem geschlossenen Vertikalpanorama. Spannt man den viereinhalb Meter langen Papierstreifen in einen Reif, kann man das erste Rundpanorama betreten.[55]

Natürlich lassen sich Micheli du Crests, Saussures oder Eschers Panoramen nur bedingt mit Humboldts physikalischer Weltbeschreibung vergleichen. Doch teilen sie mit Humboldt eine Vorliebe für die Vertikalansichten. Die Zusammenhänge erschließen sich weniger auf der inhaltlichen Ebene. Sie liegen in der Eigenlogik der Zeichenpraktiken begründet. In allen Fällen verlangt die Projektion ein einheitliches Verfahren – die Systematik wird mit der Anfertigung des Panoramas erst erfunden. Wenn Humboldt also in der physikalischen Weltbeschreibung von einem Naturganzen spricht, so steckt die Einheit im Verfahren. Dem Beobachter weist er einen erhöhten Standort zu, den Fluchtpunkt seiner Erzählung legt er ins Auge des Lesers. Die Naturbeschreibung soll sich von dort aus nahtlos erschließen. Das Panorama synchronisiert die heterogenen Beobachtungen, Daten und Gegenstände – die einheitliche anamorphotische Perspektive kann jedes Detail in Hinblick auf ein systemisch Ganzes interpretieren.[56] Die Generalisierung ist ein Effekt der Rundumsicht.

Humboldts Ignoranz ist also bestenfalls strategisch. Die Militärtopografie und die Geognosie haben das Panorama als

Caspar David Friedrich, *Mönch am Meer*, 1808–1810.

Bergprofil, anamorphotische Scheibe und Rundbau schon nahezu ein halbes Jahrhundert vor ihm entdeckt und popularisiert. In der jungen Geschichte der Panoramen gehen die Stadtansichten der Naturgeschichte nicht voraus. Vielmehr werden sie häufig von angedeuteten Naturszenen begrenzt. So kann man in Meyers *Briefe aus der Hauptstadt und dem Innerem Frankreichs* über eine Stadtansicht von Lyon im *Pavillon d'Hannovre* lesen: »In weiter unverschleierter Ferne des heitern Horizonts thürmen sich die Schneegebirge der Schweiz herauf. Davor liegt im Sonnenglanz ein unermessliches Gefilde, von der Rhone durchströmt«.[57] Die Natur taucht am Horizont nicht einfach auf. Die Stadt muss naturalisiert werden und das im gleichen Maße, wie die Natur urbanisiert wird. Wenn also die Natur zum Horizont der Stadt wird, definiert sie eine Grenze und Differenz, die die städtische Verdichtung erst sichtbar macht. Die Grenzziehung ist symmetrisch: auch die Stadt begrenzt die Natur. Die »unendliche Einsamkeit am Meeresufer« und die »unbegrenzte Wasserwüste«,

Alexander von Humboldt, *Vue de l'intérieur
du Cratère du Pic de Ténériffe*, 1810.

die Heinrich von Kleist aus Caspar David Friedrichs *Mönch am
Meer* anblickt, braucht die Grenze und den Ufersaum.[58] Werner
Busch verweist auf die vierfache Überarbeitung. Die UV-Aufnahmen, die die jüngsten Restaurationen zwischen 2013 und 2016
begleiteten, haben Buschs Interpretation bestätigt und vier Segelboote am Horizont sichtbar gemacht.[59] Caspar David Friedrich
hat Meer und Himmel anfänglich dicht möbliert, den Strand von
einer Ortsansicht übernommen. Sie zeigt den Strand bei Lobbe
auf Rügen. Die asymmetrische Kante der Kutte und ein unscheinbarer Schatten, ein übermalter Fuß, lassen Busch zweifeln, dass
der Mönch tatsächlich schon immer so unverwandt auf das Meer
gestarrt habe. Nehmen wir also an, Caspar David Friedrich habe
den Mönch anfänglich im Profil gezeichnet: Er blickte nicht auf
das Meer, sondern am Meer vorbei auf eine unsichtbare Ferne. Auf
wen mag er warten, welche Blicke erwidern? Mit wem über den
rechten Bildrand hinweg korrespondieren? Das Bild liest Busch

mit den zeitgenössischen Quellen und jüngeren Röntgenaufnahmen als technischen und semiotischen »Palimpsest«.[60] Die spätere Leere überdeckt eine ursprüngliche Völle. Leere und Fülle bedingen einander wie Land und Meer. Die »unendliche Einsamkeit« antwortet auf eine vorgängige Zweisamkeit. Sie entsteht aus einer Nivellierung. Den »Archetypus des glatten Raums« stellt Friedrich synthetisch her. Die »Kanäle und Leitungen« hat er in mehrfachen Arbeitsgängen wegretuschiert.[61]

Tatsächlich stellt Caspar David Friedrich dem *Mönch am Meer* die *Abtei im Eichwald* beiseite. Beide Gemälde hat er zwischen 1808 und 1810 gemalt und als Pendants und Bilderpaare thematisiert. Der vermeintliche Antipode soll jedoch an dieser Stelle unberücksichtigt bleiben, dem *Mönch am Meer* ein Zwilling aus fremder Hand antworten. Humboldts *Vue de l'intérieur du Cratère du Pic de Ténériffe*, der einer Lieferung zum *Atlas Pittoresque* beilag, ist 1810 nahezu zur gleichen Zeit wie Caspar David Friedrichs Ölgemälde entstanden und teilt mit ihm ein verwandtes Sujet und einen ähnlichen Bildaufbau. Auf dem Stich sieht man Humboldt und Bonpland am Vulkanrand des Pico del Teide im *profil perdu*. Über die Zeichnung, die ihm zugrunde liegt, schreibt Humboldt in den *Ansichten der Kordilleren und Monumente der Völker Amerikas* rückblickend:

> Ich hatte diese Zeichnung unter einem rein geologischen Blickwinkel skizziert; die steinartigen Lavamassen, zerfressen von der beständigen Wirkung der Schwefelsäuredämpfe, sind in Schichten übereinandergelagert, gleich den Bänken, die Berge aus sekundärer Formation aufweisen.[62]

Mit Schlacke, Feuer und Schwefeldämpfen klopft gewöhnlich der Teufel an. Vom Limbus des Pico del Teide schauen wir hinab auf die erkalteten Lavamassen des Infernos. Die »unendliche Einsamkeit des Meeres« hat sich in geologischen Schichten am Kratermund des Pico abgelagert. Die blaue Einöde ist dem erstarrten

Meer der Steine gewichen. Die Profilansicht, die Friedrich malte und kurze Zeit später wieder unter unzähligen Farbschichten verbarg, hat Humboldt mit zwei Modifikationen beibehalten: den Mönch, in dem viele ein Alter Ego des Malers vermuten, hat Humboldt gleich durch die eigene Person ersetzt und das Selbstgespräch des Mönchs im Zwiegespräch mit seinem Freund Bonpland fortgesetzt. Das Wassermeer hat sich in Humboldts Zeichnung bis auf einen dünnen Streifen am Horizont zurückgezogen. Über die Schultern von Humboldt und Bonpland schauen wir auf die jüngste Steinzeit des Pico del Teide und meinen, in ihr einen Reflex auf »Friedrichs Seelenlandschaft« zu lesen. Bei Humboldt wie Friedrich dominiert eine kräftig gezogene Horizontlinie das Bild. Humboldt begrenzt den Krater des aufgewühlten Lavameers mit dem Wassermeer am Horizont und deutet damit eine physische Verbindung zwischen den zwei ungleichen Meeren an. Caspar David Friedrich kontrastiert das Wassermeer mit dem steinigen Uferstreifen. Dennoch bleiben die Bilder einander fremd. Während Humboldts Kupferstich den Bildraum bis zum Rand in nahezu kartografischer Manier mit Rastern, Schraffuren und Schattierungen ausmalt, legt Friedrich den *Mönch am Meer* in Aspik. Ihn umgibt eine Leere, von der Humboldt nur träumen kann. Vom Gipfeltourismus auf dem kahlen Inselberg ist er unverhohlen genervt:

> Es verhält sich mit der Reise auf den Pic wie mit den Reisen, die man gewöhnlich ins Tal von Chamonix und auf den Gipfel des Ätnas macht, wo man genötigt ist, seinen Führern zu folgen; und überall sieht man dann nur das, was schon von den anderen Reisenden gesehen und beschrieben wurde.[63]

Die Einsamkeit des Mönchs bleibt ein Wunschtraum. Der *Mönch am Meer* wird womöglich nur darum so euphorisch gefeiert, weil die Einsamkeit, die ihn umgibt, schon zu Friedrichs Zeiten fast verschwunden ist. Jeden Eremiten begleiten auf die Kanaren Heerscharen von Touristen, die nur eines wollen – am Kraterrand (wie vor Friedrichs Bild) in Massen einsam werden. Die dritte Rückenfigur, die nach Humboldt und Bonpland auf den schmalen Kraterrand drängt, tritt als Vertreter der Touristen auf. Was ist also aus der »unendlichen Einsamkeit der Meere« geworden? Was verbindet oder trennt Humboldts Inseltouristen und Friedrichs *Mönch am Meer*? Ein Unterschied in der Struktur der Oberfläche drängt sich unmittelbar auf. Eine maximal gekerbte Oberfläche trifft auf einen nahezu glatten Raum. Doch findet man auch Gemeinsamkeiten. Humboldt und Friedrich wählen einen binären Bildaufbau, die Gewichtung aber ist spiegelsymmetrisch verkehrt. Der karge Himmelsstrich, der im *Mönch am Meer* lediglich den Bildrand einnimmt, ist auf Humboldts Zeichnung monströs vergrößert. Auch bei ihm ist der Kraterrand wie Friedrichs Strand durch einen harten Kontrast vom Meer geschieden. Doch während der Mönch vom schmalen Ufersaum des Festlands auf das Meer blickt, das Meer als Antipode des Festlands auftritt, tritt das Steinmeer nicht als Gegenort auf. Vom schmalen Kraterrand blicken Humboldt und Bonpland nicht auf das andere, sondern stoßen immer nur auf dasselbe. Schlacke, Feuer, Schwefeldämpfe. Das steinerne Meer hält sie vollständig umfangen. Das *faux terrain*, das beim *Mönch am Meer* bestenfalls eine Schwelle darstellt, hat Humboldt zum eigentlichen Bildgegenstand erklärt. Der Vorraum nimmt nahezu zwei Drittel des Bildraums ein. Dem Kupferstich liegt die eingangs erwähnte Zeichnung der Caldera zugrunde. Auf dem *faux terrain* des Stichs kann man die »Überlagerung der Lavaschichten« und ihre beeindruckende Parallelität der Schichten studieren, aus denen Humboldt am Anfang seiner Reisebeschreibung das Programm für die physikalische Weltbeschreibung gewinnt.[64] »Wir genossen den auffallenden Kontrast«, schreibt Humboldt über den Blick durch den Vulkanschlund, der sich gegen Westen zum Meer und zur Ebene hin öffnet. Die Naturbeschreibung baut auf Gegensätze und

Kontraste. Die Wechselwirkung von Land, Meer und Atmosphäre, von der im dritten Kapitel noch ausführlicher die Rede sein wird, strukturiert den erzählten Raum. Vom Kraterrand des Inselbergs aus setzt Humboldt die »Höhe dieser einsamen Gegenden« von den »Weinbergen und Gärten der Küste« ab. Die »reiche Vegetation der Ebenen« antwortet auf die kargen Höhen des Inselbergs.[65] Die »trostlose Einsamkeit« reagiert auf die »Häuser« und »Segel der Schiffe«, die Caspar David Friedrich aus dem Bild verbannt. Wassermeer und Landmeer, Tourismus und Einsamkeit scheinen einander zu bedingen.

Humboldt verdankt die Naturszenen ein Stück weit den Panoramen, in denen die Natur ein *faux terrain* ist – ein »falscher«, synthetischer Ort, den erst die Stadt zum »unmarked space« macht. Die Unendlichkeit soll dabei durch eine augenfällige Endlichkeit erzeugt werden – ein Effekt, den auch Kleist und Caspar David Friedrich offenkundig von den Panoramen übernommen haben.[66] Das *Journal des Luxus und der Moden* erwähnt 1801 den Unendlichkeitseffekt der Naturszenen im Panorama prominent:

> Panorama heisst seiner Ableitung nach eine Allbeschauung, eine Allansicht, und man bezeichnet damit eine Schaustellung, wo sich der Zuschauer im Mittelpunkt eines um eine Rotunde herumlaufenden Gemäldes befindet, und so von seinem Standpunkte aus nach allen Richtungen die Ansicht auf eine unbegränzte Gegend oder Naturscene genießt.

Die Allsicht des Panoramas wird in der gleichen Journalausgabe mit dem Blick von einem Berg oder einer Turmspitze gleichgesetzt:

> Eigentlich ist also jeder einzeln stehende, ringsherum eine weite Gegend beherrschende Berg, ja jeder Kirchthurm und jede Bastide in diesem Sinn ein natürliches Panorama für den

Gesichtskreis der Schaulustigen. Denn nur in so fern mag der prächtig klingende Name der Sache angemessen seyn als eben dadurch ein Schauspiel angedeutet wird, wo man nach allen Seiten hin einen neuen Theil derselben Gegend oder Scene erblickt.[67]

Der Inselberg ist ein Werkzeug einer ungeahnten Perspektive, das Medium einer neuen Anordnung des Wissens, der die Natur aus der Generalsperspektive zeigt. Er inszeniert die Masse der Zahlen und Messungen als Spektakel und Schauspiel. Das Panorama taucht nur wenige Jahre später in den *Ideen zu einer Geografie der Pflanzen* als »vollständiger Überblick der Natur« wieder auf, dem wohl Humboldts bekanntestes Profil *Geographie der Pflanzen in den Tropen-Ländern, ein Naturgemälde der Anden* beiliegt.[68] Das Schaubild vereint alle Beobachtungen und Messungen zwischen dem zehnten Grad nördlicher und südlicher Breite, die Humboldt zusammen mit Bonpland auf seiner fünfjährigen Reise nach Südamerika gesammelt hat. Mit diesem Schaubild wird das Panorama zum Modell der »physischen Weltbeschreibung«, jenem *Tableau physique*, das zwischen Tabelle, Profil und Naturgemälde changiert. Mit dem *tableau physique* will er »einen Überblick über die Erscheinungen im Kosmos« erlangen, die Weltgesetze ergründen, führt er 1844 in der Vorrede zum *Kosmos* aus.[69] Mit der »Allbeschauung« und der »Allansicht« formuliert Humboldt zugleich ein Programm für die nachfolgenden Leser und Naturforscher. Wie die Besucher eines Panoramas muss man sie nur erhöht auf eine Bühne stellen, eine fiktive Galerie aus Brettern und Gips zimmern, damit sie von »den fernsten Nebelflecken und kreisenden Doppelsternen des Weltraums zu den tellurischen Erscheinungen der Organismen« herabsteigen können.[70]

In seinem Reisewerk übernimmt der Pico die Funktion des imaginierten Feldherrenhügels – seine Bühne besteht aus Wasserdampf, Lavaschlacke und Schwefelrauch. Die Wanderung auf den Vulkan ist ein narrativer Kunstgriff. »Kunstgriffe« machen nach Hans Vaihinger auf den Außenstehenden nicht selten den »Eindruck des Magischen«, weil sie »Schwierigkeiten, die das bezügliche Material der betreffenden Tätigkeit in den Weg wirft, indirekt zu umgehen wissen«.[71] Auch die Beschreibung des Pico bündelt scheinbar mühelos die Eindrücke. Doch hinter den Kulissen entsteht der Blick vom Krater weniger in der Empirie als in der sorgfältigen Analyse und Synopse. Der Pico synchronisiert die singulären Messdaten, Mineralien, Herbarien, Skizzen und Beschreibungen, die Humboldt in jahrelanger Kleinarbeit zusammengetragen hat. Das Panorama des Picos mag ähnlich wie Ptolemaios' Karte Humboldts Messfehler und Widersprüche bereinigt haben. Doch augenfälliger ist die narrative Funktion. Der Boden der kanarischen Insel, so Humboldt, erhebe sich »amphitheatralisch« vom Meer aus und gewähre »alle Klimate von der Hitze Afrikas bis zu der Kälte der hohen Alpen«.[72] Der Inselberg fügt die Detailbeobachtungen zu einem Rundgemälde zusammen, zu einer »Allbeschauung« und »Allansicht«. Humboldt übersetzt die zahllosen Messungen und Daten in ein imaginäres Rundgemälde, um die Verbreitung der Pflanzen, ihre Lagen und gegenseitigen Nachbarschaften den Lesern als *view-at-a-glance* vor Augen zu stellen. Dennoch trägt der Vergleich mit dem Panorama nur bis zu einem bestimmten Punkt. Analogien vereinfachen den Gebrauch von Medien. Sie demonstrieren auf einfache Weise McLuhans These, dass der Inhalt eines Mediums immer ein anderes Medium sei.[73] Auf diese Weise verbinden die Ligaturen die Handschrift mit dem Buchdruck. Mit Apples *click wheel*, der induktiven Membran aus der Steinzeit des iPods, hat Jonathan Ives 2001 den Sendersuchlauf des Radioempfängers mit der Dateiverwaltung der mp3-Files kombiniert. Xerox' *desktop metaphor* schließt den ersten Personal Computer 1973 an das amerikanische Papierformat und analoge Papierbüro an. Für die Übertragungen dieser Art prägt der Mathematiker und Molekularbiologe Alan Kay 1977 das Wort *user illusion*, das er am Beispiel der selbst entwickelten digitalen Papierformate und Fenster erläutert:

> Es gibt klare Anweisungen für die Bühne, die Aufführung und die Zauberkunst[.] Wird der Bildschirm zum beschreibbaren Papier, nutzt man die Metapher der Bleistifte, Pinsel und Schreibmaschine. Das gelingt nur innerhalb der Grenzen der Metapher. Doch was am Ende zählt, ist allein die Magie. Das muss nachvollziehbar bleiben. [...] Es funktioniert in gewisser Hinsicht wie ein magisches Papier.[74]

Die Programmierer sind nach Kay Magier der Benutzeroberflächen. Ihre Aufgabe sei es, »falsche Naturgesetze zu erfinden«, die den konsistenten Zugriff auf eine Natur suggerieren, die nur auf dem Bildschirm wächst und gedeiht.[75] Der Zugriff auf den Computer wird durch die einfache Maske des Büros naturalisiert. Mit Hans Vaihinger kann man die zweite Natur der Benutzeroberflächen als »schematische Fiktionen« beschreiben, die die »Gesetze der Wirklichkeit gewissermaßen an einfacheren Modellen [studieren], welche zwar das Wesentliche des Wirklichen enthalten, aber in einer viel einfacheren und reineren Form«.[76] Seine schematischen Zeichnungen und Modelle schieben sich zwischen die Wirklichkeit und ihre Benutzer. Sie sind Interfaces, Kontaktflächen und Grenzen: Gesichter und Gesichtssinne, die den Blick auf die Wirklichkeit zugleich vermitteln und transformieren. Übertragung und Ersetzung sind auch Ende der Sechzigerjahre für die Entwickler der ersten Benutzerschnittstellen in Palo Alto die grundlegenden Operationen, die jedem Laien ohne maschinennahe Programmierkenntnisse den Zugriff auf Computer versprechen. Kay beruft sich mehrfach auf die »Magie« und die Bühne. Die magischen Anteile an der Programmierung seien wesentlich. Auch Humboldt erwähnt die »magischen Effekte«, als er den Nutzen des Panoramas für die physische Geografie darlegt. Während die Entwickler des ersten

Personal Computers die Kommandozeilen durch die Desktopmetapher ersetzen, überbrückt Humboldt die Physik der geodätischen Messungen und die Mathematik der Mittelwerte durch eingängige Narrationen und Darstellungen. In dieser Hinsicht sind auch die *Tableaux physiques* grafische Benutzeroberflächen, die ohne eine Gebrauchsanweisung funktionieren wollen. Die magischen Effekte, die die Besucher der Panoramen immer wieder hervorheben, sind demnach in der Kartografie kein Selbstzweck. Das Panorama ist eine Metapher oder mit Deleuze eine mitwachsende »Gussform«, die Humboldt dem Medium der Schrift, den numerischen und grafischen Tafeln flexibel anpassen kann.[77] Falsche Naturgesetze nutzt er etwa, um die Übergänge zwischen heterogenen Beobachtungen und Orten zu glätten. Obwohl der Blick vom Inselberg aus heterogenen Quellen zusammengesetzt ist, beschreibt Humboldt die Vegetation vom Gipfel des Pico bis zur Küste in hyperrealistischer Detailauflösung. In den *Anregungsmitteln zum Naturstudium*, die den zweiten Band des *Kosmos* einleiten, begründet er die Details der Panoramen physiologisch. Als Modell dienen ihm die Tropen vor Berlin. Erklimme man im Palmenhaus der Pfaueninsel die Aussichtsplattform, so meine man, »vom Gipfel eines Hügels herab ein kleines Palmengebüsch zu sehen. Man entbehrt freilich den Anblick der tiefen Himmelsbläue, den Eindruck einer größeren Intensität des Lichts; dennoch ist die Einbildungskraft hier noch tätiger«.[78] Beim Potsdamer Tropenpanorama verweist Humboldt auf die Mechanik der Illusion. Bei der konkreten Beschreibung des Picos hat er indes die mikroskopische Detailschärfe bereits naturalisiert. Das tropische Inselklima wirke vergrößernd: »Die scheinbare Nähe, in welcher man vor dem Gipfel des Pics die Dörfer, die Weinberge und die Gärten der Küste sieht, wird durch die außerordentliche Durchsichtigkeit der Atmosphäre vermehrt«.[79] Die Detailschärfe des Inselklimas wird auf der Zeichenoberfläche zur Lupe, der Zoom zur nützlichen Fiktion des Schaubildes. Denn Humboldt will schließlich jede Messung auf einem einzigen

Schaubild anordnen. Die Höhentemperatur, die Jahresmittel, der Luftdruck, die Schneegrenzen, das Relief und die Pflanzenarten sollen vom Gipfel des Picos bis zum Palmwedel des Ufersaums festgehalten und veranschaulicht werden. Mit dem Panorama stellt Humboldt eine unübersichtliche Datenmenge in einer leicht fassbaren Weise dar. Der Pico del Teide ist dabei nicht nur Galerie und Feldherrenhügel. Er dient auch als Messskala. Seine schlanke Form habe den Vorteil,

> daß man die Temperatur zweier Schichten der Atmosphäre vergleichen kann, die sich fast in derselben senkrechten Ebene befinden; und in dieser Beziehung sind die Beobachtungen, die bei der Reise auf den Vulkan von Teneriffa angestellt werden, denen ähnlich, die das Aufsteigen in einem Ballon darbietet.[80]

Am Pico zählt Humboldt fünf »Pflanzenzonen«. »Die Zonen sind in Stockwerken übereinander gelagert und nehmen auf dem steilen Abhang des Pics eine senkrechte Höhe von 1750 Toisen ein.«[81] Ein Berg mit Stockwerken und einem gasbetriebenen Fahrstuhl ist eine magische Metapher. Die Stockwerke und die vertikale Struktur des Inselbergs nivellieren die Flanken des Vulkans zweifach. Die Messskala reduziert erstens die irregulären Formen der Schlacke auf das Lot und die Ordinate. Zweitens erzeugen die »Stockwerke« Zonen mit klar definierten Rändern, die Humboldt auf der Messskala verorten und beziffern kann. Sie beliefern die Abszisse mit Messwerten. Auch an den Stockwerken und Ballonfahrten zeigt sich die Wirkungsweise »falscher Naturgesetze«. Den Zugriff auf die Zahlen kann Humboldt mit einfachen Bildern regeln, weil er die Naturbeobachtungen mit einem kartesischen Raster unterlegt, den Raum mit den Stockwerken und Ballonfahrt in Zeilen und Spalten zerlegt. Nils Güttler interpretiert Humboldts Analogien als kartografische Erzähltechnik: »Als Text oder in einer Tabelle konnten die Leser die Augenbewegung, mit der die Pflanzengeografen vom Gipfel aus die Landschaft ›lasen‹, auf einem Blatt Papier nachvollziehen«.[82] Algebraische Funktionen und geografische Beschreibungen sind im *Tableau physique des Iles Canaries* wechselseitig aufeinander bezogen. Der Berg ist zugleich Forschungsgegenstand und magische Naturmetapher. Weniger aus der unmittelbaren Anschauung als aus der Datenanalyse, der Übertragung, der Auswahl und der synthetisierenden Leistung der Beschreibungen entsteht ein Mischwesen aus Karte, Graph und Narration. Auf der Schnittfläche notiert Humboldt die Verbreitung der Pflanzen.[83] In den geologischen Beschreibungen sucht er den Vergleich mit den Vulkanen Südamerikas.[84] Vulkanschlund und Kraterrand bezeichnen nicht isolierte vertikale und horizontale Blicke. Aufriss und Grundriss antworten aufeinander. Humboldt will die »Natur in der Gesamtheit ihrer Beziehungen« betrachten.[85] Erst die Analogien erzeugen den Überblick. Mit dem Abstieg zum Vulkangrund und dem Blick vom Kraterrand eröffnet Humboldt den Reisebericht, um mit der Wanderung zum Pico die »vergleichende Methode« als narratives Verfahren einzuführen. Der Inselberg ist am Ende ein Naturselbstbild geworden, da er Gegenstand und Medium seiner eigenen physikalischen Weltbeschreibung ist. Der Kurzschluss ersetzt die Suche nach singulären Ursachen durch ein Feld von Interferenzen.

Die Griechen erfinden im 5. Jahrhundert v. Chr. in den Handbüchern der Geometrie die Abstraktion, indem sie die Materialität, die Architektur der Steintempel, die Probleme der Steinmetze und die Elastizität der Saite bei der harmonischen Stimmung der Kithara einfach ignorieren. Sie sehen von jeder Physik und Mechanik ab. Mit der Unschärfe und dem Ausschluss entstehen die Grundlagen des deduktiven Schließens.[86] Denn die Beweise sollen für alle Fälle Gültigkeit besitzen. Humboldt zielt auf das Gegenteil. Er will nicht die Polyphonie der Einzelfälle mit einem Prinzip oder Lehrsatz zum Schweigen bringen. Die Mittelwerte und Vertikalschnitte sollen die Differenzen, Abweichungen und Veränderungen erst sichtbar machen. Die Schichten liest Humboldt vom Vulkanrand ab. Jedes Datum zählt, keine Messung soll ignoriert werden. Der Rundumblick verbindet heterogene Orte miteinander. Mit dem Pico del Teide wird keine Fiktion, wie etwa Euklids Punkt oder Linie, sondern ein Naturgegenstand zum Instrument der Abstraktion. Da der Pico Methode und Gegenstand zugleich verkörpert, verwendet Humboldt streng genommen gar kein Modell. Er setzt auf Selbstreferenz. Für die vergleichende Weltbeschreibung und die zahllosen Naturgemälde der Pflanzen- und Klimageografie steht die Natur offenbar selbst Modell. Und das nicht ohne Grund: Die numerische Analyse ersetzt Ursprünge oder Zentralwirkungen durch die Selbstähnlichkeit der Daten.

Welt im Profil

Den Vertikalprojektionen begegnet Humboldt zwischen 1791 und 1792 während seines Studiums an der Bergakademie in Freiberg. Die Profilkarte hat er nicht erfunden. Dennoch prägt er sie zu Beginn des 19. Jahrhunderts mit dem *Tableau Physique des Andes et Pays voisins* aus den *Ideen zu einer Geografie der Pflanzen*, den insgesamt zwölf Profilen aus dem *Atlas géographique et physique du royaume de la Nouvelle-Espagne* (1808) und dem *Atlas géographique et physique des régions équinoxiales du nouveau continent* wie kein Zweiter.[87] Die Aufrisse legen die Welt unter das Skalpell. Die innere Struktur eines Kontinents bieten sie mit einem beherzten Schnitt den Blicken dar. Die Sektion der Küsten, Kanäle, Flüsse, Inseln und Kontinente ist artifiziell und ungewohnt. Aber noch in der ersten Hälfte des 19. Jahrhunderts entdecken die Atlanten auf den Spuren Humboldts und Carl Ritters mit der vergleichenden Geografie die Profile. Mit den Messdaten, Tabellen und statistischen Daten integrieren die Kartografen vermehrt Vertikalschnitte in

»Die bekannteren HÖHEN über der MEERESFLÄCHE in transparenten Profilen
Adolf Stieler's Hand-Atlas über alle Theile der Erde nach dem neuesten Zustande

as Weltgebäude, 1821/23.

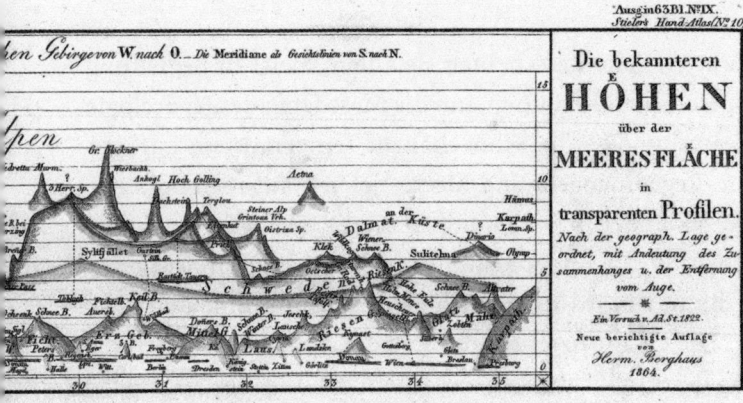

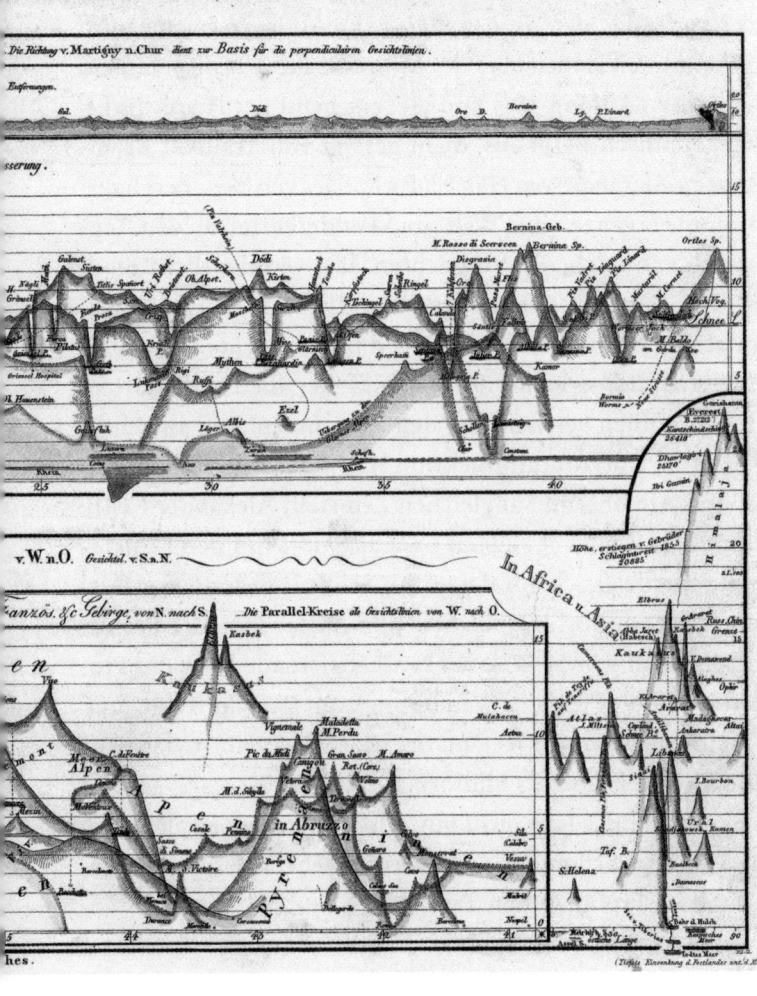

die Atlanten. Selten erscheinen sie allein, meist in Begleitung mit den Horizontalschnitten, um die Messdaten der Hydrologie und Meereskunde – die Schneehöhen, Temperaturen, Luftströmungen, Regenmengen, und Meerestiefen – auf mannigfaltige Weise miteinander in Beziehung zu setzen. Das Wissen um die Wechselwirkungen findet nicht nur in den Vertikalprojektionen ein Medium, es wird womöglich gleichfalls mit ihnen erst hergestellt. Die Quantifizierung der Kartografie kann man der Verbreitung der Profile ablesen. Zwischen 1821 und 1823 setzt *Adolf Stieler's Hand-Atlas*, der bis 1945 allein zehn Auflagen erfährt, mit den »bekannteren Höhen über der Meeresfläche in transparenten Profilen« einen Anfang. 1845 und 1852 erscheint der *Physikalische Atlas* von Heinrich Berghaus, dicht gefolgt von Traugott Brommes *Atlas zu Alexander von Humboldt's Kosmos* von 1851. Berghaus und Bromme ergänzen ihre Welt- und Länderkarten an den Rändern durch zahlreiche Profilansichten. 1853 veröffentlicht Emil von Sydow, Geograf, Offizier und Mitglied der Ober-Militär-Examinations-Commission, einen *Methodischen Hand-Atlas für das wissenschaftliche Studium der Erdkunde*, der alle Länderkarten mit Höhenprofilen versieht und den Zusammenhang zwischen Vertikal- und Horizontalprojektion in didaktischer Langsamkeit einübt. Annähernd zur gleichen Zeit stellt Alexander Keith Johnstons *School Altas of Physical Geography* 1852 mit den Schichtlinien die Profile gleich auf der ersten Seite als prominente Darstellungsmethode vor. Das massenhafte Auftauchen der Profile ist ein Symptom. Um 1850 ist der synthetisierende Blick der Profile, den Humboldt mit der Wanderung zum Pico del Teide und dem *Tableau physique des Ils Canaries* begründet hat, in das Curriculum integriert und als Bildformat etabliert.

Die Profile sind jedoch nicht nur Ausdruck einer beispiellosen Popularisierung. Schon auf der amerikanischen Reise hat Humboldt zahllose Profile in den Tagebüchern auf Rückseiten, Ränder und Zettel gekritzelt. In einem Tagebucheintrag entsteht so

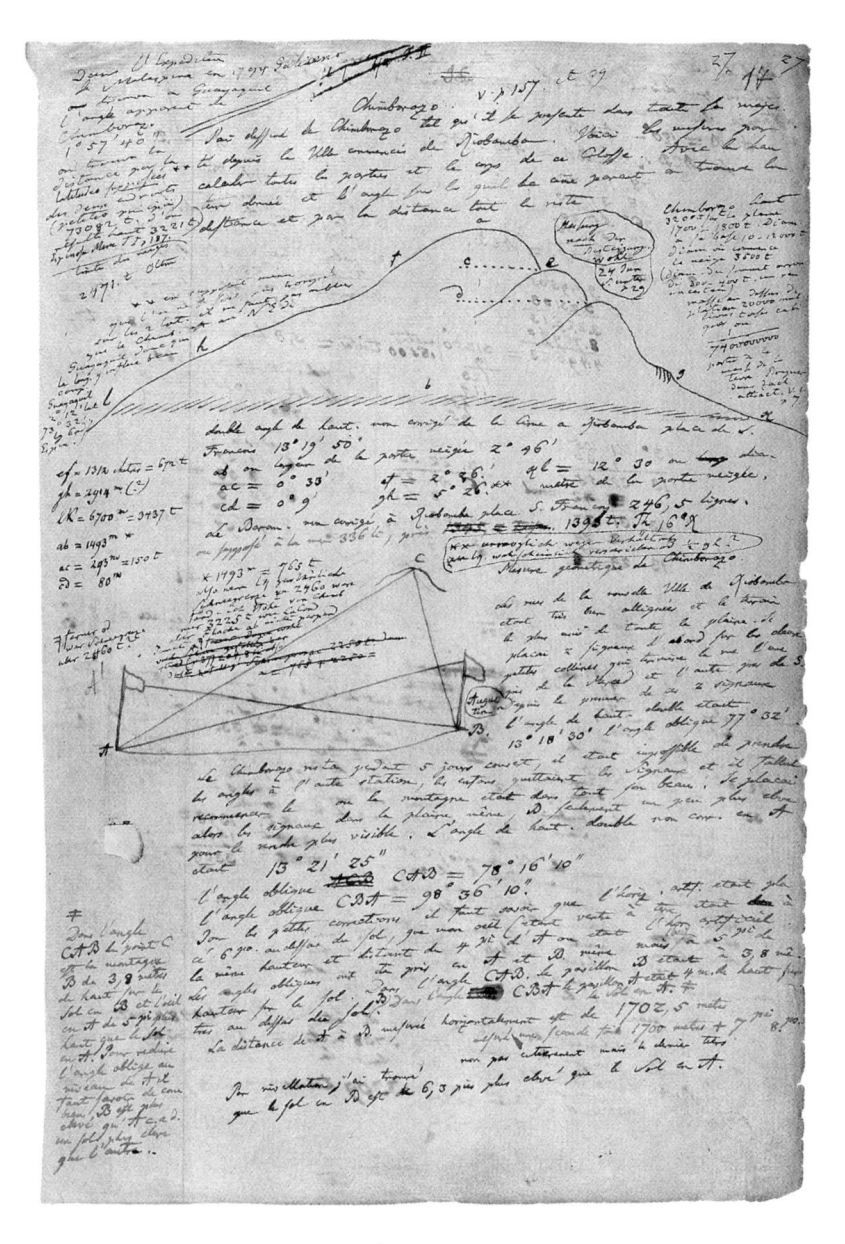

Triangulation des Chimborazo. Alexander von Humboldt, *Tagebücher der Amerikanischen Reise*, VIIc.

aus wenigen Strichen das Profil des Chimborazo. Die Haupt- und Nebengipfel belegt Humboldt mit Buchstaben, um auf dem gleichen Blatt die Messpunkte zu triangulieren. Die Profile tauchen etwa als geognostische Studien auf. Sie sind Skizzen zur Orientierung im Gelände. Die Linien, Wirbel und Schnörkel, die Humboldt auf Umschlägen, Papierfetzen und in Notizbüchern festhält, sind häufig nicht größer als die Majuskeln seiner Handschrift. Die schemenhaften Horizonte und Konturen, die unvermutet zwischen den Buchstaben auftauchen, wechseln sich mit sorgsam komponierten Profilserien ab. Die flüchtigen Porträts der Horizontlinien und Vulkane treffen in Humboldts Tagebüchern auf die Vorarbeiten zu den Vertikalprojektionen. Die Profile begleiten Humboldts Höhenmessungen wie ein Schatten und Sekretär. Sie sind Gedankenstütze und Konstruktionshilfe – das Büro einer mobilen Wissenschaft, das die Beobachtungen und Messungen im Gelände für die späteren Berechnungen verwahren und verwalten will. Mit den Profillinien orientiert Humboldt zunächst den Raum. In einem zweiten Schritt werden sie mit den ersten Datenvisualisierungen vom Raum auf die Fläche übertragen. Der Weg der Linien auf die Schreib- und Bildoberflächen der Geografie soll im Folgenden skizziert werden. Dabei ließen sich zweifellos von den ersten induktiven Beweisen und Diagrammen bis ins 19. Jahrhundert zahlreiche Beispiele in der Geometrie, Architektur, dem Instrumente- und Maschinenbau zusammentragen. Die Betrachtung der Profile soll jedoch an dieser Stelle auf die Darstellung von Inseln, Kontinenten und Meeren beschränkt bleiben. Stattdessen soll an einem Beispiel im Detail untersucht werden, wie eine Navigationstechnik des Raumes in die Fläche auswandert. Gefragt wird nach der Rolle der Fiktionen in der Geografie. Was sieht man, wenn man die Welt im Profil betrachtet? Welche Welt entsteht mit und in den Profilen? Welche Narrationen entspringen den Umriss- und Horizontlinien?

Artefakte wider Willen:
Die nautischen Profile

Die ersten Profile sind nicht überliefert. Doch vermutet man, dass sie mit dem Gebrauch des Lots, dem Bergbau, der Konstruktion von Kanälen und Entwässerungsanlagen schon in den Anfängen der Geometrie von den Ägyptern verwendet werden.[88] In ähnlicher Weise kann man aus den Aufgaben zum babylonischen Böschungsmaß implizit schließen, dass die babylonischen Mathematiker die Erdoberfläche zumindest im Gedanken bereits auf eine Vertikale reduziert haben. Die Verbindung zwischen diesem Aufgabentypus und der expliziten Anwendung kann man anders kaum erklären. Von dieser stummen Vorzeit heben sich die ersten überlieferten Profile um 1300 ab. Sie entstehen auf Karten, die das T-O-Schema der mittelalterlichen Weltbilder abwandeln und auflösen. Auf einer Weltkarte von Pietro Vesconte, die 1320 im *Liber Secretorum fidelium crucis* von Marino Sanudo für die Kreuzzüge wirbt, formt die Küste Albaniens eine Reihe typisierter Bergprofile, die Quellen des Nils entspringen einem insularen Bergmassiv.[89] Vesconte, der 1299 auch die älteste erhaltene Portolankarte entworfen hat, nutzt die Profile als Signaturen und Miniaturen, um Kontinente zu besiedeln, die zu seiner Zeit noch überwiegend leer und unbekannt sind. Im 16. Jahrhundert werden die Inselberge Vescontes in den Logbüchern, Isolarien und Navigationskarten durch Landmarken und Bergprofile ersetzt, mit denen man auf Sicht navigieren kann. So ergänzt etwa Lucas Janszoon Waghenaer im *Spiegel der Seefartt* alle Karten durch die Profilansicht der Küsten, und Henricus Hondius hält 1630 in seinem Atlas die drei Inseln am Eingang der Magellanstraße im Profil fest, damit die Meerenge von Ostnordost jederzeit wiedergefunden werden könne.[90] Francis Fletcher, der 1577 und 1580 Francis Drake auf die Reise um die Welt begleitet, hat in *The World Encompassed by Sir Francis Drake* die Umrisse der Küste durch die Profile ihrer Horizonte ergänzt.[91] Die Berge

Pietro Vescontes Weltkarte in Marino Sanudos
Liber Secretorum fidelium crucis, 1320. (Ausschnitt)

tragen den blauen Dunst der Ferne. In den Seekarten und Seeatlanten des 17. Jahrhunderts gehören die Profilansichten zum festen Inventar. Sie treten als Wärter des Horizonts auf, die die endlose Weite der Meere begrenzen. Mit der Suche nach dem Südland und der Kartierung der pazifischen Inseln flammt das Interesse an den Profilen im späten 18. Jahrhundert erneut auf. Die Vertikalprojektionen sind in den Reiseberichten, Bord- und Tagebüchern allgegenwärtig. Profile sind das Polaroid der Konquistadoren, da sie den Augenblick der Entdeckung festhalten, die erste Sichtung einer

Insel oder eines Küstenstrichs dokumentieren und bezeugen wollen. Den flüchtig hingeworfenen Küstenlinien haftet indes häufig der hartnäckige Ruf des Halbwissens an. Bis zur Lösung des Längengradproblems sind alle Inseln, von denen sich nicht viel mehr als einige Profillinien erhalten haben, potenziell verdächtig. Denn sie reduzieren den Fundort einer Insel ohne jede Landmarke und Messung auf eine einzige Ansicht. So entschwinden die einmal gefundenen Inseln bald wieder unserem Gesichtskreis oder tauchen als offenkundige Sinnestäuschungen oder heimliche Doppelgänger andernorts wieder auf. Brandungen, Luftspiegelungen, Walrücken, Nebelbänke, Eisberge oder der Glaube an den Gegenkontinent foppen die Wahrnehmung der Reisenden. Sie lassen Inseln aus den Fluten aufsteigen, die wir sichten, aber niemals betreten können. Und sie existieren bis heute. Die Sankt-Brendan-Insel, *Terra Australis* oder die Île de Sable, die erst 2012 von den Karten getilgt wird, sind verlorene Inseln. Antillia oder Ceylon und Trapatone zählen dagegen zu den verborgenen oder offenen Zwillingsorten. Die Profile befeuern die Mythen der Zwillingsinseln, der verwunschenen oder abwesenden Inseln.[92] Die Irrtümer und Sinnestäuschungen sind nicht nur von Nachteil. Sie können auch zuweilen zu einer Technik des Wissens werden. Darauf ist mehrfach hingewiesen worden. Man sucht, was man niemals finden kann, und entdeckt, was man niemals gesucht hat.

Nützliches Nichtwissen:
Die mathematischen Profile

Bis ins 18. Jahrhundert hinein verzeichnen nautische Profile ungesichertes Wissen, weil sie sich auf singuläre Augenzeugen berufen. »Nichts ist flüchtiger als eine Insel, die wir nur im Profil kennen«.[93] Das Inselwissen der Profile bleibt auch in geometrischer Hinsicht mit der Geschichte der Phantominseln verwandt.[94] Doch

Philip Carteret, *Three views of the Admiralty Isles*, 1773.

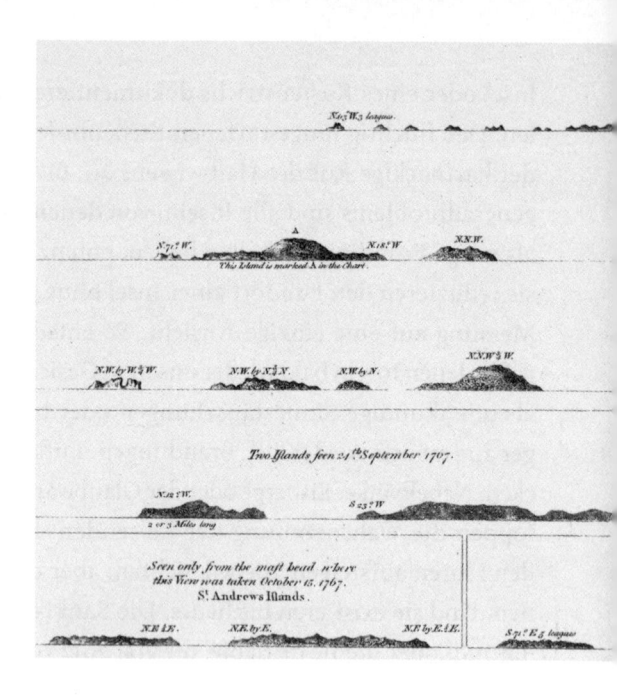

der Verzicht auf jede Tiefe ist nunmehr kein Mangel mehr. Er ist gewollt. Auch die mathematischen Profile rauben jedem Festland das Inland. Sie ähneln den Schatten, die die Gegenstände auf eine Fläche ohne jede Tiefe reduzieren. Als sie am Ende des 19. Jahrhunderts erneut in einem Gedankenexperiment in Edwin A. Abbotts Roman *Flatland* auftauchen, um den Lesern den Weg von »Spaceland« nach »Flatland« zu weisen, sind sie auf den Karten bereits verschwunden:

> Lege einen Pfennig im Raum mitten auf den Tisch, lehne Dich über den Tisch und sieh hinab. Er erscheint als Kreis. Aber wenn Du Dich aufrichtest und dann langsam den Blick senkst, wird der Pfennig, bevor Du auf Augenhöhe mit der Tischkante bist, immer ovaler. Und sofern Du ihn überhaupt noch siehst, bleibt von ihm am Ende nicht viel mehr als eine gerade Linie übrig.

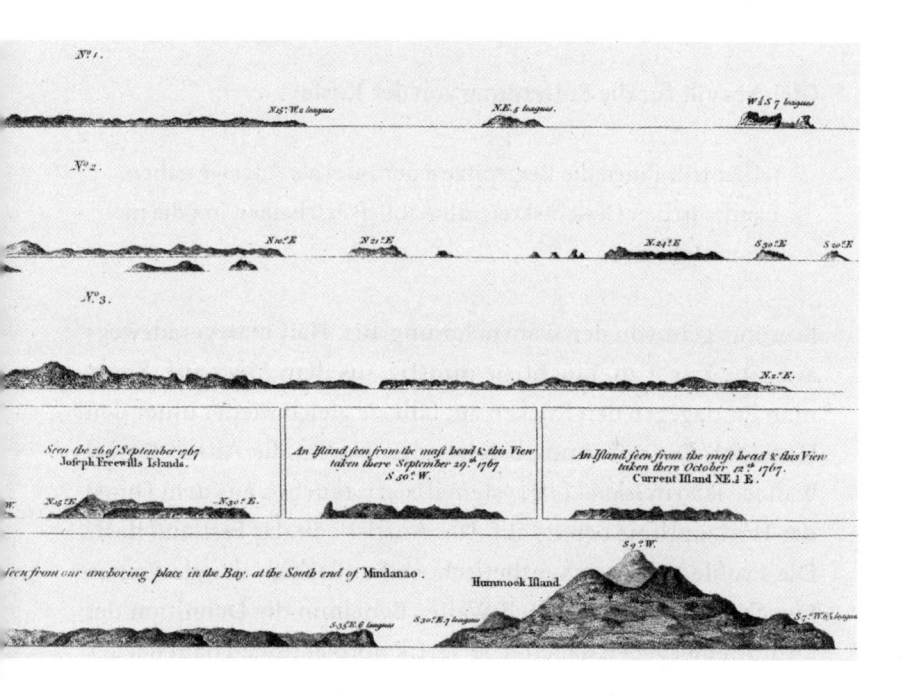

In Spaceland erfuhr ich, dass die Seefahrer ganz ähnliche Erfahrungen machten, wenn sie die Meere kreuzen und eine entfernte Insel oder Küste am Horizont erblicken.[95]

Abbott erdet die geometrischen Aufrisse mit den nautischen Profilen. Die Erfahrung der Seefahrer, auf die Abbott seine mathematischen Gedankenexperimente gründet, nimmt der Herausgeber des *Kosmos* schon vierzig Jahre vor Abbott zum Anlass, um die Kugelgestalt der Erde zu »versinnbildlichen«. In dem *Atlas zu Alexander von Humboldt's Kosmos* erklärt Traugott Bromme:

> Wenn die Schiffe aus dem Hafen der Stadt b auslaufen, so werden ihnen allmählich, zuerst die untersten Gegenstände, Hafendamm, Magazine, Dächer, und in c auch die Thurmspitzen verschwinden und selbe bis d nur Luft und Wasser erblicken.

Gleiches gilt für die Entfernung von der Küste:

> [H]ier tritt ihnen die Bergspitze e der Insel als Anzeige nahen Landes in den Gesichtskreis; allmählich erscheinen in f die niederen Höhen u. s. w.[96]

Bromme geht von der Wahrnehmung aus. Hält man geradewegs auf eine Küste zu, taucht sie dunstig aus dem Meer auf. Kehrt man ihr dagegen den Rücken zu, fällt sie gleich wieder unter den Horizont. Die auf- und absteigenden Inseln, die Alfred Russel Wallace 1880 in *Island Life* systematisiert, tauchen aus dem Dunst der Horizontlinie bereits auf. Der Aufriss hält das Festland flach. Die Profile erzeugen synthetisch weiße Flecken, die als Sinnestäuschung womöglich auch Walter Benjamin die Definition der »Aura« eingegeben haben. Die Vertikalprojektionen halten jedes Land vom Meer aus in einem einzigen Augenblick fest. Das Festland zeigen sie als »einmalige Erscheinung einer Ferne, so nah es auch sein mag«.

Profile nivellieren die Wahrnehmung – alles, was sie auf dem Papier darstellen, verwandeln sie in einen Schatten. Die Isoplethen abstrahieren von der Erdoberfläche und rechnen mit der euklidischen Ebene. Wird dagegen eine Kugeloberfläche zur Grundlinie der Profile, multipliziert sich die Fehlsicht. Die Übersetzung erfolgt zweifach, weil sie zwischen der unendlich gekerbten Erdoberfläche, der Kugeloberfläche und der planen Kartenfläche vermitteln muss. *Contour* kann im Englischen »Profil« und »Höhenlinie« bedeuten – was haben Profil und Höhenlinie gemeinsam? Profile und Schichtmodelle treten häufig in einer Karte auf und ähneln einander auf vielfältige Weise. Beide sind Orthogonalprojektionen. Sie reduzieren eine Fläche oder einen n-dimensionalen Raum auf eine Umrisslinie. »Die Darstellung einer Form durch Umrisslinien ist artifiziell, es gibt nur wenige Entsprechungen in der Natur. Sie widersprechen insofern der Wahrnehmung des Durchschnitts«, warnen Arthur

Robinson und Randall Sale in einem amerikanischen Standardwerk der thematischen Kartografie. Doch betonen sie an gleicher Stelle auch die Anschaulichkeit der Umrisslinien. Sie seien erstaunlich ausdrucksstarke Symbole, wenn man sie nur richtig zu nutzen wisse.[97] Für den Umgang mit kontraintuitiven Darstellungen verschreiben Abbott und Bromme Gedankenexperimente, die die alltägliche Wahrnehmung auf den Kopf stellen. Vom Meer aus sollen wir auf das Festland blicken, um einen fremden Blick auf uns selbst einzuüben. Als Horizont und Küstenstrich bewohnen die Profile eine eigentümliche Schwelle. Sie sind visuelle Abstraktionen, die die Anschaulichkeit des Raumes mit der Abstraktion der Fläche verbinden. Während Vesconte, Drake und Fletcher Küsten und Inseln zeichnen, die sie gesehen, aber selten betreten haben, züchtet Humboldt Monster und Phantome, die Zahlenberge und Datenräume visualisieren und auf umfangreichen Messungen beruhen. Die nautischen Profile sind aus der Not, dem Mangel an Wissen entstanden. Sie sind Artefakte wider Willen: Naturgegenstände, die selten über ihren Schatten hinauswachsen. Humboldts Profile sind dagegen aus Überzeugung flach: Artefakte, die auf eine unübersichtliche Anzahl von Daten mit einem synthetischen Mangel antworten. Während die nautischen Profile die Tiefe verbannen, haben die wissenschaftlichen Profile den alleinigen Zweck, den Raum auf die Tiefe zu reduzieren, um in der »Unermesslichkeit des Raumes [...] die Mannigfaltigkeit der Gegenstände« in ihren Wechselbeziehungen darzustellen.[98]

Erst Ende des 18. Jahrhunderts entdeckt Humboldt die Aufrisse für die Kartografie. Das erste Höhenprofil zeichnet er vor seiner Abreise nach Südamerika. Während eines Aufenthaltes in der Schweiz hat er vier Jahre lang mit dem Barometer die Landschaft nivelliert und Höhenzahlen gesammelt. Von der Passhöhe des Sankt Gotthards bis nach Genua setzt er einen ersten Schnitt. Das zweite Profil zeigt die Halbinsel Spaniens, die allerdings erst 1823 im *Atlas géographique et physique des régions équinoxiales du nouveau continent*

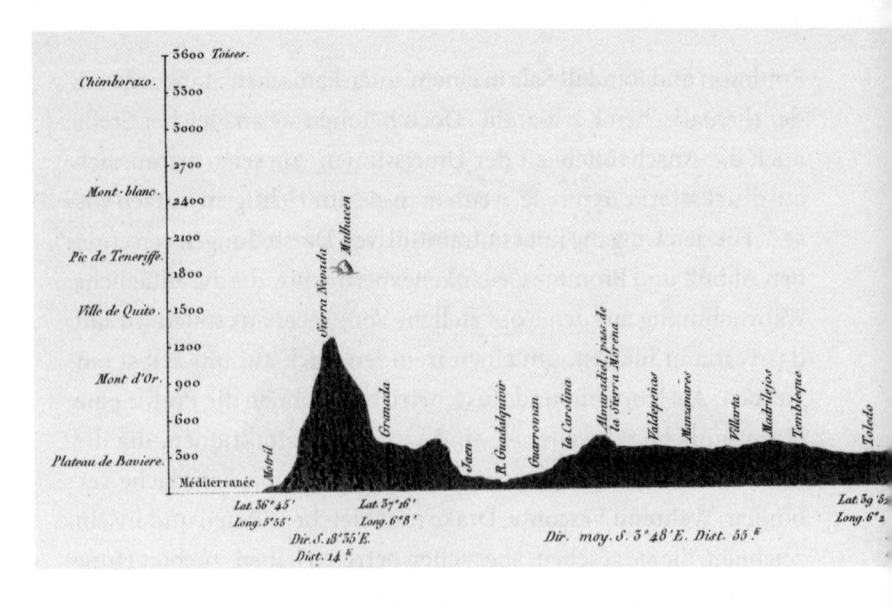

Alexander von Humboldt, »Profil de la Peninsule Espagnole«, in: *Atlas de la géographie et physique des régions équinoxiales du Nouveau Continent*, 1814–1834.

erscheint. Die Vertikalprojektionen in seinen beiden Atlanten geben noch den Blick auf schwarzbraun marmorierte Erdmassen frei. Es scheint, als wollten sie die Erdkrume wie eine Trockenblume auf einem Stück Papier festhalten und konservieren. Aber die Profile sind weder ein Selbstabdruck der Natur, noch wollen sie diese abbilden.[99] Die siebzehn Parameter auf dem *Tableau Physique des Andes et Pays voisins* widersetzen sich jeder Illusion: »Ein Bild, welches an nebenstehende Skalen profilartig gebunden ist, kann an sich keiner sehr malerischen Ausführung fähig bleiben. Alles, was geometrische Genauigkeit erheischt, ist dem Effekt entgegen«. Es komme bei den Profilen »auf eine strenge Befolgung fester Regeln und nicht malerischer Ähnlichkeit« an, erklärt Humboldt in den *Ideen zu einer Geografie der Pflanzen*.[100] Tobias Kraft reduziert das *Tableau* auf Text-Bild-Relationen und spricht von *visual literacy*.[101] Der Kameralist und Ingenieur Humboldt verweist indes mit den

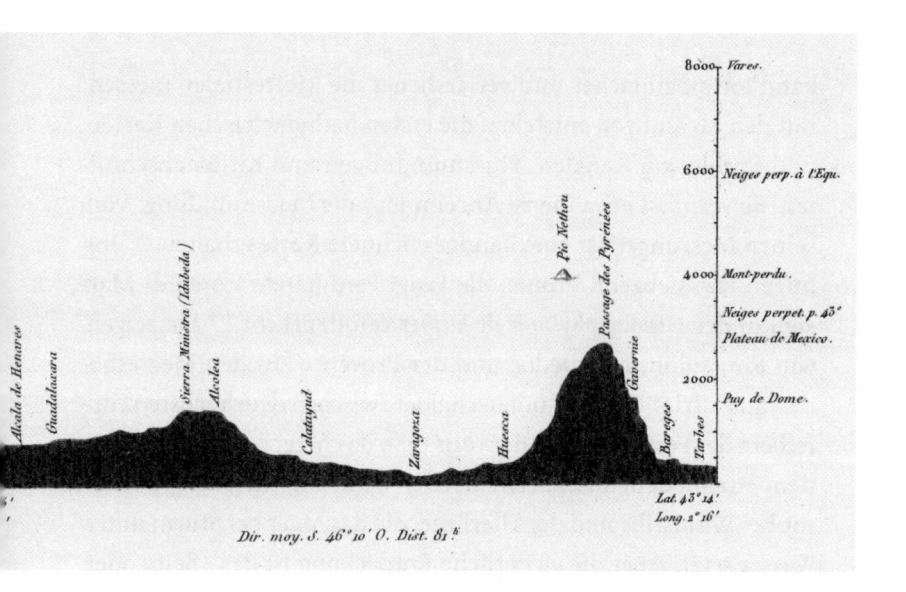

»Skalen« ausdrücklich auf Zahlenwerte. Humboldts Profile visualisieren vor allem Höhenmessungen. Sie sind Graphen, die mit Buchstaben und Linien Messwerte codieren. Der Militärtopografie stehen sie näher als der Landschaftsmalerei, einer Kartografie, die die Darstellung der Bodenformen durch Schraffuren, Schichtlinien und Profilkarten vermittelt.[102] Aber auch die mathematischen Profile entstehen nicht auf dem Festland. Sie breiten sich mit den ersten systematischen Tiefenmessungen im seichten Gewässer aus.[103] Das hat einen einfachen Grund: Die Tiefenlotungen sind voraussetzungsärmer als die Triangulationen der Höhen, weil sie notfalls von der Erdkrümmung und den Gezeiten abstrahieren können. Sie können einen nahezu idealtypischen glatten Raum annehmen. Ein frühes Profil, das auf diese Weise entsteht, zeichnet 1584 der holländische Landvermesser Pieter Bruinss von der Spaarne bei Haarlem. Doch erst ein Jahrhundert später vervielfältigen sich die Profile durch die Erfindung des *Explorator profunditatis distantiae abyssi*, ein Lotgerät, das Nikolaus von Kues 1425 erwähnt, 1550 entlegen publiziert und erst Robert Hooke 1667 genauer darstellt.[104] Man kann fortan einfacher und verlässlicher die Meerestiefen messen, mit den Messungen entstehen die ersten bathymetrischen Karten und Profile von Kanälen, Flussmündungen und Küstenabschnitten. So vermisst etwa Pierre Ancelin 1697 die Maasmündung. Von seinen Messungen ist eine handgezeichnete Karte erhalten.[105] Ihr folgen 1725 siebzehn Profile, die Luigi Ferdinando Conte di Marsigli in der *Histoire physique de la mer* veröffentlicht.[106] Sie zeigen von Roussillon, Languedoc und der Provence aus den Meeresboden im Aufriss. Marsigli unterscheidet zwischen dem höchsten Gipfelberg des Festlands, von dem aus man das Meer sehen kann, und dem Strand, dem unscharfen Streifen Land zwischen der Wasserlinie bei Windstille und der Uferlinie, die das Meer bei Sturm unter Wasser setzt. Aber die eigentliche Entdeckung ist das »Bett« oder »Flachland« des Ozeans, das 60 bis 70 Faden unterhalb der Meeresoberfläche liege und dem Festland vorgelagert sei. Es liegt zwischen Meer und Land und wird auf den Profilen im Breitformat gefeiert. Marsigli hat auf den Profilen zum ersten Mal den Kontinentalsockel dargestellt, den er lediglich mit einem Handlot vor den Küsten der Adria und des Atlantiks vermessen hat. Der Sockel ist Schwelle, Relais und Handshake zugleich: Dem Meer kündigt er das Land an, dem Land das Meer. Während im Gelände das Schelf Land und Meer miteinander verbindet, wird auf der Kartenfläche die Verbindung über die Vertikalprojektion hergestellt. So behauptet etwa das »Profil 13« ein Kontinuum vom Gipfel des Pic du Canigou bis zum Meeresboden.[107]

Mit dem Kontinentalsockel hat das Festland aufgehört, ein Antipode des Meeres zu sein. Marsiglis Profile stellen Inseln als Erweiterungen des Festlands dar. Sie sind Gebirge des Meeresbodens. Jedes Profil behauptet, es unterhalte eine stehende Verbindung zum Festland.[108] So sei die Insel Riou mit dem bretonischen Festland verwandt, weil sie dieselbe Steinstruktur wie die Küste von Cassis besitze. Man könne sie darum getrost als Satellit des Festlands beschreiben.[109] Die Perspektive der nautischen Profile hat

Marsigli einfach umgedreht. Er blickt nicht vom Meer aufs Land, sondern von den höchsten Ausläufern der Seegebirge auf das Meer. Die Visualisierung kann man darum auch als grafische Landnahme und Austrocknung bezeichnen.

Der Kontinentalsockel ist weder Meer noch Land. Er legt das Meer trocken und hat das Festland ozeanisiert. Erst das seichte Vormeer spielt mit der Möglichkeit, das Format der Flüsse, Kanäle und Meere auf das Festland zu übertragen. Die Tiefenmessungen des Meeresbodens und die Erhebungen auf den Kontinenten setzt Marsigli über den Kontinentalsockel zueinander in Beziehung. Das sichtbarste Zeichen der Analogien und Wechselbezugnahmen ist der Meeresboden – ein kühner Strich, der alle Messpunkte über den Ufersaum hinweg miteinander verbindet. Marsigli hat den Meeresboden nie gesehen. Er existiert nur auf dem Papier. Über eine endliche Anzahl von Messpunkten und Kurven hat Marsigli ihn als Textur und Hüllkurve gelegt. So sichtbar er seinen Lesern auch vor Augen steht, der Meeresboden bleibt eine Fiktion. Fiktiv sind alle Profile und geografischen Linien, die Kontinua abbilden und auf einer endlichen Anzahl von Messungen beruhen. Sie müssen auf der Karte ein Kontinuum behaupten, das niemand jemals gesehen hat.

Nur sieben Jahre später schaut auch Philippe Buache, der erste Geograf des Königs und Schüler Guillaume Deslisles, unter die Meeresoberfläche. Er will alle Meere als Verlängerung der Landmassen darstellen. In seiner 1737 erschienenen *Carte de la partie de L'Ocean vers l'Equateur entre les cotes d'Afrique et d'Amerique* verbindet der Meeresboden die Kontinente:

> Die Gebirgsketten setzen sich am Meeresboden fort und lassen verschiedene Inselgruppen, Klippen, Riffe, Sandbänke und Meere entstehen, die die gleiche Ausrichtung wie die Gebirge besitzen und wie ihre Verlängerung wirken.[110]

Marsigli und Buache ignorieren die Unterschiede – sie interpretieren das Meer als Erweiterung des Festlands und betonen damit die Gemeinsamkeiten zwischen Meeresboden und Gebirge. So ergänzt Buache etwa seine Karte durch ein dreidimensionales Profil, das die atlantischen Inseln in der Mündung des Río de la Plata als Erweiterungen des Festlands interpretiert und die Generalisierung des Kontinentalsockels verdeutlicht. Dennoch ist die Miniatur neu und ungewohnt. Sie gilt in der Geschichte der Datenvisualisierungen als erstes Blockdiagramm, ein früher Vorläufer der Gittermodelle in den Wetter- und Klimasimulationen.[111] Blockdiagramme sind synthetische Inseln und fiktive Experimentalanordnungen, die mit einer endlichen Anzahl von Parametern etwa den Einfluss der Sonneneinstrahlung, des Kohlenmonoxids, der Meeresströmungen oder des Klimawandels beschreib- und berechenbar machen. Die Kapselung wird zum Werkzeug nichtlinearer Wechselwirkungen. Doch in der ersten Hälfte des 18. Jahrhunderts ist das Profil ein Werkzeug, dessen Verwendung noch ermittelt werden muss. Buache nivelliert 1740 einzelne Straßenzüge in Paris und 1752 die englische Kanalküste. Aber erst der Ingenieur Jean-Louis Dupain-Triel zeichnet 1791 mit nur zweihundert Messungen einen Querschnitt Frankreichs. Die Zeichnung gilt als erste Vertikalprojektion von Meer zu Meer. Sie behandelt Frankreich als Trümmer und Satellit des Festlands, in dem zum ersten Mal die Operativität der mobilen Inseln aufscheint. Die Wechselwirkungen zwischen Land und Meer, die Carl Schmitt, Buckminster Fuller, Gilles Deleuze, Félix Guattari und viele andere im 20. Jahrhundert thematisieren,[112] beruhen auf dem Nivellement der Ingenieure, Geografen und Geologen. Doch die Nivellierung zerfällt von den Bodenhubarbeiten bis zur Generalisierung in eine Vielzahl unterschiedlicher Techniken. So kann man die Vertikalprojektion nicht geradewegs von den Konstruktionszeichnungen der Ingenieure und Architekten auf Halbinseln, Kontinente und Meerengen übertragen. Die Darstellungen monotoner Hochebenen und lang gestreckter Gipfelketten sprengen die

Grenzen der Papierformate – ein Problem, auf das die Skalierung antworten muss:

> In Profilen von ganzen Ländern kann ebensowenig wie bei Aufrissen von Kanälen der Maßstab der Distanzen dem Maßstab der Höhe gleich sein. Wollte man zwei gleiche Maßstäbe nehmen, so müßten die Zeichnungen eine ungeheuere Länge erhalten, oder man müßte sich für die Höhe mit einem so kleinen Maßstab begnügen, daß die auffallendsten Ungleichheiten des Bodens verschwänden.[113]

Länge und Breite müssen unterschiedlichen Maßstäben folgen, damit die Profile nicht unter den Maßstab fallen. Über das Pflanzenprofil des Chimborazo schreibt Humboldt 1807 in den *Ideen zu einer Geografie der Pflanzen*:

> Die höchsten Berge der Erde sind so unbeträchtlich, wenn man ihre Höhe mit den Entfernungsgrößen vergleicht, daß der Chimborazo, zum Beispiel, in einer Zeichnung, welche auf dem größten Atlasformat eine Landstrecke von 200 Meilen darstellen sollte, noch nicht vier Millimeter (2 Linien) hoch ausfallen würde, wenn einerlei Maßstab für die Ordinaten und Abszissen dienen sollte. Wollte man andererseits nach der Höhenskala meines Profils, ich sage nicht, ganz Süd-Amerika in seiner Breite, sondern bloß den schmalen Landstrich zwischen der Südsee und dem westlichen Abfall der Kordilleren projizieren, so müßte das Profil fast vierzigmal länger als das Format dieses Werkes sein.[114]

Die unterschiedlichen Maßstäbe werden an der linken Bildkante seines Pflanzenprofils besonders sichbar. Die westlichen Ausläufer des Cotopaxi zum Südpazifik hin hat Humboldt unterschlagen. Es endet stattdessen zum Südpazifik hin abrupt, als habe jemand das

Papier an dieser Stelle zerrissen und das Profil wieder neu zusammengefügt. Der Riss verweist auf die besondere Skalierung. Humboldt staucht die Breiten, damit die höchsten Berge in den Profilen über den Meeresspiegel hinauswachsen können. In seinen Profilen sind die Distanzen in unregelmäßigen Abständen unter dem Schnitt notiert – sie dienen nur der groben Orientierung. Mit Humboldts Profilen kann man zu den höchsten Gipfeln reisen, die Höhen des Chimborazos, Mont Blancs und Pico del Teide miteinander vergleichen. In den diskontinuierlichen Maßstäben der Breiten muss man sich dagegen zwangsläufig verirren.[115] Aber der eigentliche Nutzen der Profile liegt nicht in der Orientierung im Raum, sondern in der Analyse und Manipulation von Daten. Der Maßstab kann singuläre Messungen als Inseln aus der monotonen Grundlinie des Profils auftauchen und untergehen lassen. Die asymmetrischen Maßstäbe der Vertikalschnitte bezeichnet Erwin Raisz als *exaggerations* und meint damit gleichermaßen »Profilschnitterhöhungen« und »Übertreibungen«.[116] Bei einem Gesicht im Profil flieht bei einer zweieinhalbfachen Profilschnitterhöhung die Stirn. Eine fünffache Profilschnitterhöhung kann dagegen jedem Gesicht eine Pinocchio-Nase aufsetzen. Die Profilschnitterhöhungen ähneln chirurgischen Operationen. Sie sind Datenmodellierungen, die den Charakter und die Aussage des Profils dauerhaft verändern und prägen. Die wissenschaftlichen Profile sind Generalsierungen, die mit der Literatur eine Vorliebe für Ungeheuer und Phantominseln teilen. Sie erzeugen Welten, die nur auf dem Papier existieren und dennoch die Wahrnehmung realer Welten gestalten.

Der Nutzen der Schnitte bleibt zu Humboldts Zeiten noch weitgehend rätselhaft. Welchen Einfluss die Fiktionen auf die Methoden und Gegenstände der Geografie haben, will ich an dieser Stelle mit zwei Alltagsproblemen der kartografischen Generalisierung bloß andeuten, die in der Geomorphologie, Kartografie und Informationstheorie häufig mit Küstenlinien und Inseln dargelegt und formalisiert werden. In den Profilen entscheidet der Maßstab, was über NN hinauswächst oder unseren Augen für immer verborgen bleibt. Die Modellierungen des Maßstabs nehmen die dritte Insel von Wallace vorweg, die erst die Generalisierungen ab dem späten 19. Jahrhundert mit der Vermessung der Küstenlinien auf dem Papier entdecken. So hat etwa der Geologe und Kartograf Alfred Penck, der von 1895 bis 1906 an der Wiener Universität Physikalische Geografie lehrt, die Seegrenze der k. u. k. Monarchie von Punta Salvore bis zum Kap Promontore, dem heutigen Premantura, auf sechs verschiedenen Karten mit dem Zirkel bereist und vermessen.[117] In *Stielers Hand-Atlas* ist die Küstenlinie auf dem Papier auf 7 mm geschrumpft. Auf der *Spezialkarte Österreich-Ungarn*, der Karte der Franzisco-Josephinischen Landesaufnahme, die aus 752 Kartenblättern besteht, misst sie dagegen 2,98 m. Vom Punta Salvore bis zum Kap füllt sie vier Kartenblätter und fast einen Raum. Von der Karte will Penck zurück ans Meer. Die papiernen Strecken rechnet er erneut in Küstenlängen um. Im *Hand-Atlas* im Maßstab von 1:15 000 000 entsprechen 7 Papiermillimetern 105 Küstenkilometer, auf der *Spezialkarte Österreich-Ungarn* ist die Seegrenze dagegen 223,81 km lang. Die Unschärfe und Differenz entstehen mit der kartografischen Generalisierung. Bei Karten im Taschenmaßstab fallen mehr Details unter den Maßstab als bei Karten, die Fußböden füllen, Wände tapezieren. Doch selbst das Gelände trägt Spuren der Generalisierung und Unschärfe. Die Klippen der Übertragung verdeutlicht Penck an einer unendlich zerklüfteten Küste:

> Hat man eine kreisähnliche Fläche mit äußerst fein gezahntem Rande, so wird man das Areal derselben meist hinreichend genau bestimmen können, indem man, von den Zähnchen absehend, ihren Rand als Kreisperipherie auffaßt; aber wollte man ähnlich bei der Umfangsberechnung verfahren, so würde man den Umfang unter Umständen mehrmals zu klein erhalten.[118]

Die »kreisähnliche Fläche mit äußerst fein gezahntem Rande« ist eine Insel mit fraktaler Küstenlinie, die der Wirklichkeit zum Verwechseln ähnlich sieht. Jede analoge Grenze besitzt unendlich viele Buchten, an denen jeder Geodät scheitern muss. Eine unregelmäßig gekrümmte gezeichnete Linie könne man niemals genau abmessen, beteuert Penck, weil jede Messung sich nur mit einer endlichen Anzahl gerader Strecken an die Krümmung annähern könne. Das Problem »liegt [...] in der Natur der Karten. Alle auf Karten gemessenen Strecken fallen gegenüber der Natur zu klein aus«.[119] Wandert man mit der Spezialkarte die Küste entlang,

> sieht man zahlreiche kleine Vorsprünge, kleine Einsprünge, welche selbst im Maßstab 1:75 000 nicht darstellbar sind. Steht man in der Nähe des Kap Promontore, so sieht man, wie der Spiegel des Meeres in einer äußerst verwickelten Linie abschneidet am stark zerklüfteten vielfach unterwaschenen Felsen, und bemerkt, wie die Grenzlinie zwischen Wasser und Meer bei jeder Welle eine andre wird[120]

Das Dilemma der unscharfen Grenze geht als »Küstenlinienparadox« in die Lehrbücher der kartografischen Generalisierung ein. Je höher die Auflösung der geodätischen Karten sei, desto größer würden die Abweichungen zu den Längen der Küstenlinien in den Schulatlanten. Die Abweichungen nähmen auf dem Papier bis ins Unendliche zu, zitiert 1967 Benoît Mandelbrot den polnischen Mathematiker Hugo Dionizy Steinhaus.[121] Mandelbrot argumentiert mit der Skalierung. Je kleiner der Maßstab der Beobachtung werde, desto größer würden die Abweichungen. Eine simple Frage nach der Länge von Großbritanniens Westküste begründet 1967 Benoît Mandelbrots Überlegungen zu den gebrochenen oder »fraktalen Dimensionen«. Das Küstenlinienparadox dient ihm dabei lediglich als Analogie, um die Selbstähnlichkeit fraktaler Kurven zu formalisieren und die Mandelbrot-Menge zu visualisieren.[122]

Pencks Küstenlinienparadox der Darstellung taucht indes als Problem bereits zu Beginn der Sechzigerjahre in den Texten zur kartografischen Generalisierung Friedrich Töpfers wieder auf.[123] Töpfer ist Kybernetiker an der TU Dresden. Unter digitalen Bedingungen treten die Detailgenauigkeit und das Küstenlinienparadox zugunsten des Fernziels zurück, die Generalisierung der Küstenlinien zu automatisieren. Ein unendlich ausgefranster Küstenrand ist in den Computerprogrammen nicht berechenbar. Dass die Küste die Fläche der Insel begrenzt, ist eine notwendige Voraussetzung für die Digitalisierung der Kartografie. Denn nur, was Grenzen hat, ist in begrenzter Zeit zähl- und darstellbar. Friedrich Töpfer wählt die Insel als Modell der Flächenvereinfachung:

> Eine Insel kann nicht mit der sie umgebenden Wasserfläche zusammengefasst werden. Sie kann nur als Folge eines Auswahlprozesses entfallen oder weiter als Insel dargestellt werden. Eng benachbarte Inseln können zusammengefasst werden, wenn die zwischen ihnen liegende Wasserfläche zu klein ist.[124]

Werden Karten kopiert und verkleinert, können Inseln, die nahe am Festland liegen, dem Festland angegliedert werden und mit ihm zusammenfallen. Inseln, die dagegen fernab des Festlands liegen, bilden entweder eigene Flächen oder versinken im Meer. Töpfer bedient sich der Unterscheidung der ozeanischen und kontinentalen Inseln für *pattern recognition* und Datenanalyse. Die Spielzüge, die Alfred Russel Wallace mit den Inseln vollführt, erleben unter digitalen Bedingungen auf den Zeichen- und Rechenflächen der thematischen Kartografie ein ungeahntes Revival. Der *struggle for existence* wird zu einer Frage der Wahrnehmung und Visualisierung. Die Unterscheidung zwischen kontinentalen und ozeanischen Inseln modelliert Töpfer mit dem Wurzelgesetz, das »zwischen der Vielfalt der Geländeeinzelheiten und den begrenzten Darstellungsmöglichkeiten der Karte« vermitteln soll.[125] Dabei orientiert er sich an der DIN A4-Reihe des Mathematikers und Ingenieurs Walter Porstmann, der am Ende des Ersten Weltkriegs unter dem Eindruck des Rohstoffmangels ein einfaches Gesetz für die Papierformate erfand. Porstmann stellt durch ein Seitenverhältnis von 1:√2 sicher, dass die Papiergrößen durch Faltung oder Halbierung mechanisch ineinander übergehen. Faltet man etwa ein DIN-A4-Blatt erhält man ein DIN-A5-Blatt und so fort. Auch Töpfer hält an der Wurzel fest und automatisiert die Generalisierung durch Halbierung. Das Wurzelgesetz berechnet bei einer Verkleinerung der Kartenfläche die Anzahl der darstellbaren Flussarme und Straßen, der sichtbaren Gebäude, die Kanten und Knoten eines Stadtumrisses oder die Anzahl der Faltungen der Höhenlinien. Das Gesetz ist ein unbestechlicher Buchhalter der Fläche, der aus der Wurzel der angestrebten Maßstabszahl die Populationsdichte der Zeichen, Raster, Punkte und Linien auf einem Kartenzentimeter erschließt. Auf dem Steinhaus-Paradox – der Überzeugung, dass bei der Verkleinerung des Maßstabs die Details abnehmen – gründet Töpfer ein Gesetz der Darstellung. Nehmen die Details mit jeder Verkleinerung im Quadrat ab, muss also für ihre Darstellung die Wurzel gelten.[126] Zwar lernen erst in den Neunzigerjahren die ersten Algorithmen kontextbasiert zu generalisieren, das heißt mit der Anzahl auch die geometrische Linienglättung, die Form und Verteilung der Elemente auf der Zeichen- und Bildschirmfläche zu formalisieren. Doch die entscheidende Zäsur ereignet sich bereits im Übergang von den topografischen Papierkarten zu den digitalen Datenvisualisierungen.[127] Im Gegensatz zu Penck will Töpfer nicht die Grenzen eines wirklichen Reichs mit Zirkel und Lineal abschreiben. Er reist vielmehr zu den Grenzen der Les- und Darstellbarkeit. Während Pencks Karten Österreicher besiedeln, bleiben in Töpfers Algorithmen die Bewohner des k. u. k. Monarchie ohne Schatten weitgehend flach. Als Punkte, Linien und Raster gleichen sie den Protagonisten von Abbotts und Hintons *scientific romances*. Das Wurzelgesetz rodet Wälder und schrumpft Städte.

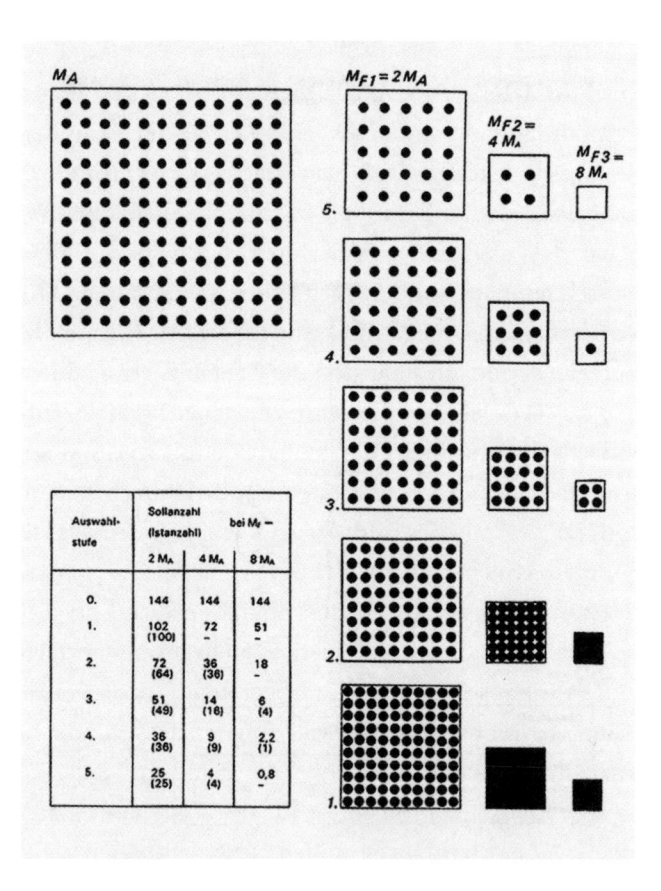

Das Wurzelgesetz von Friedrich Töpfer in
der kartografischen Generalisierungg. 1974.

Es bestimmt nicht zuletzt die Staatsgrenzen und Küstenlinien. Die Auswahlprozesse auf der Kartenoberfläche lösen eine Kette von Weltuntergängen aus, die bis heute auf den Bildschirmen der digitalen Gadgets in den gleitenden Skalen der Karten und Datenvisualisierungen ein Echo finden. Das Zusammenfassen ähnlicher oder gleicher Elemente ist eine Art *pattern recognition*, die unter die qualitative Generalisierung fällt, weil sie eine Frage der Datenanalyse und Interpretation ist. Die analogen Naturgesetze der Zeichenoberfläche verändern grundlegend die Wahrnehmung, Narration und

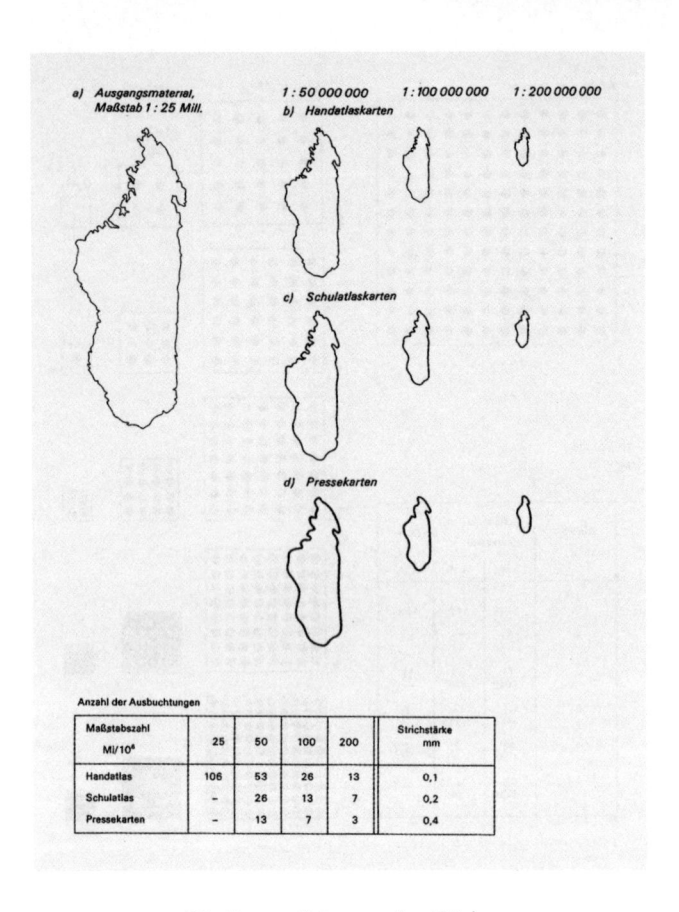

Die Generalisierung der Fläche
am Beispiel Madagaskars bei Friedrich Töpfer.

Gestaltung. Sie entscheiden, was wir sehen, wahrnehmen und wissen können. Die gegenwärtigen Klimamodelle, die digitalen Überwachungs- und Vermessungstechnologien bilden die Welt nicht nur ab – sie sind Teil einer digitalen Kosmogonie, die die Welt in den Modellen ein Stück weit neu erschaffen. »Erdmodelle verkehren die empirische Wissenschaftstradition«, schreiben John Palmesino und Ann-Sofi Rönnskog 2013. »Das abstrakte Rechenmodell wird zum Studienobjekt und dadurch zum Objekt der Planung«.[128] Die Karriere des Küstenlinienparadoxes in der Chaosforschung

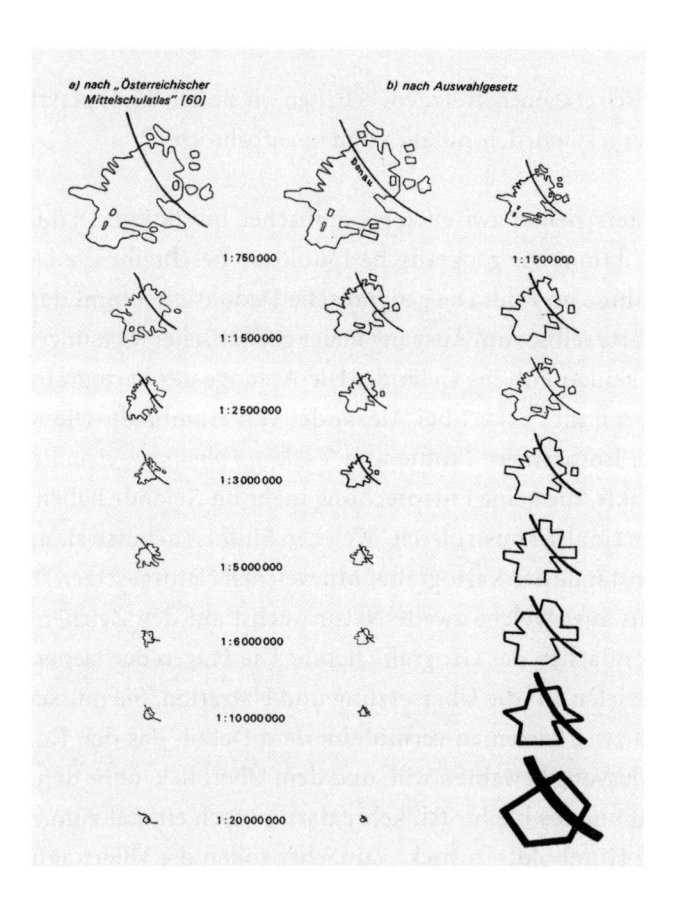

Töpfers Generalisierung einer Fläche
am Beispiel einer Insel: Wien.

und kartografischen Generalisierung verdeutlicht die strategische Bedeutung der Modelle auf anschauliche Weise. An die Stelle indexikalischer Karten sind selbstreferenzielle Modelle getreten. Schon Max Eckert, ein Schüler Friedrich Ratzels, hebt die Dominanz kartografischer Fiktionen hervor:

> Wir operieren in Geografie und Kartografie mehr mit Fiktionen als allgemein eingestanden wird, ja wir gebrauchen Begriffe, die wir von einem theoretischen Standpunkt aus als

falsch erkennen; trotzdem behalten wir sie bei, da sie praktisch »wahr« sind, d. h. nützlich und unentbehrlich.[129]

Er unterscheidet zwischen geografischer Induktion, Deduktion und Fiktion. Die geografische Induktion beschreibe die Landesaufnahme im Feld. Die geografische Deduktion nimmt dagegen die Karte selbst zum Ausgang neuer geodätischer Messungen. Sie setzt keinen Fuß ins Gelände. Die Anfänge der kartografischen Fiktion findet Eckert bei Alexander von Humboldt. Die Mittelwerte, Isothermen, Profile und *Tableaux physiques* visualisieren Artefakte, die keine Entsprechung mehr im Gelände haben. Was wollen sie also konstruieren? Welchen Einfluss nehmen sie auf die Gegenstände der Kartografie? Mit welchen Naturgesetzen statten sie uns aus? Welche zweite Natur wächst auf den Zeichen- und Rechenflächen der Geografie heran? Die Fragen der Generalisierung zielen auf die Übersetzung und Narration. Sie müssen zwischen zwei Extremen vermitteln: dem Detail, das den Kontakt zur Messung bewahren will, und dem Überblick, ohne den jedes Detail nutzlos bleibt. Ich kehre darum noch einmal zum ersten Profil Humboldts zurück. Zunächst sollen die Übertragungen zwischen Zahl und Bild befragt werden. Wie wird übertragen, wie übersetzt? Ein zweiter Blick fällt auf den Typ der Narrationen, der mit der massenhaften Erhebung von Daten entsteht. Welche Fiktionen werden in den Anfängen der thematischen Kartografie erfunden? Und in welchen Zusammenhang stehen sie zur numerischen Datenvisualisierung?

Auf der Suche nach dem großen Ganzen

Das erste Profil entwirft Humboldt eher zufällig. Mit Bonpland befindet er sich auf dem Weg nach Venezuela. Aber der direkte Weg von Marseille über Tunis bleibt ihnen wegen der Napoleonischen Kriege verwehrt. So weichen sie über den Landweg nach Spanien aus, wo sie am 5. Januar 1799 ankommen. Doch lässt die Bewilligung des spanischen Königs Karl IV., die Kolonien in Übersee bereisen und ungehindert vermessen zu dürfen, auf sich warten. Zum Stillstand verdammt, durchqueren Humboldt und Bonpland zwischen Januar und Juli 1799 rastlos die spanische Hochebene. Auf möglichst geraden Wegen vermessen sie mehrfach die Höhen der Halbinsel: in nordwestlicher Richtung von Valencia bis zur galizischen Küste und in nordöstlicher Richtung von den Pyrenäen über die Sierra Nevada nach Granada. Die täglichen Barometerstände bezeichnet Humboldt in einem Schreiben an Berghaus als »einen Versuch, die ganze Halbinsel in der Richtung von Südost nach Nordost, von den Küsten des Mittelländischen Meeres bei Valenzia bis nach den Küsten des Atlantischen Oceans in Galicien barometrisch zu nivellieren«.[130] Humboldt bezieht sich auf die Vorarbeiten von Lalande, der 1776 aus den Messungen des Mathematikers Don Jorge Juan geschlossen hat, Madrid liege 294 Klafter über dem Meeresspiegel. Seine eigene Neuerung besteht weniger in der Höhenmessung als in der systematischen Erfassung und Auswertung der Höhendaten. Die Geografen, so Humboldt, hätten »damals noch keine Kenntnis von dem Zusammenhang aller Hochebenen im Innern der Iberischen Halbinsel« gehabt.[131] Seine Messungen treffen auf eintönige Ebenen, monotone Wüsten, die sich nicht selten über dreißig Quadratkilometer erstrecken. In Humboldts Messungen zeigt sich zum ersten Mal die ungeheure Weite und Einöde eines Landes – eine glatte, unmarkierte Fläche, die er in den Zahlenlisten und Datenräumen wie einen Ozean bereisen kann.[132] Dass Spanien aus einem durchgehenden Plateau besteht, wird erst auf seinen Profilen sichtbar. Die Höhenmessungen wird er ein Vierteljahrhundert später verwerfen. Sie sind zu ungenau.[133] Aber die zündende Idee, anstelle von Einzeldaten Zusammenhänge und Zahlenreihen zu untersuchen, lässt ihn nicht mehr los:

Die Gesamtheit meiner Höhenmessungen diente zum Entwurf der physikalischen Karten, welche dieses Werk begleiten. Sie enthalten eine Reihe senkrechter Querschnitte oder Profile. Ich habe versucht, ganze Ländergebiete nach einem Verfahren darzustellen, welches bis zum heutigen Tage nur für Bergbauten oder für kleinere Strecken angewendet wurde, wenn durch letztere Kanäle zu ziehen waren.[134]

Alle Messdaten bezieht Humboldt auf den Meeresspiegel, der Schnittkante und Grundlinie ist. Das Innere der Iberischen Halbinsel wird über ihre Außengrenzen hergestellt. Die Einheit des Verfahrens sichert das Meer. Während zuletzt mit den Profilen eine grafische Methode der Nivellierung vorgestellt wurde, soll nun nach den narrativen Nivellierungen gefragt werden. Wie wird das Innere eines Kontinents, wie der glatte Verkehrsraum der Datenmodellierungen in den Narrationen der Geografie hergestellt?

Die Profile geben Humboldt 1827 und 1828 den Plan für die *Vorlesungen über die physikalische Geografie* ein. Sie haben das Raster für das Naturgemälde vorgezeichnet, das er zwei Jahrzehnte später im *Kosmos* lediglich noch ausmalen muss. Es sei ein Glück,

> nicht bloß Küstenländer, wie auf den Erdumsegelungen, sondern das Innere z w e i e r Continente in weiten Räumen und zwar da zu sehen, wo diese Räume die auffallendsten Contraste der alpinischen Tropenlandschaft von Südamerika mit der öden Steppennatur des nördlichen Asiens darbieten.[135]

Nur kurz wendet sich Humboldt dem Ozean zu. Das Meer im Rücken betritt er die monotonen Ebenen Sibiriens und die Tropenlandschaften Südamerikas. Die Großerzählung des *Kosmos* orientiert er an zwei Fluchtpunkten. Den dicht gedrängten Klimazonen des Chimborazo und des Pico del Teide, die in seinen Naturgemälden von der drückenden tropischen Hitze bis zur empfindlichen Alpenkälte die Flanke und Schnittkante eines einzigen Berges besiedeln, stellt er die Ebenen Sibiriens gegenüber, die auf einer Länge von achtzig Längengraden kaum tausend Höhenmeter überwinden und dennoch große Temperaturschwankungen in den Jahresmittelwerten aufweisen. Mit der Zweipunktperspektive, die im *Mönch am Meer* das Blickfeld auf 180 Grad weitet, entwirft Humboldt ein anamorphotisches Breitwandpanorama. Aus den zwei Fluchtpunkten entsteht eine Erzählperspektive, die heterogene Orte in einem einzigen *tableau* wechselseitig aufeinander beziehen kann. Das »Innere zweier Continente«[136] zielt auf den Vergleich, den Humboldt mit den Profilen visualisiert. Die extremen Weitwinkel der frühen Panoramen werden zum Gerüst und Gegenstand seiner Narrationen, die selbst das kleinste Details in Hinblick auf ein Weltganzes diskutieren wollen.

Während das »Innere zweier Continente« sich müht, mit der Analogie einen Überblick herzustellen, zielt Humboldt mit dem »Inneren« eines Kontinents auf die Nahaufnahme eines Binnenlands. Im Inland treffe man auf »unvorhergesehene Hindernisse«, Störungen und Überraschungen. Sie werden von nautischen Expeditionen häufig übersehen.[137] Das Hinterland steht für den »Einfluss der kleinen Ursachen«, die er auf der Reise nach Zentralasien mit dem Barometer nivelliert und mehrfach kleinräumig vermisst.[138] Die Vielschichtigkeit des Hinterlands stellt die Generalisierungen und Großerzählungen der Geografie auf die Probe. Im Inland begegnet man vor allem der verwirrenden Vielfalt der Gegenstände und Beobachtungen, die man erst bemerkt, wenn man das Meer hinter sich lässt. Die nautischen Profile haben bei der Darstellung der Horizontlinien und Inseln im Modus der Fernerkundung operiert. Sie haben die Horizontlinien, Küsten und Inseln auf die Lotlinie reduziert, das Detail und die singuläre Abweichung ignoriert. Humboldt dagegen vergrößert mit dem Profil die Differenz. Er legt die Horizontlinie der nautischen Profile gleichsam unter das Mikroskop, weil er in der Ebene kleinste Erhebungen aufspüren will. Aus der Manipulation der Achsen entsteht so eine Experimentalanordnung und Erzähltechnik. Den Aufzeichnungen einer Reise, die Humboldt 1805 mit dem Chemiker und Physiker Joseph Louis Gay-Lussac von Saint Michel über die Alpen bis zum Vesuv unternahm, kann man die Effekte der Profilschnitterhöhung noch deutlich ansehen. Mit dem Inklinationskompass von John-Charles de Borda waren sie am 15. März 1805 in Paris aufgebrochen und durch Frankreich, die Schweiz und Italien gereist, um die Intensität des Erdmagnetismus mit der variierenden Oszillationsdauer der Magnet- und Inklinationsnadel zu messen.[139] Sie bestimmten die geografische Lage, die Höhe, die Gesteinsart, die magnetische Abweichung und die Neigung. Sie zählten die Sekunden, die die Magnetnadel für sechzig Schwingungen braucht, hielten die Schwingungen der Inklinationsnadel auf der Meridianebene fest und verglichen die jeweiligen Werte von vierundzwanzig Orten miteinander. Doch eine signifikante Veränderung suchten sie vergeblich. Die großen Variationen, die die zahllosen Irrfahrten der Entdecker maßgeblich verursachten und nicht zuletzt Joseph Bruny d'Entrecasteaux am 20. Juli 1793 nordöstlich vor Neuguinea das Leben gekostet haben, bleiben auf dem Festland aus. Stattdessen eröffnen die Messungen ein Feld minimaler Differenzen:

> Zu Lyon ist die Stärke fast dieselbe als in Turin; auf dem Mont Cenis ist sie ein wenig größer, zu Lanslebourg [Mont-Cernis] dagegen ein wenig kleiner als in den beiden Städten. Im Hospiz auf dem St. Gotthard fanden wir sie ungefähr um 0,005 größer als zu Airolo und zu Ursern, und 0,01 kleiner als zu Altorf. [...] Aber selbst, wenn wir zugeben wollen, dass eine Verschiedenheit stattfindet, welche von den Alpen herrührt, so geht sie doch nur auf ein Hundertstel, wenn man einige Orte, die mitten in der Kette liegen, mit

andern weit davon entfernten vergleicht, und für andere ist sie noch kleiner.[140]

Zwischen der Passhöhe des Mont Cernis und dem angrenzenden Tal messen sie Deklinationen, die sie keiner Ursache zuordnen können. Die Abweichungen sind minimal und bleiben lokal.

Für die Berechnung und Kartierung der Isogonen beklagen Edmund Halley und Leonhard Euler noch den Mangel an Daten. Wenn Humboldt und Gay-Lussac dagegen die Fragen des Erdmagnetismus von den Weltmeeren auf Europa übertragen, beschränken sie die Untersuchung auf einen vergleichsweise kleinen Raum, in dem die Dichte der Messpunkte erheblich zunimmt. Die kartografische Generalisierung, die mit der Luftbildauswertung und der Reliefdarstellung entsteht, fasst das Relief unter die Kontinua. Kontinua sind »flächendeckend verbreitete, kontinuierlich veränderliche Erscheinungen«, schreibt Töpfer. »Würden z. B. Niederschlagsmeßstellen systematisch in Abständen von 100 m angelegt, so würden die Messungen jährliche Niederschlagsmengen liefern, die von Station zu Station fortschreitend allmählich wachsen und abnehmen, sich also kontinuierlich ändern«.[141] Was Humboldt mit den kontinuierlichen Schwankungen ein wenig umständlich darlegt, geht bekanntlich in die Forschung des 20. Jahrhunderts als Küstenlinienparadox ein. Jeder Messpunkt weicht von seinem Nachbarpunkt ab, egal wie klein man die Beobachtungseinheit auch wählt. Humboldt und Gay-Lussac sind unterwegs ins Land der infinitesimal kleinen Unterschiede, das sich nicht mühelos auf ein Ergebnis, eine Erzählung oder eine Kartenfläche reduzieren lässt.

Wie die Flächen erben auch die Isothermen und Isogonen die Eigenschaften der Kontinua. Sie sind »Linien gleicher Werte eines Kontinuums«.[142] Das »Innere zweier Continente«[143] bezeichnet also das Verhältnis zweier Kontinua. Theoretisch befinden sich auf jedem Kontinent unendlich viele Messpunkte, die alle voneinander

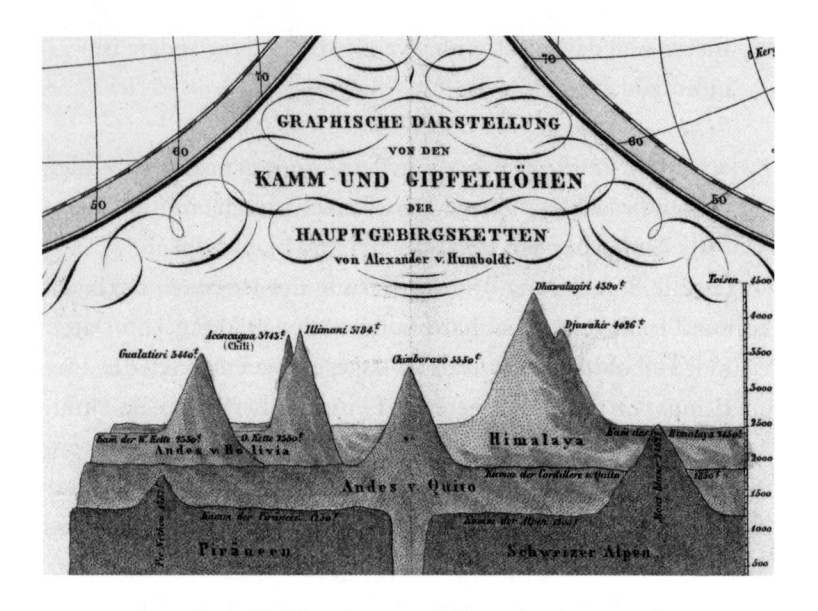

Heinrich Berghaus, *Erdkarte zur Übersicht der Vertheilung des Starren und Flüssigen der Verschiedenheit der Oberflächen Gestaltung nebst den Andeutungen zu einer Arithmetisch-geographischen Entwicklung der waagrechten und senkrechten Ausdehnungen*, 1836. (Ausschnitt)

abweichen. Die analoge Unendlichkeit beschreibt Humboldt als Binnenland – das Innere eines Kontinents wird zur Chiffre der reellen Zahlen. Das »Innere zweier Continente« lässt sich dagegen mit Cantors Diagonalverfahren zähmen. Die unendlich vielen Singularitäten kann Humboldt abzählen, wenn er sie nur einander zuordnen kann. Mit den Zuordnungen etabliert er den Vergleich als geografische Methode. Er reist wie Lidenbrock zum Mittelpunkt der Welt, um in der Relation zweier Zahlwerte über die Kontinentgrenzen hinweg im anderen das Ähnliche zu entdecken. Im *Kosmos* schlagen die Messungen, die Mittelwert- und Datenanalysen auf die Narrationen durch und entwerfen eine spezifische Erzählperspektive:

Indem das allgemeine Naturgemälde von den fernsten Nebelflecken und kreisenden Doppelsternen des Weltenraums zu den tellurischen Erscheinungen der Geografie der Organismen (Pflanzen, Thiere und Menschen-Racen) herabsteigt, enthält es schon das, was ich als das Wichtigste und Wesentlichste meines ganzen Unternehmens betrachte: innere Verkettung des Allgemeinen mit dem Besonderen, den Geist der Behandlung in Auswahl der Erfahrungssätze, in Form und Styl der Composition.[144]

Die »innere Verkettung des Allgemeinen mit dem Besonderen« veranschaulicht Humboldts Techniken der Angleichung. Sie findet in den *tableaux physiques* eine Narration und grafische Darstellung. Mit den Naturgemälden wendet sich Humboldt gegen die Aufzählung von Einzeldaten. Eine singuläre Messung kann niemals über sich selbst hinausweisen. Verallgemeinern kann Humboldt darum erst über den Vergleich, den er über eine breite Datenbasis herstellt. Der »Geist« und das »Allgemeine« sind Fiktionen des glatten Verkehrsraums: die sichtbaren Enden des Mittelwerts. Der *Kosmos* oder das Naturganze entspringen demnach weniger einer Ästhetik oder kunstvollen Verbindung aus Bild und Text als den Techniken der Datenmodellierung. Sie sind keine bloße Darstellungsform, sondern ein numerisch hergestellter Überblick.

»Das Meer will ans Land«

Der numerische Ausdruck des »Allgemeinen« schlägt sich ab 1840 vor allem in der Vielzahl der Profile nieder, die die physischen Karten häufig vom Seitenrand kommentieren. Die Vertikalprojektionen sind Datenvisualisierungen, die mit den Anfängen der thematischen Kartografie auftauchen. Welches Gesicht der Mittelwert den Karten aufprägt, soll abschließend an einem Beispiel aus dem *Physikalischen Atlas* von Heinrich Berghaus diskutiert werden. Auf der *Erdkarte zur Übersicht der Vertheilung des Starren und des Flüssigen* kann man en miniature studieren, wie »die innere Verkettung des Allgemeinen« entsteht. Den neunzeiligen Titel der Erdkarte und ihren Zweck erläutert Berghaus im Vorwort seines Kartenwerks in aller Kürze:

– Darstellung der geologischen Verhältnisse nach jenen Haupt-Erscheinungen; – Verteilung des festen Landes und der Inseln und des Oceans[.][145]

Für die vergleichende Darstellung wählt er eine Polarprojektion, die ähnlich wie Humboldts *Kosmos* zwei Antipoden als Berührungspunkte wählt, um die Welt im extremen Weitwinkel als Panorama zu erfassen. Die Orte, an denen die Kartenoberfläche die Erde berührt, schwanken unstet zwischen Land und Meer; Mitte des 19. Jahrhunderts sind die Pole noch immer ein Ort der ungebremsten Spekulation. In der Nähe des Südpols taucht die *Terra Australis* auf, die lediglich von einer Seite begrenzt wird.[146] Das Südland ist eine Phantominsel, die in unsicherer Gestalt auftaucht und ebenso schnell wieder versinkt. Die Pole müssen auch bei Berghaus weiß bleiben. Und dennoch macht er sie zum Fluchtpunkt seiner Darstellung, weil ihre Vorteile vor allem in einer visuellen Form der Unterscheidung liegen. Die Polarprojektionen teilen die Welt in die »Hemisphäre der größten Masse Landes« und die »Hemisphäre der größten Masse Wassers«. Sie unterscheiden zwischen Land und Meer und setzen sie zugleich miteinander in Beziehung. Das Verhältnis von Land zu Meer beziffert Berghaus mit Humboldt auf 1:4.[147] Aber die eigentliche Aussage der Karte ist in der *Graphische[n] Darstellung der Kamm- und Gipfelhöhe der Hauptgebirge* zusammengefasst, die Berghaus nach einer Vorlage von Humboldt gezeichnet hat. Was zunächst wie eine Gebirgsansicht anmutet, ist ein »dreiseitiges horizontal liegendes Prisma«: eine mathematische Funktion, die zwei Messwerte miteinander in Beziehung setzt.[148] Die absolute Höhe der fünf höchsten Gebirge bezieht sie auf ihre mittleren Kammhöhen.[149] Die Berge gibt Berghaus in einer artifiziellen Form wieder, die an die Sägezahnformen der frühen Bergprofile erinnert. So hat etwa der Weimarer Kartograf Carl Ferdinand Weiland bereits 1820 und 1821 in zwei Höhenprofilen von den Alleghenies bis zu den Vulkanen Islands die Gipfel der Weltgebirge auf Säulen reduziert und sie der Form eines Säulendiagramms angenähert, Joseph Emerson Worcester abstrahiert mit der Linie auch von der arbiträren Breite einer Säule. Weiland wie Worcester haben artifizielle Darstellungen gewählt, um die Aufmerksamkeit auf die Zahlenwerte und ein singuläres Merkmal zu lenken.[150] Auch Berghaus und Humboldt haben die Gebirge lediglich schematisch dargestellt. Ihre Darstellung mutet zunächst konventioneller an. Doch die Komplexität des Vergleichs haben sie dennoch gegenüber Weiland und Worcester stillschweigend erhöht. Im Gegensatz zu ihren Vorgängern wollen sie die Gebirge nicht nur mit einem, sondern zwei Parametern vergleichen. Die Gebirge sind darum auf drei Elemente reduziert: auf die Berghöhen, Flanken und die fiktive Größe der Hochebenen, die sich aus den Mittelwerten der Berggipfel ergibt. Die Berge nehmen die Form von Dreiecken an. Die Gipfelhöhen sind Spitzen, die die Darstellung lediglich als Punkteschar thematisiert. Die mittleren Gipfelhöhen werden indes durch horizontale Parallelen dargestellt. Weiland, Worcester, Humboldt und Berghaus verfolgen mit den Profilen keine mimetische, sondern eine mathematische Anschaulichkeit. Die vermeintlichen Panoramen codieren Zahlenreihen. Die *Hoehen Charte oder bildlich vergleichende Uebersicht der bedeutendsten Berge in Europa, Asien, Africa, America, und den Südsee Landern* korreliert Weiland mit einer Weltkarte, die den farblich kolorierten Berghöhen auf der Horizontalansicht einen identisch kolorierten Ort und eine Lage zuweist. Die *Hoehen Charte* stellt zwar über die Kontinentgrenzen hinweg den Vergleich über die Säulendiagramme her, doch die Darstellungsweise ist offenbar so fremd, dass Weiland sich entschlossen hat, die Einheit der Länder und Kontinente weitgehend beizubehalten. Als Datenvisualisierung kann sie allein nicht bestehen. Selbst die *Carte des Lignes Isothermes* hat die geografische Ordnung 1817 noch als unsichtbares Bezugssystem genutzt. Berghaus sucht dagegen einen grafischen Ausdruck für Humboldts Mittelwerte, der sich keine zwei Jahrzehnte später von der physikalischen Geografie nahezu verabschiedet hat. Seine *Graphische Darstellung von den Kamm- und Gipfelhöhen* will nicht betrachtet, sondern als Koordinatensystem und Graph gelesen werden. Hinter den grafischen Modellierungen stehen systematische Fragen: Wie viel wiegen die Kontinente, und wo liegt der Schwerpunkt ihres Volumens? Den fiktionalen Status der Mittelwerte veranschaulicht Berghaus mit der Nivellierung der Pyrenäen. Wenn man sie nur sorgfältig genug planiere und den Aushub gleichmäßig auf Frankreich verteile, wüchse ganz Frankreich auf 480 Fuß über den Meeresspiegel hinaus.[151] Auf der Karte ist dagegen für solche Gedankenexperimente kein Platz. Der Leser soll mit einem einzigen Blick den Zusammenhang zwischen den mittleren Kammhöhen und der Höhe der Meere erfassen. Die Nivellierungen sind in Wahrheit Datenmodellierungen, die auf dem Papier die Farbe als Layer und dritte Dimension nutzen. Das Kontinuum der Zahlen reduziert Berghaus auf drei Farben, die die Gebirge nach ihren Gipfelhöhen anordnen. Die flachen Gebirge der Pyrenäen und Alpen kleiden sich erdbraun, die Anden mausgrau, der Himalaja trägt Blau. An seiner mittleren Kammhöhe müssen sich alle anderen Gebirge messen lassen. So treten die Gipfel der Anden deutlich aus den ozeanischen Fluten des Himalajas hervor. Die Gipfel der Pyrenäen und Alpen bleiben dagegen unterhalb des steinernen Meeresspiegels. Die Nivellierung der Pyrenäen sollte nur auf einfache Weise demonstrieren, wie die Kämme des Graphen am Rande der Weltdarstellung gelesen werden sollen. Auch Berghaus hat die Gipfelhöhen, die Humboldt in den *Ideen zu einer*

Geografie der Pflanzen erstmals zusammengetragen hat, grafisch nivelliert.[152] Die mittleren Kammhöhen sind Erdhubarbeiten, die er als verschiedenfarbige übereinandergelagerte Erdschichten darstellt. Mit den Horizontalen hat Berghaus die geologischen Schichten des Pico del Teide auf die Weltkarte übertragen. Die Mittelwerte reißen die Erhebungen der Kontinente in den Grund. Darum kann Berghaus die mittleren Kammhöhen als Niveauflächen verwenden und sie mit den Meeresflächen gleichsetzen. Die eisblaue Farbe des Himalaja ist also ein Imperativ: Das Gebirge soll gleichsam wie ein Meer betrachtet werden. In operationaler Hinsicht setzt Berghaus mit dem Prisma die Reihe der Zwillingsbilder fort. Der Himalaja ähnelt auch in dieser Hinsicht dem Pico del Teide auf Humboldts Kupferstich im *Atlas pittoresque du voyage*. Die Äquivalenz verwandelt das Gebirge in ein steinernes Meer. Die Ozeanisierung ist ein Effekt der Analogiebildung. Der blaue Himalaja symbolisiert auf eingängige Weise, dass über die Mittelwerte jedes insulare Gebirge in Beziehung zu allen anderen Gebirgen gesetzt werden kann. Humboldt hat in den Profilen die Temperatur- und Höhenmessungen auf den Meeresspiegel bezogen. Mit der *Darstellung der Kamm- und Gipfelhöhen* hat Berghaus die höchsten Landmassen mit dem Meeresboden kurzgeschlossen.

Unter den fünf Gipfeln findet man den Chimborazo, der bis 1818 als der höchste Berg der Welt gilt. Humboldt versucht 1802 vergeblich, seinen Gipfel zu erreichen und gibt bei 5893 Metern auf. Der Chimborazo, den Humboldt aus der Ferne nivelliert, bleibt wie der Meeresboden unerreicht und unsichtbar. Berghaus platziert ihn dennoch genau auf den Kartenfalz und wählt damit einen von Humboldt viel zitierten, aber unsichtbaren Ort als Nahtstelle zwischen den Hemisphären der Land- und Meeresflächen.

> [S]tellen wir uns auf den Durchschnittspunkt des Aequators und des Meridians von 100° östlicher Länge von Paris (120° von Ferro), [so tritt uns] eine nordwestlichen Hemisphäre der

größten Masse Landes und eine südöstliche Hemisphäre der größten Masse Wassers entgegen[.]¹⁵³

Der Ort, an dem das Feste vom Starren geschieden wird, ist imaginär. Denn der Chimborazo verkörpert in Berghaus' Diagramm weniger einen Berg als eine kosmologische Grundoperation. Viele Kosmologien trennen zunächst das Wasser vom Land, ehe sie die Erde besiedeln. Mit der Nahtstelle zwischen den Hemisphären, dem »Durchschnittspunkt des Aequators und des Meridians von 100° östlicher Länge«, weist Berghaus dem Betrachter einen göttergleichen Standpunkt zu. Geografisch betrachtet hat Berghaus den Wohnsitz des maximierten Überblicks mit dem Schnittpunkt von Äquator und Meridian in der Meeresenge zwischen Borneo und Sumatra angesiedelt. Doch der Olymp liegt weniger im Auge des Betrachters: Er ist der Ort, an dem der Vergleich erst hergestellt wird. Der Vergleich ist eine Montagetechnik, die heterogene Orte miteinander verbindet. Sein angestammter Platz ist ein Berg im Zwischenraum. Mit der wechselseitigen Bezugnahme von Land und Meer steht der Chimborazo für eine Schwelle und Übersetzung. Der Vergleich hat das Gebirge ozeanisiert und zugleich den Blick vom Pico del Teide als Narration und Visualisierung universalisiert. Tatsächlich haben Berghaus und Humboldt die Perspektive der nautischen Profile verkehrt. Das Land behandeln sie wie ein Meer und setzen damit fort, was Luigi Ferdinando Marsigli und Philippe Buache mit den frühen Vertikalprojektionen bereits begonnen haben. Marsigli hat die ersten Beobachtungen zur *Histoire physique de la mer* am Urnersee gemacht, der ihm wie ein *mare piccolo* vorkam. Vom Bergsee ist ein Aquarell Marsiglis erhalten, das seine Betrachter durch einen eigentümlichen symmetrischen Aufbau in den Bann zieht.¹⁵⁴ Die Zeichnung zeigt die umliegenden Urner Alpen des linken und rechten Seeufers, die der Wasserspiegel wie ein Spiegelstrich und Gleichheitszeichen trennt und einander gleichzusetzen scheint. Die Ansicht will offenbar als Analogie gelesen werden. Die Gebirge sind durch das »kleine Meer« aufeinander bezogen. Das *mare piccolo* ist Relais und Schwelle, Medium und Operator. Während Lidenbrock alle Orte über die Vulkane und Lavaströme miteinander verbindet, haben Berghaus und Humboldt alle Orte über die Meere miteinander verbunden. Die Geschichte der Wechselwirkungen ist auf vielfältige Weise mit den Meeren und den Aggregatzuständen des Wassers verknüpft. Wie die Wechselwirkungen mit der Dampfmaschine und den Anfängen der Hydrologie erfunden werden, auf welche Weise die »kleinen Ursachen« eine Theorie der Fernwirkung und Kommunikation hervorbringen, soll darum genauer untersucht werden.

3

Nichts als heiße Luft

»Die Luft gleichsam als Meer betrachtet«

Die *Übersicht der Vertheilung des Starren und Flüssigen* findet auf dem Land Spuren des Meeres und auf dem Meer mit dem Südpol einen mutmaßlichen neuen Kontinent. Humboldt entdeckte die Wechselwirkungen als Darstellungsform. Seine Narration ist amphibisch aufgebaut. Die Einzelbeschreibungen von Land und Meer sind in der physikalischen Weltbeschreibung wechselseitig aufeinander bezogen. Caspar David Friedrichs Bildpaare, die über die Bildgrenzen miteinander kommunizieren, verlagert Humboldt in den Innenraum der Erzählung. Die Zwillinge sind Gegenstände, die einander prägen, anstecken und ähneln. Das »Weltgemälde« des *Kosmos* zeichnet Humboldt als Kreislauf und Rückkopplung. So antworten etwa den astronomischen Darstellungen im dritten Band die Beschreibungen der Erdoberfläche im vierten Band. Die Darstellungen des Luftmeers korrespondieren mit der Beschreibung der Ozeane über die Kapitelgrenzen hinweg.

Das Verhältnis zwischen Land- und Luftmeer hat Humboldt schon in den Vorlesungen über die *Physikalische Geographie* thematisiert. Die siebte der sechzehn legendären Vorlesungen in der Sing-Akademie beginnt Humboldt am 24. Januar 1828 um 12 Uhr mit einem Versprechen:

> Von den äußersten Nebelflecken bis zur ersten Spur der Vegetation, die in dem sogenannten rothen Schnee erkannt worden ist, werde ich [...] eine Uebersicht der Gesamtheit des Geschaffenen gegeben haben; eine Aufgabe, die mit einiger Vollständigkeit zu lösen, in so kurzer Zeit, meine Absicht unmöglich seyn könnte.[1]

Annähernd achthundert Augenpaare sind auf ihn gerichtet. Doch Humboldt spricht offenbar nahezu frei.[2] Die »Gesamtheit des

Geschaffenen« will er in zwei Stunden durchqueren. Er scheint sich seiner Sache sehr sicher zu sein. Am Ende handelt die siebte Vorlesung lediglich vom Meer. »Die Ansicht des Oceans« soll die geologischen und geografischen Erscheinungen der Erdoberfläche mit den astronomischen und klimatischen Messungen und Beobachtungen verbinden.[3] Die Ozeane sind Gegenstand und Medium. Von dem eigentlichen Versprechen ist in den Mitschriften nur ein fernes Echo erhalten. Das Forschungsprojekt *Hidden Kosmos* um den Berliner Kulturwissenschaftler Christian Kassung will die Vorlesungen in den Bibliotheken, privaten Nachlässen und Archiven in Deutschland, Polen und der Türkei systematisch recherchieren und digital transkribieren, um ihre Gestalt unter den Schichten der Mitschriften freizulegen und ihre Genese zu rekonstruieren.[4] Humboldt hielt indes augenscheinlich wenig von den Aufzeichnungen seiner Zuhörer. Den Verfassern der Mitschriften droht er im Falle der Veröffentlichung mit einer Klage.[5] Die Vorlesungen richteten sich vom »König« bis zum »Maurermeister« an ein gemischtes Laienpublikum, schreibt der Zweiundsiebzigjährige an Friedrich von Raumer. Aber erst »mit dem Wissen kommt das Denken«. Der »Entschluss nicht zu lesen, ist unerschütterlich« – weitere Vorlesungen lehne er ab, da seine Abhandlung »eine gewisse wissenschaftliche Stärke« voraussetze.[6] Der wissenschaftliche Anspruch verträgt sich offenbar schlecht mit der Mündlichkeit. Doch womöglich zweifelt Humboldt gar nicht so sehr am Sachverstand seiner Zuhörer, sondern kapituliert mit zunehmendem Alter lediglich vor der schieren Menge der Daten. Das »Innere z w e i e r Continente« oder die komplexen Relationen der Messungen lassen sich mündlich nur bedingt darstellen. Die Kosmos-Vorlesungen, die Humboldt zwischen 1825 und 1828 zunächst in der Privatwohnung der Marquise de Montauban und später in der Sing-Akademie und der Berliner Universität gehalten hat, nutzt er später als Materialsammlung und Steinbruch. Er verändert die Zusammenstellung der Gegenstände und Messungen. Einige Gedanken unterzieht er einer Revision. Die Notizen hat er nach den Vorlesungen zerschnitten und mit Einschüben, Anmerkungen und Korrekturen in mehreren Papier- und Klebeschichten neu angeordnet. Humboldt durchforstet zahllose Journale, Zeitungsartikel und Briefe; die Schere macht selbst vor fremden Texten nicht Halt.[7] Copy-and-paste, Drag-and-drop: Humboldts Biografen urteilen in dieser Hinsicht ganz unverblümt: »Wir begegnen im ›Kosmos‹ Humboldts keiner neuen Lehre, fast nicht einmal einem neuen Gedanken von größerer Tragweite, den er nicht früher ausgesprochen habe« – der *Kosmos* erschließt kein neues Material, seine Neuerung liege allein in der Sammlung und Anordnung bekannter Daten.[8] Ähnlich urteilt Gerhard Engelmann: »Alexander von Humboldt brachte von seinen Reisen keine Karten neuentdeckter Länder mit, denn auf seinen Wegen waren vor ihm andere gezogen, die schon Karten entworfen hatten. [...] So sah Humboldt das scheinbar Bekannte mit neuen Augen«.[9] Die neue Anordnung des ohnehin Bekannten gründet Humboldt nicht zuletzt auf einer ausgefeilten Technik des Kompilierens und Kombinierens. Die Arbeitsprozesse, die jede Textverarbeitung automatisiert, verlangen von ihm noch erhebliche Mühe. Die Vorlesungsskripte sind Teil eines umfangreichen Ordnungssystems zum *Kosmos*, das Humboldt mit der tatkräftigen Hilfe des Bibliothekars Eduard Buschmann anlegt, nährt und pflegt.[10] Die Materialien sammelt Humboldt in Pappschachteln, die ihrerseits Mappen, Schnipsel und Umschläge verschiedenster Sammelgebiete aufnehmen. Die Kisten und Mappen sind die materialen Enden eines bedingungslosen Konnektivismus, der jedes singuläre Datum in Hinblick auf ein Naturganzes interpretieren will. Zusammen mit den Reisetagebüchern enthalten sie wachsende Papierlandschaften im unübersichtlichen Gelände, Flanken und Plateaus, die selbst die Form von abstrakten Isoplethen und Reliefkarten annehmen. Beim kanarischen Inselberg hebt Humboldt die Parallelität der Schichten hervor, die den Überblick der vergleichenden Geografie erst herstellt. Jeder Zettel ist materiale Schicht und Geschichte. Mit dem unermüdlichen Schneiden,

Kopieren und Bewegen hat Humboldt am Schreibtisch seinen eigenen Inselberg erschaffen und die »Übereinanderlagerung der Lavaschichten« in eine Recherche- und Schreibtechnik überführt. Die Schneidetechniken sind Ausdruck einer mobilen Denk- und Erzählform, die die Gedanken modularisiert, um sie wie die Buchstaben einer Alphabetreihe immer wieder neu anordnen zu können. Die geografischen Gegenstände hält Humboldt in chronischer Unruhe. Dominik Erdmann, der den *Kosmos* und die Faszination der Vorlesungen mit Humboldts Zettelkasten und Anmerkungen rekonstruieren will, spricht von einem »dreidimensionalen Netzwerk von Bezügen und Datenrelationen«:

> Die Struktur und die Reihenfolge der Notationen und Zettel behielten [...] fortwährend einen vorläufigen Status. Sie konnten jederzeit aufgelöst und das Geschriebene bzw. Hinzugesammelte konnte anders geordnet werden, oder – was sich an verschiedenen Stellen zeigen lässt – ausgeschnitten und aus dem ursprünglichen Kontext gelöst werden.[11]

Die »Stockwerke«, mit denen Humboldt die Bergflanken des Pico del Teide rastert, überziehen nicht nur die *tableaux physiques* mit einem Koordinatensystem. Sie wuchern auch als reale Papierschichten in seinen Reisetagebüchern. Auf dem Schreibtisch werden die geologischen Schichten des Klimas zu einer Technik, die die isolierten Beobachtungen und Daten immer in Hinblick auf ein systematisch Ganzes ordnen und in Bewegung halten will. Die Algorithmen von Google Maps automatisieren die Generalisierung, um die digitalen Karten den Bewegungen ihrer Nutzer anzupassen. Geoinformationssysteme verwenden dynamische Layer, deren Gestaltung sie Web-APIs anvertrauen. Humboldt muss dagegen noch zu Schere, Klebstoff und Collage greifen, um das Wissen zu aktualisieren.

Die Binnenbegründung für die Vorläufigkeit der physikalischen Weltbeschreibung sucht er in der Geschichte. Die physikalische

Alexander von Humboldt, Vorlesungsmanuskript zur Meteorologie, o. J., Nachl. Alexander von Humboldt, Großer Kasten 12, Nr. 16.

Weltbeschreibung zielt auf die Manipulation der Schichten. Von den Strata, Profilen, Isothermen und Schichtlinien bis zu den Papiergebirgen in Humboldts Kollektaneen und Reisetagebüchern ist der Begriff der »Schicht« in den wissenschaftlichen Gegenständen, der Schreibtischarbeit, den Großerzählungen der Geologie und Geografie allgegenwärtig. Humboldts Montagepraktiken ähneln in einer Hinsicht Kosellecks »Zeitschichten«. Koselleck spricht von den »Bruchlinien« der »Konflikte, Kompromisse und Konsensbildungen«, die die Homogenität der Zeitschichten aufbrechen und verschiedene Zeiten miteinander verbinden.[12] Er setzt wie die Kataklysmentheorie Cuviers auf Erdbeben und Katastrophen. Humboldt braucht indes keine Katastrophen, er stellt die Zäsuren und Einschnitte eigenhändig mit der Schere her.

In beiden Fällen beruhen die Zeitstrata auf einem verräumlichten Zeitbegriff. Humboldts *Kosmos* setzt in weiten Teilen dem Prototyp der Chronik eine geologische Zeit entgegen, die die Chronologie von Ereignissen durch die Synchronizität von Schichten ersetzt. Karl Schlögel hat die »simultane Kopräsenz des Differenten« mit der Erfahrung begründet: »Wer mit Orten zu tun hat und über Orte schreibt, sieht immer mehrere Dinge gleichzeitig. Weil wir räumliche Wesen sind, sehen wir auch räumlich«.[13] Mit der Raumwahrnehmung hat er Geschichte naturalisiert. Die Chronik wäre demnach eine artifizielle Form, die die »Schrecken der Gleichzeitigkeit« mit der Linearität zu zähmen sucht. Dabei irritiert, dass eine Historiografie der Chronik selbst auf chronologische Muster zurückgreift. Denn die Gleichzeitigkeit entkommt der Zeit ebenso wenig wie die Ungleichzeitigkeit. Die Synchronisierung ist vielmehr ein schwer lösbares Problem. Vom *Board of Longitude* über die Eisenbahn-Standardzeit bis zu Einsteins Relativitätstheorie hält sie knapp zwei Jahrhunderte Reisende, Uhrmacher, Geografen, Mathematiker, Physiker und Philosophen in Atem. So bleibt bei Humboldt schlicht ununterscheidbar, ob die geologischen Schichten der physikalischen Weltbeschreibung tatsächlich vorausgehen. Ebenso wie die Profile die Daten modellieren, findet Humboldt am Schreibtisch den Raum nicht vor, sondern stellt die Geschichte der kleinen Ursachen durch Schichtung erst her. Wie kann also aus der Anhäufung von Papierschichten Geschichte entstehen, wie aus der schieren Menge singulärer Daten eine Erzählung werden? Geschieht das durch *Scientifiction*, die Hugo Gernsback Verne, Wells und Poe zuschreibt?[14] Entnimmt man an einer Stelle ein Datum, näht es an anderer Stelle wieder an und hofft auf Heilung? Die Montagetechnik kann weder als Anfangs- noch als Raumgeschichte beschrieben werden. Denn sie folgt weder dem Muster der Teleologien, noch entspringt sie einer statischen Ordnung. Stattdessen stellt sie Nachbarschaften, Empathien und Sozialitäten mit jedem Schnitt selbst her. Wie kann man also die Ansteckung von Textverarbeitung und Gegenstand, Medium und Methode genauer beschreiben?

Schlögel verweist auf die Techniken und Medien, die die Körperwahrnehmung im Raum herstellt. Zur »Spatialisierung der geschichtlichen Wahrnehmung« empfiehlt er das Kartenzeichnen. »Felder«, »Schnittpunkte« und »Netze« treten gegen Teleologien und Urszenen an.[15] Die »Chronik« setzt er der »Karte« entgegen und bezeichnet mit ihnen zwei nahezu antipodische Narrative: »Man kann Geschichten erzählen, die sich entfalten, sich entwickeln, einen Anfang haben und ein Ende. Aber man kann einen Raum nicht erzählen, sondern nur zur Anschauung bringen«.[16] Die Karte als Narrativ favorisiert das Feld, nicht die Linie. Sie ersetzt die Ursache durch eine irreduzible Vielfalt und Gleichzeitigkeit.[17] Humboldts Tagebücher sind mit Zeichnungen übersät. Doch stellt er die Anschaulichkeit nicht durch den Raum, sondern durch Profile, Panoramen und die physikalische Weltbeschreibung her. Der Rundumblick und die Homogenität des Raums sind ein Realismus-Effekt, der durch die Datenmodellierung entsteht. Erst der Vergleich erzeugt den Raum, in dem sich mit der Körperwahrnehmung eine spatiale Geschichtsschreibung entfalten kann. In einem Brief an seinen Freund Karl August Varnhagen von Ense schreibt Humboldt, er wolle »die ganze materielle Welt, alles, was wir heute von den Erscheinungen der Himmelsräume und des Erdenlebens, von den Nebelsternen bis zur Geografie der Moose auf den Granitfelsen wissen, alles in einem Werk darzustellen«.[18] Das Versprechen, das er in der Sing-Akademie gab, nämlich die »Gesamtheit des Geschaffenen« darzustellen, wird zum Narrativ und Grundgedanken des *Kosmos*.

Die extremen Weitwinkel der physikalischen Weltbeschreibung, die den Eindruck des Panoramas erwecken sollen, stellt Humboldt über das »Meer« her, das immer im Plural auftritt. Das Luftmeer sei, so Campe im *Wörterbuch der deutschen Sprache* 1809, »die Luft, der mit Luft und besonders mit dunstiger Luft angefüllte Raum, gleichsam als ein Meer betrachtet«.[19] Das »Luftmeer« ist eine Analogie. Die Luft solle durchweg wie ein Meer betrachtet werden. Die Analogie von Luft- und Wassermeer taucht in der zweiten Hälfte des 18. Jahrhunderts bei Philosophen, Naturforschern, Physikern, Literaten nahezu gleichzeitig auf. Sie liegt so sehr in der Luft, dass Herder fragen kann: »War es eine Muse, die den stummen Fisch in den Wellen zum singenden Gefieder der Lüfte erhob? Floßfedern wurden zu Flügeln, ein heiseres Fischhaupt ward zur Kehle der Lerche und der Nachtigall«.[20] Fische können über die Parallelität der Meere »gleichsam als« Vögel behandelt werden. Vom Luftmeer erben sie die Sprache der Vögel und die Fähigkeit zur Verlautbarung. Allem, was lebe, habe die Natur eine Stimme gegeben, schließt Herder. Das Luftmeer fasst er als Potenzial auf. Es ist das Medium einer Kulturgeschichte, die die Natur selbst schreibt. Die Luft ist »Schoos« und »Vehikel aller Dinge«, die Menschen sind »Zöglinge der Luft«.[21] Die Luft wird zum Medium und Verkehrsmittel, mit dem Herder ein neues »Natursystem« skizziert:

> Mich dünkt, wir gehen einer neuen Welt von Kenntnissen entgegen, wenn sich die Beobachtungen [...] u. a. über Hitze und Kälte, Electricität und Luftarten samt andern chemischen Wesen und ihren Einflüssen ins Erd- und Pflanzenreich, in Thiere und Menschen gemacht haben, zu Einem Natursystem sammeln werden.[22]

Von Herders Kanal und Generalmedium der Naturgeschichte machen auch die Frühromantiker Gebrauch. So skizziert Friedrich von Hardenberg das Luftmeer in den *Lehrlingen zu Sais* als poetologisches Natursystem:

> In's Luftmeer sah er ohne Rast, und ward nicht müde seine
> Klarheit, seine Bewegungen, seine Wolken, seine Lichter zu
> betrachten. Er sammelte sich Steine, Blumen, Käfer aller Art,
> und legte sie auf mannigfache Weise sich in Reihen. Auf Men-
> schen und auf Thiere gab er Acht, am Strand des Meeres saß er,
> suchte Muscheln.[23]

Auf den ersten Seiten der *Lehrlinge zu Sais* sieht man einem namenlosen Naturforscher über die Schulter und blickt mit ihm ins Blaue. Er sieht vom Luftmeer zum Wasser, »sammelt« und legt in »Reihen«. Von den Wolken bis zu den Käfern stellt die Analogie von Luft- und Wassermeer die Verbindung her. Hardenbergs Naturforscher ruft sie auf, um alle Dinge und Beobachtungen miteinander zu verbinden:

> In große bunte Bilder drängten sich die Wahrnehmungen sei-
> ner Sinne: er hörte, sah, tastete und dachte zugleich. Er freute
> sich, Fremdlinge zusammen zu bringen. Bald waren ihm die
> Sterne Menschen, bald die Menschen Sterne, die Steine Thiere,
> die Wolken Pflanzen[.][24]

Das Luftmeer nivelliert die Unterschiede zwischen den Dingen, Wahrnehmungen und Erscheinungen. Es ist mit Synästhesie und Konnektivität begabt. Auf die Verbindung der Klimatologie zu den literarischen und philosophischen Erzählungen und Fragmenten der Frühromantik ist mehrfach hingewiesen worden.[25] Meteorologie und Hydrologie untersuchen in der ersten Hälfte des 19. Jahrhunderts die mannigfaltigen Wechselwirkungen zwischen Luft- und Wassermeer. Der Allverbundenheit und der frühromantischen Vorstellung, die Natur spreche, antwortet Humboldts Wissenschaft der Wechselwirkungen, die die ehemals getrennten Gebiete der Philosophie, Naturgeschichte und Maschinenkunst miteinander verbindet.

Die Analogie der Meere
Das Barometer als Gleichmacher

In der Literatur macht das Luftmeer eine steile Karriere: Es ist der Ort, an dem der Blick ins Blaue geht. Dass das Luftmeer schon um 1800 im Verdacht steht, ein Nachbar des Leeren und Ungefähren zu sein, macht Jean Paul in der *Vorschule der Ästhetik* deutlich:

> In der Tat ist das Leere unerschöpflich, nicht das Volle, aus dem Luftmeer ist länger zu schöpfen als aus dem Wassermeer; und dies ist eben die rechte schriftstellerische Schöpfung aus nichts, nämlich aus sich, welche uns massenweise das Bücher-All von Romanen und Gedichten zur Verehrung der Schöpfer auftut.[26]

In der Physik ist die Laufbahn des »Luftmeeres« tatsächlich mit den Experimenten zur Leere verbunden. Zwar spricht schon Lukrez von einem *mare aeris*. Und auch Robert Fludd erwähnt 1626 in der *Meteorologia Cosmica* ein Luftmeer, das ein Teil des Makrokosmos sei.[27] Aber inflationär verbreitet sich die Vorstellung vom Luftmeer erst mit einer Wissenschaft, die das Gewicht des Wassers mit dem Gewicht der Luft messen kann. Der rasante Aufstieg des Luftmeeres von einer Metapher zu einem Synonym für »Lufthülle«, »Dunstkreis« und »Atmosphäre« ist mit der Entwicklung der Meteorologie und Hydrologie eng verbunden.[28] »Die Quecksilbersäule ist eine wahre Luftsprache, die uns mit den Veränderungen der Atmosphäre bekannt macht«, schreibt der Berliner Geograf Carl Ritter über das Barometer.[29] Die Wechselwirkungen zwischen Luft- und Wassermeer kann man erst mit der »wahren Luftsprache«, dem Barometer, in Worte fassen.

Die Erfindung des Barometers geht auf den Philosophen und Mathematiker Evangelista Torricelli zurück. 1643 arbeitet er an einer Vorrichtung, mit der er die Existenz des Vakuums beweisen kann, und erfindet dabei das Barometer. In dem entscheidenden Versuch verwendet er einen Glaskolben, den er mit Quecksilber füllt und mit einem Daumen verschließt. Als er ihn kopfüber in ein Quecksilberbad stellt, steigt das Quecksilber weiterhin bis zu einer Höhe von 28 Zoll auf. Die Spitze des Glaskolbens birgt das erste künstliche Vakuum, mit dem er die Vorstellung widerlegt, dass die Natur vor der Leere zurückschrecke und jeden leeren Raum mit Luft oder Flüssigkeit zu füllen suche. Doch die eigentliche Entdeckung zeigt erst eine Analogie. Torricelli wiederholt den Versuch mit der Quecksilberröhre mit Wasser. In seinem Kolben hält sich das Wasser auf einer Höhe von 32 Fuß. In einem zweiten Schritt verbindet Torricelli die Ergebnisse der verschiedenen Versuche miteinander, um die Höhen der Quecksilber-, Wasser- und Luftsäule miteinander zu vergleichen. Das Quecksilber ist etwa vierzehn Mal schwerer als Wasser. Über seine eigentümliche Entdeckung schreibt Torricelli zusammenfassend:

> Die Atmosphäre ist es, welche den Druck hervorbringt, die Luft ist ein schwerer Körper, sie hat Gewicht und lastet mit diesem Gewicht auf der Erde, wie das Wasser des Meeres schwer auf dem Grund seines Beckens ruht.[30]

Torricelli kann auf diese Weise das Gewicht der Atmosphäre, des Wassers und des Quecksilbers bestimmen. Aber erst durch die Wiederholung wird aus der Röhre ein Messinstrument. Die Mechanik ist von brachialer Einfachheit. Das Barometer ist eine Waage, die mit einer neuen physikalischen Einheit, dem Luftdruck, Luft- und Wassermeer aufeinander bezieht. Strukturell betrachtet wird das Meer mit dem Barometer portabel. Es kehrt im Taschenformat aufs Festland zurück. Mit dieser Doppeldeutigkeit nivelliert das »Meer« alle Unterschiede zwischen Luft und Wasser.

Die Homogenisierung treibt Blaise Pascal noch einmal voran. Wie Torricelli kann er die Luft- und die Wassermeere über den Begriff des Gewichts und Drucks aufeinander beziehen. Ähnlich wie der

Druck einer Wassersäule auf einen Punkt des Meeresbodens laste, drücke auch die Luft auf jeden Punkt der Erdoberfläche, da sie diese ja vollständig umgebe, schreibt er 1653 in seinem *Traité de la pesanteur de la masse de l'Air*.[31] 1648 wiederholt er Torricellis Versuch, verallgemeinert die Ergebnisse und konkretisiert die Vorstellungen über das Luftmeer. Pascal vermutet, das Barometer müsse auf den Bergen niedriger stehen als im Tal, weil auf dem Berg eine kleinere Luftsäule auf dem Barometer laste. Darum holt er seinen Schwager Florin Périer zur Hilfe. Périer sollte die Quecksilbersäule am Fuß des Puy de Dôme im Klostergarten von Clermont und auf dem Gipfel ablesen. Am 19. September 1648 erreicht das Barometerglas unversehrt den Gipfel. Die beiden Messungen differieren. Pascals Vermutung wird experimentell bestätigt. Die Parallelisierung von Wasser und Luft ist mit den frühesten Verwendungsweisen des Barometers verbunden.

Über den folgenschweren Kurzschluss zwischen Luft- und Wassermeer bei Torricelli und Pascal schreibt Julius Zöllner 1868 in seiner Naturgeschichte der »physikalischen Technologie« später:

> Die Atmosphäre ist ein Luftmeer, dessen Oberfläche hoch über uns liegt und wie des Ozeans Spiegel um den Erdmittelpunkt gekrümmt ist; wir leben auf seinem Grunde und sind in dieser Beziehung dem Krebse zu vergleichen, der auf dem Boden eines See's herumkriecht – nur ist der Spiegel dieses Luftmeers ein ununterbrochener, die höchsten Berge des Himalaya ragen nicht darüber hinaus, sie sind immer nur tief gelegene Riffe, an denen sich die Strömung der Winde bricht.[32]

Die Analogie zwischen Atmosphäre und Ozean gründet auf der Praxis der Vertikalprojektionen, die den Wasserspiegel als Bezugslinie der Höhenmessungen nutzt. Die Meeresspiegel wurden mit den Mittelwerten vom Ozean auf das Festland übertragen. Doch bevor das Luftmeer zum Begriff und Gegenstand der Meteorologie und Hydrologie werden kann, taucht es in den Experimenten des

Horror Vacui als Analogie und Maßstab auf. Das Barometer rechnet mit dem Luftmeer. Der Überzeugung, dass man Luft und Wasser aufeinander beziehen kann, weil sie miteinander kommunizieren, liegt ein Sphärenmodell zugrunde, das die Zeiten von den ersten Vakuumversuchen bis zu den Anfängen der Umweltwissenschaften überdauert. Über dieses Modell schreibt Ernst Julius Reimann 1857:

> Die Erde wird nicht blos stellenweise, sondern von allen Seiten von Luft umgeben. Die Luft bildet also nach außen hin eine Kugel, deren obere Grenze wir noch nicht genau kennen; nach innen ist sie auf die Erde und das Meer aufgelagert, wo sie aber keine ganz scharfe Grenze hat, indem sie in alle ihr nur irgend zugänglichen Räume eindringt, z. B. mit dem Innern vieler Vulkane in Verbindung steht.[33]

Was Reimann so umständlich erklärt, ist die buchstäbliche Übersetzung von ἀτμός, »Luft«, »Duft« oder »Dunst«, und σφαίρα, »Kugel« oder »Ball«. Die Vorstellung, dass die Welt von einer Lufthülle umgeben und diese ein Wohnort der Götter sei, geht auf Anaximenes, einem Schüler Anaximanders, zurück. Mit den sympathetischen Wirkungen der Luft zeichnet Hans Diller die Anfänge der Analogie und die ersten Umrisse einer Atmosphärenwissenschaft.[34] So stellt Cicero auf den Schultern der Vorsokratiker Lebewesen und Luft als Antipoden dar. Wenn Lebewesen sehen, atmen, hören und sprechen können, dann müsse die Luft über ebensolche Fertigkeiten verfügen.[35] Die Belebung ist ansteckend und reziprok. Die Luft atmet zurück. Auch im *Somnium Scipionis* entwirft die Atmosphäre einen Echoraum.[36] »In neun Kreisen oder vielmehr Kugeln ist alles miteinander verbunden«, erklärt Africanus dem Enkel Scipio in seinem Traum und fordert ihn auf, nicht »an der Erde haften zu bleiben«, sondern den Blick zu heben.[37] Mit Africanus Enkel blickt Reimann zur Himmelskugel und zieht mit einem kräftigen Strich die Grenze zwischen Erdkugel und Dunsthülle.

Im *Kosmos* zitiert Humboldt Anaximenes und die »perpetuierliche Fortbildung« der Himmelsräume.[38] Die »Welt« betrachtet Humboldt als Doppelgänger und Zwillingsort der Lufthülle:

> Bei den Tuskern war der offene *mundus* ein umgekehrtes Gewölbe, das seine Kuppel nach unten, gegen die Unterwelt hin, kehrte und dem oberen Himmelsgewölbe nachgebildet war[.] Die Welt im engeren Sinne erscheint im Gotischen als der vom Meer (*marei, meri*) umgürtete Erdkreis, als *merigard*, ein Meergarten.[39]

Seine historische Herleitung des *Kosmos* gipfelt in der Vorstellung, die ganze Welt sei eine vom Meer umflossene Insel. Auf den Meergarten stützt er die Einheit von Erde, Lufthülle und Weltraum. Schon in der Vorlesung thematisiert er die Zusammenhänge zwischen dem Wasser- und Luftmeer auf mehreren Ebenen. Dabei ist auffällig, dass er alle Überlegungen fortlässt, die auf den Alltag des Messens, die Flut der Daten, die Systematisierungen der Beobachtungen oder die Mühen des mathematischen Formalisierens verweisen, um die Analogien zwischen Luft- und Wassermeer nahezu amphibisch zu veranschaulichen.

So beginnt er etwa die siebte Vorlesung mit der Atmung der Fische und erwähnt einen gängigen Forschungsstreit: Zersetzen die Atemwerkzeuge der Fische das Wasser oder sind sie vom Luftmeer abhängig?[40] Humboldt hat die Experimente von Torricelli und Pascal ebenfalls später im *Kosmos* erwähnt und die vertikalen Schnitte der mexikanischen Hochebene von Anahuac durch eine kleine Zeichnung des Puy de Dôme ergänzt.[41] Der Berg, an dem Pascal die Vorstellung des Horror Vacui endgültig widerlegt, ist für ihn mehr als eine flüchtige Erinnerung an die ersten Vakuumexperimente. Er ist ein prominentes Beispiel für die mathematische Analogie und vergleichende Methode. Den Puy de Dôme sollen die Leser ausschneiden und neben seine Tafeln legen, zwei

Höhen miteinander vergleichen, um ein Maß für die mexikanische Hochebene zu erhalten.[42] Wie viele hat auch er die Vakuumexperimente in eigenen Versuchsreihen nachgebaut und mit Fischen in »luftleerem Wasser« experimentiert. Selbst die Fische seien auf das Luftmeer angewiesen, das Luftmeer sei mit dem Wassermeer verbunden. Gleich nach den Atemwerkzeugen erwähnt Humboldt die Schwimmblase. Seine Argumentation wird an dieser Stelle tatsächlich amphibisch: Mit der Frage, ob die Fische die Schwimmblase wie eine Montgolfière im Wasser nutzen, leitet er zu den Anfängen der Ballonfahrt über. Nur kurz erwähnt er die ersten meteorologischen Experimente, die Joseph Louis Gay-Lussac zusammen mit dem Mathematiker und Physiker Jean-Baptiste Biot am 24. August 1804 im Wasserstoffballon in 7000 m Höhe vorgenommen hat. Mit der kurzen Reise von den Meerestiefen bis zu den zeitgenössischen Heißluftexperimenten will Humboldt die Zuhörer augenscheinlich lediglich auf den Hauptteil einstimmen, um mit den Detailbeobachtungen zu den Luft- und Wassermeeren die gemeinsamen Gesetze der Veränderung zu studieren.

Im *Kosmos* führt Humboldt indes die Symmetrien über den gotischen Meergarten ein, die Weltinsel ist ein Verkehrsraum, ein Spiegel und eine Schwelle, die die Sphäre der Unterwelt, gemeint ist die Erde, mit der Lufthülle verbindet. In geografischer Hinsicht parallelisiert Humboldt Luft- und Wassermeer über die Strömungen. An zwei Beispielen demonstriert er die Wechselwirkungen zwischen den Ozeanen und der Atmosphäre. Zunächst führt er anhand der Sonnenstrahlung aus, welchen Einfluss die Luftströmungen auf das Meer haben, um später mit dem Golfstrom den umgekehrten Einfluss des Meeres auf die Luftströmungen zu veranschaulichen. Die Wechselwirkungen zwischen Luft- und Wassermeer bildet die chiliastische Wortwahl fast mimetisch nach:

Wie die Strömungen des Luftmeers, durch die veränderte Stellung der Sonne, und durch die Richtung der Bergketten, an deren Abhange sie herabgleiten, vielfach modificiert werden, so führen auch die Ströhmungen des tropfbaren Oceans, die wärmeren Wasser niedriger Breiten Grade in die temperierte Zone.

Die Analogien vaporisieren das Meer und verflüssigen die Luft. So *führt* das Meer die Wärme *in* die gemäßigte Zone. Es liefert die Wärme sicher aus. Die Luft zieht dagegen bei Humboldt Wasser: Sie *gleitet* am Berghang *herab*, läuft wie die Wellen der Brandung ins Meer zurück. Humboldt scheint die Vorlesung symphonisch zu orchestrieren – doch setzt er die Sprache lediglich als Erkenntnisinstrument ein.[43] Die Luftmeere erhitzen die Wassermeere ebenso wie das Wasser die Atmosphäre. Mit den Wechselwirkungen zwischen den Luft- und Wasserströmen beschreibt er geschlossene Kreisläufe.

Wasser und Luft kommunizieren über Strömungen miteinander. Darum sucht Humboldt empirische Gesetze, die die singuläre Veränderung und Bewegung beschreiben können. Die Bewegung entstehe durch die Temperaturunterschiede der Ozeane. Das demonstrieren die Sandbänke. Als »submarine Inseln« sind sie »Theile des Meeresboden, welche die elastischen Kräfte nicht über den Meeresspiegel erheben konnten«.[44] Mit den Sandbänken überträgt Humboldt den Gegensatz von Festland und Meer auf den Meeresboden. Am Meeresboden wartet eine zweite, verborgene Welt. Denn die submarinen Inseln stehen für ein Potenzial – in ihnen schlummert die Möglichkeit, sich eines Tages aus den Fluten des Meeres zu erheben. Die Kontinente wie die Meere verdanken ihre Existenz nur temporären Zufällen. Für Humboldt sind sie keine Topografien, sondern Zustände. Denn sie besitzen keine Dauer. Tatsächlich kann jeder Meeresboden zum Festland und Gebirge werden, jedes Festland zum Meeresboden herabsinken. Mit den Messungen will er weniger den Meeresboden als die Bewegung beschreiben, die seine Formen hervorbringt.

Land – Wasser – Luft
Die Mechanik der Kreisläufe

»Alles ist Wechselwirkung«, heißt einer der meistzitiertesten Sätze aus Humboldts südamerikanischem Reisetagebuch.[45] Der Meeresboden hebt und senkt sich wie der Rücken eines Wals. Die Meeresoberfläche wogt und atmet. Sie wandelt Wasser zu Dampf und nährt sich von Dampf, der sich als Wasser niederschlägt. Auf den Zusammenhang zwischen Humboldts »All-Beseelung« und James Lovelocks Gaia-Hypothese wurde schon mehrfach hingewiesen: Die Vorstellung, dass sich »die Lebewesen die Bedingungen schaffen, von denen sie abhängen«, verbinde Humboldt mit Lovelock.[46] Beide vermeiden dabei jede Ontologie. Die Erde sei kein Lebewesen, sie besitze vielmehr eine zirkuläre Form der Anpassung. Diese Eigenschaft teile sie mit anderen Lebewesen. Sie kenne nicht nur ein einziges Gleichgewicht, sondern verschiedene stabile Zustände, mit denen sie auf die wandelnden Umweltbedingungen reagiere.[47] Die Erhaltung des Gleichgewichts braucht keinen Menschen – diese These hat Alan Weisman zu dem Bestseller *Die Welt ohne uns* angeregt.[48] Die Gaia-Hypothese bezeichnet eine »Sicht der Erde, die sie als sich selbst regulierendes System betrachtet, das aus der Gesamtheit der Organismen, der Oberflächenfelsen, der Meere und der Atmosphäre besteht, die eng zu einem einzigen sich evolvierenden System verknüpft sind«, schreibt Lovelock.[49] Die Vorbilder für den selbstregulierenden Zusammenhang von Luft- und Wassermeer sucht Lovelock anders als Weisman weniger in den Servomechanismen der Natur als in der Maschinenwelt des 19. Jahrhunderts. Die Anfänge der Gaia-Theorie findet er in einer Kindheitserinnerung. Ende der Zwanzigerjahre strömen seine Eltern an trüben Wintersonntagen in die überfüllten Hallen des Victoria & Albert Museum und geben ihn am nahe gelegenen Science Museum ab. Kaum dem Rockzipfel seiner Mutter entkommen, entdeckt Lovelock den Fliehkraftregler, eine eiserne

Nanny, die durch Druck und Dampf Maschinen regulieren kann.⁵⁰ Über dieses Bauteil schreibt Lovelock rückblickend, es sei »ein frühes Beispiel, wie man mit negativer Rückkopplung eine anderweitig unkontrollierbare Maschine steuern konnte, wie man wollte«:

> Ohne diese Vorrichtung würde die Maschine immer schneller laufen und sich selbst in Stücke reißen, wenn der Dampfdruck zu hoch wird, oder stehen bleiben, wenn er zu niedrig wird.⁵¹

Der Fliehkraftregler reagiert auf suizidale Maschinen, die er durch planmäßige Störungen therapiert. Die regulierende Kraft der Störung übernimmt James Watt von den Windmühlen, bei denen die Vorläufer des Fliehkraftreglers den Abstand und Druck zwischen den Mühlsteinen regulieren. Sie bestimmen den Mahlgrad und minimieren den Verschleiß. Die Anekdote kann ein erstes Licht auf Watts Arbeitsweise werfen. Tatsächlich ist Watt zunächst kein Erfinder, sondern baut in seiner Werkstatt an der Universität Glasgow Uhren, Kompasse, Quadranten und mathematische Instrumente. Er ist von defekten Maschinen umgeben, die er repariert, ausbessert und ausschlachtet. Watts Blick richtet sich demnach weniger auf das ingeniös Neue – die Lösungen entstehen durch die Manipulation von defekten oder dysfunktionalen Maschinen. Seine Verfahren nutzen geschlossene Kreisläufe, die die Designer und Theoretiker der Nachhaltigkeit als »Upcycling«, »Cradle-to-Cradle« oder »Transformationsdesign« wiederentdecken.⁵² Und das ist kaum verwunderlich. Die Aufmerksamkeit für die geschlossenen Kreisläufe entsteht mit der Dampfmaschine. Doch von welcher Seite sollte man die Geschichte der geschlossenen Systeme der Natur erzählen – aus der Perspektive der selbsterhaltenden Natur oder jener der Technikgeschichte? Wer ist ihr Protagonist, Gaia oder die Dampfmaschine?

Watts Interesse an den Dampfmaschinen wird nach eigenen Angaben 1759 durch den nahezu gleichaltrigen schottischen Physiker,

Mathematiker und Chemiker John Robison geweckt, der um 1760 am Board of Longitude arbeitet und zum Ende des 18. Jahrhunderts mit der bemerkenswerten These in die Geschichtsbücher eingehen wird, die Illuminaten hätten die Französische Revolution ausgelöst.[53] Als Student der Universität Glasgow glaubt Robison 1759, mit Dampfkraft Wagenräder bewegen zu können. Watt baut nach Robisons Beschreibung ein einfaches Modell aus Weißblech: Je zwei Zylinder und Pumpen verbindet er mit zwei Stangen, die lediglich noch die Radachsen vermissen lassen. Das Koppelgetriebe, das die geradlinigen Bewegungen in die kreisförmige Bewegung der Räder übersetzt, steht offenbar beiden lebhaft vor Augen. Aber die Eisenbahn haben Watt und Robison dennoch nicht erfunden. Was so hoffnungsvoll beginnt, wird von der Gegenwart bald eingeholt, weil es eine Dampfmaschine, die Dampfdruck verlässlich in Bewegung umsetzen kann, zur Mitte des 18. Jahrhunderts schlichtweg noch nicht gibt. Als Erfinder a. D. sticht Robison noch im gleichen Jahr mit Admiral Charles Knowles in See und verschwindet für vier Jahre hinterm Horizont. Das Problem der Längengrade ist offenbar einfacher zu lösen, als eine Dampfmaschine dazu zu überreden, Räder zu bewegen.[54] Watt zeigt sich von den ersten Misserfolgen unbeeindruckt. 1761 führt er die gemeinsam begonnenen Experimente in leicht veränderter Form allein fort. Er experimentiert mit dem Vorläufer des Dampfkochtopfes, den Dionysius Papin 1690 in Kassel konstruiert hat, den er mit einfachen Glaskolben aus der Apotheke im Miniaturformat nachbaut.[55] Auf Papins Druckzylinder montiert er Luftpumpe und Kolben, um den Druck, den der Zylinder im Innern erzeugt, kontrolliert an die Umgebung abzugeben. Den Kolben muss Watt noch mit der Hand bewegen. Doch soll er am Ende von der Dampfmaschine selbst bewegt werden. Die verborgene Hitze des Dampfkessels soll in kinetische Energie umgewandelt werden, ehe der Dampfkessel explodiert.[56] Watt lernt nicht nur aus den Unfällen von Thomas Savery und Thomas Newcomen. Er nutzt auch die suizidalen Kräfte des Dampfkessels.

Das Prinzip der negativen Rückkopplung ist in den ersten Experimenten schon gegenwärtig.

Aber die eigentliche Erfindung spielt ihm erst der Zufall in die Hände. 1763 fordert die Universität Glasgow ein Modell von Newcomens Dampfmaschine zurück, das in der Werkstatt von Jeremiah Sisson auf seine Reparatur wartet.[57] John Anderson, der wegen seiner Streitlust und seines mitreißenden Vortragsstils »Jolly Jack Phosphorous« genannt wird, beauftragt Watt am 10. Juni 1763 mit der Reparatur.[58] Mit einem Modell von Newcomens Maschine kann Watt die Experimente, die er mit Robison begonnen hat, in variierter Form fortsetzen. Die Miniatur von Newcomens Maschine erhitzt Wasser in einem Zylinder und setzt einen Kolben mit dem aufsteigenden Wasserdampf in Bewegung. Die Reparatur ist der Funke, der die Einzelexperimente zur eigentlichen Erfindung zusammensetzt. 1764 experimentiert Watt mit unterschiedlichen Temperaturen und Wassermengen. Er beobachtet dabei, dass die Dampfmaschine nur bis zu einer bestimmten Temperatur Wärme in Bewegung umwandeln kann. Wie bei Saverys Modell sinkt irgendwann der Kolben träge zum Zylinderboden herab, und die Maschine stoppt. Watt vergrößert darum zunächst die Kontaktfläche des Brennkessels zur Feuerstelle. Die Wärmeübertragung soll verbessert werden. Er baut doppelwandige Mantelflächen aus Brettern und Backsteinen. Die äußere Metallfläche nennt er *steam jacket*, weil sie den Kessel gleichsam mit einem Wintermantel vor Unterkühlung schützen soll.[59] Daneben experimentiert er mit unterschiedlichen Dichtungen, weil sich das Wasser im Vakuum schneller erhitzt. Sechsmal wiederholt und variiert er die Experimente. Lumpen, Pappe und Leinöl sollen die Dichtungen der Kolben verbessern. Doch nichts kann ihren Wirkungsgrad erhöhen.[60] Newcomens Maschine bleibt ineffizient, das Modell defekt. Zurück bleiben Resignation und eine Erkenntnis. Watt kann am Ende nur feststellen, dass Newcomens Dampfmaschine Dreiviertel der Energiezufuhr verschwendet.[61] Womöglich verfolgte Newcomen mit seiner Konstruktion schlicht unvereinbare Ziele. »Die Maschine sollte möglichst wenig Wasser verbrauchen, damit der Dampf sich niederschlägt. Zugleich sollte sie möglichst viel Wasser verwenden, um zu garantieren, dass die Kondensation stärker als die Verdampfung ist«, schreibt William Rosen über die Erfindung der Dampfmaschine.[62] Erhitzung und Abkühlung des Dampfes stehen in einem konträren Verhältnis zueinander. Die Bilanz zwischen Verbrauch und Gebrauch ist nicht ausgeglichen.

Wie Watt zu seiner Erfindung kommt, lässt sich nur schwer rekonstruieren. Er selbst erklärt: »Ich habe nie studiert und war nie mehr als ein Mechaniker«. In seiner Freizeit liest er Romane und schreibt Gedichte.[63] Watt ist Autodidakt und Bastler, der Deutsch, Italienisch und Französisch lernt, um Leupold, Bélidor, die Klassiker der Maschinenlehre und Hydraulik im Original zu studieren.[64] In einem langen Trial-and-Error-Prozess optimiert er das Vakuum im Brennkessel. Nach zahllosen Versuchen baut er 1765 in seiner Werkstatt einen ersten Prototyp der verbesserten Dampfmaschine. Die Summe seiner Erkenntnisse fasst er 1769 in einer Patentschrift zusammen, die auf die Frage des Dampfkessels eine einfache Antwort gibt. Unter dem Titel *A Method For Lessening the Consumption of Fuel in Fuel Engines* nennt Watt mit axiomatischer Strenge sieben »Prinzipien«, mit denen er die Wirkungskraft der Maschine erhöhen will. Im ersten Prinzip fordert Watt, dass alle Bestandteile der Maschine dieselbe Temperatur besitzen sollten. Er fordert eine thermische Synchronisation: Der Brennkessel solle die gleiche Temperatur haben wie der einströmende Dampf. Das Wasser, das durch die Hitze in Dampf verwandelt wird, solle nicht kälter sein als der Zylinder und der Dampf.[65] Die Gleichung aus Eisen, Dampf und Wasser löst Watt mit einem zweiten Zylinder, der den ersten im Innern ergänzt. Watt gibt ihm dem Namen *separate condenser*. Den Kondensator macht er zum zentralen Gegenstand seiner Patentschrift. Der separate Kondensator ist ein verkleinerter Dampfkessel: eine Maschine, die sich selbst enthält.

Maschinen, die mit kondensiertem Wasserdampf laufen, sollen weitere Zylinder besitzen, in denen der Dampf sich niederschlägt. Sie sollten von dem Brennkessel geschieden sein, aber manchmal mit ihm kommunizieren. Diese [zusätzlichen] Zylinder nenne ich Kondensatoren, und während die Maschine in Betrieb ist, sollten diese Kondensatoren dieselbe Temperatur wie die Luft haben, die sich in dem Brennkessel befindet, indem man sie mit Wasser oder anderen kalten Substanzen kühlt.[66]

Wenn der Brennkessel randvoll mit Dampf gefüllt ist, kommt der separate Kondensator zum Einsatz, ein zweiter Dampfkessel, der mit Wasser gekühlt wird und den Dampf absorbiert, der sich auf der Innenseite des großen Dampfkessels als Wasser niederschlägt. Ist der Kondensator vollständig mit Wasser gefüllt, reicht ein Stoß der Luftpumpe, um den Kessel wieder trockenzulegen, und der Vorgang beginnt von vorn. Der *separate condenser* ist ein Dampfkessel im Dampfkessel. Watt hat den verbesserten Wirkungsgrad am Ende nicht durch eine verbesserte Isolation, sondern – im Gegenteil – durch Wiederholung, Rekursion und Übertragung hergestellt.

Die folgenden Überlegungen wollen die Wechselwirkungen zwischen Kondensator und Dampfkessel diskutieren, die Watt mit dem schillernden Wort *communication* belegt. Den »kleinen Ursachen«, die Alexander von Humboldt kein halbes Jahrhundert später mit den Mittelwerten und Linien gleicher Wärme thematisiert – den Anfängen der Klimaforschung –, liegt die Vorstellung einer Interferenz und Fernwirkung zugrunde. Die Wechselwirkungen sind keine Erfindung der Natur. Sie entstehen in den Werkstätten der Instrumentenbauer und Ingenieure. Das Anthropozän beginnt mit der Dampfmaschine. Doch wäre es falsch, sie als Nullpunkt und Ursache zu betrachten. Man kann annehmen, dass die Wechselwirkungen zwischen Kondensator und Dampfkessel den Grund und das Modell für die Beschreibung des Anthropozäns liefern. Dennoch bleibt unübersehbar, dass die *atmospheric engine* auch die frühen Vakuumversuche mechanisiert. Das, was vorgängig erscheint, ist ebenso nachträglich: Die Dampfmaschine ist Ursache und Wirkung zugleich. Die Atmosphäre ist demnach weder eine Maschine noch reine Natur. Sie entsteht durch Interferenz. Thomas Macho definiert die Kulturtechniken über einen »potentiellen Selbstbezug«. Man könne das Zeichnen zeichnen, das Rechnen rechnen, vom Sprechen sprechen, das Kommunizieren kommunizieren und so weiter.[67] In gleicher Weise zeichnet auch den separaten Kondensator eine Mechanik der Rekursion aus. Die Atmosphäre, die in den Vakuumversuchen, der *atmospheric engine* und den Klimawissenschaften Kontur gewinnt, wäre demnach vor allem eine Atmosphärentechnik. Auffällig ist die Koinzidenz, die Geschichte selbst als Koppelgetriebe und Parallelschaltung erscheinen lässt. Das Konzept des Klimas kommt auf, als es möglich wurde, das Klima in Instrumenten, Brennkesseln und experimentellen Anordnungen durch Rekursion nachzubilden, zu verdoppeln und zu modellieren.

»Communication«, eine Sprache der Wechsel- und Fernwirkungen

In den Briefen verwendet Watt mehrfach das Wort *communication*, um die Verbindung zwischen den Bauteilen genauer zu bezeichnen. In einem Brief an Roebuck schreibt er etwa, dass Dampfzylinder und Kondensator miteinander »kommunizieren«, und meint damit, dass sie physisch über die Pumpe miteinander verbunden sind.[68] 1769 experimentiert Watt indes nicht nur mit einem *separate condensator*, sondern setzt auf eine Parallelschaltung von zweimal acht Pumpen. Die Kondensatoren sind ½ Inch im Quadrat angeordnet. Sie berühren einander nicht.[69] Im ersten Fall besteht zwischen den Bauteile eine physische Verbindung, im zweiten Fall kommunizieren die Bauteile lediglich über heiße Luft miteinander. Watt unterscheidet also zwischen Kontakt- und Fernkommunikation.

Die »Kommunikation« der Dampfkessel, Pumpen und Kondensatoren beschreibt Watt leichtfüßig. Aber seine Sprache kann kaum verhehlen, dass zur Mitte des 18. Jahrhunderts die Verwendung des lateinischen Lehnworts für technische Vorgänge noch neu und ungewohnt gewesen sein muss. Vom frühen 16. Jahrhundert bis ins 18. Jahrhundert hieß »kommunizieren« lediglich »reden«, »teilen« und »mitteilen«. Gegenstände, Blitze, Winde, Flüsse, elektrische Ladungen und Temperaturen lernen dagegen nur zögerlich, miteinander zu kommunizieren. Mit der Kontakt- und Fernkommunikation beschreibt Watt zwei konträre Bedeutungsfelder, die man gleichsam als zwei Pole einer elektrischen Leitung interpretieren kann.[70] Sie skizzieren den Weg, den das Wort »Kommunikation« zwischen dem 17. und 18. Jahrhundert von der Alltagssprache in die Abhandlungen der Mechaniker und Wissenschaftler zurücklegt haben muss. Zur Mitte des 17. Jahrhunderts wird »Kommunikation« zum Synonym für »Kanal« und »Übertragung«, im 18. Jahrhundert wird sie dagegen zunehmend als eine Form der Initiation und Veränderung wahrgenommen. Die Bedeutung erweitert sich also von der physischen Verbindung zu einem Konzept der verbindungsfreien Interferenz und Fernwirkung. »Kommunikation« taucht als Neologismus im 17. Jahrhundert gehäuft in den englischen Quellen und Übersetzungen aus dem Lateinischen auf. Es scheint, als sei Kommunikation vor allem von Inselbewohnern erfunden worden, um Meere zu überwinden und Inseln miteinander zu verbinden.

Von »Kommunikation« ist am Anfang nur implizit die Rede. Die ersten technischen Bedeutungen tauchen zu Beginn des 17. Jahrhunderts mit der Entdeckung des Blutkreislaufs durch William Harvey und der erstmaligen Beschreibung des lymphatischen Systems bei Jean Pecquet auf. Anstelle von *communicatio* und *communicate* verwendet William Harvey in *Exercitio Anatomica de Motu Cordis et Sanguinis in Animalibus* und der ersten englischen Übersetzung von 1653 die Ausdrücke *transitus facere* und »made through passageable«.[71] Harvey beschreibt die Arterien und Venen als ovale »Kanäle« und »Korridore«, in denen das Blut pulsiert.[72] Die Verdickungen der Venen und Arterien sind »Höhlen« und »Auswölbungen«, Kammern und Orte, die das Blut durcheilt. Die »Passage« geht über das mittellateinische *passagium* auf den lateinischen *passus*, »Schritt« und »Klafter«, zurück. Harvey schickt das Blut auf eine Reise. Es ist vor allem Tourist und Passagier.

Die »Passage« bezeichnet am Ende des 17. Jahrhunderts einen Imperativ: »Kanäle«, »Korridore« und »Orte«, die man »passieren« muss, um zu anderen Orten zu gelangen. Die »Passage«, so schreibt Antoine Furetière 1690 im *Dictionaire Universel*, sei eine Tätigkeit, ein »Transit« und eine »Durchquerung«, und bekennt sogleich, die »Passage des Roten Meeres« sei eines der größten göttlichen Wunder.[73] Die Nähe zu den Wundern hat die französische Sprache von den mittellateinischen Quellen übernommen. *Passagium vernale* oder *transitus vernale* bezeichnen den Augenblick der jungfräulichen Empfängnis.[74] Dass Harvey in der Sprache der Wunder die Zirkulation des Blutes beschreibt, kann kaum überraschen, weil sie keine anatomische Sektion offenlegen kann. Doch hat die Verwesung der Wunder um 1700 schon eingesetzt. Ihre Säkularisierung lässt kein Jahrhundert auf sich warten. Denn die Metaphern des Reisens, Empfangens und Passierens haben die Übersetzungen von Harveys *Anatomical Exercises* im 18. und 19. Jahrhunderts weitgehend fortgeschwemmt. Die Übersetzer haben sie stillschweigend durch »Kommunikation« ersetzt. Harveys Kanäle aus Gewebe und Blut leben dagegen in den Lehrbüchern des Bergbaus, der Elektrizität und der Hydraulik fort. Sie werden auf Leitungen aus Kupfer und Ton übertragen, die schon im 17. Jahrhundert ungehindert miteinander sprechen und die göttlichen Wunder normalisieren.

An dieser Stelle kann ein prominentes Beispiel andeuten, auf welchen Wegen die Zirkulation des Bluts zum Vorbild für alle Kreisläufe der Luft und des Wassers werden konnte. Aufbauend auf Harveys Forschungen hat der Anatom Jean Pecquet durch die Sektion von lebenden Hunden, Schweinen und Schafen 1653 erstmals die Zirkulation der Lymphe entdeckt und beschrieben. Auch in Pecquets *Experimenta nova anatomica* sucht man vergeblich das Wort *communication* – er verwendet analog zu Harvey *circulatio* und *passagium*. Erst in einem Journalbeitrag von Walther Needham »kommuniziert« der Ductus Thoracius mit der unteren Hohlvene.[75] Aber viel entscheidender als die bloße Beobachtung ist, dass Pecquet nach den Bedingungen der Bewegung von Blut und Lymphe fragt. Er erwähnt die ersten Vakuumversuche Robervals, der Torricellis und Pascals Experiment der Quecksilbersäule mit einer Schwimmblase eines Karpfens wiederholt. Er nennt Herons Maschine, die als Vorläufer der ersten Dampfmaschinen gilt, um die Bewegung und Zirkulation am Ende über die Elastizität der Luft zu erklären.[76] Zwischen Harvey und Pecquet liegen lediglich dreißig Jahre. Doch im Gegensatz zu Harvey kann Pecquet mit der Hydraulik eine Wissenschaft nutzen, die in den Vierzigerjahren des 17. Jahrhunderts durch die Versuche zum Horror Vacui die Wechselwirkung zwischen Luft- und Wassermeer thematisiert. Die Vorteile sind rasch genannt. Erst Pecquet kann generalisieren, die Kreisläufe durch Analogie auf andere Wissensgebiete übertragen. So setzt er 1653 erstmals die physiologischen und physikalischen Prozesse einander gleich – die Flüssigkeiten des Körpers verhalten sich nicht nur auf ähnliche Weise wie die Luft im Glaskolben der ersten Glassäule. Pecquet hat auch die Körperströme mit dem Luft- und Wassermeer verbunden. Medizin, Physik und Naturphilosophie sprechen über die Beschreibung der Kreisläufe zum ersten Mal dieselbe Sprache. Sie korrespondieren über verborgene Kanäle miteinander. Die Analogie setzt eine Abstraktion voraus. Indem Pecquet von den Details absieht, kann er erstmals heterogene Gegenstände einander angleichen. Zur Mitte des 17. Jahrhunderts werden Venen und Arterien auf diese Weise zu Modellen der Zirkulation. Keine zwanzig Jahre später taucht »Communication«

als Fremdwort und Sprachinsel in den Traktaten der Hydrostatik, Hydraulik, Diagnostik, Medizin, Botanik, des Bergbaus und Maschinenbaus auf. In der Diagnostik wird sie zum Synonym für *contagion*. Körper, Familien oder ganze Landstriche können zu Kanälen und Bahnen von Krankheiten werden. Die Kanalsysteme der Springbrunnen und Belüftungen werden mit dem lymphatischen System verglichen. Sie kommunizieren mit den Gewässern und Atmosphären. Die Kreisläufe der Pflanzensäfte werden mit denselben Worten beschrieben wie der Druck kommunizierender Kupfer- und Tonröhren in den Springbrunnenanlagen von Versailles.[77] Alles spricht. Humboldts Überzeugung, »alles ist Wechselwirkung«,[78] setzt die Analogie und Einheit der Sprache voraus. Sie gründet auf der Generalisierung von Kommunikation.

Das 19. Jahrhundert kennt in vielen Sprachen für die Telegrafen- und Eisenbahnlinien nur ein Wort: *communications*. Doch bevor die Straßen- und Nachrichtenwege auf einen Begriff gebracht werden, bezeichnet »Communication« zur Mitte des 18. Jahrhunderts den atmosphärischen Verkehrsverbund der Luft- und Wassermeere. Mit ihm verlagert sich die Aufmerksamkeit von den Unterschieden zum Austausch. Identitäten entstehen oder werden durch Transit definiert. Schon in den Anfängen der Dampfmaschine meint *communication* keine verlustfreie Übertragung, sondern eine spezifische Form der Verwandlung und Ansteckung. Druck wird in Wärme gewandelt, Bewegung auf ruhende Maschinenteile übertragen. Während die Naturgeschichte, Philosophie und Maschinenlehre ab 1764 die Zirkulation von Luft und Wasser als »Communication« bezeichnet, hält sich in der Alltagssprache hartnäckig eine ältere Bedeutung. Für Johann Christoph Adelung, der zur selben Zeit wie Watt lebt, bleibt »Communication« ein Fremdwort. Das *Grammatisch-kritische Wörterbuch der Hochdeutschen Mundart* kennt nur das Verb *communiciren*, das Adelung von der *Communion* ableitet. Man kommuniziere, indem man das Abendmahl reiche oder empfange.[79] In systemischer Hinsicht zirkulieren Blut und Wein auch in den Dampfkesseln von

Watts Maschine. Denn die Dampfmaschine setzt eine spezifische Form der Wesensverwandlung voraus. Mit den zwei Pumpstangen, die die zwei Dampfkessel miteinander verbindet, implementiert die Dampfmaschine eine prominente Grundfigur der Systemtheorie als einfache Wechselwirkung, nämlich die »Mitorientierung am Gegenteil«. Während die erste Pumpstange sich hebe, müsse die andere Stange fallen:

> Wenn also nun die Zylinder beginnen, miteinander zu kommunizieren, der Kolben des einen Zylinders angehoben wird, gelangt Dampf [in den Zylinder] und kondensiert, und der größere Teil der Luft wird in den Kondensator einströmen, weil er schwerer ist[.] Jetzt fällt der Hebel wieder, er verschließt ein Ventil, das die Kommunikation mit dem Brennkessel unterbricht. Aber wird der zweite Kolben angehoben, erzeugt er ein neues Vakuum, das den verbleibenden Dampf und die Luft ansaugt und erneut kondensieren lässt. Dieses Vakuum ist viel dichter als in einem einzigen Kessel mit doppelter Kolbengeschwindigkeit. Obwohl dieses Vakuum noch immer nicht vollkommen ist, haben beide Zylinder die doppelte Entladung, abgesehen von dem Reibungsverlust, der von der Vakuumpumpe ausgeht, weil sie einander nahezu vollständig ausgleichen.[80]

Die Zylinder stellen die Transsubstantiation auf Dauer. Wasser wird in Dampf, Dampf in Wasser gewandelt und das so lange die Holzkohle reicht. Der Vorgang muss zu Watts Zeit tatsächlich so rätselhaft wie der *transitus vernale* bleiben, da man ins Innere der Dampfkessel schauen muss, um die Symmetrie des Empfangens und Austeilens beobachten zu können. Watt wählt stattdessen die Analogie. Er spricht von »balance« und beschreibt die Funktionsweise der Dampfmaschine nahezu algebraisch, um die Kommunikation der zwei Zylinder durch ihren synchronen Zungenschlag zu verdeutlichen. Die Kommunikation zielt auf ein Gleichgewicht. Dampf und Wasser verhalten sich wie mathematische Terme zueinander. Die Pumpstangen haben Recordes Gleichheitszeichen in Eisen gegossen, ihre Äquivalenz in Mechanik übersetzt. Die Operationen der Subtraktion und Addition übernehmen dabei die Prozesse der Verdunstung und Kondensation. Auf diesen einfachen Umformungen, der Substitution und dem Kreislauf, gründet Watt den höheren Wirkungsgrad der Dampfmaschine. Bei jeder Umwandlung von Dampf zu Wasser verharren Dampfkessel und separater Kondensator in einem Zustand des Gleichgewichts. Doch etwas hat sich auf dem langen Weg von Robert Recorde zu Watt verändert. Watts Gleichheit folgt der Physik – sie ist im Gegensatz zu Recordes Parallelen nicht auf Unterwerfung, sondern Wechselwirkung und Ansteckung aus. Sie postuliert, fordert und diktiert nicht, sondern führt die Gleichheit als Soziotechnik ein. Watts Zeitgenossen werden Zeugen eines wissenschaftlichen Wunders, das der jungfräulichen Empfängnis in wenigem nachsteht. Die Dampfmaschine haucht Dingen Sprache ein. Dampfkessel senden oder empfangen Dampf – sie beginnen, miteinander zu sprechen.

Doch so einfach lässt sich das Wunder nicht entzaubern. Damit Arten, Zahlenreihen, Aggregatzustände, Menschen und Daten miteinander kommunizieren, brauchen sie einen Isolator. Denn eine Kommunikation kann nur in einem Gefälle zwischen zwei Teilen stattfinden. Sie geht von einer Trennung oder Spaltung aus. Die Mathematik unterscheidet zwischen den zwei Seiten einer Gleichung. Watt vollzieht die Trennung mit dem zweiten Dampfkessel, dem *separate condenser*. Die Klimatologie nutzt indes ein Sphärenmodell, das in der Isolierung und Kapselung der Brennkessel ihre Mechanik und einen prägnanten Ausdruck findet. Blickt man von Watt auf Humboldt, so verhält sich der *separate condenser* zum Brennkessel wie die Welt zur Umwelt. Fragt man dagegen mit dem *condenser* nach einer Kulturgeschichte der Kreisläufe oder

Wechselwirkungen, befindet sich die Umwelt auf der Innenseite des Dampfkessels. Sie besteht aus nicht viel mehr als heiße Luft. Die folgenden Kapitel verorten die Analogie zwischen Dampfmaschine und Klimatologie in der Allgegenwart des Staubs. Am Beispiel des Psychrometers soll in einem zweiten Schritt genauer untersucht werden, wie die atmosphärische Transsubstantiation, die Kreisläufe von Luft- und Wassermeer, von der *atmospheric engine* auf die Anfänge einer Atmosphären- und Klimawissenschaft übertragen werden. Dabei gilt die Aufmerksamkeit keiner Ursache. Ob die Natur vom metallischen Atem der Dampfmaschine angetrieben wird oder die Dampfmaschine das Luftmeer im Kleinen nachbildet, ob das Anthropozän eine geologische Epoche, ein Phantasma oder eine Erfindung windiger Wissenschaftsmanager ist, soll an dieser Stelle nicht entschieden werden.[81] Viel interessanter sind die Narrationen und Technologien, die die Unterscheidungen zwischen Kultur, Maschine und Weltbeschreibung mutwillig unterlaufen. Die folgenden Gedanken finden die Schwelle und Übersetzung im Wechsel der Aggregatzustände vom Luft- zum Wassermeer. Mit ihnen soll nach den Kurzschlüssen, Interferenzen und Wechselwirkungen zwischen Atmosphärenmanipulation und Maschinentechnik gefragt werden. Es soll eruiert werden, ob sich die Kultur- und Mediengeschichte der Wechselwirkungen nicht selbst mit den Begriffen und Mitteln einer Kommunikationstheorie der Atmosphären beschreiben lässt.[82]

Die Natur ist ein Brennkessel

Der Chemiker und Nobelpreisträger Paul J. Crutzen datiert den Beginn des Anthropozäns auf das späte 18. Jahrhundert. Die Konzentration von CO_2 und Methan habe in der Atmosphäre seit dem späten 18. Jahrhundert zugenommen, das zeigten arktische Bodenproben. Crutzen erwähnt auch die Dampfmaschine. Der

Anfang des Anthropozäns falle »mit James Watts Erfindung des sogenannten Watt'schen Parallelogramms im Jahr 1784 zusammen, einer entscheidenden Verbesserung der Dampfmaschine«.[83] Das Anthropozän beginnt laut Crutzen mit der beschleunigten Industrialisierung. Auf die Dampfmaschine verweist auch Alexander von Humboldt. In den *Ansichten zur Natur* spekuliert er, dass die Klimaerwärmung um Pennsylvania zwischen 1778 und 1824 neben dem Wachstum der Stadt und der Bevölkerung auf die Emissionen der zahlreichen Dampfmaschinen zurückgehe.[84] Die erste Dampfmaschine hat er vermutlich während seiner Ausbildung in Freiberg in den Bergwerken gesehen. Im Juni 1790 besichtigt er in Soho, in der Nähe von Birmingham, die Fabrik von Matthew Boulton und James Watt. Dort begegnet er zugleich der ersten Dampfmaschine, die im industriellem Maßstab Knöpfe und Münzen herstellt.[85] Die Faszination der mechanisch atmenden Riesen lässt ihn seitdem nicht mehr los. »[A]n den Ufern der größeren Ströme der Vereinigten Staaten« sieht Humboldt vor seinem inneren Auge Schuppen, in denen das Holz zur Befeuerung der Dampfmaschinen lagert.[86] In Gedanken befährt er die Mündung des Orinoco mit Dampfschiffen und träumt von Dampfmaschinen in den Bergwerken der Kordilleren – ein vergeblicher Traum, wie er eingestehen muss, da im kargen Bergklima kein Brennholz wächst.[87] Doch nichtsdestotrotz stößt Humboldt im Innern unerforschter Kontinente immer wieder auf die Spuren der beginnenden Industrialisierung. Jeder Winkel scheint von Menschenhand ausgemalt. Die Natur ist ein Brennkessel, der nicht nur von den Sonnenstrahlen, sondern auch von den Emissionen der Dampfmaschinen kontinuierlich erhitzt wird.

Die Verunreinigungen der Luft und ihre Auswirkungen auf die Gesundheit beschreibt Humboldt an zahlreichen Stellen. Er erwähnt die »schwarzen Wolken«, den »Keimstaub« und den »erstickenden Staub des Bimssteins«. Man leide, weil die Landluft im Gegensatz zur Seeluft »mit gasförmigen Verbindungen geschwängert ist, welche die tierischen und vegetabilischen Substanzen und das Erdreich, als Produkt ihrer Zersetzung, beständig in die Atmosphäre ausströmen«. »Miasmen«, schreibt Humboldt, »die sich der chemischen Analyse entziehen, wirken mächtig auf unsere Organe«.[88] Die unidentifizierbaren, kleinsten Schwebestoffe bestimmen seinen Klimabegriff: »Das Wort Klima umfaßt in seiner allgemeinsten Bedeutung alle Veränderungen in der Atmosphäre, von denen unsere Organe merklich affizirt werden«. Neben der Temperatur, dem Luftdruck, der Feuchtigkeit und den Winden zählt er die »mehr und minder ungesunden Gas-Aushauchungen« auf.[89] Wie bei den Linien gleicher Wärme zielt er mit den Miasmen auf Nebenursachen und den »Einfluß der kleinen Ursachen« auf das globale Klima, auf die kleinsten Differenzen, die das Klima infizieren, global beeinflussen und hervorrufen.[90] Mit den Schwebestoffen lenkt Humboldt den Blick weniger auf Ursachen als auf kleinste Interferenzen und Nebenwirkungen, die einen großen Unterschied machen.

Die »Miasmen« und »Gas-Aushauchungen«, die Humboldt selbst in den entlegensten Gebieten registriert, stehen nur vier Jahrzehnte später im Zeichen einer Erfindung, die 1851 auf der Weltausstellung in London eine Medaille gewinnt. Der Färber, Erfinder und Ingenieur John George Appold hat 1848 eine dampfbetriebene Kreiselpumpe zum Patent angemeldet, mit der man neben den Kohleschächten auch Feuchtwiesen, Moore und Sumpfgebiete trockenlegen kann. Seine Zentrifugalpumpe schreibt die Biografie des Staubs tatkräftig fort. Mit dem ersten *Land Drainage Act* von 1847, der 4 000 000 Pfund Sterling bereitstellte, legen die Briten bis 1851 knapp 800 000 Hektar Land trocken. Die Umwandlung der britischen Insel in Ackerflächen ist so rapide vorangeschritten, dass der Premierminister Robert Peel noch im selben Jahr verkündet haben soll: »Wer dort [in Großbritannien] auf einen Hügel im Felde steigt, erblickte, soweit das Auge reichte, den Boden in alle Richtungen durchfurcht und neben den Gräben die rothen Röhren zum Versenken in die Erde«.[91] Die Kultivierung und Entwässerung ganzer Landstriche mit Zentrifugalpumpen und einem weitverzweigten Netz von Tonröhren hat Großbritannien in einen Acker verwandelt. Die Entwässerung, die im Umfeld der Weltausstellung sich in zahllosen Handbüchern verbreitet, geht als »Kulturtechnik« in die Lehrpläne der technischen Hochschulen ein. Die Drainagetechniken sind ein Exportschlager, die sich von England aus in Frankreich, den Niederlanden, Deutschland und in Übersee verbreiten. Die Trockenlegung wird durch »Dampfpflüge« beschleunigt, die von Pferden gezogen werden, wodurch die Miasmen bis in die ländlichsten Regionen getragen werden. Aber auch die Dampfpflüge verbrennen bei 10 Stunden Arbeitszeit 500 bis 600 Pfund Kohle.[92] Mit den mobilen Dampfmaschinen potenziert sich der Staub so sehr, dass Wallace am Ende des Jahrhunderts bilanziert,

> wir produzieren Staub in ungeheuren Mengen. Durch den Ackerbau, die Wege und Straßen, auf denen Staub ununterbrochen durch die zahllosen eisenbeschlagenen Hufe der Pferde aufgewirbelt wird, doch vor allem durch die Verbrennung von Kraftstoff in rauen Mengen, die die Luft ungefiltert mit Unmengen von Rauch und Russpartikel auflädt.[93]

Wallace spricht von der »Produktion von Staub«, als habe sich das 19. Jahrhundert darauf spezialisiert, neben Geweben, Knöpfen und Nadeln auch Rußpartikel im industriellen Maßstab herzustellen. Der Mobilität der Dampfmaschinen folgt der Tourismus der kleinsten Erdbewohner: Staub überall. Die Natur ist nicht nur ein Brennkessel. Sie gerät womöglich erst in den Blick, als die Dampfmaschinen die Bergwerke verlassen. Der physikalischen und hydrologischen Kontur der Erde muss man sich offenbar erst vergewissern, als ihr Gleichgewicht aus den Fugen gerät.

Luftmeer und Dampfmaschine
Das Psychrometer

Rückblickend scheint es, als habe das Mikroklima der Dampfmaschine buchstäblich in der Luft gelegen.[94] Die Entwicklung des Barometers und separaten Kondensators haben nicht nur den Naturforschern und Geografen Instrumente in die Hand gegeben, um das »Klima« als Gegenstand überhaupt erst zu konturieren. Sie haben auch die Aufmerksamkeit auf die geschlossenen Regelkreisläufe gelenkt und auf diese Weise mit den Metaphern und Beschreibungen die ersten Grundlagen für die Klimawissenschaft und Ozeanologie gelegt. Humboldt mag die Kommunikation zwischen Kondensator und Dampfkessel den »Einfluß der kleinen Ursachen« plastisch vor Augen geführt haben. Sie hat ihn gelehrt, die Ursachen durch die »Kommunikation« – die Neigungen, Nachbarschaften und Wechselwirkungen – zu ersetzen. Aber so genau weiß man das nicht. Vielleicht hat die Mechanik der Dampfmaschine auch lediglich bestätigt, was Humboldt den Messungen entnommen hat: Jedes Detail wirkt auf das Weltganze. Die Meere sind Medium, Schwelle und Übersetzer. Wie Watt beschreibt Humboldt die Wechselwirkungen zwischen Wasser und Luft als Äquivalenzbeziehung. Die Sonne erhitzt die Atmosphäre. Die Überzeugung, dass die Dampfmenge wie im Dampfkessel mit der Temperatur steige und differiere, verbindet die Dunsthülle mit dem Dampfkessel. Auf die direkte Verbindung hat der Philologe, Physiker und Mathematiker Ernst Ferdinand August 1825 in einer kurzen Abhandlung *Ueber den Gebrauch des Daniell'schen Hygrometers* gleich zu Beginn hingewiesen: Ein Kessel mit siedendem Wasser verdunste ebenso wie das »wärmere Flusswasser in der kühleren Morgenluft«, das Eis an einem Wintermorgen, die Siedehitze in den Kühlfässern der Destillateure oder der Schweiß auf der Haut.[95] Nicht die physikalischen Gegenstände oder die Maschinen ähneln einander. Die uniforme Codierung der Prozesse, die Sprache der kleinsten unsichtbaren

Teilchen, der Aerostate und Dämpfe, stellt die Verbindung her. Sind Verdunstung und Kondensierung erst mal formal beschrieben, kann man die Atmosphären der Quecksilberkugel, der Haut, des Dampfkessels und des Luftmeers über alle Skalierungen hinweg miteinander vergleichen.

August gilt auch als Erfinder eines Instruments, das die atmosphärische Gleichung des Dampfes auf das Luftmeer überträgt. Das Psychrometer, das er 1825 konstruiert, ist wie das Barometer oder Hygrometer aus den Experimenten des Horror Vacui hervorgegangen. Große Aufmerksamkeit wird dem Psychrometer nicht zuletzt durch Alexander von Humboldt zuteil, der es zusammen mit Gustav Rose von Juni bis Oktober 1829 auf seiner Sibirienreise westlich des Altai erstmals verwendet.[96] Die ersten Gedanken zum Psychrometer werden nach August durch eine einfache Alltagsbeobachtung angeregt. Bei welcher Temperatur beschlägt ein Glas Wasser? Diese Frage stellte der Uhrmacher, Physiker und Astronom Pierre le Roy 1784 zum ersten Mal.[97] Die Temperatur des Umschlags ist als Kondensations- oder Taupunkt in die Literatur der Instrumentenbauer und Geografen eingegangen. Dass das Psychrometer und die ersten experimentellen Bestimmungen des Kondensationspunkts in zeitlicher Nähe zu Watts separatem Kondensator stehen, ist wenig überraschend. Der Kondensationspunkt benennt den Zeitpunkt, an dem im Kessel der Dampf in Wasser umschlägt und die Luftpumpe den Dampfkessel bereinigt. In beiden Fällen gilt die Aufmerksamkeit dem Augenblick der Transsubstantiation und Übersetzung, dem Kipppunkt, an dem das Wasser den Aggregatzustand wechselt. Doch die eigentliche Entwicklung des Psychrometers verläuft unspektakulärer und kleinschrittiger. Sie geht auf die Verbesserung des Hygrometers zurück. Es wurde offenbar eher zufällig entwickelt, seine Erfindung kann man jedenfalls auf kein planmäßiges Experiment zurückführen. Das Psychrometer, das Humboldt im *Kosmos* an zwei Stellen erwähnt,[98] ist ein implizites Kommunikationsmedium, weil es die Wechselwirkungen und

Kreisläufe zwischen den Luft- und Wassermeeren messbar macht, sie mit einer Sprache und Sichtbarkeit versieht. Welchen Anteil hat das Psychrometer an der Entdeckung des Klimas? Welche Narrationen und Metaphern setzt es frei?

Von *psychros*, »nasskalt«, leitet sich der Name des Psychrometers ab, schreibt August, der seine Erfindung wörtlich mit »Nasskältemesser« übersetzt. Das Messinstrument besteht aus zwei »korrespondierenden« Thermometern, die auf einem Brett oder Gestell befestigt sind.[99] Das erste Thermometer misst die Lufttemperatur. Das zweite Thermometer, dessen Quecksilberkugel in ein feuchtes, kaltes Tuch eingeschlagen ist, gibt die Energie bzw. Kälte an, die bei der Verdunstung entsteht. Die sogenannte adiabatische Kühlung erklärt der sächsische Hauptmann und Mathematiklehrer Karl Friedrich Peschel in seinem Lehrbuch ausführlicher:

> Durch die Verdunstung des Wassers, welche die Kugel des feuchten Thermometers in einer ganz dünnen Schicht umgiebt und die um so schneller vor sich geht, je trockener die Luft ist, fängt dieses Thermometer an zu sinken und zwar so lange, bis die die Kugel umgebende Luft mit Wasser gesättigt ist. Die Temperatur, die dann das Thermometer anzeigt, wenn es sich nicht mehr verändert, ist der Condensationspunct, den man auch die Naßkälte genannt hat.[100]

Das Psychrometer misst die kleinsten thermischen Differenzen. Deshalb ist die Skala gegenüber dem herkömmlichen Thermometer feingliedriger. Auf Humboldts Gerät entspricht etwa jedem Strich $1/10$ Grad Celsius.[101] Augusts Erfindung beschränkt sich auf die Anordnung. Das zweite Thermometer hat der Chemiker John Frederic Daniell als Taupunkt-Hygrometer bereits 1820 erfunden, um das künstliche Klima im Treibhaus zu messen.[102] Es wiederholt im Kleinen die Prozesse, die Watts Dampfkessel auf Dauer stellt. Der Kondensationspunkt macht den Augenblick der Peripetie sichtbar, der im Dampfkessel nur mittelbar durch die Kraft und Bewegung des Kolbens gemessen werden kann. Das Brett oder Gestell, das beide Thermometer nebeneinanderstellt, ist ein Werkzeug des Vergleichs. Es führt dem Betrachter die Analogie zwischen Trockenkälte und Nasskälte unmittelbar vor Augen. Aus der Differenz zwischen der Lufttemperatur und der Verdampfungswärme entwickelt August eine Formel, die den Kondensationspunkt berechnet.[103] Sie hält den Augenblick des fragilen Gleichgewichts in einer Gleichung fest. Das Gleichgewicht verzeichnet August in den »hygrometrischen Tafeln«, in einer Zahlenliste, die »für jeden Stand des Barometers und Psychrometers alle in der Hygrometer wichtigen Daten, als Thaupunkt, Dunstgewicht u. dgl. unmittelbar ohne weitere Rechnung angiebt«.[104]

Humboldt erwähnt August an prominenter Stelle, die Messungen der Sibirienreise überlässt er ihm für eine eigenständige Publikation.[105] Als der kurze, heiße sibirische Sommer 1829 die Schneedecke unter Humboldts Füßen wegzog, legt das Psychrometer ein Netz von Zahlen frei. Ähnlich wie die Isothermen mit den kleinsten Differenzen die Zonen gleicher Wärme begründen, zielt das Psychrometer mit der Differenz von Trockentemperatur und Nasskälte auf Wechselbeziehungen. Es habe die »Kenntnis der hygrometrischen Verhältnisse der Erdoberfläche ansehnlich vermehrt«, schreibt Humboldt,

> Temperatur, Luftdruck und Windrichtung stehen im innigsten Zusammenhang mit der belebenden Feuchtigkeit der Luftschichten. Diese Belebung ist aber nicht sowohl Folge der unter verschiedenen Zonen, sondern der Art und Frequenz der Niederschläge als Tau, Nebel, Regen und Schnee, welche den Boden benetzen.[106]

Humboldt erwähnt wie Pecquet und Watt die »Elastizität des Dampfes«, die in unseren Breiten je nach Windrichtung zu- oder abnehme. Die Elastizität ermöglicht einen neuen Blick auf die Erde, den Humboldt an den Aggregatzuständen des Wassers ausrichtet. Die neue Perspektive beruht auf zahlreichen Messergebnissen. Humboldt erwähnt die Differenzen, um über die Kontinentgrenzen hinweg die globalen Zusammenhänge sichtbar zu machen. So misst er zunächst in Südamerika nördlich und südlich des Äquators die Schneehöhen gleicher Breite. Er stellt fest, dass sie zwischen 960 Fuß in den Hochebenen Mexikos bis 2500 in der Andenkette Chiles variieren.[107] Dann macht er die Probe aufs Exempel. Von der Andenkette reist er nicht auf demselben Breitengrad, sondern auf derselben Schneelinie und stellt wiederum fest, dass annähernd gleiche Schneehöhen auf verschiedenen Breiten anzutreffen seien. Das Ergebnis ist seinen Lesern von der *Carte des Lignes Isothermes* schon bekannt. Die Schneelinien halten sich nicht an die Breitengrade. Man kann sie nicht mit ihnen gleichsetzen:

> In der fast gleichen nördlichen Breite (30¾° bis 31°), am Himalaja, liegt die Schneegrenze am südlichen Abhang ungefähr in der Höhe (2030 Toisen oder 12180 Fuß), in welcher man sie nach mehrfachen Kombinationen und Vergleichen mit anderen Bergketten vermuten konnte; am nördlichen Abhang aber, unter der Einwirkung des Hochlands von Tibet, dessen mittlere Erhebung von 1800 Toisen (10 800 Fuß) zu sein scheint, liegt die Schneegrenze 2600 Toisen (15 600 Fuß) hoch.[108]

Humboldt vergleicht Chile mit Tibet und stellt die Grundlage des Vergleichs über die Schneelinie her. Der eigentliche Vergleich vollzieht sich dagegen im Verborgenen, denn die Schneegrenze steige nicht linear von den Polen zum Äquator, weil sie aus den Wechselwirkungen zwischen Temperatur, Luftfeuchtigkeit und Relief hervorgehe. Dies erklärt die unterschiedlichen Schneegrenzen auf annähernd gleicher Breite. Je größer indes der Maßstab wird, desto mehr nehmen die Nebenwirkungen zu, nämlich neben der »Temperaturdifferenz der verschiedenen Jahreszeiten«

[D]ie Richtung der herrschenden Winde und ihre Berührung mit Meer und Land, den Grad der Trockenheit oder Feuchtigkeit der oberen Luftschichten, die absolute Größe (Dicke) der gefallenen und aufgehäuften Schneemassen, das Verhältnis der Schneegrenze zur Gesamthöhe des Bergs, die relative Stellung des Letzteren in der Bergkette, die Schroffheit der Abhänge, die Nähe anderer, ebenfalls perpetuierlich mit Schnee bedeckter Gipfel, die Ausdehnung, Lage und Höhe der Ebene, aus welcher der Schneeberg isoliert oder als Teil einer Gruppe (Kette) aufsteigt und die eine Seeküste oder der innere Teil eines Kontinents, bewaldet oder eine Grasflur, sandig und dürr mit nackten Felsplatten bedeckt oder ein feuchter Moorboden, sein kann.[109]

Die Schneegrenze sei eine zusammengesetzte Größe, wird Humboldt nicht müde zu wiederholen. Er zählt an dieser Stelle allein siebzehn Parameter auf, die das Verhältnis von Temperatur, Luftdruck und Windrichtung bestimmen. Der Blick von den Nebenwirkungen zum Weltganzen stellt sich erst mit der Elastizität des Dampfes ein. Kombiniert man die Lage mit den drei Parametern Temperatur, Luftdruck und Windrichtung, entsteht das Klima aus den drei Aggregatzuständen des Wassers.

Humboldt verweist auf das Psychrometer und damit auf eine Empirie. Schon den Pico del Teide hat er in eine Messskala verwandelt. Auch das Psychrometer projiziert auf die Gipfel und Flanken Messdaten – und das ganz ohne Zahlen. Die Aggregatzustände des Wassers sind weniger ein Messinstrument als ein Werkzeug der Abstraktion. Euklid hat bekanntlich nicht gezählt. Die klassische Geometrie hat Strecken, Flächen und Volumina ohne Zahl miteinander verglichen. Auch Humboldt bildet die verschiedenen Schneelinien ohne Rechnung aufeinander ab. Die Schneelinie ist ein blinder Maßstab. Das globale Klima setzt Humboldt am Ende nicht aus einzelnen Temperatur- und Höhenmessungen zusammen. Das Verfahren ist bereits aus den Vertikalprojektionen bekannt, die den Meeresspiegel als Datum verwenden. Die Schneegrenze ist mit ihr verwandt – den globalen Blick richtet Humboldt mit ihr an einer einfachen Linie aus. Im Gelände übernimmt die Schneegrenze die Funktion des Quecksilbers, auf dem Papier wird sie dagegen zum Bruchstrich, zum Ausdruck komplexer Zahlenverhältnisse. Die Schneehöhe ist der sichtbare Ausdruck unsichtbarer Quotienten, über die Humboldt in seinen *tableaux physiques* den Vergleich vollzieht. Die folgenden Überlegungen kehren noch einmal zu August zurück. Sie beschreiben den Ort, an dem das Psychrometer als Instrument der Nivellierung und Abstraktion entsteht.

Zu einigen Techniken der Generalisierung am Beispiel der Schneehöhe

Der Erfinder des Psychrometers unterrichtete ab 1821 in Berlin-Wilmersdorf am Gymnasium Regium Joachimicum Mathematik, promovierte 1823 über die Kegelschnitte, verfasste logarithmische und psychrometrische Tafelwerke und gab als Direktor des neu gegründeten Köllnischen Realgymnasiums zwischen 1826 und 1829 die dreizehn Bücher der euklidischen *Stoicheia* in zwei Bänden auf Griechisch heraus.[110] Dass August das Psychrometer in einem mathematischen Umfeld konstruiert, ist unübersehbar. Die Techniken, mit denen die klassische Geometrie ihre Konstruktionen und Beweise vereinfacht, müssen ihm von den Forschungen zu den Kegelschnitten, der Axiomatik der euklidischen *Elemente* und den deduktiven Beweisen sehr vertraut gewesen sein. Menaichmos formulierte 350 v. Chr. erstmals, dass man mit dem Schnittpunkt zwischen Hyperbel und Parabel lediglich die mittleren Proportionalen finden muss, um zwei Würfel zu verdoppeln. Der Lösungsweg ist kurz und elegant. Menaichmos reduziert ein Problem des Raumes auf die Fläche. Apollonius von

Perga hat diese Methode mit den Kegelschnitten weiter formalisiert. In einem Festvortrag vor seinen Schülern am Cöllnischen Real-Gymnasium legt August 1829 dar, wie die klassische Geometrie mit den Techniken der Flächenanlegung Gleichungen ersten und zweiten Grades geometrisch lösen kann. Die Grundoperation entsteht rund um den Gnomon und ist immer dieselbe: Eine Fläche wird über einer Linie angelegt. Fläche und Linie können dabei auf drei Weisen zueinander in Beziehung stehen. Die Grundlinie der Fläche kann größer sein (dann teilt sie eine Eigenschaft der Hyperbel), sie kann kleiner sein (damit verweist sie auf die Ellipse) oder mit der Linie zusammenfallen (daraus ist die Parabel hervorgegangen).[111] Auch das Psychrometer besitzt mit den Thermometern zwei Teile, die August auf ähnlich einfache Weise aufeinander beziehen kann:

> Das feuchte Thermometer steht in der Regel niedriger als das trockne; in vollkommen feuchter Luft stehen beide gleich und im Nebel zuweilen das feuchte höher. Dann ist die Luft übersättigt mit Wasser, d. h. sie enthält a) Wasserdunst im Maximum, b) tropfbares Wasser in der Hülle der Nebelbläschen.[112]

Die Temperaturen sind entweder kleiner, gleich oder größer. Diese Vereinfachung nutzt offenbar auch Humboldt, wenn er die Messungen an der Schneelinie ausrichtet. Die Orte und Messdaten zwingen die gefrorene Linie in einem Vergleich, ohne dass an irgendeiner Stelle gerechnet werden muss. Die Schneehöhe ist weniger Naturgegenstand als Modell und Instrument der Analyse, mit der Humboldt verborgene Wechselbeziehungen sichtbar macht.

Den Wechselwirkungen und Kreisläufen liegen umfangreiche Messreihen und Zahlenlisten zugrunde. Zahlreiche Zeichnungen gehen der Reise in die Steppen Sibiriens voraus, in denen Humboldt immer wieder die Schneehöhen mit den verschiedenen Breitengraden über die Kontinentgrenzen hinweg korreliert. In den Profilen integrierte er sie entweder in der Höhensskala oder stellte sie auf

Alexander von Humboldt, *Limite inférieure des Neiges perpétuelles à différentes Latitudes*, 1831.

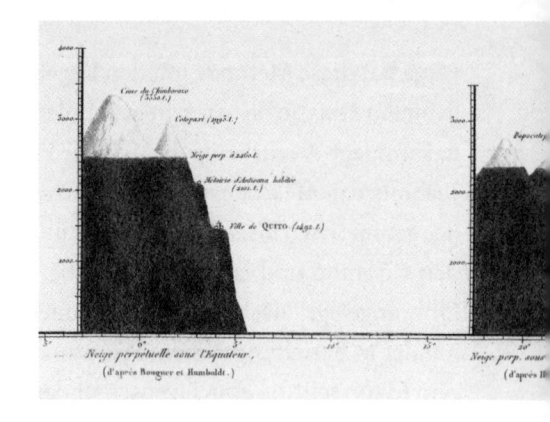

eigenen Miniaturprofilen auf einem Blatt dar. So kann man dem Profil *Voyage vers la cime de Chimborazo*, das auf eine frühe Handzeichnung von 1803 zurückgeht, der linken Höhenskala des Chimborazos die unterschiedlichen Schneehöhen der Anden, des Pic Nethou und der Alpen entnehmen. In einer Serie von Einzelprofilen rücken dagegen die beiden Tafeln *Limite inférieure des Neiges perpétuelles à différentes Latitudes* (1808) und *Geographiae plantarum lineamente* (1815) die Schneehöhen ins Bild.[113] Doch scheinen die frühen Ansichten lediglich die unterschiedlichen Schneegrenzen zusammenzutragen, ohne die Ursachen ihrer Divergenz genauer zu berücksichtigen.

Der Formalisierung nähert sich Humboldt über einen Umweg. In einem Gedankenexperiment glättet er die Schneelinien und beschreibt die Bedingungen, unter denen er die Schneelinien aller Berggipfel einander angleichen könnte. Dies sei möglich,

> wenn alle mit ewigem Schnee bedeckten Berge, anstatt dass sie grossentheils in ununterbrochenen Ketten mit einander zusammenhängen und sich an mehr oder minder große Plateauflächen lehnen, isolirte Gipfel von gleicher Dimension auf der weiten Meeresfläche bildeten[.]

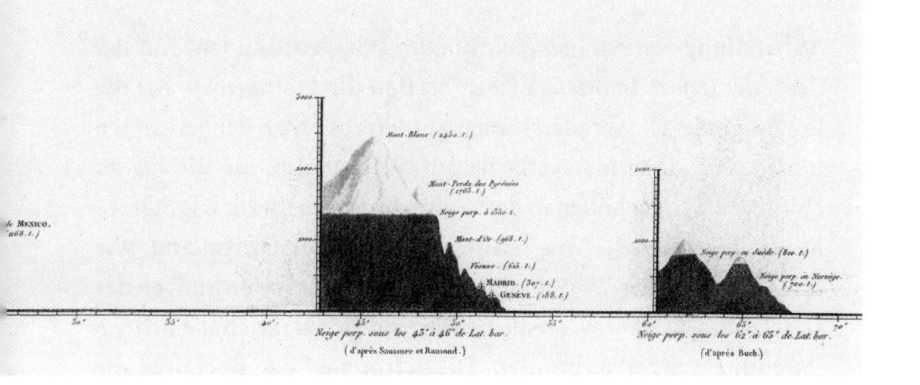

Dann könnte »die ewige Schneegrenze wahrscheinlich unter verschiedenen Meridianen in gleicher Höhe über einer im Niveau des Meeres gezogenen Isotheren-Linie angetroffen werden.«[114] Humboldt geht von endlosen Ebenen, einer glatten, gezeitenlosen Meeresoberfläche aus. Sie beherbergt Inselberge, die unendlich weit voneinander entfernt liegen. Er unterscheidet zwischen Insel- und Festlandbergen. Die Inselberge beschreiben die Schneegrenzen unter den Bedingungen glatter Räume gleichsam idealtypisch mathematisch. Sie entwerfen eine Welt ohne Wechselwirkungen. Die Festlandberge untersuchen die Schneehöhen unter physikalischen Realbedingungen in gekerbten Räumen. Den glatten Meeresflächen setzt er das Relief der Kontinente entgegen, die er an den Linien gleicher Maximaltemperaturen, den Isotheren, ausrichtet:

> Da die Linien nun im Innern der grossen Continente sehr convexe Scheitel haben, so folgt daraus, dass die Schneegrenze durch die Erwärmung der verschiedenartig gegliederten Länder im Sommer sich von der Küste nach dem Innern hebt.[115]

Auf die konvexen Scheitel der Isotheren reagieren die Schneelinien. Das Gedankenexperiment, das er 1816 in den *Annales de chimie et de physique* zum ersten Mal veröffentlicht, ist im Umfeld der

Abhandlung *Von den isothermen Linien* (1817) entstanden. Auf der *Carte des Lignes Isothermes* (1817) treffen die Isothermen auf die Breitengrade. Die geraden Linien werden zum Maß der gebeugten Linien. Die glatte Meeresfläche nutzt Humboldt, um die Abweichung der Schneehöhen in den Gebirgen zu beziffern. Die Schneelinien übertragen die Missweisung vom Meer auf das Festland. Wie die Zonen gleicher Wärme sind sie Beugungen, Abweichungen des Gefrierpunkts über NN. Alle Gipfel sind global durch die Schneelinie miteinander verbunden. Die gefrorene Linie überzieht die heterogenen Orte mit einem Netz unsichtbarer Verwandtschaften. In dieser Hinsicht hat Humboldt die vergleichende Methode, die er mit der Wanderung auf dem Pico del Teide entdeckt und beschrieben hat, mit dem Psychrometer zugleich systematisiert und formalisiert.

Die Schneehöhen gründen auf Zahlenreihen, denen umfangreiche Messungen vorausgehen.[116] Sie stehen weniger für ein »Denken in Bildern« als für die operationale Logik der Apparate. Die Anfänge zu einer Theorie des Klimas werden maßgeblich vom Gebrauch der Messinstrumente bestimmt. Die Wechselwirkungen oder Mechanik der Analogien ist in der Konstruktion des Psychrometers schon implizit angelegt. Dabei kann man vermuten, dass die grafischen Formate der isothermen Linien mit dem Hygro- und Differenzthermometer in unmittelbarer Nachbarschaft zur Dampfmaschine und zu den ersten Vakuumversuchen entstanden sind. Was zuerst da war, die Formalisierungen oder die Visualisierungen, lässt sich an dieser Stelle kaum mehr beantworten. Die vergleichende Methode entsteht durch Nachbarschaft: die Kommunikation und Wechselwirkung eines komplexen Feldes von Mess- und Aufschreibetechniken. Sie orientiert sich an den Aggregatzuständen des Wassers und oszilliert zwischen dem Meeresspiegel und den Schneehöhen. In einer undatierten Zeichnung aus dem Nachlass, die aus vier übereinandergeklebten Notizzettel besteht, vergleicht Humboldt die fünf Schneehöhen des

Chimborazo (»Chim«), Himalaja (»Him«), der Pyrenäen (»Pyr«), Mont Blanc (»Mtb«), Snøhetta (»Snehett«).[117] Die Skala auf der Ordinate bezeichnet wie bei vielen *tableaux physiques* mit »Toises« und »metr« die Höhen zweifach. Doch bleibt sie ohne Zahl. Die Abszisse ordnet dagegen jedem Gipfel und Gebirge Messwerte zu, die mit den wachsenden Breiten vom Äquator zum Pol hin zunehmen. Das Rätsel der nicht näher erläuterten Ziffern kann man lösen, wenn man sie mit einer Stelle in seiner zweibändigen Monografie *Central-Asien. Untersuchungen über die Gebirgsketten und die vergleichende Klimatologie* korreliert.[118] Auf der Handzeichnung hat Humboldt den Gipfeln Breitengrade zugeordnet. Sucht man diese Breitengrade in der publizierten Tabelle zur »Höhe des ewigen Schnees in beiden Hemisphären von 71¼° nördlicher bis 53° 54' südlicher Breite«, kann man ihnen mittlere Jahrestemperaturen zuordnen, die mit den Zahlen auf Humboldts Handzeichnung nahezu identisch sind:

Berg / Gebirge	Breitengrad | Zahl in Humboldts Skizze	Breitengrad | mittlere Jahresmitteltemperatur in *Central-Asien*
»Chim« (Chimborazo)	0° | 28°	0° | 27° (Quito)
»Him« (Himalaja)	36° | 20°	[Him. Südhang] | 20°
»Pyr« (Pyrenäen)	44° | [o. Angabe]	42½–43° | 15°
»Mtb« (Mont Blanc)	46° | 10°	45° | 11°
»Snehett« (Snøhetta)	68° | 0° 6°[119]	60–62°, 65°, 70–70¼° | 4°, 4°, -3°, 0°

Korrelation der Orte und Messdaten in Humboldts Handzeichnung und dem *Tableau des Hauteurs de la Limite des Neiges perpétuelles dans les deux hémisphères* aus *Asie-Centrale*, 1844, S. 360.

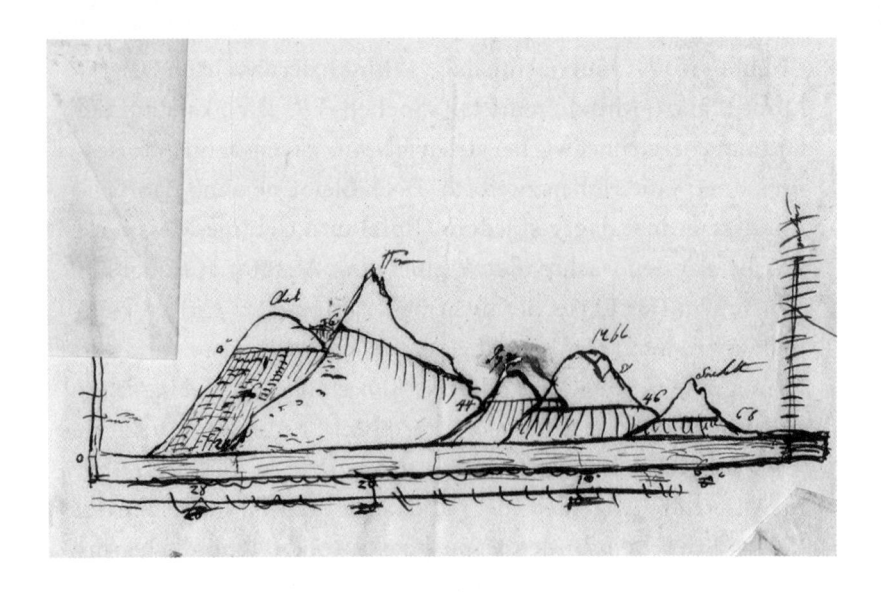

Alexander von Humboldt, Schriftlicher Nachlass,
Großer Kasten 6, Nr. 41.42, Bl. 7–10.

Die Zeichnung hat Humboldt offenbar nach der Asienreise um 1829 angefertigt, die Messungen mehrfach korrigiert. Gegenüber den frühen Profilen wird auf der Zeichnung eine erste Formalisierung sichtbar. Die Schneegrenze betrachtet Humboldt nicht mehr als singuläre Größe, sondern als Funktion der geografischen Breite (Ordinate) und mittleren Jahrestemperatur (Abszisse). Ein zweites Blatt des Konvoluts enthält eine bemerkenswerte Generalisierung, auf die Birgit Schneider hingewiesen hat.[120] In der ersten Zeichnung verläuft die Schneelinie noch treppenförmig. Auf dem zweiten Blatt verbindet Humboldt die unterschiedlichen Schneehöhen über drei Kontinentgrenzen hinweg mit einem durchgehenden Strich.

Unterhalb der Linie deutet eine Schraffur eine Schnittkante an. Die Bergprofile hat er offenbar als Aufrisse verstanden, die er wie die geometrische Algebra über einer Linie, nämlich dem Meeresspiegel, anlegt. Die Fläche wird durch die Schneehöhe und zwei Lote begrenzt, die sich zum Meeresspiegel entweder konkav, konvex

Alexander von Humboldt, Schriftlicher Nachlass,
Großer Kasten 6, Nr. 41.42, Bl. 7–10.

oder parallel verhalten kann. Im ersten Fall ist sie kleiner, im zweiten Fall gleich und im dritten Fall identisch mit dem Meeresspiegel. In *Central-Asien* erwähnt Humboldt die »convexen Scheitel«, die die Schneelinien im Sommer aufgrund der Erwärmung ausbilden.[121] Den Sommer hat Humboldt in der Handzeichnung vom Chimborazo bis zum Snøhetta auf den Raum projiziert und ins Innere des Vergleichs verlagert. So kann Humboldt die Schneehöhen als Kegelschnitte interpretieren, deren Linien die Temperatur auf die Flanken der Weltgebirge zeichnet. Mit ihnen formalisiert er die Beugung der glatten Räume durch die schwankenden Jahresmittelwerte.

Die Profile sind ein Instrument des Vergleichs, das dem Weitwinkel und Panorama entspringt. Die geometrische Formalisierung ist eng mit der kartografischen Generalisierung verknüpft. Die Schneelinie hat die singulären Berggipfel auf ein Weltgebirge reduziert. Sie überbrückt die Weltmeere und kann die Gesamtheit der Einzelgipfel wie ein einziges Plateau behandeln. Die Etymologie, mit der Humboldt die antike Bedeutung des *Kosmos* als »Meeresgarten« und Sphäre animiert, ist Chiffre und Eselsohr dieser Inseltechnik.[122] Humboldt hebt die »Bergketten« in den Titel seiner Abhandlung.[123] Schon Philippe Buache hat 1737 in der *Carte de la partie de l'Ocean vers l'Equateur entre les côtes d'Afrique et d'Amérique* Bergketten erwähnt und mit ihnen die höchsten Gipfel mit dem Meeresboden verbunden. Meine abschließenden Überlegungen zielen auf den Zusammenhang von Bergkette und Inselberg, Ebene und Meeresfläche und auf die Wechselwirkungen von Land und Meer, die die Gleichung aus Dampf, Wasser und Luft fortschreiben.

In der Abhandlung *Ueber die Bergketten und Vulcane von Inner-Asien*, in der Humboldt die Messungen seiner Sibirien-Reise 1830 zusammenfasst und verallgemeinert, tauchen die Bergketten und Buaches Argument wieder auf. Humboldt bezeichnet etwa einen schneebedeckten Inselberg im chinesischen Meer als Fortsetzung der kontinentalen Gebirge. Er will die Steppe barometrisch nivellieren, um auf einer Karte alle Punkte miteinander zu verbinden, die auf der Höhe des Meeresspiegels liegen.[124] Die ebene Steppe soll gleichsam als Meer betrachtet werden. So wendet er sich mit den Wasserscheiden zwischen Altai und Ural vor allem den Binnenmeeren zu. Das Himmelsgebirge Mittelasiens setzt er mit den Ebenen in Beziehung, um eine Gleichung zwischen den Kontinenten und Meeresflächen, Hebungen und Senkungen zu formulieren. Jede Hebung sei das Ergebnis einer Senkung. Was die Vulkane an einer Stelle aufwerfen, müssen sie an anderer Stelle fortnehmen. Vulkane, Inselberge und Kontinente entstehen also aus Additionen, die notwendig Subtraktionen – Seen und Meere – andernorts erzeugen müssen.[125] Der Vulkanismus entspringt einem Nivellement im Weltmaßstab. Die Entstehung der Meere leitet Humboldt aus der Tätigkeit der Vulkane ab. »Die großen Seen, welche sich am Fuße des europäischen Alpengebirges gebildet haben, sind eine der Caspischen Niederung analoge Erscheinung, und in Senkung des Bodens wohl gleichen Ursprungs«.[126] In den Senken sammelt sich das Wasser. In jedem Bergsee, jedem Tümpel, jeder Ebene schlummert demnach das Potenzial, zum Meer zu werden. Die Abhandlung beschließt er mit einer Karte über die *Bergketten und Vulcane von Inner-Asien*. Humboldt spricht von »Bergsystemen«, um die Wechselwirkungen zwischen den Hebungen und Senkungen – dem systemischen Zusammenhang der Meere und Ebenen – genauer zu fassen. Die »Bergketten«, die Buache zum ersten Mal als Erweiterungen des Festlandes thematisiert, hat Humboldt zu einem Gleichungssystem ausgebaut. Die Bergketten verwendet er wie die Isothermen oder Schneelinien als Richtmaß und Kompassnadel, um ein Feld singulärer Daten an wenigen Linien auszurichten. So schreibt er etwa über das »Bergsystem« des Himalaja:

> Sind einmal die grossen Formen, die herrschenden Richtungen der Ketten ergründet, so schliesst sich an diese, wie an einfache Grundzüge eines Naturbildes, alles Vereinzelte in den Erscheinungen, alles Abnorme, einen andern Typus, ein anderes Entstehungs-Alter Verkündigende an.[127]

Buache beharrt auf der physischen Verbindung zwischen Afrika und Amerika. Die Inseln, Sandbänke und Riffe sind auf dem Meeresboden die sichtbare Verlängerung der kontinentalen Gebirge. Humboldts Bergketten finden dagegen nicht notwendig eine sichtbare Entsprechung im Gelände, weil sie zusammengesetzte Größen sind. Die barometrischen Nivellierungen setzen die kleinsten Erhebungen mit den höchsten Bergen in Beziehung. Wo Buache auf Kontakt und Berührung drängt, bezeichnet Humboldt Fernwirkungen, unsichtbare Nachbarschaften, Neigungen und Wechselwirkungen. Humboldts Bergketten kehren zu den frühesten nautischen Profilen zurück, die den dreidimensionalen Raum auf eine Kontur und Linie reduzieren. Auf der Karte der *Bergketten und Vulcane* bleibt von der Ausdehnung der Gebirge nur eine Linie zurück. Denn auf dem Papier sind die Gebirge keine Orte, sondern Richtungen: Grenzen und Orientierungen.

Drei Linien, ein Verfahren? Isotherme, Bergketten, Schneehöhen ignorieren die Differenz zwischen Land und Meer. Und auch die Schneelinie stattet die Schicht- und Profillinien nicht mit einer neuen Sichtbarkeit aus. Sie ist der Ausdruck einer Vereinfachung. Die drei Werte der Temperaturmessung, des Luftdrucks und der Windrichtung werden mit der Schneehöhe auf einen einzigen algebraischen Ausdruck reduziert. Die Schneelinie, die Humboldt schwarz auf weiß auf das Zeichenpapier zeichnet, verbindet die Berggipfel miteinander und hat keine Entsprechung im Gelände.[128] Sie ist eine »nützliche Fiktion«, die die singulären Messungen und Zahlen wie eine Kompassnadel orientiert. Der Vergleich – jene Operation, die Humboldt im »Innere[n] zweier Continente« ansiedelt – schmilzt so am Ende auf eine Kontur und Linie zusammen.

Die Dampfmaschinen, die Humboldt auf den kahlen Bergrücken der Kordilleren halluziniert, verweisen am Ende auf eine denkwürdige Analogie. Den Vulkanismus kann man rückblickend auch als eine frühe Universalsprache der Klimaforschung begreifen. Humboldt behandelt den Vulkanismus jedenfalls wie eine Kommunikationstheorie im Weltformat, die lediglich die Buchstaben durch den binären Code von Land und Meer ersetzt hat. Die drei Linien formalisiert Humboldt in ähnlich strenger mathematischer Manier wie Watt das Klima der *atmospheric engine*. Die Vulkane und Meere kommunizieren wie Watts Zylinder miteinander. Alles ist »Kommunikation«. Die Isothermen, Bergketten, Schneehöhen sind demnach Passage und Kanal, Medium und Vehikel des Klimas. Auf Humboldts Linien ruht die Fernkommunikation des Reliefs: der Pflanzen, Tiere und Klimate.

Science,
Fiction

4

Eine zirkuläre Reise auf der geraden Linie

Die Abenteuer der geraden Linie

Die Linien, die Humboldt in seinen Profilen und Karten bereist, nimmt Verne dankbar auf. Seine Figuren sind häufig in chronischer Eile und wählen immer die kürzesten Verbindungen um den Erdball.[1]

Das Werk Vernes kommt einer einzigen langen Meditation und Träumerei über die gerade Linie gleich – die die Eingliederung der Natur in die Industrie und der Industrie in die Natur darstellt, dies wird als ein Forschungsbericht erzählt. Titel: Die Abenteuer der geraden Linie,

schreibt der Philosoph Pierre Macherey, eher bekannt für seine Arbeiten zu Hegel, Spinoza und Comte.[2] In *20.000 Meilen unter den Meeren* bezeichnet die gerade Linie neben den Verkehrs- auch die Erzählwege. Sie macht die Reisewege des Ich-Erzählers sichtbar, der sich an Bord der Nautilus befindet. Der Erzähler verdoppelt die Bullaugen der Nautilus. Die Tiefen des Mittelmeers nehme er wie ein »Zugreisender« wahr, schreibt Aronnax. Hinter den Scheiben des Salons liege er beständig mit seinem Assistenten Conseil auf der Lauer, um Aufzeichnungen anzufertigen, »die es erlauben, eine kurze Zusammenfassung über die Fauna dieses Meeres zu geben«.[3] In fiktiven Eisenbahn- und Kamerafahrten nehmen Aronnax und Conseil die Leser mit auf ihre Forschungsreisen. Sie entführen sie auf direktem Weg in ein Land, das kein Auge jemals gesehen hat.

Die Vorstellung, dass mit der Eisenbahn eine neue Geografie und Ästhetik des Raumes entsteht, kommt im Umfeld zweier technischer Großprojekte auf. Am 10. Mai 1869 treffen die irischen und chinesischen Bahnarbeiter der Union und Central Pacific Railroad in der Nähe von Salt Lake City, aufeinander. Die letzten Bahnmeter werden am Mittag des 10. Mai auf dem Promotory Summit in

1494 Meter Höhe verlegt. Ein goldener Bolzen wird als Zeichen der geschlossenen Einheit in die Luft gehalten, der letzte Hammerschlag durch Foto und Handschlag besiegelt. Die Eisenbahn hat den Atlantik mit dem Pazifik kurzgeschlossen: San Francisco ist fortan von New York aus in sieben Tagen erreichbar. Vor dem goldenen Bolzenschlag führte der Weg sechs Monate über das Meer, Amerika musste über das Kap Horn umrundet werden. Auf die neue Bahnlinie und das »ununterbrochene Metallband« wird Jules Verne über einen Reiseprospekt von Thomas Cook aufmerksam, der mit Reisen vom Atlantik zum Pazifik wirbt. Der transatlantischen Eisenbahn widmet Verne ein zentrales Kapitel in *Reise um die Welt in 80 Tagen*.[4] Nur wenige Monate später, am 17. November 1869, wird der Suezkanal eingeweiht. Der Diplomat und Chefingenieur Ferdinand Vicomte de Lesseps, ein eifriger Leser Vernes, bezeichnet Ägypten als Schwelle, die Europa und Asien miteinander verbinde. Über Ägypten führe »der directe Weg von Europa nach Indien«.[5] Der Suezkanal lässt das Mutterland mit seinen Kolonien auf dem kürzesten Weg miteinander kommunizieren. Vernes Protagonisten sind wiederum Fans von de Lesseps.[6] »Harry Grant gehörte zu denen, welche in England das Unternehmen des Herrn von Lesseps lobend würdigten«, erfährt der Leser in den *Kindern von Kapitän Grant* (1867). Auch Pierre Aronnax erwähnt de Lesseps. Der Suezkanal werde die geradlinigen Routen der Eisenbahn fortsetzen und die Verbindung zwischen Cádiz und Indien um neuntausend Kilometer verkürzen.[7] Kapitän Nemo hat indes einundzwanzig Monate vor Eröffnung des Suezkanals mit dem *Arabian Tunnel* eine submarine Verbindung zwischen dem roten Meer und dem Mittelmeer entdeckt, den die Nautilus in zwanzig Minuten passieren kann.[8]

Wer schließlich wem als Vorbild dient – Vernes Romanhelden dem Projektemacher Ferdinand de Lesseps, der Projektemacher und die modernen Cäsaren den Romanhelden Jules Vernes –, ist kaum zu entwirren. Ebenso wie Ferdinand de Lesseps ein eifriger Leser von Vernes Romanen ist, verfolgen Jules Verne und seine Helden emsig Lesseps Kanalprojekte. Sie wollen auf kürzesten Routen die Welt umrunden. Bezogen auf die Genrefragen der Literatur spricht Lars Wilhelmer von einem »mimetischen Zirkel«, der von den neuen Transitstrecken ausgeht und ein Feld der Wechselwirkungen und produktiven Missverständnisse zwischen Technik, Science und Fiction beschreibt: Das Reisen bringe den Reiseroman hervor und der Reiseroman, der die Langeweile auf Reisen vertreiben helfe, verändere das Reisen.[9] Die Touristen und Projektemacher werden zum Gegenstand eines neuen Reiseromans, der wiederum das Reisefieber seiner Leser entfachen, den Massentourismus verstärken, kommentieren und bewerben will. In diesem Sinne sind die *Außergewöhnlichen Reisen* Bildungsromane, weil sie auf dem Rücken der Dampfschiffe und Eisenbahnen in Massen aus Lesern Touristen, Weltbürger und Romanhelden machen.

Die Nivellierung der Schienenwege

Nicht nur die literarischen Werke, auch die zeitgenössischen ingenieurstechnischen Lehrbücher verweisen auf die Wirkungen, welche die Eisenbahn auf die Künste und die Wissenschaften haben, von den ökonomischen, sozialen und militärischen Auswirkungen ganz zu schweigen.[10] Im Schatten der Eisenbahn entstehen nicht nur neue Räume, sondern auch neue Narrationen der Angleichung und Geradlinigkeit. Jules Verne folgt der geraden Linie in *Reise um die Welt in 80 Tagen*, *Die Kinder des Kapitän Grant* und in *20.000 Meilen unter den Meeren*. Die fiktiven Routen seiner Protagonisten orientieren sich an Kompasslinien, Längen- und Breitengraden. Verne verwende die Form der Meereserzählung, um neue geografische und technische Grenzen zu überschreiten, und könne darum als Begründer einer »neuen physischen Geografie« gelten, schreibt Margaret Cohen.[11] Mit der »physischen Geografie« verweist sie auf

Matthew Fontaine Maurys *The Physical Geography of the Sea* von 1859, die Verne mehrfach zitiert. Maury, der knapp 200 000 Reisejournale ausgewertet hat und neben Marsigli als einer der prominentesten Begründer der Ozeanografie gilt, will mit der synoptischen Darstellung der Meeresströmungen die Passagen über die Meere beschleunigen und begradigen und auf diese Weise das Projekt der Nivellierung mit einer Geografie der Verkehrs- und Kommunikationswege vorantreiben.

Die Geradlinigkeit der Fortbewegung hat Jules Verne Maury und den populären Darstellungen der Dampfmaschine entnommen. Der irische Schriftsteller und Naturphilosoph Dionysius Lardner, ein glühender Verehrer der Dampfmaschine, leitet die Geradheit von Newtons gleichförmiger Bewegung ab. Ein Körper, den man in Bewegung setze, schlage eine geradlinige Richtung ein. Alle Richtungsänderungen, die Kurven und die Steigungen der Wege, erzeugen Reibung. Die Geradheit der Wege entspringe nach Lardner einem »Naturgesetz«, das er mit der Physik der Eisenbahnwagen näher erläutert.[12] Zwei Achsen mit vier Rädern laufen nur auf absolut geraden Wegen nahezu spurgetreu. Der Wagen habe das Bestreben, »sich geradlinig fortzubewegen, und kann nur dadurch auf bogenförmiger Bahn erhalten werden, daß der Spurkranz des äußeren Vorderrades am Innenrande der äußeren Schiene anschneidet«, schreibt Ferdinand Loewe, der am Polytechnischen Institut in München lehrt. Auf gekrümmten Wegen drohe der Eisenbahnwagen zu entgleisen.[13] Der Kompromiss zwischen Laufruhe und minimiertem Radabrieb hat die Diskussionen um das Profil der Räder, der Aufhängung der Achsen und der Form der Schienenköpfe im 19. Jahrhundert nie ganz verstummen lassen und ein Gespräch über krumme und gerade Streckenführung in Gang gebracht.[14] Den Materialabrieb kann man in der Krümmung nur durch eine Quadratur des Kreises vollständig beseitigen. Die Empirie muss also vermitteln. Wilhelm Heimann, Ingenieur und Oberleutnant der Nassauischen Artillerie, erklärt darum, dass die Bahnlinien möglichst horizontal verlaufen sollten. Er rät den angehenden Militäringenieuren, die Krümmungen neben übermäßiger Neigung, wenn sie schon diese nicht vollends vermeiden könnten, mit einem möglichst großen Krümmungsdurchmesser zu minimieren.[15] Die gerade Linie bleibt das Richtmaß der Bewegung. Ähnlich, doch wesentlich prägnanter, schreibt Christoph Bernoulli über die Routen der Eisenbahnen: »Aller Transport geschieht am leichtesten auf völlig ebenen und horizontalen Wegen«.[16] Nach den Gesetzen der euklidischen Geometrie ist die Gerade die kürzeste Verbindung zwischen zwei Punkten – dieses Theorem gilt nach Bernoulli bei Eisenbahnen nicht.

> Um Steigungen so viel wie möglich zu vermeiden, wird ein Weg daher oft auf eine viel größere Linie verlängert, durch beträchtliche Abtragungen oder Auffüllungen geebnet, über kostbare Dämme und Brücken geführt, und zuweilen wohl gar durch interirdische Gänge oder Tunnels.[17]

Bernoulli vergleicht Kanalwege mit Pferdewagen und »Dampfpferden« und kommt zu einem verblüffenden Schluss: Betrachtet man die Reibungs- und Energieverluste, garantiert die gerade Linie außerhalb der Zeichenfläche nicht unbedingt die kürzesten Verbindungen, sie ist aber trotzdem die technisch schnellste Verbindung zwischen zwei Orten im Raum.[18] Als Techniker und Pragmatiker entdecken die Eisenbahningenieure mit den Eisenbahnschienen eine Physik der Parallelen, die der Reibung und dem Verschleiß unterliegt. Die euklidische Gerade ist nicht über jeden Zweifel erhaben. Die eisernen Geraden, die die Hauptstädte mit ihrer Peripherie auf mannigfaltigen Wegen verbinden, zerfallen in der Praxis in eine verwirrende Vielzahl der Geradheiten.

Die Ingenieure müssen zwischen den Geradheiten der Maschinen, der Fahrwege und des Untergrundes unterscheiden, Techniken der Angleichung entwickeln, die zwischen den verschiedenen

Geradheiten vermitteln können. Die Übersetzung gerader Strecken zwingt die Maschinenbauer und Eisenbahningenieure, genauer hinzusehen: Die Angleichung der geraden und krummen Linien und Flächen hat sich an den technischen Hochschulen unter der Bezeichnung »Nivellement« etabliert. Die Technik, die Humboldt mit den Profilen einübt, wird nahezu zeitgleich auf den Raum übertragen. Hervorgegangen aus den Berechnungen der Wasserspiele, den Anfängen der Hydrostatik und Hydraulik, verdankt das Nivellement neben den Drainagetechniken der Landwirtschaft mit der Tiefseetelegrafie, dem Eisenbahn- und Kanalbau um 1830 seine Aktualität einer Reihe weltumspannender Verkehrsprojekte.[19] Ins Visier des Nivellierens gerät dabei nahezu alles, was das englische Wort *communications* und die daraus entstehende Nachrichten- und Verkehrswissenschaft, die zwischen Telegrafie, Eisenbahn und Dampfschiff aufkommt, zu fassen vermag.[20] Wenn Krämer und Bredekamp schreiben, dass eine kulturtechnische Perspektive »operative Verfahren zum Umgang mit Dingen und Symbolen« bezeichnet, dann kann man im Nivellieren eine exemplarische Kulturtechnik erkennen, weil sie die Gebiete der Ingenieur- und Agrartechnik mit den Reißbrettern und Rechenstäben der Geometer, Architekten und Maschinenbauer verbindet.[21] Die Vermessungen der Oberflächen unterscheiden sich dabei von den Höhenmessungen der Kartografen vor allem in der Skalierung. So hat Humboldt etwa in den Vertikalprojektionen das Gefälle von Gebirgen, Inseln und Kontinenten vermessen, kleinste Differenzen auf großen Distanzen gesucht. Die Ingenieure gehen dagegen mikroskopisch vor. Sie nehmen die Differenzen auf kleinstem Raum ins Visier:

> In neuester Zeit findet das Nivellieren vorzüglich beim Baue der Eisenbahnen vielfache und ausgedehnte Anwendung. In anderen Fällen wird eine besondere Schärfe nicht nöthig, z. B. bei den Anlagen gewöhnlicher Strassen, indem es hier ziemlich gleichgiltig ist, auch die Veränderlichkeit

der Strassenoberfläche eine größere Genauigkeit meistens
zwecklos macht,

schreibt der Salzburger Erfinder, Mathematiker, Geodät und Physiker Simon Stampfer 1845. Die Barometer- und Schallmessungen sowie die Experimente auf den Gebieten der Astronomie und Akustik haben Stampfer ab 1823 einen Lehrstuhl für Praktische Geometrie an dem Polytechnischen Institut in Wien eingebracht. In seiner viel rezipierten *Theoretischen und praktischen Anleitung zum Nivelliren*, die zwischen 1845 und 1902 zehn Auflagen erfährt, fragt er nach dem Maß der Geradheit und folgert:

Die Genauigkeit eines Nivellements hängt [...] von gegebenen Umständen, von der Natur und dem Zwecke des Unternehmens ab, welche darauf gegründet werden soll, daher wird auch der Grad der Genauigkeit in besonderen Fällen meistens gegeben, und es ist dann Sache des Geometers, das Nivellement mit der verlangten Schärfe auszuführen.[22]

Stampfer hebt den »Grad der Genauigkeit« hervor. Geradheit lässt sich niemals absolut oder selbstreferenziell fassen. Sie hängt von der Skalierung ab. Man könnte das Nivellieren mit Stampfer auch als einen wechselseitigen Prozess der Angleichung und Kommunikation zwischen Rad, Schiene und Unterbau beschreiben. Der Grad der Geradheit könne, wie Stampfer mehrfach betont, nicht allein auf dem Papier berechnet werden, sondern bedürfe der Erfahrung und des Augenmaßes. Die Passung von Untergrund und Schiene kann erst im Gelände vollends berurteilt werden. Geradheit ist keine statische, generalisierbare Größe. Sie ist eine singuläre, dynamische Relation.

H. G. Wells verweist auf eine sprechende Koinzidenz zwischen »Eisenbahnschiene«, und »Eisenbahn«, *rail* und *railway*: »Dampfmaschine und Schienenwege sind in der Sprache so eng miteinander verknüpft, dass die Schienenwege für erstere stehen können«.[23] Auf der Ebene der Bezeichnungen findet also selbst eine Angleichung statt. Die Synekdoche nivelliert die Differenz zwischen Weg, Fortbewegung und Vehikel weitgehend. Die flache Landschaft entsteht aus dem Zusammenschluss von Eisenbahnrad, Schiene und Terrain. Die neue Gleichheit von Schiene und Untergrund bringt nicht nur einen neuen Typus von Landschaft hervor, sondern eine Ästhetik der Bewegung, die Wolfgang Schivelbusch als »Verflüchtigung« beschreibt. Die Eisenbahn vernichtet die Ferne. In diesem Sinne irritiere die »neuartige Geschwindigkeit« der Dampfwagen das Raumbewusstsein: »Die Bewegung der Eisenbahn, schnurgerade und gleichförmig, wird als abstrakte *reine* Bewegung erfahren, losgelöst vom Raum, durch den sie hindurch geht«.[24] Die Loslösung vom Raum erzeugt nach Wells *transistory empires*, wie Vernes Nautilus auf eingängige Weise veranschaulicht.[25] Die mobilen Imperien unterscheiden sich von Marc Augés Nicht-Orten. Sie bezeichnen keine Flughäfen, Hotelzimmer, Schalterhallen und Bahnhöfe – die Knotenpunkte und Sprungbretter der Mobilität –, sondern die Aufenthaltsräume der Fortbewegung. Wells' Imperien der *steam engine* sind Nomadenzelte mit Triebwerken oder Flügeln. Sie gleiten auf Luftkissen oder Rädern und lassen mit Schaufelrädern, Stangen- oder Turbinenantrieb Raum und Zeit dahinschmelzen. Den *time traveller* erwähnt der kanadische Astronom und Mathematiker Simon Newcombs in einer Rede vor der New York Mathematical Society. Die Zeit sei Dauer, eine vierte Dimension, die man wie einen Raum bereisen könne.[26] Der Zeitreisende ist der Prototyp des Touristen. Zugabteile, Cockpits, Schiffskabinen und Raketennasen sind immobile Transiträume der Bewegung, die die Reisenden für die Dauer der Fortbewegung stillstellen und gerade darum im Transit zum Zuhause werden können. Von den Zwischenräumen nimmt der Reisende kaum Notiz. Die Passagen ähneln Tagträumen – Reisen um das eigene Zimmer, denen Xavier de Maistre 1794 einen eigenen Roman widmete.

In *20.000 Meilen unter den Meeren* synchronisiert die Bewegung der Nautilus weit entfernte Orte und Zeiten miteinander. Der Raum verflüchtigt sich, doch ist er deswegen auch »abstrakter«? – Dass die dampfbetriebene Fortbewegung eine »abstrakte reine Bewegung« ist, darf man getrost bezweifeln. Denn die »Verflüchtigung« bezeichnet ganz offenbar eine körperliche Erfahrung. Die glatten Räume der Eisenbahnen kann man bereisen. Sie sind im Gegensatz zu den unanschaulichen Flächen und Figuren der Geometrie mit den Körpern und Sinnen erfahrbar. Die Gedankenexperimente zur Physik der Geometrie entstehen im Umfeld der Nivellierung der Eisenbahnwege. Wenn etwa Charles Hinton die Physik der Geometrie einfordert und die Reibung, Anziehung und Viskosität von Oberflächen thematisiert, handeln seine *scientific romances* von Anwendungen der Mathematik, den Friktionen und Unfällen, die sich ereignen, wenn fiktive, ideale Entitäten der Zeichenoberfläche im Gelände in mannigfaltige Geradheiten zerfallen.

Die Glättung der Seewege

Das Projekt der Begradigung nimmt mehrere Anläufe. In einer der ersten Fundstellen zu dampfbetriebenen Schiffen, einer Patentschrift vom 31. Januar 1630, schreibt der Kammerdiener David Ramseye, seine Erfindung sei dazu bestimmt, »to make Boates, Shippes and Barges to goe against strong Wind and Tide«.[27] Knapp 140 Jahre vor Watts Verbesserung von Newcomens Dampfmaschine träumt er davon, Schiffe mit Dampfkraft auf schnelleren und geraderen Kursen zu navigieren. Watt will 1769 die Dampfmaschine durch Schiffsschrauben zur Fortbewegung auf dem Wasser nutzen.[28] Aber erst John Fitch, Büchsenmacher, Silberschmied und Landvermesser, schafft mit seinen ersten Prototypen die technischen Grundlagen, die die Routen auf der Wasseroberfläche begradigen können. Wie viele ist Fitch von Dampfmaschinen besessen. Von seinem zehnten

Lebensjahr bis zu seinem Tod entwirft er sieben Modelle, größtenteils nur auf dem Papier.[29] Mit Ausdauer, einigen Pannen und vielen Rückschlägen konstruiert er die ersten belastbaren Schaufelräder und Schiffsschrauben. 1788 baut er mit seinen Teilhabern ein drittes Dampfschiff, das er nach einigen Achsbrüchen mit wenigen Aufbauten zum ersten Linien- und Passagierschiff umrüstet. Dreimal die Woche verbindet es im Sommer 1790 für wenige Monate Philadelphia mit Burlington, Bristol, Bordentown und Trenton über den Delaware River.[30]

> An Bord bei Gegenwind die Überlegenheit [des Dampfschiffs] gegenüber den Schaluppen, Sloops und Segelschiffen zu beobachten, ist überaus erfreulich. Sie müssen in Zickzacklinien fahren, um überhaupt vorwärts zu kommen, während unser neues Schiff auf direktem Wege sich fortbewegt,

schreibt ein Passagier im August im *New-York Magazine*.[31] Den Vorzug der »geraden Wege« und die Überwindung widriger Strömungen hebt auch Fitch in einem frühen Vortrag vor der Philosophischen Gesellschaft in Philadelphia am 27. September 1785 hervor.[32] Die Geradlinigkeit ist die eigentliche Neuigkeit des Schiffantriebs. Segelschiffe kreuzen, Dampfer bevorzugen gegen Wind und Strömung die kürzeste Verbindung. »Nach seiner Meinung«, so Fitch in einem Brief vom 12. Oktober 1785 an Benjamin Franklin, »sind Dampfschiffe nicht nur für die Vereinigten Staaten, sondern auch für alle Seemächte der Welt von größter Bedeutung«.[33] Mit ähnlichen Worten wirbt er für seine Erfindung in zahllosen, vergeblichen Eingaben und Briefen an Politiker und Fabrikbesitzer. Im sumpfigen Hinterland der Altlantikküste träumt Fitch von Passagierschiffen und Ozeandampfern, die den Ozean bis zu den westindischen Inseln und Europa überqueren können.[34] Doch vergeblich: Das Dampfschiff kann erst bei größeren Distanzen die Vorzüge der schnelleren Verbindungen ausspielen. Weniger auf dem Festland als auf den Weltmeeren können sich die geraden Routen ungehindert ausbreiten. Den Erfolg der Erfindung wird er nicht mehr erleben. Am Ende ist er nicht nur gekränkt und verbittert, sondern um 1790 auch finanziell ruiniert. 1792 nimmt er an, dass sich Dampfschiffe niemals gegenüber Segelbooten durchsetzen können, »weil Luft viel billiger als Dampf ist«.[35] 1798 stirbt Fitch im Gram. Er nimmt sich mit einer Überdosis Opium das Leben.

Sein Erbe tritt der Ingenieur, Miniaturmaler und Autodidakt Robert Fulton an, der das Panorama nach Paris bringt und neben den dampfbetriebenen Segelschiffen auch die ersten Unterwasserboote und Torpedos baut. Als geschäftstüchtiger Projektemacher versteht er es, die Experimente und Fehlschläge seiner Vorgänger in bare Münze umzuwandeln.[36] Fulton sucht von Anfang an die Nähe zur Politik und findet in Robert Livingston, der die *Declaration of Independence* mitverfasst und unterzeichnet hat, einen prominenten Unterstützer. Zusammen mit Livingston kann Fulton die Dampfschifffahrt um 1807 kommerzialisieren, weil er neben der Patentierung der Dampfschiffe auch ein Beförderungsmonopol in Hafen- und Meeresnähe anstrebt. Die Monopole für den Ohio, Mississippi und New York Harbor werden ihm verwehrt. Doch von 1807 an erhält er für zwanzig Jahre das Monopol für den Hudson River. Mit einer Dampfmaschine von Boulton & Watt, einem gewaltigen Niederdruck-Dampfzylinder von 20 Metern Länge, braucht sein erstes Dampfschiff *Clermont* einunddreißig Stunden von New York bis Albany. Diese historische Strecke wird Jules Verne ein halbes Jahrhundert später mit seinem Bruder auf dem Weg zu den Niagarafällen zurücklegen. Mit den Monopolen setzen sich die Direktverbindungen im atemberaubenden Tempo durch. 1820 verkehren auf dem Ohio und dem Mississippi 69 Dampfschiffe, 1830 sind es bereits 187, 1840 dann 557 und 1850 schließlich 740 Steamer.[37] Bis zu 1000 Dampfer legen pro Tag in St. Orleans an. Cincinnati, Louisville, Memphis oder St. Louis erscheinen mit den Dampfern erst auf der Landkarte.[38] Die Dampflinien schreiben ihre eigene

Geografie. Zur gleichen Zeit beginnt der Linienverkehr auf dem Meer. Die Dampfsegelschiffe Sirius und Great Western verbinden ab 4. April 1838 Liverpool und New York, sie legen die Strecke in nur fünfzehn Tagen zurück.

Um 1851 ist das Netz der Dampflinien so dicht, dass Dionysius Lardner von einer *steam bridge* spricht.[39] Die Fiktion einer stehenden Verbindung zwischen Liverpool und New York übernimmt Lardner vermutlich den ehrgeizigen Projekten des Ingenieurs der Great Western. Bevor Isamgard Kingdom Brunel zusammen mit dem Physiker John Scott Russell die ersten Dampfschiffe baut, arbeitete er als Chefingenieur der Great Western Railway und verfolgte das Projekt der geraden Linie zunächst auf dem Festland. Seine Eisenbahnprojekte schließen den Süden Englands an die Seehäfen von Bristol an. Den letzten Bahnhof der Strecke, den Kopfbahnhof Bristol Temple Meads, baut Brunel auf dem ehemaligen Gelände eines innerstädtischen Hafens, der auf einer Insel liegt, die vom Avon und einigen Kanälen des Floating Harbors umflossen wird. Den Floating Harbor hat Brunel zwischen 1832 und 1847 für die großen Dampfschiffe verbreitert und über ein ausgeklügeltes System von Schleusen von den Gezeiten unabhängig gemacht, um die transatlantischen Ozeanriesen nahtlos an den Binnenverkehr Großbritanniens anzuschließen. Über den Floating Harbor sind Bahn, Kanal und Meereshafen zu einem geschlossenen Verkehrssystem verschmolzen, der die Reisenden von London aus über Bristol Temple Meads und die Kanäle des Floating Harbour schwellenlos von der Schiene zum Hafen und an Bord der Oceanliner bringt. Warum Brunels erstes Dampfschiff Great Western (1838) den Namen des Eisenbahnunternehmens trägt, wird aus dem Zusammenschluss von Schiene und Welle nun sichtbar. Brunel träumt von einem weltumspannenden Verkehrsnetz, das London, Bristol und New York nahtlos miteinander verbinden kann.[40] Die Unterscheidung zwischen Land und Meer sollen planmäßig durch Nivellierungen unterlaufen werden. Die sichtbaren Zeichen der Nivellierungen – die Brücke von Maidenhead, die Viadukte in Hanwell und Chippenham oder der drei Kilometer lange Box Tunnel in der Grafschaft Wiltshire –, die Brunel für die Great Western Railway zwischen Bristol und Bath gebaut hat, hat er wenige Jahre später als Schiffingenieur mit einem kühnen Strich einfach über den Atlantik verlängert.[41] Die *steam brigde*, die Dionysios Lardner anlässlich der Great Exhibition vor dem inneren Auge des Lesers entstehen lässt, ignoriert alle Kontinentgrenzen.[42] Sie ist das ingenieurstechnische Äquivalent zu Humboldts *Carte des Lignes Isothermes*. Beide verwandeln die Erdfläche in einen glatten Raum. Doch während Humboldt die Kontinente über die vergleichende Geografie lediglich auf dem Papier kommunizieren lässt, löst die *steam brigde* im Jahr der Great Exhibition eine Massenbewegung aus. Sechs Millionen Menschen umrunden mit dem Dampfschiff und der Eisenbahn in allen erdenklichen Routen den Globus, um den Crystal Palace zu sehen.

Die Anfänge des Massentourismus sind mit der stehenden Verbindung zwischen London und New York und den Namen von Thomas Cook und Henry Robert Marcus verbunden. Joseph Paxton, Botaniker, Architekt und Organisator der Great Exhibition, hat sich an einige britische Reiseunternehmer gewendet, um die Besucherzahlen auf der Weltausstellung zu erhöhen. Mit ihm und den Direktoren der Midland Railways handelt Cook darum kurze Zeit später in Derby günstige Fahrpreise für die Eisenbahn aus. Im Vorfeld der ersten Weltausstellung gründet er Ende 1850 Sparvereine in den südlichen Midlands. Cook ist Baptist und Laienprediger, das Sparen seine Mission. Das gemeinsame Sparen gibt er als Heilmittel gegen Alkohol- und Tabakkonsum aus und hofft wie Boulton & Watt aus der negativen Rückkopplung ein Geschäft zu machen. Aus diesem Projekt entsteht die *package tour*. Der Vorläufer der Pauschalreise ist ein Fliehkraftregler sozialer Art, der die Arbeiter Birminghams davor bewahren soll, sich selbst in Stücke zu reißen. In London mietet Cook für die Dauer der Weltausstellung ein transatlantisches Dampf- und Auswanderungsschiff, das an der Vauxhall

Bridge, einer Eisenbahnbrücke unweit des Crystal Palace, vor Anker liegt. Mit dem Fahrpreis und der Eintrittskarte für die Great Exhibition erwerben die Touristen auf dem Schiff einen Schlafplatz, ein Handtuch und ein Stück Seife. Um für seine Pauschalangebote dieser Art zu werben, setzt Thomas Cook auf eine neue Zeitschrift, deren erste Nummer parallel zur Eröffnung der Weltausstellung, am 3. Mai 1851, erscheint. *Cook's Exhibition Herald & Excursion Advertiser* legt den Grundstein für Cooks Reiseführer. 165 000 Besucher der Great Exhibition haben am Ende ihre Reise bei Thomas Cook gebucht.[43] Cook hat die globale Verschickung von Passagieren mit der Weltausstellung erfunden, den Tourismus mit nicht viel mehr als einem Handtuch und einem Stück Seife unter Dampf gesetzt.

»Ein mathematisch exakter Menschenschlag«

Zur Zeit Jules Vernes sind Eisenbahnen und Dampfschiffe allgegenwärtig. Um 1870 umkreisen sie den Erdball auf immer kürzeren und geradlinigeren Verbindungen. Die kürzesten Verbindungen suchen nicht nur Hetzels *Außergewöhnlichen Reisen*, die ihren Lesern versprechen, die Welt an einem Abend auf dem Sofa zu umrunden. Auf die beispiellose Beschleunigung setzt auch die Weltausstellung in Paris, die Jules Verne zusammen mit seinem Bruder im Mai 1867 besucht. Im Palais Omnibus, dem zentralen Gebäude auf dem Marsfeld, sind auf einer Grundfläche von 14,4 Fußballfeldern fünf Galerien konzentrisch um einen Pavillon, Garten und Springbrunnen angeordnet. Die Besucher flanieren unter Glas, Stahl und Beton. Die Welt können sie an einem Tag auf fünf verschiedenen Routen zu Fuß umrunden. *Le tour* heißt »Rundfahrt«, »Spaziergang«, »Ausflug«. Die Weltreise wird zum Kinderspiel, auch in der Literatur. Jules Vernes Roman *Reise um die Welt in 80 Tagen* folgt 1880 ein Gänsespiel. In der Mitte des Spielfelds wartet eine Weltkugel darauf, umrundet zu werden. Die Anordnung der Spielfelder ähnelt den Kabinetten und Galerien des Palais Omnibus, die ebenso um einen zentralen Garten und Pavillon angeordnet sind. Spielbrett und Palais haben die *tour du monde* ganz wörtlich als »Ausflug« und »Umfahrt« im Raum und in der Fläche umgesetzt. Jeder Besuch, jedes Spiel soll zur Weltreise werden. So wie sich Jules Verne beim Spaziergang über das Marsfeld an der Idee berauscht haben mag, die Welt im Palais Omnibus an einem einzigen Tag zu umrunden, so hat der Autor des Gänsespiels die Weltreisen des Palais Omnibus mit der Miniaturisierung noch einmal beschleunigt. Das Spiel zählt zwischen 72 und 80 Spielfeldern – die Welt auf dem Tisch kann binnen einer Stunde umrundet werden.[44]

Die Weltreisen im Roman, auf dem Spielbrett und in der Weltausstellung entstehen mit dem optimierten Weltverkehr. Sie entspringen einer Obsession, die mit den geradlinigen Bewegungen der Eisenbahnen und Dampflinien aufkommt. Die Touristen der Weltausstellung tauchen in Vernes Roman als »mathematisch exakter Menschenschlag« auf. Über Phileas Fogg erfahren wir gleich zu Beginn:

> Er tat keinen Schritt zu viel, nahm immer den kürzesten Weg. [...] Er zeigte niemals die geringste Eile und kam doch stets rechtzeitig an. Gleichwohl wird man verstehen, dass er für sich allein lebte und sozusagen außerhalb aller gesellschaftlichen Bindungen stand. Er wusste, dass es im Leben immer wieder zu Reibungen kommt, und da jegliche Reibung hemmend wirkt, rieb er sich eben an niemanden.[45]

Fogg verkörpert die perfekte gleichförmige Bewegung. Seine reibungslose Fortbewegung kann nur ein psychischer Reinraum garantieren. So begegnet er Mrs. Aouda »stets mit vollendeter Höflichkeit, ungefähr so charmant und spontan wie ein Automat mit eigens zu diesem Zweck kombinierten Bewegungsabläufen«.[46] Die

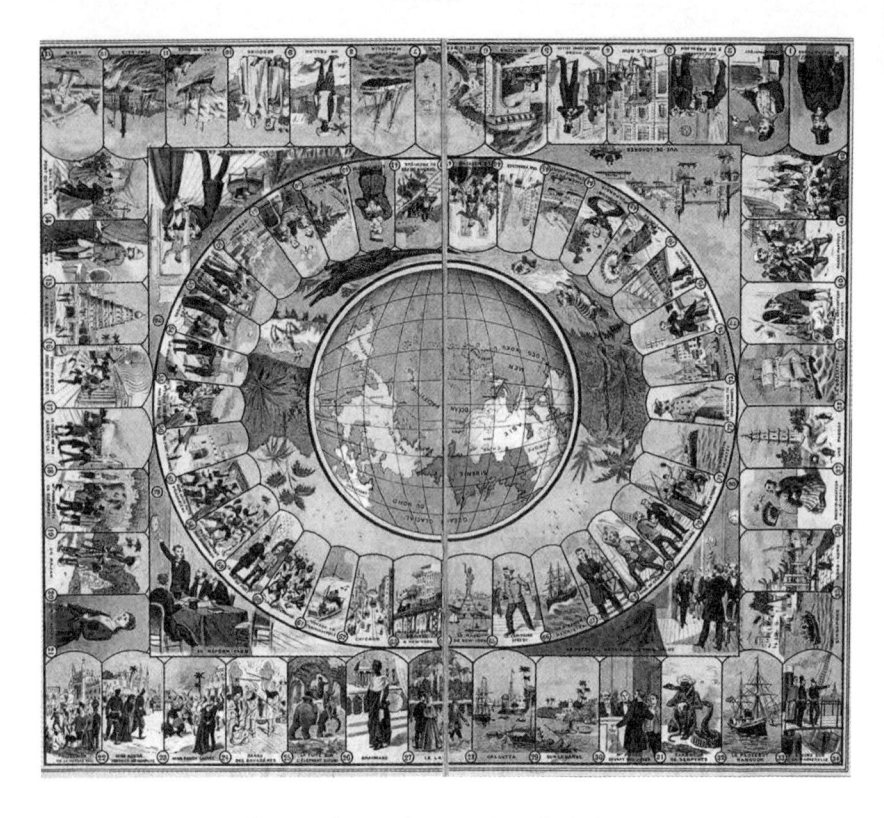

Le tour du monde en quatre-vingts jours,
Brettspiel um 1880, Lithografie auf Karton.

mathematische Präzision, mit der Fogg seine Weltreise plant und durchführt, macht ihn zum Uhrwerk und Inselmenschen. Nimmt man ihn als Stellvertreter eines neuen Menschentyps, der die »Ruhe im Handeln« zur Maxime erhoben hat, so normalisieren die Weltreisen den Touristen als *idiot savant*.

Wo liegt also der Ort, der die »Ruhe im Handeln« garantiert? Das Medium der reibungslosen Fortbewegung ist das Meer, durch das sich die neuen Inselmenschen kreuzungsfrei bewegen können. Die kürzesten Verbindungen findet Verne in den transatlantischen Linien, von denen er nach den Aussagen seiner Nichte Marguerite Allotte de La Fuÿe durch ein Flugblatt von Thomas Cook erfuhr,

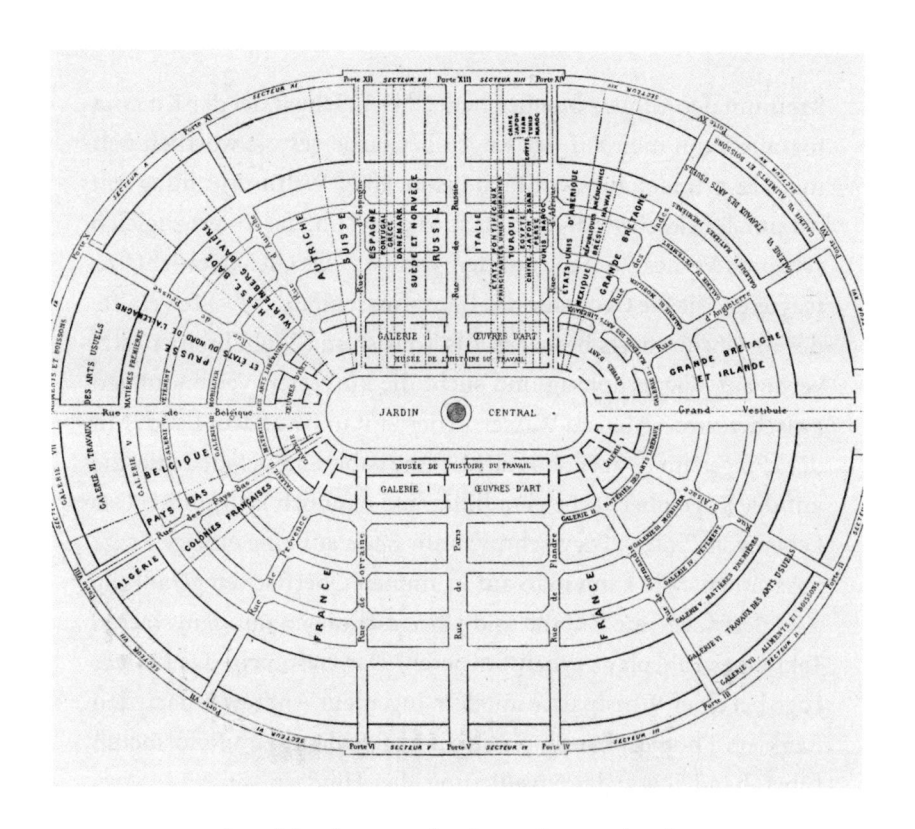

Grundriss des zentralen Ausstellungsgebäudes
der Exposition universelle, Palais Omnibus, 1867.

das ihm der Wind an der Pariser Börse vor die Füße geweht habe.[47] Cooks Flugblatt bewirbt die erste Weltreise, die er im Herbst 1872 für drei Briten, zwei Amerikaner, einen Griechen und einen Russen organisierte. Doch die Möglichkeit, in achtzig Tagen um die Welt zu reisen, hat Verne schon im März dem *Magasin pittoresque* entnommen, einer Zeitschrift, die er regelmäßig liest. Dort ist auch der Fahrplan für die Weltumrundung abgedruckt, den Verne ohne große Änderungen übernahm.[48] Die Idee, in weniger als drei Monaten die Welt zu umrunden, zog ihn sofort in den Bann, schreibt Vernes Nichte: »Cooks Züge, Busse und Dampfer drehten sich immer schneller und schneller in seinem Kopf, bis sie einen geschlossenen

Kreis um den Globus beschrieben«.⁴⁹ Den Schwindel der Kinematografie kann man auf der Kugeloberfläche getrost wörtlich nehmen. Er gründet auf dem Phantasma einer Weltumrundung mit maximaler Geschwindigkeit. Rastlos mobil und fasziniert zugleich scheinen Vernes Romane auf den Verlust eines Gleichgewichts zu reagieren, die die Geografie der Dampfmaschine der zweiten Hälfte des 19. Jahrhunderts beschert. Als Tourist und Vielschreiber setzt Verne auf Wiederholung und sucht die kürzesten Verbindungen zwischen zwei Orten zu Wasser, in der Luft und auf dem Land. Mit dem Finger auf dem Globus zieht Verne dabei eine gerade Linie, die auf der Kugeloberfläche geradlinig und dennoch krumm ist. Das Leben von Phileas Fogg schmilzt am Ende auf eine einzige Frage zusammen: Wie kann man auf krummen Oberflächen geradlinig navigieren, wie die Zufälle und Überraschungen mit dem starren Takt eines Fahrplans synchronisieren? Das Gespräch, das Phileas Fogg bei einer Whistpartie mit dem Ingenieur Andrew Stuart, den Bankiers Thomas Flanagan und Samuel Fallentin im Reformclub führt, handelt von der Nivellierung aller Hindernisse:

»Ja, 80 Tage!«, rief Andrew Stuart aus und stach aus Versehen mit der Trumpfkarte. »Dabei sind die Unbilden des Wetters, Gegenwind, Schiffbruch, Entgleisungen von Zügen usw. aber nicht berücksichtigt!«

»80 Tage, alles inbegriffen«, erwiderte Phileas Fogg und spielte weiter ...

»Selbst auch, wenn die Inder oder die Indianer die Schienen demontieren?«, rief Andrew Stuart, »Wenn sie die Züge anhalten, die Gepäckwagen plündern und die Reisenden skalpieren?«

»Alles inbegriffen«, wiederholte Phileas Fogg, legte seine Spielkarten auf den Tisch und fügte hinzu: »Die beiden höchsten Trümpfe!«

Andrew Stuart, der geben musste, begann zu mischen und

sagte: »Theoretisch mögen Sie Recht haben, Mr. Fogg, doch in der Praxis ...«

»In der Praxis auch, Mr. Stuart.«[50]

In verkehrstechnischer Hinsicht gründet die Verknüpfung der Orte und die Auflösung der Widerstände auf den Praktiken und Techniken der Angleichung. Fogg muss die Fahrpläne und Fortbewegungsmittel nivellieren, die abstrusesten Abenteuer glätten und die Reiseroute wie ein Eisenbahningenieur dem Untergrund und Fortbewegungsmittel anpassen. Das leidenschaftslose Kalkül vertraut Dämmen und Brücken, wo »die Witterung, widrige Winde, Schiffbruch, Entgleisungen etc.« den Reisefluss zu unterbrechen drohen, um möglichst geradlinig zu reisen.

Das Gespräch geht unmittelbar der Wette voraus. Gespräch, Spiel und Wette scheinen einander wechselseitig zu kommentieren. »Die beiden höchsten Trümpfe!«, sagt Fogg, der sich seiner Sache sicher ist: Er wettet auf die Nivellierung aller Hindernisse und die Berechenbarkeit des Unvorhersehbaren. Stuart, der als Ingenieur im Studium die Techniken der Nivellierung kennengelernt haben muss, glaubt indes nicht an die bedingungslose Angleichung. Er hält Fogg die Unfälle der dampfbetriebenen Vehikel entgegen. Die Zukunft ist ungewiss. Der Bankier Sullivan mahnt darum, die unsichere Investition zu überdenken:

»20 000 Pfund Sterling!«, rief John Sullivan. »20 000 Pfund Sterling, die Sie verlieren können, wenn Sie durch unvorhersehbare Ereignisse aufgehalten werden!«

»Es gibt keine unvorhersehbaren Ereignisse«, erwiderte Phileas Fogg ruhig.

»Aber, Mr. Fogg, 80 Tage sind doch nur als Minimum gedacht!«

»Wenn man mit einem Minimum gut wirtschaftet, kommt man auch damit zurecht.«

»Um im Rahmen zu bleiben, müssen Sie ja jeweils mit mathematischer Genauigkeit vom Zug ins Schiff und vom Schiff in den nächsten Zug springen!«
»Dann springe ich eben mit mathematischer Genauigkeit!«[51]

Zwei Lesarten einer Welt? – Fogg wettet auf die gleichförmige Bewegung und den glatten Raum der Eisenbahnen. In seinem Argument folgt er den Eisenbahningenieuren, die die Krümmung und Reibung durch möglichst große Radien in der Streckenführung zu minimieren suchen. »Wenn man mit einem Minimum gut wirtschaftet, kommt man auch damit zurecht«. Systemisch betrachtet, tendieren alle singulären Verspätungen gegen Null, wenn man nur genügend Pünktlichkeit angespart hat. Fogg kann darum alles Unvorhersehbare auf das Vorhersehbare reduzieren – die Störungen werden vor der überragenden Mehrheit der exakten Verbindungen aufgehoben und nivelliert. Der Ingenieur Stuart vertritt dagegen die Theorie der Nebenwirkungen und Störungen. Er geht von der Mehrheit der Unfälle aus und kommt zu dem Ergebnis, dass Fogg am Ende den ehrgeizigen Fahrplan mit der Summe der Verspätungen nicht einhalten könne. Bei gleichen Voraussetzungen ziehen Fogg und Stuart nahezu vollkommen gegensätzliche Schlüsse. Während Fogg sich sicher ist, dass krumm × krumm gerade ergibt, schließen die Mitglieder des Reformclubs die Wette auf die Physik des gekerbten Raums ab. Auf Foggs glattem Verkehrsraum kontern sie mit der großen Zahl der kleinsten Abweichungen, die keine Theorie jemals vorhersagen kann.

»Theoretisch mögen Sie Recht haben, Mr. Fogg, doch in der Praxis ...«, entgegnet Stuart skeptisch. Kann man mit mathematischer Präzision alle Unwägbarkeiten beseitigen und mit der *steam engine* tatsächlich in gerader Linie den Globus umrunden? Fogg argumentiert mit dem Umfang der Erde, er sei geschrumpft, und ein Mitglied des Reformclubs pflichtet ihm bei, »weil wir sie heute zehn Mal schneller umrunden können als noch vor 100 Jahren«.[52] So endet das Spiel mit der Wette, und Foggs Reise beginnt. George Francis Train, ein Manager der Union Pacific Railway, reist vor Fogg in achtzig Tagen um die Welt und beschwert sich 1874 über den französischen Hochstapler: »Erinnern Sie sich an *In achtzig Tagen um die Welt*? Jules Verne stahl mir die Show. Der echte Fogg bin ich«.[53] Den Anspruch auf den Titel des *idiot savant*, der die Welt auf den schnellsten und geradlinigsten Routen umrundet, muss der Eisenbahnmanager sich freilich weniger mit Verne als mit dem Namensvetter dessen Romanhelden teilen. William Perry Fogg reist bereits 1869 um die Welt und verfasst 1872 mit *Round the World* ein Reisetagebuch, das die Umrundung schon im Titel trägt. Ob Verne tatsächlich von den Reisen der echten Foggs Notiz nahm, ist ungewiss. Und eigentlich auch unwichtig. Denn schon allein die Tatsache, dass Fogg der Name zahlloser Zwillinge und Doppelgänger ist, ist Ereignis und Symptom. Die zirkulären Reisen auf der geraden Linie sind vor allem ein Echo der technischen und logistischen Möglichkeiten. Die Foggs sind die Stellvertreter eines neuen Menschentyps. Sie sind Touristen, die auf der Jagd nach der schnellsten Verbindung sich immer dem Leben im Takt verschrieben haben. Die schnellste Route ist ein Kreis, den Fogg mit der unbestechlichen Präzision eines Zirkels auf den Globus zeichnet:

> Er reiste [...] nicht, sondern beschrieb einen Kreis. Er stellte einen schweren Körper dar, der sich auf einer Umlaufbahn um die Erdkugel befand und dabei den rationalen Gesetzen der Mechanik folgte.[54]

Fogg ist ein Satellit, den der Fahrplan im Orbit hält. Es bestehe »durchaus Grund zu der Frage, ob unter dieser kalten Hülle überhaupt ein menschliches Herz schlug«, erklärt der Brigadegeneral Sir Francis Cromarty, der Fogg in Richtung Bombay begleitet. Fogg agiert wie eine Maschine. »Eventuelle Hindernisse habe ich bereits in meine Pläne miteinbezogen«, erklärt er auf der Reise von Suez nach Bombay einsilbig seiner Reisebekanntschaft.[55] Die gleichförmige Bewegung Newtons gibt das Modell vor. So etwa in der Episode auf dem Schiff von Kapitän Speedy, auf dem Fogg am Ende kurzerhand den Befehl erteilt, die Aufbauten bis auf den Rumpf zu verfeuern, um Liverpool auch ohne Kohle pünktlich zu erreichen.[56] Foggs »Ruhe im Handeln« wird mehrfach mit dem gleichmäßigen Lauf einer Schiffsuhr verglichen. Er sei ein »wunderbar austariertes Räderwerk«: »[K]ein Zwischenfall oder Unglück vermochte ihn aus der Fassung zu bringen. Er schien von allem ebenso unberührt wie die Chronometer an Bord«.[57] Chronometer verrichten Dank John Harrisons H4 an Bord zahlloser Schiffe ab 1759 klaglos ihren Dienst. Einmal auf die Uhrzeit des Greenwich-Meridians eingestellt, gleicht der Schiffschronometer mit einer Hemmung alle Stürme und Wellenschläge aus, um eine möglichst genaue Berechnung der Längengrade zu ermöglichen. Eine spezifische Hemmung ist auch bei Fogg die Voraussetzung, um alle Unruhen zu neutralisieren und unbeirrt auf einer geraden Linie reisen zu können. Als Phileas Fogg kurz vor dem Ziel Inspektor Fix einen Faustschlag erteilt, arbeitet er sogar die Wut mit der »Präzision eines Automaten« ab.[58] »Pedanterie« und »Präzision« sind ebenso für den entscheidenden, letzten großen Irrtum verantwortlich.[59] Foggs Berechnungen kennen keine Sprünge. Am Ende kommt er vierundzwanzig Stunden früher in London an, weil er den Globus ostwärts, nicht westwärts umrundet hat. Er gewinnt die 20.000 Pfund Sterling, weil er pünktlicher handelt als jeder Fahrplan ihm vorschreiben könnte. Verne hat das monotone Uhrwerk Foggs mit Widersprüchen austariert. Da die bewegungslose Fortbewegung allen dampfbetriebenen Vehikeln eingeschrieben ist, bleibt auch Foggs Antrieb das Phlegma der Präzision. Fogg verschmilzt mit seinen Fortbewegungsmitteln. Er schwingt im Takt der Fahrpläne. Die Hemmung des Chronometers, die die Präzision garantiert, verbindet Michel de Certeau mit einer spezifischen Form der Antriebslosigkeit. Der Zug sei »eine Verallgemeinerung von Dürers *Melencolia*«:

> Im Innern die Unbeweglichkeit einer Ordnung. Hier herrscht
> Ruhe und wird geträumt. [...] Draußen, eine andere Unbe-
> weglichkeit, die der Dinge: aufragende Gebirge, weitläufige
> Grünflächen, stillstehende Dörfer, Gebäudereihen, schwarze Sil-
> houetten im Gegenlicht der Sonne, das Glitzern von nächtlichen
> Lichtern auf dem Meer, das vor oder nach unseren Geschichten
> liegt. [...] Wie ich wechseln sie nicht ihren Platz, nur der Blick
> verändert und erneuert beständig die Beziehungen, die diese
> unbeweglichen Elemente miteinander unterhalten.[60]

De Certeaus Melencolia ist über und unter den Meeren eine Erfindung der Lokomotive und der geradlinigen Eisenbahnschienen. Präzision und kollektive Hemmung zeichnen jeden Touristen aus. In Tausend Plateaus orientieren Deleuze und Guattari den glatten, nomadischen Raum des Meeres am gekerbten Raum des Sesshaften. Beide Räume existierten nur wegen »ihrer wechselhaften Durchmischung[,] der glatte Raum wird unaufhörlich in einen gekerbten Raum übertragen und überführt; der gekerbte Raum wird ständig umgekrempelt, in einen glatten Raum zurückverwandelt«.[61] Auch Fogg braucht die Unfälle und Widrigkeiten, um sich von ihnen abzuheben. Widerstände stellen nicht nur eine willkommene Gelegenheit dar, um die reibungslose Fortbewegung und die Überlegenheit seiner Reiseplanung unter Beweis zu stellen. Die Hemmnisse und Reibungen wollen nivelliert werden. Die Wette existiert nur, weil es Widerstände gibt. Vernes Roman stellt die Welt buchstäblich mehrfach zur Schau – die Fähigkeit, jeden gekerbten Raum in den glatten Raum des Tourismus zu verwandeln, wird dem Leser wie die Leistungen der *steam engine* auf den Weltausstellungen in zahllosen Facetten und Variationen vorgeführt. Auch in *Von der Erde zum Mond* hat Jules Verne die Mechanik der Kanonenkugeln schon mit der Bewegung der Planeten verglichen: »Das Projektil ist der Eisenbahnwagen der Zukunft, und eigentlich sind die

Planeten auch nur Projektile, Kanonenkugeln, welche die Hand des Schöpfers auf den Weg geschickt hat«.[62] Die »rationalen Gesetze«, denen Fogg auf seinem Weg um die Erde folgt, sind Teil einer vermeintlich göttlichen Mechanik. Die dampfbetriebene Schwelle ist die unsichtbare Hand Gottes. Einmal in Bewegung gesetzt, scheint Fogg durch den schwerelosen Raum zu gleiten: Nichts und niemand kann ihn mehr aufhalten.

Der Nabel der Welt

Foggs zirkuläre Reise auf der Linie schlägt sich auch in den Karten nieder, die den Roman und das Spiel begleiten. Das 37. Kapitel enthält eine Karte in Mercatorprojektion, die mit einem durchgehenden Strich den Kreis zeigt, den Fogg in 80 Tagen um die Welt beschreibt. Auffällig ist eine Redundanz: Der 0. und 20. Meridian sind zweimal abgebildet. Zwischen den beiden Mittagslinien haben die Kartografen Irland und Großbritannien doppelt gezeichnet. Ptolemaios und Aristoteles hätten die Vermehrung der britischen Inseln verdammt. In ihren Augen wären es Trugbilder, die auf Messfehler oder verderbte Quellen hinweisen, weil zwei Orte nicht hier und dort – im Osten und im Westen – zugleich sein können. Aber zum Ende des 19. Jahrhunderts darf es Großbritannien zweimal geben. Die Zwillingsorte der Variation und Missweisung kehren mit den ersten transatlantischen Routen erneut auf die Karten zurück. Die doppelten Orte breiten sich mit dem Tourismus und der Demokratisierung der Weltreisen aus. Sie attestieren, dass man den Globus immer schneller in den unterschiedlichsten Routen umrunden kann.

Der Geopolitiker Halford Mackinder betrachtet die verschiedenen Positionen Großbritanniens auf den Weltkarten von Eratosthenes über die Hereford-Karte bis ins 19. Jahrhundert im Zeitraffer und belebt seine Argumentation mit einer Kartenserie. »Zweitausend

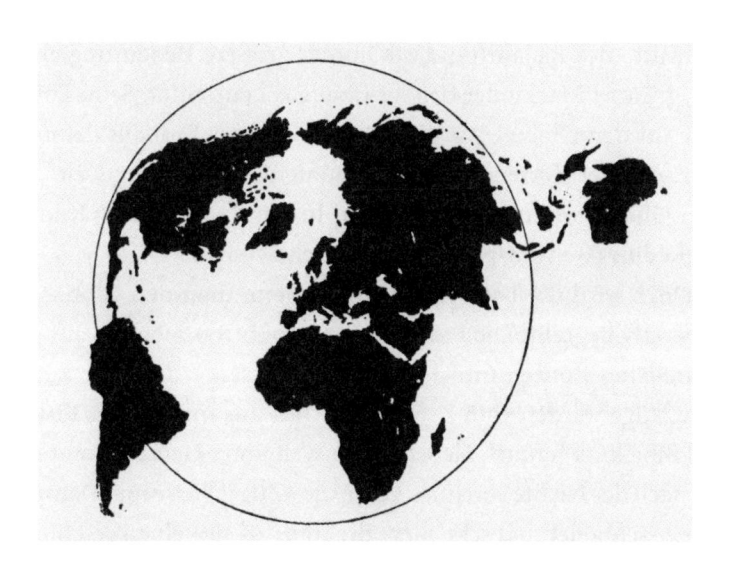

»Die Landhemisphäre, die das Mittelmeer und die zentrale Position Großbritanniens zeigt«, nach einer Fotografie gezeichnet und generalisiert. Großbritannien nimmt wie Jerusalem auf der Hereford-Karte die Kartenmitte ein. Halford Mackinder, *Britain and the British Seas*, 1902.

Jahre lang lag Britannien nicht im Mittelpunkt, sondern an den Rändern des politischen Geschehens«, schreibt Mackinder, »Britannien bezeichnete das Ende der Welt«.[63] Die kürzesten Verbindungen von Süd nach Nord führen über eine gewaltige Meeresstraße, die alle Erdteile miteinander verbindet. »Selbst die großen Kontinente«, schließt Mackinder, »sind nur große, nicht zusammenhängende Inseln. Dagegen ist jeder Teil des Ozeans von überall her zugänglich«.[64] Mackinder fasst zusammen, was längst auf den Karten sichtbar ist: Mit der Entdeckung Amerikas habe sich der Blick von den Landmassen zu den Meeren hin verschoben. Vom Meer aus betrachtet, sei Großbritannien von den Kartenrändern immer mehr ins Zentrum gerückt.[65] Auf den Großkreisen, die für transatlantische Routen mit dem Dampfschiff, Zug und Flugzeug ab der Mitte des 19. Jahrhunderts immer größere Bedeutung erlangen, gründet Mackinder Großbritanniens Zentralität. Seine Pointe zielt auf den Globus, wie eine Fotografie eines Erdballs demonstriert. Auf der Karte läge Großbritannien am Ende der Welt. Auf dem Globus werden die britischen Inseln dagegen zum Knotenpunkt eines weltumspannenden Verkehrssystems.[66]

Doch wird die Lage erst sichtbar, wenn man den Globus als Imperativ begreift: Die Erde will von Großbritannien aus auf den schnellsten Routen umrundet und erobert werden. Die neuen Kreuzzüge werden vom Kreuzfahrtschiff aus mit Bridge, Biskuit und Bibelkurs geführt. Sie setzen die Welt unter Dampf, damit sich frei nach der Nichte von Jules Verne die »Züge, Busse und Dampfer immer schneller und schneller« drehten, bis sie »einen geschlossenen Kreis um den Globus beschrieben«.[67]

»... round and round«

Dass das Meer mit den schrumpfenden globalen Entfernungen an Bedeutung gewinnt, konnte Verne den zahlreichen Atlanten entnehmen, die sich in seiner Bibliothek befanden.[68] Auf die Kugelgestalt der Erde zielt besonders F. A. Garniers *Atlas Sphéroïd et Universel de Géographie*, von dem Verne ein Exemplar besaß.[69] Dass das Medium der Weltreisen eine Kugel ist, muss Verne mit Garnier lebhaft vor Augen gestanden haben. Im Frontispiz von *Reise um die Welt in 80 Tagen* erhellt ein Globus die Welt, die Fogg, Passepartout und ihre Begleiter und Verfolger in siebenunddreißig Kapiteln umrunden wollen. Globen findet man in vielen Romanen Vernes.[70] Und wo man keinen Globus auf dem Umschlag oder Frontispiz entdecken kann, deuten kreisrunde Kartuschen und Ornamente die Reisen um die Welt an. Die Obsession, die Welt auf den kürzesten Routen zu umrunden, soll von den ersten Seiten an auf die Leser überspringen. Jules Hetzel verbindet mit den Touristen ein

Erziehungsprogramm und eine Vermarktungsstrategie, die er mit dem *Magasin d'éducation et de récréation* verbreitet, in dem auch Jules Vernes Romane erscheinen. So wirbt Hetzel 1890 mit einem formatfüllenden Globus für Vernes *Außergewöhnliche Reisen*. Einen Globus mit Meeresströmungen, Telegrafenlinien und Schiffsverbindungen erhalten 1887 auch die Käufer von Vernes dreibändiger *Geschichte berühmter Reisen und berühmter Reisender* in der Pariser Buchhandlung von Girard & Boitte, von der eingangs schon die Rede war.[71] Wie eng die Reisen um die Erde mit dem Paradox der bewegungslosen Bewegung zu Vernes Zeiten verbunden sind, bezeugen auch die zahllosen Zeichnungen. Sie stellen Verne gern mit Feder und Globus dar. Eine frühe Karikatur zeigt ihn mit einer Spieluhr zwischen den Beinen und der rechten Hand an der Kurbel. Das Théâtre de la Porte St. Martin, in der eine Bearbeitung von Vernes Roman 1874 uraufgeführt wird, braucht lediglich, so suggeriert die Karikatur, einen Globus auf die Bühne zu stellen, den Verne unermüdlich dreht.[72] Die Romanhelden sind dazu verdammt, die Welt zu umrunden.[73] Ob Jules Verne die *Reise um die Welt in 80 Tagen* tatsächlich mit der Hand am Globus geschrieben hat, ist nicht eindeutig belegt. In seinem letzten Wohnhaus in der Rue Charles Dubois in Amiens, das heute das Jules-Verne-Museum beherbergt, steht auf Vernes Schreibtisch ein Globus in der Bibliothek, der der Leserprämie von Girard & Boitte auf auffällige Weise ähnelt. Unbestritten war Verne selbst der eifrigste Leser seiner Werke. Das Arbeitszimmer, das mehrfach beschrieben worden ist, ist von der weitläufigen Bibliothek separiert.[74] Von ihr führt eine Tür in eine bücherlose Kammer mit einem Kamin, einem schmalen Eisenbett und einem kleinen Schreibtisch. Ob auf dem Schreibtisch des Nebenraums ein Globus Platz hätte finden können, kann man bezweifeln. Auch der Berliner Agrarwissenschaftler Max Kopp bemerkt in seiner Biografie die selbstgewählte Enge: »Den einzigen Schmuck, das tägliche Werkzeug des Mannes, der uns ein ›Heldengedicht der Erde‹ schenkte, bildete ein Planiglobus, das sprechende Symbol seines

Jules Verne mit Spieluhr auf dem Titelblatt der *L'Eclipse*,
8. Dezember 1874, Lithografie von André Gill.

Werks«.[75] Marie A. Belloc dagegen hat bei ihrem Besuch einen Globus auf dem Kaminsims entdeckt.[76] Ob plan oder dreidimensional, ist nahezu egal – dass der Globus für Verne mehr gewesen sein muss als ein »sprechendes Symbol«, ist unübersehbar. Er hat die Rundreisen seiner Protagonisten minutiös auf dem Papier geplant. Sie sind das Gerüst seines Romans. So sind die Reiseplanungen etwa in *Reise um die Welt in 80 Tagen* sogar in die Romanhandlung eingegangen. Verne hat sie aus der März-Ausgabe des *Magasin pittoresque* nahezu unverändert übernommen. Das 7. Kapitel schließt mit den Aufzeichnungen von Phileas Fogg:

> »Abreise aus London: Mittwoch, 2. Oktober, 20 Uhr 45.«
> »Ankunft in Paris: Donnerstag, 3. Oktober, 7 Uhr 20.«
> »Über den Mont Cenis nach Turin, Ankunft: Freitag, 4. Oktober, 6 Uhr 35.«
> »Abreise aus Turin: Freitag, 7 Uhr 20.«
> »Ankunft Brindisi: Samstag, 5. Oktober, 16 Uhr.«
> »Eingeschifft auf der *Mongolia*: Samstag, 17 Uhr.«
> »Ankunft in Suez: Mittwoch, 9. Oktober, 11 Uhr.«
> »Insgesamt bisher benötigte Zeit: 158 ½ Stunden, also 6 ½ Tage.«[77]

Die Weltreise nimmt die Form eines Fahrplans an. Sie besteht aus wenigen Zeilen, weil Fog(g) aus Nebel Wasser gewinnen muss.[78] Wenn er die Wette gewinnen will, muss er wie ein gewissenhafter Buchhalter über jede Minute Rechenschaft ablegen. Der vergangenen Zeit stellt Fogg einen tabellarischen Reiseplan gegenüber:

> Er war in Spalten unterteilt, die einen Zeitraum vom 2. Oktober bis zum 21. Dezember umfassten und in denen Monat, Datum und Wochentag der planmäßigen und der tatsächlichen Ankunftszeiten in den größeren Städten verzeichnet waren: Paris, Brindisi, Suez, Bombay, Kalkutta, Singapur,

Hongkong, Yokohama, San Francisco, New York, Liverpool und London. So konnte er an jeder Station berechnen, wie viel Zeit er gewonnen oder verloren hatte.[79]

Die gedruckte Fassung des Romans kündigt den ausführlicheren Reiseplan lediglich an. In Vernes Manuskript findet man allerdings eine detaillierte tabellarische Auflistung und Berechnung der Reisezeiten nach dem beschriebenen Schema. Über die Liste schreibt Verne: »80 Tage sind 1920 Stunden, 115200 Minuten oder 6912000 Sekunden«.[80] Verne berechnet die Zeit, die Phileas Fogg zur Verfügung steht. Die Zahlen beziffern auch den Kredit, den Phileas Fogg in den folgenden sechsunddreißig Kapiteln aufbrauchen, aber nicht überziehen darf. Die Listen geben einen technischen Einblick in die Werkstatt und Ökonomie der Handlung, ein Skelett, das die Figuren erst beleben müssen. Die Strecke von London über Paris, Turin und Brindisi nach Ägypten hat Verne indes den Fahrplänen oder Werbebeilagen in *Bradshaw's Continental Railway Guide* entnommen, den er im Roman auch als direkte Quelle erwähnt.[81] Mit dem Weltverkehr, den transatlantischen Schiffslinien und den transkontinentalen Eisenbahnlinien entsteht um 1860 eine neue »Schicht von Managern«, die nicht mehr lokal agiert, sondern die Bewegungen der Reisenden und Güter zwischen den lokalen Orten und dem gesamten Eisenbahnnetz taktgenau vermitteln und synchronisieren muss. Ähnlich wie in Humboldts *Kosmos* muss jedes Detail in Hinblick auf ein Systemganzes betrachtet werden. Die großen Eisenbahngesellschaften Amerikas, die Pennsylvania Railroad, Michigan Central, Union Pacific sowie Chicago, Burlington & Quincy erfinden im Gefolge der neuen Verkehrslinien auch eine neue Organisationsform, mit der sie das weltumspannende Netzwerk der Züge, Güter und Verbindungen im Detail synchronisieren und im Überblick steuern und überwachen können. Sie unterscheiden erstmals zwischen strategischen und operativen Aufgaben und lösen damit eine Welle von Hierarchisierungen aus.

In der neuen Organisationsform folgen der Leitungsebene des Vorstands die Präsidenten, die einem Heer von Managern vorstehen. Die Manager dirigieren und führen eine Architektur der dezentralen Überwachung und Übersichtlichkeit ein.[82] Das strategische Geschäft der Manager hat Siegfried Kracauer 1929 in *Die Angestellten* mit dem Bild des chronisch leeren Schreibtisches assoziiert. Der Manager arbeitet nicht: Er lenkt. Das Chefbüro ist ein »mobiles Imperium«, das im Stillstand verharrt. Wie der Eisenbahnwaggon mühelos durch die Landschaften schwebt und die Passagiere von jeder schweißtreibenden Aktivität der Fortbewegung entbindet, ist das neue Chefzimmer dem geschäftigen Treiben des Arbeitslebens enthoben. Dem rasenden Stillstand der Weltreisenden entspricht die arbeitslose Führungskraft. Kracauers kaufmännischer Direktor lobt das Rundreisebillet. Es wird zum Vorbild und Steuerungselement der neuen Organisationsform:

> »Wissen Sie, wie Rundreisebillette aussehen?« fragte mich der kaufmännische Direktor. Erstaunt nicke ich. »Ich werde Ihnen unsere Rundreisebillette zeigen.« Wir betreten einen Raum, dessen eiserne Regale unzählige Heftchen bergen, die in der Tat Rundreisebilletten aufs Haar gleichen. Sie enthalten zusammengefaltet alle zur Erledigung des Arbeitsvorgangs erforderlichen Formulare. Der Arbeitsvorgang: das ist die Summe der Verrichtungen, die vom Eintreffen des Auftrags bis zum Abtransport der bestellten Ware auszuführen sind. Leitet der Auftrag eine Reise ein, so wird die innezuhaltende Route durch die Formulare festgelegt, und gewiß könnte keine Konzertagentur die Tournee eines Virtuosen genauer im voraus bestimmen. [...] Den Hauptschmuck des wirklichen Büros bildet ein schrankartiger Aufsatz, der mit farbigen Glühbirnen besät ist. Überhaupt haben die roten, gelben und grünen Töne heute nur den Zweck, ein Unternehmen noch rationeller zu gestalten. Aus dem Aufleuchten und Erlöschen der winzigen

Glühbirnen kann der Betriebsleiter jederzeit den Stand der Arbeiten in den einzelnen Abteilungen erschließen.[83]

Der kaufmännische Leiter trennt zwischen den Formularen der Ausführung und dem schrankartigen Aufsatz mit den Kontrollglühlampen: Die Routinen der Ausführung unterscheidet er von den Instrumenten der Leitung. Diesem strategischen Blick begegnet man vor allem in einer neuen Organisation der Verwaltungswege. Das operative Geschäft wird über die »Rundreisebillette« in Einzelvorgänge zergliedert, der strategische Überblick über eine Ampelschaltung hergestellt.

Auf Vernes Eisenbahnroman schlagen die neuen Organisationsformen unmittelbar durch. Weltromane erfordern eine globale Planung. Sie verlangen nach einer neuen Organisation der Handlung. Auf die Manager antwortet der Mann am Globus, ein Autor mit strategischer Weitsicht, der vom Schreibtisch die globalen Bewegungen seiner Protagonisten synchronisiert und lenkt. Die Handlungsstränge muss Verne mit Zugfahrplänen synchronisieren, um auf der Schreibfläche die Bewegungen der einzelnen Protagonisten mit dem Gesamtfahrplan des Romans korrelieren zu können. Die neue Organisation der Handlung bestimmt den Aufbau des Romans. Mit den individuellen Fahrplänen zergliedert er die Handlung in Teilstrecken und Episoden. Die Bahnhöfe organisieren die Summe der Wege. Die Routen, die Fogg abschreiten muss, sind Routinen – eine Reihe von Verrichtungen, die er mit mathematischer Präzision abarbeitet, damit er die Wette gewinnen kann. Operativ betrachtet sind die Romanfiguren Jules Vernes Angestellte. Die Wette ist nichts weiter als ein »Arbeitsvorgang«, der mit Präzision und Pedanterie ausgeführt und erledigt werden will. Mit den individuellen Fahrplänen steuert Verne das Personal des Romans. Dem schrankartigen Aufsatz, mit dem der kaufmännische Direktor die Ausführung überwacht, entspricht bei Verne dagegen ein papiernes Räderwerk aus Fahrplänen, Spielfiguren und einer Weltkarte, die die individuellen

Etappen, Routen und Umwege seiner Protagonisten im Detail protokolliert.[84] Zu seinem Roman ist die Flut der Brettspiele bis heute nicht versiegt, die versprechen, alle Handlungsstränge und Passagiere pünktlich und genau zuzustellen.[85] Auf dem Spielbrett können alle Weltumrundungen ohne Anschlussfehler und Sprünge geplant und überwacht werden. Die strategische Bedeutung der Lichtsignalanlagen, die erst 1922 in Paris Verbreitung finden, steht Verne 1873 indes noch nicht vor Augen. Den Überblick und die strategische Leitung zu behalten, hilft ihm in seinem Roman vor allem die Kartografie, eine Wissenschaft, die den allwissenden, göttlichen Blick durch Auf- und Grundrisse synthetisch herstellt.

Die *Reise um die Welt in 80 Tagen* handelt nicht nur von einer Figur, die manisch von Fahrplänen besessen ist. Der Roman musste auch mit und nach einem Fahrplan geschrieben werden. Vernes Held beginnt im Roman wie auf dem Spielbrett seine Reise in London – er sticht am Nullmeridian in See und kehrt dorthin zurück. Doch die Wette mit dem *Reform Club* kann Fogg nur mithilfe der Datumsgrenze gewinnen, die dem Nullmeridian gegenüberliegt. »*Reise um die Welt in 80 Tagen* begann mit einem Inserat in einer Zeitung«, sagt Verne in einem Interview mit der Journalistin Marie A. Belloc, »besonders beeindruckte mich, dass man jetzt die Welt in achtzig Tagen umrunden kann. Und sofort kam mir die Idee, dass Reisende, sobald sie Meridiane überqueren, in dieser Zeitspanne einen Tag gewinnen oder verlieren könnten. Auf diesem Gedanken beruht die gesamte Geschichte«.[86] Fogg fährt nach Osten, der Morgensonne entgegen, »daher verkürzten sich die Tage für ihn mit jedem Längengrad, den er in dieser Richtung überquerte, um 4 Minuten. Der Erdumfang hat 360 Grad, und diese 360 Grad, multipliziert mit 4 Minuten, ergeben exakt 24 Stunden«, erklärt Verne in einem Vortrag am 4. April 1873 vor der Zentralkommission der Geografischen Gesellschaft.[87] Sein Protagonist gewinnt schließlich mit dem Rückenwind der Datumsgrenze. Er »hatte, ohne es zu ahnen, während der Reise einen ganzen Tag dazugewonnen – und zwar einzig und allein, weil er nach *Osten* gefahren war. Wäre er in die entgegengesetzte Richtung gereist, also nach *Westen*, hätte er einen Tag verloren«.[88] Verne hat die Handlung an der Datumsgrenze ausgerichtet, um die sich nicht nur Foggs Reise, sondern mit der Reise auch die Kontinente auf atemberaubende Weise zu drehen scheinen. Die Kurbel, die André Gill auf seiner Karikatur Jules Verne in die Hand drückt, verdeutlicht auf prägnante Weise, wie sehr das Projekt der zirkulären Reise auf der geraden Linie an den Globus gebunden ist. Ein rotierender Globus hat Verne vermutlich erst die Pointe mit der Datumsgrenze eingeben. Im Roman wachen dagegen der Name Aouda und die geplante Hochzeit über das Glücken der Rundfahrt. Obwohl die Umwege und Befreiung der parsischen Witwe Foggs Reise mehrfach zu unterbrechen drohen, ist ihre Rettung vor dem Opfertod ein Versprechen, das Passepartout unverhofft am letzten Tag einlösen kann. Denn erst Passepartouts vergeblicher Versuch, mit dem Pfarrer Samuel Wilson den vermeintlichen Montag als Hochzeitstag zu vereinbaren, offenbart den Irrtum in seiner Kalenderrechnung. In Wahrheit ist Phileas Fogg einen Tag vor Ablauf der Frist in London angekommen.[89] Ohne Aouda hätte er die Wette verloren. Sie ist die einzige Frau, die Foggs Wege kreuzen darf: Hemmung und Garant für die Einhaltung des Zeitkredits. Für das Versprechen, dass Fogg mit ihr die Rundfahrt innerhalb der geplanten Reisezeit beenden kann, steht sie mit den Buchstaben ihres Namens ein. In »A o u d a« kann man »a r o u n d a« entdecken. Nur einfache Fahrten beginnen bei A und enden bei Z. Alle Rundreisen beginnen dagegen bei A und kehren immer wieder zu ihrem Ursprungsort zurück, »round and round ...«. Das Versprechen, das die Reise sich zu einem Ring rundet, ist in Aoudas Namen, der Wiederholung des Anfangsvokals (»A ... a«), schon enthalten.

Die »Ruhe im Handeln«, die das zirkuläre Reisen auf der geraden Linie auszeichnet, verkörpert das unstillbare Verlangen, auf der Stelle zu reisen: die Welt von einem Ort aus vollständig zu erfassen, ohne sich jemals fortzubewegen. Der »rasende Stillstand« charakterisiert nicht nur die Reisen um das Zimmer. Die *Außergewöhnlichen Reisen* entstehen mit den Eisenbahnlinien im Schatten der neuen Organisationsformen. Der »mathematisch exakte Menschenschlag« wird zur Chiffre der neuen Angestellten in den Eisenbahngesellschaften. Mit Aouda – A ... a – hat Verne dem Rundreisebillet, das der kaufmännische Direktor in Kracauers Studie zum Modell seiner operativen Planung erklärt, knapp ein halbes Jahrhundert zuvor unwillkürlich ein Gesicht und einen Namen gegeben.[90]

5

Die Mysterien
der Dampfmaschine

Die Geradlinigkeit ist in den Romanen Jules Vernes allgegenwärtig. Will man jedoch ihre Ursprünge und Anfänge medien- und technikhistorisch verorten, geht der Blick häufig ins Leere. Man kann sie bestenfalls als Syndrom beschreiben. Dass Jules Verne eine besondere Vorliebe für neue Entdeckungen, Karten und die Berichte der Geografischen Gesellschaften hat, bekennt er mehrfach.[1] Ob und über welche Wege er von den Anfängen der Dampfschifffahrt, ihren Versprechen und Niederschlägen in der Geografie des 19. Jahrhunderts erfahren hat, bleibt dagegen weitgehend ungeklärt. Dennoch kann man Indizien sammeln, wenn man nur den weißen Wolken folgt. Jules Verne ist ein erklärter Fan der Dampfmaschinen: »Ich kann mich genauso für die Arbeit einer Dampfmaschine begeistern wie für ein Gemälde von Raphael oder Corregio«.[2] Das väterliche Ferienhaus in Chantenay besucht er selten, ohne einen Fuß in die nahe gelegene Kanonenfabrik der französischen Marine, la fonderie d'Indret, zu setzen.[3] Seine drei Segelschiffe sind dampfbetrieben. Vom Schreibtisch in Amiens aus hört er den metallischen Atem der Eisenbahnen.

Mit den Dampfschiffen und den neuen Abenteuern der geraden Linie kommt Jules Verne im Jahr der Pariser Weltausstellung auf dem Marsfeld in erstaunlich direkter Weise in Berührung. Am 18. März 1867 unterbricht er die Arbeit an *20.000 Meilen unter den Meeren*, um mit Paul Verne, seinem Bruder, nach Liverpool zu reisen. Von dort aus wollen sie gemeinsam auf dem ehemaligen Kabelleger Great Eastern den Atlantik überqueren. Vierzehn Tage nach der Abreise treffen sie in New York ein. Mit ihren sechs Masten und fünf Schornsteinen ist die Great Eastern ein merkwürdiges Mischwesen. Sie ist ein Stahlschiff, Segel- und Dampfschiff zugleich, das 4000 Zivilisten oder 10 000 Soldaten aufnehmen kann.[4] Das entspreche einer Stadt, wirbt ein Prospekt, in dem die Great Eastern auch als *floating city* bezeichnet wird. Vom Stapel gelaufen ist sie allerdings unter dem Namen Leviathan, da sie zu ihrer Zeit wie der Wal unter den Fischen das größte Schiff auf den Weltmeeren ist.[5]

Sie sei »voradamitisch«, schreibt Webb, ein technisches »Wunderwerk«, eine Welt im Kleinen, »eine *camera obscura*, die die Welt enthält«[6] und größer als die Arche Noah sei. Wäre sie von Brunel und Scott Russell zu Noahs Lebzeiten gebaut worden, hätte Noah bestimmt die Ventilatoren und Bäder geschätzt, schreibt Webb.[7] Die Great Eastern sei ein Projekt, das so alt sei wie die Sintflut.[8] Und tatsächlich rechnet sie wie die Sintflut mit menschenleeren Einöden im Weltmaßstab. Sie ist so groß, dass sie alle Proviante und Kohlenvorräte aufnehmen kann, um die größten Distanzen ohne Zwischenstopp zurückzulegen.

Jules Verne bezeichnet die Great Eastern in einem Brief an seinen Verleger Hetzel in aller Zweideutigkeit als »Monster«. Das Unterhaltungsprogramm meidet er großräumig. Den Fotovorträgen bleibt er fern, das Casino und die Gymnastikkurse sind ohne Reiz. Nur die Reden der Mormonen finden Gehör. Während der Fahrt spioniert er einem unglücklichen Liebespaar hinterher.[9] Seine Beobachtungen und Reiseerinnerungen garniert er mit zahllosen technischen Ausfällen und einigen Toten und veröffentlicht sie 1871 unter dem Titel *Une ville flottante*. »Die schwimmende Stadt« hat er unmittelbar dem Prospekt der Great Eastern entnommen, die Schiffsdaten ohne Umschweife aus der tabellarischen Auflistung kopiert.[10] Über die Great Eastern schreibt Verne gleich zu Beginn:

> Man kann diesen Dampfer kaum noch als Schiff bezeichnen; es ist mehr eine schwimmende Stadt, ein Stück Grafschaft, das sich von einem englischen Grund und Boden loslöst, um nach einer Fahrt über das Meer mit dem amerikanischen Festlande zusammenzuwachsen.[11]

Die Reise in die Neue Welt im Stahlbauch des »Monsters« umreißt Verne in drei Phasen. Der Loslösung vom britischen Mutterland folgt die Verwandlung in eine schwimmende Insel auf offener See, die in Amerika erneut mit dem Festland verschmilzt. Das Ablegen,

Reisen und Ankommen beschreibt Verne wie Arnold van Gennep und viele andere als Übergangsritus.[12] Doch kann sich Verne 1871 noch auf keine explizite Theorie oder Narration des Übergangsriten beziehen. Seine Erzählung schreibt er stattdessen vor dem Hintergrund der Auswanderungswellen und Kolonialgeschichten, die die wechselhafte Geschichte der Great Eastern wie im Brennglas vereint.

1858, auf dem Höhepunkt der Emigrationswelle, haben Brunel und Russell sie als Auswanderungsschiff entworfen, die Emigranten von Großbritannien bis nach Australien transportieren soll. Zwischen 1825 und 1849 wandern allein 2 285 184 Briten aus, schreibt Henry Smith Evans 1851 in einem *Guide to the Emigration Colonies*.[13] Mit der Kraft von 10 Dampfkesseln, 50 Heizern und 1000 PS halbiere die Great Eastern die Entfernungen zwischen dem Mutterland, Indien und Australien, die nun statt zwei oder drei Monate nur vier Wochen voneinander entfernt liegen. Das Meer werde mit der schwimmenden Insel überbrückt – die Kontinente rücken näher zusammen.[14] Die Kolonien liegen vor der Haustür: »Unsere Freunde kommen uns über den Sommer besuchen, das British Empire wird auf einer inneren Landkarte zur Provinz [von Indien und Australien]«, schreibt Webb in einem Werbeprospekt der Great Eastern.[15] Die Unterschiede zwischen Meer und Land, Mutterland und Kolonie verblassen zunehmend. In jeder Peripherie steckt die Möglichkeit, vom Rand das Zentrum zu infiltrieren, die Unterscheidung zwischen Rand und Zentrum zu nivellieren.

Das letzte Kapitel ist mit Phileas Fogg einmal um die Welt gereist. Ausgehend von den ingenieurstechnischen Nivellierungen der Land- und Seewege hat es mit der zirkulären Reise auf der geraden Linie eine Wette auf die glatten Räume abgeschlossen. Die folgenden Untersuchungen handeln dagegen von den globalhistorischen, kulturellen und ethnologischen Nivellierungen der Fremde. Mit den ersten Spuren des Massentourismus, dem Vorläufer der Pauschalreise und den Cook-Touristen soll der Zusammenhang von Dampfkraft, Schwellenritus und Weltverkehr exemplarisch befragt und untersucht werden.

Initiation nach Fahrplan

Die Great Eastern ist »groß genug, um die eigene Kohle« für die Passage von Liverpool nach New York selbstständig zu transportieren. Dies sei, so Brunel in einem Brief an den Sekretär der Eastern Steam Company, die eigentliche Neuerung der Great Eastern.[16] Der »Koloss« ist eine kleine, abgeschlossene Welt für sich. Seine Passagiere werden bewegt, ohne sich zu bewegen. Sie reisen, ohne dass sie den Ort jemals verlassen müssten. Die Great Eastern verkörpert wie kein zweites Schiff das Konzept der *steam bridge*. Sie verspricht, die britischen Kolonien schwellenlos an die Mutterinsel anzuschließen.

Ein geschäftstüchtiger Spezialist der *steam brigde* ist Thomas Cook & Sons. 1873 erscheint die erste Ausgabe von *Cook's Continental Time Tables & Tourist's Hand Book*, ein Kompendium der dampfbetriebenen Schwelle, welches das Reisewissen über die Verkehrswege, Währungen, Unterkünfte, die Gefahren der Fremde und ihre Gebräuche in einem einzigen Buch vereint. Cooks zentrale Geschäftsidee ist der Handel mit Reiseinformationen.[17] Die Touristen sollen in der Fremde immer nur auf sich selbst treffen. So buchen seine Agenten die Überfahrt in eigenen Schiffen, organisieren den gesamten Aufenthalt, versichern das Gepäck, mieten die Hotels, die Träger und Diener, planen die Exkursionen und vieles mehr. Das Hotel bezahlen die Cook-Touristen bargeldlos mit *hotel coupons*. Ein Netz von Verträgen sichert die Preise und die weltweite Geltung der *circular notes*. Die Vorläufer der Reiseschecks hat Cook von dem Weinhändler und Banker Robert Herries übernommen und knapp 100 Jahre nach Herries massenhaft verbreitet. 1880 wird der indische Subkontinent mit Cook-Niederlassungen in Colombo, Rangun, Burma und Ceylon an das britische Mutterland angeschlossen. Um 1890 eröffnet Cook Filialen in Melbourne und Sydney. Von hier aus kann man Reisen nach Tasmanien, Victoria, New South Wales und den Südseeinseln buchen.[18] Australien wird Teil des Cook-Imperiums. Ende des 19. Jahrhunderts sind die Satelliten des British Empires an das Mutterland angeschlossen. Cook hat eine Welt erobert, in der die Sonne erklärtermaßen niemals untergeht. Die neuere Tourismusforschung findet in Cooks Imperium die Anfänge der Globalisierung. Es sei ein Projekt der Moderne,[19] ein Verkehrssystem, das sich vor allem durch die Synchronisierung heterogener Räume auszeichne. »Alleine schon der Umstand, dass man durch die Verwendung von Eisenbahn- und Hotelcoupons nicht mehr gezwungen war, ›ganze Taschenbücher fremder Währungen‹ herumzutragen, vereinfachte nicht nur das Reisen, sondern machte es [...] auch sicherer«.[20]

An Bord der Nilschiffe darf jeder Cook-Tourist wie in den eigenen vier Wänden mit Porridge, Speck und Rührei glücklich werden. Die verstörenden Anblicke von Schmutz und Armut hält Cook bei den organisierten Ägyptenreisen von den Touristen fern.[21] Die Insassen des Cook-Systems sehen von Krieg, Sklaverei oder ethnischen Spannungen keine Spur. Das Cook-System ist das Räderwerk, die Logistik und Bürokratie hinter dem Versprechen der Rundreisebillette.[22] Die *circular notes* und die *hotel coupons* garantieren nicht nur eine schwellenlose Zirkulation von Geld- und Warenflüssen, sondern vor allem, dass die Passagiere den Globus überraschungsfrei umrunden können. Foggs »Ruhe im Handeln« ist mit den ersten Reiseagenturen zum Reiseversprechen geworden. Jenseits der Romangrenzen muss niemand mehr Aouda vor einem Opfertod retten. Vernes Reiseroman mutet schon in der Entstehungszeit wie ein Relikt einer fernen Zeit an. Und darin mag sein Erfolg begründet liegen. Die Abenteuer und Zumutungen der Fremde sind in der durchorganisierten Welt der Pauschaltouristen fast ausgestorben. Ein Reisebüro übernimmt stattdessen die Aufgaben von Foggs Diener Passepartout. Es verspricht die Rundfahrt und Rückkehr nach

Fahrplan, damit jeder ohne Bedenken und Nebenwirkungen zu Phileas Fogg werden kann.

Das Cook-System ermöglicht jedem, mit der Präzision eines Uhrwerks zu reisen. Die Nivellierung der Schwellen ist in den Kolonien des British Empires auch ein neuer nomadischer »Stamm« entstanden. Ihm begegnet Isabel Burton, die spätere Frau des britischen Offiziers und Afrikaforschers Richard Francis Burton, 1875 bei einem Aufenthalt in Jerusalem:

> Es sind knapp 180, die wie Heuschrecken in die Stadt einfallen. Solange sie da sind, finden Stammgäste nur schwer einen Platz und eine Herberge. ›Ma hum Sayyáhín: Hum Kukíyyeh‹ (›Das sind keine Reisenden: Das sind Cookii‹), erklären die Einheimischen häufig. Mr. Cook und sein Unternehmen kann man indes nicht genügend loben. Tausende, die andernfalls zu Hause bleiben müssten, kommen in den Genuss einer *education d'un voyage*; und ›dem beschränkten insularen Verstand‹ ist Reisen ein Bedürfnis.[23]

Burton beschreibt eine seltsame Metamorphose. Als Briten und Inselmenschen brechen die Touristen in London auf, verschmelzen unterwegs zur uniformen Masse der »Cookii«, um am Ende als Festlandmenschen ins Mutterland zurückzukehren. Die Weltreise ist Initiation und Bildung zugleich.

> Nach meiner Meinung ist niemand Bürger des Empires, der nicht irgendetwas über dieses weiß. Um dieses Wissen zu erlangen, sollte er jede Gelegenheit zum Reisen nutzen – jene Möglichkeit, die vorher nur den Reichen vorbehalten war, steht jetzt auch den Ärmeren offen,

schreibt George Nathaniel Curzon, der in Indien das Amt des britischen Vizekönigs bekleidet. Das Lob der Weltreise formuliert

Curzon nicht ohne Eigennutz. Das Überschreiten der Schwelle geschieht so sehr nach Fahrplan, dass der Vizekönig in *Cook's Excursionists and Home and Tourist Advertiser* das Reisen im British Empire zur höchsten Bürgerpflicht erklärt.[24] Die Pflicht lässt sich weniger als physiologische oder soziale Pubertät beschreiben. Sie ist eine ökonomisch-politische Initiation, ein *regressus* besonderer Art, der Spott geradezu anzieht.

> In der Regel verbinden wir mit einem Touristen ein armes, schwaches, hilfloses Wesen, das ohne Freunde reist, nichts selbst entscheiden kann und vertraglich zugestimmt hat [...], seinen freien Willen aufzugeben. Er begibt sich freiwillig in die Gesellschaft Unbekannter, um ferne Länder auf billige und meist unbequeme Weise zu besuchen[,][25]

schreibt etwa der Journalist William Howard Russell sichtbar angewidert in sein Tagebuch, als er in Ägypten und Israel auf die ersten Cook-Touristen trifft. Er beharrt auf der Exklusivität des Reisens, die sich im 17. und 18. Jahrhundert zunächst nur reiche Bürger und Adlige leisten konnten. Und das wohl nicht zuletzt, weil Russell die britische Königsfamilie auf dem Weg durch den Suezkanal als Hofberichterstatter begleiten darf. Den Reiseagenten, der die exklusiven Weltreisen auch für die Massen erschwinglich macht, will er erneut durch den *tutor* und *bear leader* der *Grand Tour* ersetzen. Aber die Leere und Erhabenheit der Reiseziele ist um 1868 bereits vollständig verschwunden. Er kann sie selbst auf der königlichen Yacht nicht mehr finden: »Die Rocky Mountains, Japan, die große chinesische Mauer ›rien n'est sacré‹«.[26] Ähnlich wie Russell äußert sich auch Charles Lever. Der irische Schriftsteller charakterisiert Cook unter dem Pseudonym Cornelius O'Doyd als »Barnum« und »geschäftstüchtigen, skrupellosen Mann«, der Verträge mit den Touristen abschließe, um sie zu entmündigen. Sie werden gepäppelt, befördert und unterhalten: »Alles wird für sie erledigt, sie müssen lediglich einige Pfund Sterling bezahlen«, schreibt er.

Der typische britische Unabhängigkeitsdrang, so hoffte ich insgeheim, werde schon gegen die Reduktion auf das Physische revoltieren, sich weigern, jeden Charakterzug und jede Individualität aufzugeben. Doch weit gefehlt: [N]och während ich schreibe, werden Italiens Städte von unzertrennlichen Herdenwesen heimgesucht. Manchmal kann man beobachten, wie vierzig Gestalten die Straße mit ihrem Führer verstopfen. Zuweilen läuft er voraus, dann wieder folgt er der Meute wie ein Schäferhund der Herde ...«[27]

Für die Touristen ist der Reiseveranstalter Schäfer, Umwelt und Insel, Nährzelle und Nanny, die viele Bedürfnisse stillt. Die Mutterinsel will er ihnen unterwegs ersetzen. Auf der Ersatzinsel und Schwelle werden sie erneut zu Kindern.

1909 beschreibt Arnold van Gennep die Initiation in den »Geheimbünden« am Kongo und am Golf von Guinea ein halbes Jahrhundert später mit ähnlichen Worten wie die Kritiker die Cookii:

> Die Initiierten tun so, als ob sie weder laufen, noch essen könnten, kurz, als ob sie neugeboren (zu neuem Leben erwacht) wären und alle Verhaltensweisen des täglichen Lebens neu erlernen müßten.[28]

Auch er hebt die Regression hervor. Doch im Gegensatz zu den Cook-Kritikern schreibt van Gennep im Konjunktiv Irrealis. Die Initiierten kehren keineswegs zu ihren Wurzeln zurück. Sie »tun so, als ob«. Die Schwellenwesen sind Grenzgänger, weil sie jede Individualität verlieren und in den Zustand der Geschlechtslosigkeit zurückfallen.[29] Die zweite Kindheit, die sie auf der Schwelle durchleben, ist nichts weiter als eine *persona*: eine »Maske« und »Rolle«, die das Ritual von ihnen verlangt. Die Neophyten regredieren, um sich zu verwandeln. Die Etymologie von *vacation* (amer. engl.), *vacances* (franz.), *las vacaciones* (span.) oder *vacanza* (ital.) spricht in dieser Hinsicht eine deutliche Sprache. Das lateinische *vacare* steckt noch in der *Vakanz* und bedeutet »von etwas ledig sein, ohne etwas sein«, »eine Sache entbehren«, aber auch »von etwas fernbleiben« und »sich fernhalten«.[30] Der Ethnologe Nelson Graburn beschreibt die wiederkehrenden Ferien und Feiertage als kalendarische Rituale, in denen wir das Haus und die gewohnte Umgebung verlassen oder die gewohnte Routine unterbrechen.[31] Ferien zu Hause sind demnach ein Widerspruch in sich, weil sie erst mit dem Abschied und der Trennung beginnen können. Blickt man auf die Cookii, dann ähnelt Graburns Tourist Freuds Kind an der Spule. Die *vacations* sind ein lebenslanges Fort-Da-Spiel, das die Trennung vom Mutterland nach einem lokalen Ferienkalender wiederholt, um die Initiation nach Fahrplan auf Dauer zu stellen.

Die Trennung von der Mutter geht den Schwellen- und Umwandlungsriten voraus.[32] Die Neophyten werden meist von maskierten Männern entführt, die sie mehr oder minder gewaltvoll von ihren Müttern trennen. Den Frauen ist es bei Androhung des Todes verboten, ihren Kindern zu folgen. Die Initiation kappt die Nabelschnur und trennt die Novizen von der Welt ihrer Kindheit. Die »Unverantwortlichkeit und Seligkeit, die Unwissenheit und Geschlechtslosigkeit« werden am Ende begraben.[33] Abschied und Trennung sind Grenzerfahrungen. Die Neophyten seien »strukturell tot«, schreibt Turner: »Man mag die Neophyten begraben, sie zwingen, die Körperhaltung der Toten anzunehmen. Man kann ihre Körper schwärzen und darauf bestehen, dass sie in der Gesellschaft monströs Vermummter leben, die Tote oder, schlimmer noch, Untote darstellen«.[34] Turner verwendet an dieser Stelle das Wort *dissolution*. Die »Ablösung« der alten *persona* fällt im Englischen mit ihrem »Tod« und »Zerfall« zusammen. Und das kann man wörtlich nehmen, weil *persona* ja »Maske«, »Rolle« und »Identität« zugleich meint.

Turner verweist auf die Aufführung und das (Schau-)Spiel. Sie seien »quasiliminale Phänomene«, die ihre Ursprünge in den Aufführungspraktiken der Initiationsriten haben.[35] Die Liminalität zielt demnach auf den Augenblick des Maskenwechsels. Die alte Persona ist abgelegt, die neue noch nicht übergestreift. Darum haben die Neophyten weder Namen noch Gesicht. Sie sind unsichtbar und bewohnen während der Schwellenriten buchstäblich einen Nicht-Ort, an dem sie »nicht mehr« und »noch nicht« sind. Der Tod geht der Geburt voraus, er ist ihre notwendige Bedingung. »[D]ie Novizen werden gewaltsam in eine unbekannte Welt geschleudert [...]: man stirbt einer bestimmten Existenz ab, um zu einer andern zu gelangen, in der sich die Gegenwart der göttliche Wesen durch Verbreitung von Schrecken fühlbar macht«, schreibt Eliade.[36]

Die Aufgabe der maskierten Männer übernehmen die Sicherheitskontrollen an den Flughäfen, die Animateure in den Ferienressorts, die sich wie das Gros ihrer Besucher hermetisch von der Außenwelt abzugrenzen suchen. Aber in jüngster Zeit haben sich die Rollen verschoben. Ein Foto, das der Menschenrechtler José Palazón im Oktober 2014 an den Außengrenzen von der spanischen Enklave Melilla aufgenommen hat, zeigt zwei Menschen, weiß gekleidet, auf dem satten Grün eines Golfplatzes. Das Grün endet abrupt vor einem 6 m hohen Zaun, auf dem einige Flüchtlinge sitzen. Mit den Golfern blicken wir vom Grün auf die felsigen Ausläufer der Subsahara. Die Ferienressorts sind längst zu unserer zweiten Heimat geworden. Trennungen werden nicht mehr durch *vacances* hervorgerufen, sondern durch die Störungen des Fort-Da-Spiels. Das Ende der »Seligkeit« und »Unwissenheit« ist gewiss und unumkehrbar.

Narrationen der Schwelle

Einige Ethnologen vergleichen die Ferien mit Initiationsriten. Der Tourismus sei ein »modernes Ritual«.[37] Eine Kulturanthropologie des Tourismus, die sich auf Marcel Mauss, Erving Goffman und auf Turners Konzept der Liminalität beruft, breitet sich über die *leisure studies* von Dean McCannell und die ludologischen Ansätze von Graburn aus.[38] Bezeichnenderweise werden die drei Phasen der Übergangsriten weitgehend in die Feldforschung übernommen. Auf welchen Wegen aber die Ethnologie zum Tourismus kommt, in welchen genealogischen, kulturellen und technologischen Verhältnissen die Neophyten, Anthropologen und Touristen zueinander stehen und wie sie den gleichen und fremden Kulturen begegnen, bleibt weitgehend ungeklärt. Dabei lassen sich Verwandtschaften, Übertragungen und Übersetzungen häufig auf ganz konkrete Verkehrs- und Nachrichtenwege zurückführen, die in beide Richtungen beschritten werden können. Narrationen, Konzepte und Theorien bedingen sich wechselseitig. Der Tourismus mobilisiert nicht nur Personen, sondern schickt auch Kulturen, Ökonomien und Identitäten auf die Reise.

Ob also der Tourismus und Weltverkehr van Gennep die Übergangsriten eingegeben hat oder das Herz des Empires durch die Ränder kolonialisiert worden ist – die Ansteckung vom Zentrum zur Peripherie oder umgekehrt voranschritt –, bleibt ununterscheidbar und von einem strukturellen Standpunkt auch unerheblich. Stattdessen kann man eine auffällige Koinzidenz beobachten. Die Initiationsriten entstehen zeitgleich mit den Weltbürgern. Die Aufnahme der Inselmenschen in die Gemeinschaft der Weltbürger folgt dabei ähnlichen Erzählmustern wie die Einführung der Novizen in die Gemeinschaft. Man könnte mit den britischen Reisebeschreibungen und Zivilisationsgeschichten der Kulturanthropologie in dieser Hinsicht auch formulieren, dass ab der zweiten Hälfte des 19. Jahrhunderts die Zivilisationsgeschichte des British Empires mit den Phantasmen der Initiation und *primitive cultures* überhaupt erst entsteht. James Clifford erinnert in *Traveling Cultures* an die »zahlreichen unsichtbaren Grenzen, die aus dem ethnographischen Rahmen fallen«. Darunter zählt er alle Formen des Verkehrs.³⁹ Die Präsenz im Feld verdrängt die Frage nach den Infrastrukturen, Praktiken und Techniken, die der Feldarbeit vorausgehen. Für diese »Ethnologie des Hier und Jetzt« macht Marc Augé eine besondere Fiktion der teilnehmenden Beobachtung verantwortlich. Die Ethnologen müssen mit der Kultur verschmelzen, die sie beschreiben wollen. Sie wohnen im Dorf, lernen die Sprache, zeichnen Grundrisse, kartieren das Wohngebiet, die Gewohnheiten und alltäglichen Wege der Bewohner. Sie assimilieren sich bis zur Mimikry, um möglichst unverfälscht die Ordnung und Organisation des Ortes aufnehmen zu können. »Der Ethnologe versteht sich selbst als der subtilste und zugleich gelehrteste unter den Eingeborenen«.⁴⁰ Der Untersuchungsgegenstand, die irreduzible Differenz zwischen den eigenen und fremden Kulturen, droht ihm dabei abhandenzukommen. Die Übersetzung, der Transfer zwischen den Kulturen, gerät aus dem Blickfeld. Es sei für die teilnehmende Beobachtung nötig, schreibt Malinowski, »daß man sich aus dem Umgang mit den Weißen herauslöst und in möglichst engem Kontakt mit den Eingeborenen bleibt. Dies ist nur dann wirklich zu erreichen, wenn man in ihren Dörfern zeltet«.⁴¹ Der Feldarbeit geht eine Trennung und Aufnahme in die fremde Kultur voraus. Wie können also Schwellenriten im Feld beobachtet werden, wenn der Ethnograf selbst zum Novizen werden muss, Beobachterinstanz und Untersuchungsgegenstand partiell zusammenfallen? Malinowski hat sein Zelt direkt neben der »persönlichen Hütte« des Häuptlings aufgeschlagen. Doch wer beobachtet eigentlich wen? Findet eine Aufnahme in eine fremde Kultur statt? Kann man überhaupt an einer fremden Kultur »teilnehmen«?⁴² Die Koinzidenz und strukturelle Ähnlichkeit der Reise- und Initiationsriten verweist auf eine Serie wechselseitiger Ansteckungen und Assimilationen, die die Geschichtsschreibung mit den Konzepten der »histoire croisée« und »Verflechtung« kontrovers diskutiert.

Die beiderseitige Angleichung heterogener Kulturen, die etwa in der Geschichte der Sklaverei und Kolonialisierung gewaltvolle

Prozesse der mannigfaltigen Übersetzungen auslösen können, werden bei Fernando Ortiz 1978 unter dem Begriff der *transculturación* verhandelt und gehen über Mary Louise Pratts Begriff der *contact zones* in den Postkolonialismus ein.[43] Ortiz verweist auf die Prozesse der »Dekulturation«, die an die Trennungsphase der Übergangsriten anschließen. Selbst eine imperiale Kultur, die in Kontakt zu einer fremden Kultur trete, müsse partiell aufgegeben werden, ehe sie sich eine fremde Kultur einverleiben könne. Mary Louise Pratt spricht in dieser Hinsicht von einer »Creolisierung«, die die koloniale wie die kolonialisierte Kultur gleichermaßen erfasse.[44] Die Phasen der Dekulturation und Creolisierung könnte man auch als Schwelle und Übergang bezeichnen. Beide verweisen auf einen Abschied und Bruch, welcher der Veränderung notwendig vorausgehen muss oder in hybriden Kulturen auf Dauer gestellt wird. Die qualitative Sozialforschung spricht allgemeiner vom »Prozesscharakter von Gegenstand und Forschung« und schließt daraus auf die »Reflexivität der Forschung«.[45] Mit dem Prozesscharakter beteuern die Sozialforscher, dass sie ihre eigenen Gegenstände in der Beschreibung ein Stück weit selbst erschaffen. »Empirische Sozialforschung bildet also nicht einfach objektive Realität ab, sondern rekonstruiert Konstitutionsprozesse sozialer Realität«. Eine Trennung zwischen Entdeckungs- und Begründungszusammenhang gebe es daher nicht.[46] In ähnlicher Weise unterscheidet die *histoire croisée* zwischen einer »induktiven Pragmatik« und einer »induktiven Reflexivität«, um die Nationalgeschichte, den Vergleich und die Transfergeschichte durch die multiperspektivische globale und transnationale Geschichtsschreibung zu ersetzen.[47] Die induktive Pragmatik zielt auf eine problemorientierte Analyse der Gegenstände, da Generalisierungen wie Kultur oder Geschichte aus konkreten Situationen heraus entstehen. Die induktive Reflexivität historisiert die wissenschaftliche Beschreibung. Die *histoire croisée* favorisiert darum einen emphatischen Begriff von Wechselwirkung und meint mit »croisée« Durchkreuzungen und Verflechtungen. Sie nimmt an, »daß mithin die Winkel der Blickfelder, in denen die Gegenstände erscheinen und damit auch die Wahrnehmung der Gegenstände selbst, durch den Vorgang der Verflechtung ihrerseits modifiziert werden«.[48] Die Ansteckung zwischen Narration und Gegenstand ist demnach systembedingt. Man kann nicht aussteigen. Ihre Interferenzen und Wechselwirkungen wirken zeitlich und räumlich. Der Neologismus der Cookii mag demnach die Verschmelzung beschreiben, die nicht nur die Touristen, sondern ebenso Isabel und Richard Francis Burton befällt, wenn sie zu den Rändern des Empires reisen. Sie müssen zum »subtilsten und zugleich gelehrtesten Eingeborenen werden«, um einen fremden Blick auf das eigene Empire einzufangen. Nur wenn sie sich selbst fremd werden, können sie aus der Perspektive der Ansässigen die eigenen Landsleute als Fremde betrachten.

Auf das Festland reisen, heißt, »Cookii« zu werden, die Insularität und Einzigartigkeit aufzugeben, mit den anderen Inselkörpern für die Dauer der Reise zu einem Festlandkörper zu verschmelzen. Die Touristen tragen viele Züge der temporären neophytischen Gemeinschaft, die Victor Turner in Anlehnung an die Pilger, Bettelorden und der Beatgeneration als *communitas* bezeichnet.[49] Auch die »Herdenwesen« Isabel Burtons sind »Schwellenwesen«. Ob ihnen die Heiligkeit abhandengekommen ist, die Anbetung der Götter bloß durch die Religion der Natur, der Körper, der Souvenirs und des Sports ersetzt worden ist oder die Ferienorte mit den heiligen Bezirken wie bei Graburn schlicht zusammenfallen, darüber streiten die Soziologen und Kulturanthropologen.[50] Doch eint die *communitas* der Touristen offenbar eine kollektive »Erniedrigung«, »Homogenität« und »Kameradschaft«. Sie teilen Eigenschaften, die Turner den Neophyten zuschreibt.[51] Die Regression macht sie zu Reisenden zwischen zwei Orten. Sie sind Zeitreisende, die für die Dauer der Pauschalreise mit den Neophyten in eine infantile Starre fallen.

Bei den Vorläufern der Pauschalreise dauert die Cookii-Initiation zwischen sechzig und achtzig Tagen. Den Aufenthalt auf der Schwelle diktiert die Reisezeit mit dem Dampfschiff und der

Eisenbahn nach Indien, Australien oder um die Welt. Die Etappen der Übergangsriten – Abfahren, Trennen und Zurückkehren – kann man den Fahrplänen, Kursbüchern und zahllosen Reisehandbüchern entnehmen. Die Eisenbahnabteile, Schiffskabinen, Hotels ähneln den Sakralhütten der Initiation, die Exkursionen und Unterhaltungsprogramme sind Zeremonien. Jeder Cookii durchläuft die Initiation nach einem festen Fahrplan. Nach ihrer Rückkehr sind die Briten in Massen vom Inselbewohner zum Weltbürger des Empires gereift. Reisen kappt die Nabelschnur zum Mutterland. Van Genneps Initiationsriten sind Reiseriten, die nicht selten an den Rändern des British Empires vollzogen werden.[52] Und auch der *regressus ad uterum*, den Mircea Eliade beschreibt, ist ein Reiseritus, wenn auch von einer Außenwelt in eine selbstgewählte Innenwelt.[53] Die Isolation bezeichnet ja gerade die Übertragung: die synthetische Erzeugung von Innenwelten an anderen Orten.[54]

»Wo Briten sind, ist Großbritannien, wo Franzosen sind, ist Frankreich«, schreibt der Historiker John Robert Seeley 1914, um zu begründen, dass die Erweiterung der Kolonialmacht auf dem Massentourismus und der Emigration der Europäer gründe.[55] Die Kolonien sind Erweiterungen des Empires, die Kinder einer »großen Mutter«. Seeley betont mehrfach, dass die Einheit des Imperiums weniger über eine Blutsverwandtschaft als über die Erweiterung der Staatsgewalt hergestellt werde.[56] Die Staatsgewalt gründet er auf die Dampfkraft – *Communication* verbinde das Mutterland mit den Kolonien:

> Genaugenommen gab es vor hundert Jahren wegen der Entfernungen zwischen dem Mutterland und den Kolonien [...] kein Greater Britain. Dieses Hemmnis ist nun verschwunden. Die Wissenschaft hat den politischen Organismus durch die Dampfkraft einen neuen Kreislauf gegeben und durch Elektrizität ein neues Nervensystem geschaffen.[57]

Mit Dampf und Elektrizität setzt er auf die neuen Linien der Dampfschiffe und Tiefseetelegrafen, die das Mutterland mit den Satelliten verbinden und die Grenzen zwischen ihnen verblassen lassen. Im Gegensatz zum persischen, osmanischen oder römischen Reich gründe das British Empire auf keiner »Eroberung«, schreibt Seeley, »Die Einwohner der Provinzen sind wie die Briten des Mutterlandes Staatsbürger einer Nation«.[58] Die Dampfmaschine hat die Schwelle nivelliert. Provinzen und Mutterland kommunizieren wechselseitig miteinander. Als Seeley das Verhältnis der Mutterinsel zu Greater Britain unter Dampf gesetzt hat, mag ihm Watts separater Kondensator – der zweite kleine Dampfkessel im Innern der Dampfmaschine – vor Augen gestanden haben. Greater Britain gründet auf dem Selbstbezug, der das Mutterland im Innern beliebig reproduzieren kann. Es basiert auf der Fiktion einer weltumspannenden Kommunikation und Verwandtschaft. Die Provinzen sind ähnlich wie der separate Kondensator nichts weiter als Mutterländer zweiter Ordnung. Als Kinder einer »großen Mutter« sind sie Nährzellen und Brutkästen, die die Macht des Empires an den Rändern eigenständig steuern und fortpflanzen können.[59]

Seeley betont den zwanglosen Zwang des British Empires. Die Macht des Empires werde weniger durch Unterdrückung als durch den Import von Bildung sichergestellt, die man am Beispiel der Britischen Ostindien-Kompanie strukturell auch als Übergang von der Disziplinar- zur Kontrollgesellschaft beschreiben kann. Mit dem *Charter Act* von 1813 legt das britische Parlament die Erziehung der Inder in die Hände der Ostindien-Kompanie und ihrer Missionare. Er ermächtigt sie, das Arsenal der Schreiber, Nannys und Hausangestellten in englischer Kultur und anglikanischem Glauben zu unterrichten. Der *Charter Act* legt für die späteren Pauschalreisen das Fundament. Mit dem *English Education Act* wird indes 1835 die englische Literatur in British India ins Curriculum aufgenommen. Dieser koloniale Bildungsauftrag provoziert ein Spiegelstadium besonderer Art. Die Inder sollen im Spiegel der britischen Literatur zum Ich reifen.[60] Eine Eroberung erfordere Kriege, strategische Organisation und Präsenz. Ist die Kultur indes erst einmal jedem Kolonialisierten eingepflanzt, werde sie zum Selbstläufer, der das Personal der Schwelle, die Missionare, Handelsreisenden, Regierungsbeamten, Emigranten, Militärpolizei, nicht braucht, weil sie an beliebigen Orten gedeihen und sich mehren kann.[61] Die britische Sprache kann man als grundlegendes Tranportmittel der *traveling cultures* begreifen. Das Wort *communications* tritt in seiner gesamten semantischen Flügelbreite als Botschaft und Medium, Gegenstand und Verkehrsmittel auf. Nemos Weigerung, die vertraute Inselwelt der Nautilus jemals zu verlassen, wiederholt auf verblüffende Weise Seeleys Zuversicht: »Wo Briten sind, ist Großbritannien«. Sobald die britische Kultur sich bis zu den Rändern des Empires ausgebreitet hat, können die Briten schwellenlos reisen und emigrieren. Sie müssen ihre Insel niemals verlassen.

»Jede Station an der Eisenbahnlinie wird zum Kern einer neuen Zivilisation«, beschreibt der amerikanische Innenminister Jacob Dolson Cox jr. 1869 angesichts der transatlantischen Eisenbahnen die Technik der selbstreproduzierenden Kulturen.[62] Die Initiationsriten des British Empire sind Reiseriten, die die Dampfkraft aufs Gleis gesetzt hat. Die Verbindung zwischen Dampfkraft, Weltverkehr und Schwellenriten verdeutlicht nicht zuletzt auch die Konstruktion des British Empire als Greater Britain, die den Initiationsriten, dem *regressus ad uterum*, *descensus ad inferos* oder der Nachtmeerfahrt, auf bemerkenswerte Weise ähneln.[63] Dabei können die indischen und ozeanischen Schwellenriten nur beobachtet, erzählt und gesammelt werden, weil die Schiffslinien Indien und Ozeanien, die Schauplätze der Schwellenriten, ab 1830 und 1870 auf direktem Wege mit dem britischen Mutterland verbinden.[64] Indien, Sambia und Melanesien sind nicht nur Teile des British Empires. Sie erscheinen durch Thomas Cook & Son überhaupt erst auf der britischen Landkarte. Welchen Anteil der Tourismus an der vergleichenden Forschung der Schwellenriten hat, ob sie etwa tatsächlich entdeckt oder teilweise erfunden werden, kann nur in Fallgeschichten diskutiert werden, die die Zirkulation und Übersetzung der Kulturen als Verkehrssystem begreifen.[65] Wie gekerbt die vermeintlich glatten Verkehrsräume der teilnehmenden Beobachtung sind, was die Schwellenriten an den Rändern über die Mutterinsel erzählen, bleibt letztendlich das Ergebnis konkreter Recherche. Doch dessen ungeachtet, ist bemerkenswert, dass die Orte der Touristen und Ethnologen sich überhaupt kreuzen, das Cook-Imperium mit den Schauplätzen der Ethnologen auf weiten Strecken zusammenfällt. Zum Ende des 19. Jahrhunderts reisen die Ethnologen, ob sie wollen oder nicht, als eigener Stamm. So weit sie auch reisen, sie können nicht aussteigen. Sie fahren als Cookii in die Ferne und stoßen auf die Innenwelten des Empires.

»Driving me backwards«

Auf den ersten Seiten von *20.000 Meilen unter den Meeren* taucht »eine umherschweifende Klippe« vor den Augen des Lesers auf, die dem ersten Kapitel auch seinen Namen gibt. Mit der geheimnisvollen Klippe betritt der Leser den rätselhaften Kontinent Kapitän Nemos, der erst im 7. Kapitel als »Unbekannter« eingeführt wird, im 10. Kapitel zu sprechen beginnt und den Namen der Nautilus preisgibt.[66] Dazwischen erleben wir mit dem Meeresforscher Aronnax, seinem Diener Conseil, dem Harpunist Ned Land und der Besatzung des Dampfseglers Abraham Lincoln eine bespiellose Jagd auf ein unbekanntes Wesen. Bevor der Erzähler das Geheimnis der Nautilus lüftet, häufen sich die Verwechslungen. Von einer »Klippe«, einer »Insel«, einer »schwimmenden Masse«, »einem unbekannten Riff« ist die Rede. Mit Schiffs- und Personennamen wird der Leser auf eine unscharfe Fährte gesetzt: Rätselhafte Unfälle, Zusammenstöße, Havarien und Todesfälle sollen die Existenz des rätselhaften

Wesens belegen. Manche mutmaßen, es sei »ein Felsen, der [...] auf keiner Karte verzeichnet« sei.[67] Andere Zeugen vermessen dagegen das Geheimnis auf nahezu naturwissenschaftliche Weise. Schon in der Rahmenhandlung begegnen wir dem nahtlosen Übergang zwischen Messen, Zählen und Erzählen:

> Allzu vorsichtige Naturen schrieben dem Objekt eine Länge von zweihundert Fuß zu, wieder andere übertrieben ihre Schätzungen in die andere Richtung, behaupteten, daß es anderthalb Kilometer breit und fünf Kilometer lang sei. Doch auch wenn man diese Übertreibungen nicht berücksichtigte, so kam man aufgrund der Beobachtungen doch nicht um die Erkenntnis herum, daß dieses außergewöhnliche Wesen weitaus größere Ausmaße aufweisen mußte, als Ichthyologen sie bei Meerestieren bis dahin für möglich gehalten hatten – immer vorausgesetzt natürlich, dass es überhaupt existierte.[68]

Ob das rätselhafte Wesen ein Produkt der Wissenschaft oder Einbildungskraft ist, behandelt der Erzähler in einer Rahmenhandlung auf den ersten Seiten eines Romans, der von zahllosen wissenschaftlichen Lehrbüchern und Magazinartikeln über Cetologie, Geografie, Nautik, Hydrologie und Meereskunde befeuert wird. Vernes Bibliothek ist mehrfach inventarisiert und rekonstruiert worden.[69] Neben den Schriften von Alexander von Humboldt und Matthew Fontaine Maury hat er die Werke von Jules Michelet, Louis Figuier, Arthur Mangin, Frédéric Zurcher und Élie Margollé als direkte Quellen für seinen Meeresroman genutzt. Mit der geheimnisvollen Klippe entdeckt Verne die Wissenschaft als Treibstoff für den literarischen Realismus. *20.000 Meilen unter den Meeren* changiert zwischen Roman, Logbuch, Reportage und Lehrbuch. Dabei bleibt zunächst unklar, ob es sich bei der »geheimnisvollen Klippe«, der wir uns auf den ersten hundert Seiten nähern, um ein belebtes oder unbelebtes Objekt handelt. Manche berichten von dem »Auftauchen eines

Ungeheuers«, andere »von einem Monster«, »Ungetüm«, »Fabelwesen«, »Kraken« und von »Seeschlangen«.

Noch 2010 schreibt James Hamilton-Paterson, die Tiefsee sei der letzte Rückzugsort der Ungeheuer. Die Neigung, »das Unbekannte mit Ungeheuern zu bevölkern«, sei »fest in der menschlichen Psyche verankert«.[70] Doch Ungeheuer werden selten allein in der Einbildung geboren. Sie bezieht ihre Anregungen aus der Natur oder von geschäftstüchtigen Bastlern. Die Bastler haben die Handelswege der Wunder und Ungeheuer studiert, um das Wissen um die Herstellung der Drachen, Seeschlangen und Badenixen als Montagetechnik und lukratives Handwerk zu betreiben.[71] Einen Jenny Haniver oder Drachen erwähnt Conrad Gessner zum ersten Mal 1558 in der *Historia animalium* und erklärt, dass sie aus den getrockneten Flossen und Knochen der Rochen zur Unterhaltung hergestellt werden. Fischflossen, Affenkörper, Schlangen, Tentakeln und Vögelköpfe sind die Zutaten, aus denen die Mythen- und Fabelwesen als mehr oder minder nahtlos zusammengesetzte Mischwesen entstehen. Auch in *20.000 Meilen unter den Meeren* stellt Verne das Ungeheure durch eine besondere Montagetechnik her, die Wissenschaft und Fiktion nahtlos miteinander vernäht. Ihr voraus geht eine Nivellierung. Eine Analogie stellt den Kontakt zwischen der Romanhandlung und der Gegenwart über eine annähernde Gleichzeitigkeit her. Der Roman verlässt Vernes Schreibtisch 1869, seine Handlung ist der Gegenwart knapp auf den Fersen. Sie beginnt im Jahr 1867. Die Erzählzeit fällt nahezu mit der Entstehungszeit des Romans zusammen. Namen, Orte, Ereignisse, die Verne aus den zeitgenössischen Gazetten und Zeitungen übernimmt, sind weniger einem Realismus geschuldet. Die Angleichung verläuft vielmehr in Gegenrichtung. Die Realität soll mit der Fiktion verwechselt werden. Die Grenzen zwischen den Roman- und Leserwelten nivelliert Verne. Sichtbar wird die Angleichung vor allem an den Nahtstellen zwischen den antiken und zeitgenössischen Mischwesen, die Verne in der Rahmenhandlung aufruft.

In allen Metropolen wurde das Ungeheuer zum Tagesgespräch ...
  In den Tageszeitungen sah man aus Mangel an Beiträgen alle riesigen Fabelwesen wieder zum Vorschein kommen, vom weißen Wal, dem fürchterliche »Moby Dick« aus dem Nordmeer, bis zum gigantischen Kraken, dessen Tentakeln ein Schiff von fünfhundert Tonnen umschlingen und in den Abgrund des Ozeans hinabziehen können. Man druckte sogar die Aufzeichnungen aus der Antike nach, die Ansichten von Aristoteles und Plinius, die sich für die Existenz solcher Ungeheuer ausgesprochen hatten, sodann die norwegischen Berichte von Bischoff Pontoppidan und die Beschreibungen Paul Heggedes, schließlich die Beobachtungen von Herrn Harrington, dessen Glaubwürdigkeit außer Frage stand, wenn er behauptete, 1857 von Bord der *Castillan* aus jene Riesenschlange gesehen zu haben, die sich bis dahin allenfalls in den Buchstabenmeeren des alten *Constitutionnel* herumgetrieben hatte«.[72]

»Aristoteles ... Plinius ... Bischoff Pontoppidan ... Paul Heggedes«? – Mit wenigen Namen entsteht eine Leseliste. Vernes Leser betreten seinen Roman durch das Bibliothekszimmer. Die Verbindungen zu den antiken Ungeheuern und Vorzeichen werden über die Autorenliste hergestellt. Dabei greift Verne selbst auf zeitgenössische Zeugen- und Zeitungsberichte zurück. Die Geschichte von Harrington auf der *Castillian* ist schnell erzählt.[73] Eine Serie von Sichtungen erhärtet einen Verdacht, der sich am Ende wieder zerstreut. Einem Artikel über die Misshandlung von Seemännern folgte eine Meldung über ein Seeungeheuer: »ein Wesen mit einem schlangenförmigen Körper, das zwischen achtzig bis neunzig Fuß lang ist, einem ungeheuren Kopf mit kräftigen Reißzähnen im Ober- und Unterkiefer besitzt, die einem Reptil zu gehören scheinen und bei geschlossenem Mund perfekt ineinander greifen«.[74] So beschreibt

Harrington eine Seeschlange mit bemähntem Pferdekopf, ein Lebewesen, das alle Klassifikationen zwischen Land- und Meeresbewohnern unterläuft. Auf Harringtons Sichtung der bemähnten Seeschlange in der Nähe der Insel St. Helena antwortet Frederick Smith in einem Leserbrief an gleicher Stelle. Auch sein Schiff habe schon vor zehn Jahren an selber Stelle eine Seeschlange mit langer Mähne gesichtet und mit dem Fernrohr verfolgt, schreibt der Kapitän. Das Monster habe seinen Kopf beständig unter Wasser gehalten, doch konnte man es einholen und an Bord ziehen. Die Überraschung sei groß gewesen. Die Seeschlange sei nichts weiter als ein ungewöhnlich großes Exemplar eines Seegrasgewächses. Das Seegras sei so sehr von Meereskrebsen besiedelt, dass man es mit einem Lebewesen verwechselt habe.[75] Nach dieser Erklärung ist die bemähnte Seeschlange in wenigen Tagen aus den Zeitungen verschwunden.

Bei Verne taucht sie dagegen wieder auf. Er erwähnt Harringtons Meerungeheuer und verschweigt die Aufklärung. Die mythischen Fabelwesen will er offenbar durch die unscharfen Berichte zeitgenössischer Augenberichte reanimieren. Mit der bloßen Erwähnung der Seeschlange, die den Weg von Kapitän Harringtons *Castillan* kreuzt, verbindet Verne die antiken Quellen von Aristoteles und Plinius mit den Berichten über die zeitgenössischen Seeungeheuer.[76] Die bemähnte Seeschlange Harringtons hat schon 100 Jahre vorher einige Spuren hinterlassen. Sie wird zum ersten Mal im August 1746 vor der Küste Norwegens gesichtet. Lawrence de Ferry, als Offizier der norwegischen Marine über jeden Zweifel erhaben, hat ihre Existenz unter Eid bezeugt. Vor Harrington hat er schon beteuert, die Schlange trage den bemähnten Kopf eines Pferdes. Das Seeungeheuer sei halb Reptil, halb Pferd und weder an Land noch auf dem Meer eindeutig zu Hause.[77] Die Geschichten von der bemähnten Seeschlange und auch Egedes Sichtung einer Riesenseeschlange, die einem Wal zum Verwechseln ähnlich sieht, entnahm Verne vermutlich aus dem *Versuch einer natürlichen Historie von Norwegen* des dänischen Theologen Erik Pontoppidan.[78] Pontoppidan zweifelt nicht an der Existenz von Seemännern und Seejungfrauen, »das Untertheil war einem Fisch ähnlich und der Schwanz einem Meerschweine«.[79] In dem 8. Kapitel *Von gewissen Seeungeheuern oder sonderbaren und ungewöhnlichen Seethieren* zitiert Pontopiddan 1754 wie seine beiden Vorbilder Plinius und Olaus Magnus zeitgenössische Zeugenaussagen. Verne und Pontoppidan kennen die Seeungeheuer nur vom Hörensagen und aus der Literatur. Den Augenzeugen sind sie nie begegnet. Und auch die Helden ihrer Geschichten sind ausgewiesene Leser. Lawrence de Ferry gibt wie Kapitän Nemo und der Meeresforscher Aronnax zu Protokoll, dass er vor der Sichtung der bemähnten Seeschlange in einem Buch versunken gewesen sei. Er habe von der Seeschlange schon manche Male in der Literatur gelesen, ehe er sie selbst flüchtig zu Gesicht bekommen habe:

> Der Kopf dieser Seeschlange, den sie mehr als eine Elle hoch übers Wasser heraus streckte, war der Gestalt nach einem Pferdekopfe ähnlich; von Farbe war er graulich, und der Rachen war ganz schwarz, und es hatte eine lange weisse Mähne, die ihm über dem Halse bis in die See hieng. Man sah sonst an dem Körper dieses Thieres, der sehr dicke war, sieben bis acht Krümmungen oder Zirkel, wie denn auch, der Muthmassung nach, jede Krümmung von der andern ein Klafter weit voneinander entfernt war.

Ferry schießt, aber der vermeintliche Seewurm entwischt:

> Ich ließ das Volk an den Ort rudern, wo die Schlange unter gegangen war, wie man solches bey diesem stillen Wetter gar leicht sehen koennen und ließ darauf die Ruder anhalten, in Meynung, sie mögte wieder in die Höhe schiessen, allein vergebens.[80]

Henry Lee, *Sea Monsters Unmasked*, 1883.

Die Seeschlange, die schon Plinius erwähnt, bleibt ein Phantom, das man jagen, aber nie erlegen kann.

Als die Tiefseetelegrafie den Meeresboden entdeckt, werden die Meeresungeheuer erneut an die Meeresoberfläche gespült. Eine wichtige Rolle spielen dabei die ersten öffentlichen Frischwasseraquarien, die die Pflanzen- und Tierwelt der Flüsse, Seen und Meere lebend zeigen wollten. Um 1850 finden sie Eingang in zahllose Naturkunden und Meeresbiografien. Und ebenso Philipp Henry Gosse, der den »Ozean auf dem Tische« popularisiert und ihm den Namen »Aquarium« gibt, widmet ihnen in *The Romance of Natural History* ein Kapitel.[81] Der Naturkundler Henry Lee, Direktor des Meeresaquariums in Brighton, hat die Seeschlange sogar auf das Frontispiz seines Buches gehoben und ihr ein eigenständiges Kapitel gewidmet. Gosse und Lee sind Amateursammler. Die Seemonster tauchen auf, als die Aquarien das Leben auf den Meeresböden jedem Besucher transparent vor Augen führen. Die Glaskästen werden zu den Zeugen einer neuen, gläsernen Transparenz.

Mit *Sea Monsters Unmasked* hat Henry Lee vor allem ein Aufklärungsbuch verfasst, das auf Ungeheuer Jagd macht. Mit Profilansichten, wie sie jedes Aquarium durch die Fensterscheibe bietet, entlarvt Lee die Seeschlange als Riesenkalamar. Meerjungfrauen werden den Lesern dagegen als fernöstliches Kunsthandwerk vorgestellt, das einen getrockneten Karpfen nahezu nahtlos mit einer geschnitzten Frauenbüste verbinden kann.[82]

Die Technik der nahtlosen Montage und Angleichung verwendet Jules Verne auch als Erzähltechnik. Er verbindet die antiken Geschichtsquellen, Reiseberichte und Zeitungsausschnitte mit den Technikversprechen seiner Zeit. Die Zeugenberichte über rätselhafte Fischkadaver oder Seeschlangen, die sich bei näherer Betrachtung als Seegras zu erkennen geben, sind das Seemannsgarn, mit denen er die Quellen einander angleicht. Die letzten Geheimnisse des Meeres sind zu einer Frage der Narration geworden. »Über die Tiefen des Ozeans wissen wir genauso wenig wie über das Herz Afrikas«, schreibt Philip Henry Gosse, der die Aquarien als Ozeane auf dem Tische in einem Bestseller popularisiert.[83] Das Herz der Finsternis schlägt nicht in einer fernen, archaischen Welt mitten in Afrika. Verne findet es in den Mythen- und Fabelwesen der eigenen Gegenwart nur wenige Meter unter der Meeresoberfläche.

»Beweglich im beweglichen Element«

Nemo gibt seinem Unterwasserboot dem Namen eines Weichtiers und Kopffüßlers. Die Nautilus gehört zur Klasse der Cephalopoden. »Sie werden durch die Welt der Wunder reisen. Sie werden aus dem Staunen und der Verblüffung kaum mehr herauskommen«, sagt Kapitän Nemo.[84] Mit diesen Worten verspricht er den Schiffbrüchigen nichts weniger als eine Reise im Kopf eines Cephalopoden. Die Wunder können gedeihen, weil keine Bilder der Tiefsee existieren. »Die Einwohner der Tiefsee entzogen sich bisher nahezu vollständig der Beobachtung«, schreibt Philip Henry Gosse.[85] Ob es Leben auf dem Boden der Tiefsee gibt, scheint bis zur Mitte des 19. Jahrhunderts ebenso ungewiss wie die Frage, ob der Meeresboden flach oder ein Spiegelbild des Festlands ist. Die Beschreibung der Tiefsee gründet auf vereinzelten Bodenproben, Skeletten, Leichenteilen und Fossilien, die Seewasserbecken der öffentlichen Aquarien. Bis zur Mitte des 20. Jahrhunderts schlägt sich die Meeresforschung mit dem Dilemma herum, das schon Tiedemann um 1800 in Auseinandersetzung mit Linné beschrieben hat und Jakob von Uexküll mit der Chronofotografie der Biologie medial gefasst hat. Von den isolierten, toten oder still gestellten Funden kann man nur indirekt auf das Leben schließen. Die Tiefseebiologie ist keine Wissenschaft des Lebendigen.[86] Sie vermisst ein Totenreich. Nemo zielt mit seinen Tauchfahrten zum Meeresboden daher auf eine neue, tierische Einbildungskraft. Im Kopf eines Riesenweichtiers will er wahrnehmen, was nie ein Mensch gesehen hat – die Meeresbewohner mit den Augen der Meeresbewohner beobachten. Aber die Nautilus ist nicht nur Fortbewegungsmittel und Versuchslabor. Sie transportiert auch ein Gedankenexperiment. Was wäre, wenn man die Grenzen und Abstände zwischen den Arten ebenso schrumpfen könnte wie die Entfernungen auf der Erdoberfläche? Kann man dann durch Arten wie durch Räume und Zeiten gleiten? Wie muss die Allianz zwischen Naturgeschichte, Biologie und Ingenieurswissenschaft beschaffen sein? Welche Vehikel muss man erfinden?

Die Fragen nach einer *human evolution* wird Wells zwanzig Jahre später stellen und als Fortbewegungsmittel durch die Evolution eine Zeitmaschine erfinden. Die Nautilus modelliert dagegen weniger die Zeit. Sie ist vielmehr eine *species engine*, die die Klassifikationen und Taxonomien in den abgedunkelten Salons der Nautilus animieren und beleben will. Mit der tierischen Einbildungskraft überträgt Verne die Überzeugungen des transozeanischen Weltverkehrs auf die Biologie. Nemos Kopffüßler beschreibt Globalisierung weniger als Mobilisierung von Geld- und Warenflüssen. Er verflüssigt vielmehr die Grenzen zwischen Menschen, Tieren und Maschinen.

Auf die Mobilisierung der Arten spielt auch sein Motto an, das die Passagiere wider Willen mit ihrer ersten Mahlzeit an Bord der Nautilus auf dem Tafelsilber lesen:[87]

> Mobilis in Mobili
>
> Beweglich im beweglichen Element! Dieses Motto bezog sich trefflich auf dieses Unterseefahrzeug, vorausgesetzt, man übersetzt die Präposition *in* mit *im* und nicht mit *auf*.

Aronnax versucht das Motto zunächst philologisch zu interpretieren. Zwei Interpretationen und Übersetzungen verwirft er: ~~Beweglich auf einem beweglichen Element!~~ und ~~Beweglich in einem beweglichen Element~~. Man darf es nicht wörtlich nehmen. Kaum hat Aronnax das Motto entziffert, geht der Wunsch nach einer uneigentlichen Interpretation in Erfüllung. Nach der Mahlzeit befällt die Schiffbrüchigen bleierne Müdigkeit, Nemo hat den Speisen ein Schlafmittel beigemischt. Kurz bevor den Meeresforscher Aronnax der Schlaf überwältigt, ruft ihn die Wissenschaft. So werden wir Zeuge einer zweiten Deutung des Mottos *mobilis in mobili*: »Meine beiden Gefährten streckten sich auf dem Boden der Kabine aus und waren schon bald fest eingeschlummert«, gibt der Meeresforscher zu Protokoll:

> Ich für meinen Teil wollte nicht so schnell dem dringenden Verlangen nach Schlaf nachgeben. Zu viele Gedanken hatten sich in meinem Geist angesammelt, zu viele ungelöste Fragen wirbelten im Kopf umher, zu viele Bilder hielten meine Lider davon ab, sich ganz zu schließen. Wo waren wir? Welche seltsame Macht riss uns mit sich fort? Ich spürte – oder meinte zu spüren, wie der Apparat in die entlegensten Tiefen

hinabtauchte. Entsetzliche Alpträume quälten mich. Ich erblickte in diesem geheimnisvollen Reich eine ganze Welt unbekannter Tiere, und dieses Unterseeboot – lebendig, beweglich, furchtbar wie sie – schien ihr Artgenosse zu sein! [...] Dann beruhigte sich mein Gemüt, meine Fantasien gingen in einen unbestimmten Schlummer über und bald sank ich in einen tiefen Schlaf.[88]

Die Reise zum Meeresboden unterteilt Aronnax in drei Phasen. Er tritt die Reise mit halb geschlossenen Lidern an. Dann folgt er den »Bildern« und »ungelösten Fragen«. Am Ende übermannt ihn der Schlaf. Mittendrin fragt er: »Wo waren wir?« Die Wo-Frage kann Aronnax einfach beantworten. Die Leser wird sie dagegen so lange verfolgen, bis das Meer die Schiffbrüchigen durch das Auge eines Mælstroms wieder freigibt.[89] Den Mælstrom passieren sie in einem todesähnlichen Schlaf, aus dem sie erst auf den Lofoten wieder erwachen. Der Roman wird von diesen beiden Schlafphasen gerahmt. So reiben wir uns mit Vernes Figuren schließlich verwundert die Augen. Sind Aronnax und seine Gefährten jemals aus dem komatösen Schlaf erwacht, oder folgen wir bis zu ihrer Errettung nur einem Traum? Von wo aus wird die Reise 20.000 Meilen unter den Meeren erzählt? Existieren Aronnax Gefährten überhaupt, oder sind sie nur Vervielfältigungen eines Ichs, zwei und doch eins, wie die zwei identisch gekleideten *Travelling companions* auf Leopold Eggs Bild? Vernes Meeresforscher zeichnet seine Position beharrlich auf. Er befindet sich auf der Schwelle zwischen Wachen und Schlafen. »Ich spürte – oder meinte zu spüren, wie der Apparat in die entlegensten Tiefen hinabtauchte«, beschreibt er den sonderbaren Zustand, für den er die Nautilus verantwortlich macht.[90] Doch meint er womöglich mit den »entsetzlichen Alpträumen« nur bedingt äußere Vorgänge. Bis auf die Rahmenhandlung ist der Roman nahezu vollständig aus der Perspektive des Meeresforschers erzählt. Darum sind die Bewegungen der Nautilus mehrdeutig. Der »Apparat« wird gleichermaßen zum Fortbewegungsmittel der Passagiere und der Romanhandlung. Er lenkt die Gedanken und Träume von Aronnax.

Die Schwelle zwischen Wachen und Schlafen hat Jean-Martin Charcot 1882 in der Salpêtrière für die Hypnose entdeckt. Sein Schüler Sigmund Freud widmet der Schwelle mit der Couch ein Verkehrsmittel. Die Beförderungsbedingungen des Möbels hat er in der »psychoanalytischen Grundregel« niedergelegt. Dem Analysanden schärft er ein, er solle alles preisgeben, was ihm durch den Kopf gehe. Kein Gedanke sei zu peinlich, kein Wort zu beschämend.[91] Der Analytiker solle dagegen auf das ungeschnittene Sendungsbewusstsein seines Analysanden mit »gleichschwebender Aufmerksamkeit« antworten: »sich auf den Analysierten einstellen wie der Receiver des Telephons zum Teller«.[92] Senden und Empfangen reduziert Freud auf ein technisches Übertragungsverhältnis. Den Empfang könne der Analytiker mit einer Eisenbahnfahrt vergleichen: »[B]enehmen Sie sich so wie zum Beispiel ein Reisender, der am Fensterplatzes des Eisenbahnwagens sitzt und dem im Inneren Untergebrachten beschreibt, wie sich vor seinen Blicken die Aussicht verändert«.[93] Zweimal verwendet Freud technische Metaphern – die Übertragungswege des Unbewussten sind Netzpläne. Zwar ist das Unbewusste ein *dark continent*. Doch an der Schwelle zwischen Wachen und Schlafen grenzt es ans Bewusstsein. Die Schwelle ist demnach ein Bahnhof oder Seehafen, von dem aus man das Unbewusste touristisch erforschen und bereisen kann. Analytiker und Patient verlassen das Abteil nicht. Die Reise in die Innenwelt unternehmen sie, ohne sich zu bewegen.

Auch dem Meeresforscher Aronnax wird die dampfbetriebene Schwelle unwillkürlich zum Reiseziel. Wie Freuds Analytiker tritt er seine »Fahrt ins Blaue« auf der Nautilus als »Zugreisender« an.[94] Über die Reise unter den Südpol wird er später berichten, den unzugänglichen Ort habe man »mühelos und ungefährdet erreicht«, »so, als ob der schwimmende Waggon über Eisenbahnschienen geglitten wäre«.[95] Die Tiefsee teilt sich mit dem Unbewussten dieselben Schienen- und Nachrichtenwege. Ihre Protagonisten eint die Gewissheit, dass man die Ränder des Bewusstseins wie die fernsten Kolonien des British Empires nach Fahrplan bereisen kann, weil sie beide an ein Verkehrsnetz angeschlossen sind. Die Ränder erreicht man, ohne jemals einen Fuß auf einen fremden Boden zu setzen. Der Meeresforscher soll darum wie Freuds Analytiker nicht »spekulieren«, »denken« oder »merken«, sondern mit halb geschlossenen Lidern die Signale der »merkwürdigen Macht« möglichst störungsfrei empfangen. Ist er auf den Meeresboden herabgesunken, wird er von einer Strömung erfasst. »Ich erblickte in diesem geheimnisvollen Reich eine ganze Welt unbekannter Tiere, und dieses Unterseeboot – lebendig, beweglich, furchtbar wie sie – schien ihr Artgenosse zu sein!«[96] Mit der »Welt unbekannter Tiere« sind nicht nur die Wunder und Ungeheuer gemeint, die Kapitän Nemo verspricht, sondern vor allem die Technomagie der submarinen Übertragungen. Der Kopf der Molluske ähnelt dabei dem Telefonhörer. Am Meeresboden wird er zur Hörmuschel, die Aronnax auf Empfang stellt. Mit ihr kann er die Fauna des Meeresbodens belauschen und erforschen. Die tierische Einbildungskraft verflüssigt die Grenzen zwischen Menschen, Tieren und Maschinen.

An Bord der Nautilus bemerkt Aronnax nach dem Aufwachen eine neue Einsamkeit:

> Verlassen in den Abgründen des Ozeans, war es [das Schiff] sicher der Erde abhanden gekommen. Diese unheilvolle Stille war zum Fürchten. Was unsere Verlassenheit, unsere Isolation in der Tiefe dieser Zelle angeht, so wagte ich nicht mir auszumalen, wie lange sie noch andauern würde.[97]

Die Reise zum Meeresboden kappt die Nabelschnur zur Meeresoberfläche und trennt ihn von seiner bisher bekannten Welt. Die Schwelle, die Pierre Aronnax bereist, um einer »seltsamen Macht« zu folgen, kann man demnach auch als Übergangsritus beschreiben. Die erste Mahlzeit und die halb offenen Lider bereiten ihn in drei Phasen auf die Aufnahme in das »geheimnisvolle Reich« vor.[98] Die Verwandlung geschieht indes im Zwischenraum zwischen Wachtraum und Schlaf: »Entsetzliche Alpträume quälten mich. Ich erblickte in diesem geheimnisvollen Reich eine ganze Welt unbekannter Tiere, und dieses Unterseeboot – lebendig, beweglich, furchtbar wie sie – schien ihr Artgenosse zu sein! ... Dann beruhigte sich mein Gemüt, meine Fantasien gingen über in einen unbestimmten Schlummer«.[99] Die Auslassungspunkte bezeichnen den Augenblick der Metamorphose. Drei Punkte und ein Blackout bezeugen den Übergang in die tierische Einbildungskraft, mit der man zwischen den Arten reisen und verweilen kann. Die Tauchfahrt zum Meeresboden ist eine Initiation. Die Aufnahme in die Familie der Weichtiere erfolgt beim Aufschlag auf den Meeresboden. Auch van Gennep schreibt annähernd vier Jahrzehnte später, es gebe eine Ähnlichkeit zwischen den Initiationsriten und der christlichen Taufe: »In beiden Fällen handelt es sich um Riten, die in eine Gemeinschaft integrieren«.[100] Die Schiffbrüchigen von Vernes Unterwasserroman werden demnach mindestens zweimal getauft. Mit der ersten Taufe werden sie in die Nautilus aufgenommen und mit dem zweiten Tauchgang zu Passagieren einer fremden Art. »Beweglich im beweglichen Element«? – Das Motto handelt bestenfalls an der Oberfläche von einer »technischen und politisch-sozialen Utopie«.[101] Die nomadische Klippe, die über den Meeren die Welt so lange in die Irre geführt hat, zeigt sich unter Wasser zunächst jedenfalls nicht als ingenieurstechnisches Meisterwerk. Die uneingeschränkte Beweglichkeit eines souveränen Verkehrsteilnehmers, die der Übersetzung »Beweglich auf einem beweglichen Element« zugrunde liegt, schließt Aronnax ausdrücklich aus. Stattdessen verschwimmen die Grenzen zwischen Verkehrsmittel und Steuermann. *Mobilis in mobili* ist die Nautilus, weil das U-Boot sich als Fisch unter Fischen »lebendig, beweglich, furchtbar wie sie« zu bewegen scheint.[102]

Vernes Gedankenexperiment – die Reise durch die Arten und die implizite Frage nach einer tierischen Einbildungskraft – wird in den Debatten der Nachhaltigkeit, des Posthumanismus und der Tierrechte mit der Kritik am Anthropozentrismus nach 2000 erneut aktuell. Ein Indiz dieser Aktualität ist die Aufnahme der Menschen in die *Rote Liste der gefährdeten Arten*. Sie erhalten dort nicht etwa einen Sonderstatus, sondern werden vielmehr zu dem, was sie sind: Tiere unter Tieren.[103] Zwar seien wir mitnichten vom Aussterben bedroht, doch habe der Mensch von allen Säugetieren die größte Verbreitung gefunden, heißt es in der *Roten Liste*. Ihn »findet man in zahlreichen Habitaten. Das beruht auf der Fähigkeit, sich mit Technologien ihren Umwelten anzupassen und sie zu verändern«.[104] Ähnlich wie Vernes *species engine* zählt die *Rote Liste* weniger natürliche Verwandtschaften auf. Sie zeigt vielmehr mögliche biotechnische Anpassungen und Veränderungen: parasitäre oder symbiotische Kopplungen, Gleichgewichte und Gefälle. Die Fähigkeit, ihre Umwelt zu verändern, bringt die Menschen weniger als Verwandte ins Spiel, sondern als Insassen einer endlichen Welt.[105] Die Aufnahme in die *Rote Liste* kann man darum als Symptom für eine grundlegende Veränderung lesen. Von Fullers *World Game* bis zu den Berichten des Club of Rome – von dem ersten Kalkül der politischen Ökonomie, dem schwarzen Garten Eden Thomas Malthus', bis zu den modernen Klimasimulationen – hat die Insel eine beispiellose Karriere hingelegt. Die *chiffre de clôture*, die Barthes mit Kapitän Nemo und Jules Verne noch einzelnen Individuen zuschreibt, hat dabei eine bemerkenswerte Verbreitung und Demokratisierung erfahren. Die Einschließung bezeichnet weniger die exklusive Eigenschaft singulärer Inselmenschen. Barthes schreibt die *Mythen des Alltags* 1957, im Jahr von Sputnik. Der Rückzug in abgeschlossene Welten trägt viele Spuren des Kalten Krieges. Sie ist die Zustandsbeschreibung einer Welt, die in den engen Grenzen ihrer Ressourcen überwintern, funktionieren und überleben will. *Just duck and cover*.[106]

Vor 1957 führt die Geschichte der Cyborgs, der Schildkröten- und Fischmenschen, in die populären Debatten der Evolutionsbiologie und in die Gärten der Akklimatisation. Organismen, die vom Land ins Meer treiben oder das Meer für immer verlassen haben, durchlaufen zahlreiche Prozesse der Anpassung, die an wenigen Beispielen, dem Axolotl und dem Phantasma des Meeres- und Wassermenschen, thematisiert werden sollen. Die Linie, die Meer und Land verbindet, Lardners *steam bridge* und Humboldts Isothermen, treffen zunächst auf Haeckels Entwicklungsgeschichte.

Lunge oder Kiemen?

Vom Wurm zum Wirbeltier hat Ernst Haeckel einen Stammbaum gezeichnet. Den Menschen führt er auf den Urfisch zurück. Aus den Brust- und Bauchflossen seien Arme und Beine entstanden, aus der Fischblase eine Lunge.[107] Aus den knöchernen Strahlen der Fischflosse seien die zehn Zehen und Finger des Menschen erwachsen.[108] Der Mensch der »Anthropogenie« kam aus dem Meer. Die Zwischenschritte zur Entwicklungsgeschichte findet Haeckel in den Lurchfischen, die im Paläolithikum die Erdoberfläche bewohnten und durch Lunge und Kiemen atmen konnten. Doch von den »Doppelathmern« hat sich jede Spur verloren. Ihre Skelette, die überwiegend aus Knorpel bestanden, sind zu Staub zerfallen. Den *missing link* vom Wasser- zum Landleben kann Haeckel nur in der Gegenwart finden. Die Formen- und Gestaltähnlichkeit, die »Ontogenie«, soll die phylogenetische Lücke schließen. Die fehlenden Glieder der Naturgeschichte hofft er in den Amphibien zu finden. Lurche, Salamander und Kröten sind nach den antiken Vorstellungen Mischwesen und Monster, die weder Fisch noch Fleisch sind. Haeckel beschreibt sie als wichtige Zwischenglieder der menschlichen Entwicklung, in denen die Merkmale der Wirbeltiere bereits »angelegt« seien. Er interpretiert sie wie die antiken Monstra als

»Vorzeichen«, weil sie über sich selbst hinausweisen. Doch vor allem sind sie Nomaden, die die Umstände vom Meer auf das Festland getrieben haben. Und als solche die Trophäen einer neuen Sammelleidenschaft, die die Unterschiede zugunsten der gleitenden Übergänge in den Hintergrund drängt. Haeckels Anthropogenie zielt auf eine Genealogie. Sie will die Menschen und Menschheitsgeschichte systematisieren, das Leben selbst beschreiben.

Haeckels Ahnenreihe der höheren Wirbeltiere kennt keine Holzwege. Die Zwischenglieder sind keine Sackgassen. Sie müssen notwendig etwas bedeuten. Die Naturgeschichte ist ein Baum, der vom Urfisch bis zum Menschen eine gerade Linie zeichnet. Die Entwicklungsgeschichte findet durch das Labyrinth der Arten immer die kürzeste Verbindung zur Gegenwart. Selbst Arten, die sich nicht ohne Mühe in ein lineares Geschichtsmodell integrieren lassen, stören nicht den Lauf der Naturgeschichte. Sie verweisen Haeckel nur auf »die verschiedenen Stufen einer Stammesgeschichte«.[109] Verantwortlich für die Zuversicht ist der Parallelismus zwischen Ontogenie und Phylogenie: Alle Entwicklungsstufen sind in der Naturgeschichte in einer fernen Vergangenheit und in der eigenen Gegenwart doppelt abgelegt und gespeichert. Jede Art gibt es zweimal, erstens in der Ontogenie und zweitens in der Phylogenie:

> Die Kette von verschiedenartigen Thiergestalten, welche nach der Descendenztheorie die Ahnenreihe oder Vorfahrenreihe jedes höheren Organismus, und also auch des Menschen, zusammensetzen, stellt immer ein zusammenhängendes Ganzes dar, eine unterbrochene Gestaltenfolge, welche wir mit der Buchstabenreihe des Alphabets bezeichnen wollen: A, B, C, D, E u. s. w. bis Z. In scheinbaren Widersprüchen hierzu führt uns die individuelle Entwicklungsgeschichte oder die Ontogenie der meisten Organismen nur einen Bruchteil dieser Formenreihe vor Augen, so dass die embryonale Gestaltenkette etwa lauten würde: A, B, F, I, K, L u. s. w. oder in anderen Fällen:

B, D, H, L, M, N u. s. w. Es sind also hier gewöhnlich viele einzelne Entwicklungsformen aus der ursprünglich ununterbrochenen Formenkette ausgefallen. Um so wichtiger ist es, dass trotzdem die Reihenfolge dieselbe bleibt, und dass wir im Stande sind, den ursprünglichen Zusammenhang derselben zu erkennen. In der That existirt immer ein vollkommener Parallelismus der beiden Entwicklungsreihen, jedoch mit dem Unterschiede, dass meistens in der ontogenetischen Entwicklungsreihe Vieles fehlt und verloren gegangen ist, was in der phylogenetischen Entwicklungsreihe früher existierte und wirklich gelebt hat.[110]

Einmal auf das Gleis der Ontogenie und Phylogenie gesetzt, kann Haeckel nicht irren. Denn ebenso wie Humboldt immer mit einem doppelten Set von Messinstrumenten auf Reisen geht, reist auch die Naturgeschichte mit den zwei Alphabeten der Ontogenie und Phylogenie vom Urfisch in die Gegenwart. Lücken in der ontogenetischen Reihe können durch die phylogenetische Reihe mühelos ausgeglichen werden. Haeckels Alphabete mag man mit dem Handwerk der Philologen vergleichen, verderbte Textstellen zu konjizieren.[111] Doch die Alphabete entspringen weniger einer Texttradition als einer universalen Mechanik der Analogie. Sie nutzen die Ordinalität des Alphabets und die algebraische Technik, mit Buchstaben Unbekannte zu bezeichnen, mit denen sich ohne Schwierigkeit rechnen lässt. Jede gegenwärtige Art hat einen festen Ort in der Großerzählung der Arten. Fehlende Glieder der Ontogenie können durch die Stufenfolge der Phylogenie ersetzt und erschlossen werden. Denn die Naturgeschichte hat wie die Arche Noah jeweils zwei Exemplare einer Art konserviert. Dieses Zwillingsprinzip garantiert, dass die Kette von den Würmern über die Urfische bis zu den Wirbeltieren einer fernen Zukunft so schnell nicht abreißen wird. Haeckels Naturgeschichte zeichnet wie Fogg eine besondere »Ruhe im Handeln« aus.

Verne und Haeckel bedienen sich ähnlicher Erzählstrukturen. Haeckel gehört wie Fogg einem »mathematischen Menschenschlag« an, der sich mit den zwei Alphabeten der Techniken der Angleichung bedient. So wie die Rettung von Aouda nur kurzfristig Foggs Reise zu unterbrechen droht, so setzen auch die Amphibien Haeckels Reise durch die Entwicklungsstufen keine Grenzen. Sie sind lediglich Schwellen, Boten und Verbindungen, die den geradlinigen Fortschritt der Entwicklungsgeschichte sichern sollen.[112] Verne hat die Reise- und Erzählwege von Phileas Fogg, Passepartout, Inspektor Fix und Aouda mit Pappfiguren auf einer Weltkarte rekapituliert. Seine Figuren reisen zusammen, um sich zu verlieren und kurzfristig zu verirren, aber spätestens an den Bahnhöfen und Häfen treffen sie wieder aufeinander. So kreisen die Figuren auf unterschiedlichen Bahnen in achtzig Tagen um die Welt, aber verfehlen einander nie, weil sie einem gemeinsamen Fahrplan folgen. Auch Haeckels Alphabete der Ontogenie und Phylogenie sind im Fahrplan der Naturgeschichte aufeinander bezogen. Haeckel bezeichnet ihren Parallelismus als biogenetisches Gesetz und »Ariadnefaden, mit dessen Hülfe allein wir im Stande sind, den Weg des Verständnisses durch dieses verwickelte Formenlabyrinth zu finden«.[113] Die Reihenfolge bleibe immer dieselbe: Was bei Verne das Kursbuch und der Schaltplan von Bradshaw sind, sichert bei Haeckel die Rekapitulationstheorie, die Analogie der Alphabete. Darum können die Amphibien das »zusammenhängende Ganze« und die »ununterbrochene Formenkette« im Zeitraffer wiederholen.[114]

Die Wege von Haeckel und Verne kreuzen sich auf einer Schwelle zwischen Land und Meer. Sie treffen sich bei einer Spezies, die im Februar 1865 in der Menagerie der Reptilien im Pariser Pflanzengarten die Aufmerksamkeit der Besucher auf sich zieht. Alfred Brehm, der Gründungsdirektor des Berliner Aquariums, hat sie als »Seefisch mit weicher Haut und vier Füßen« beschrieben, die wegen ihrer unentschiedenen Art von den mexikanischen Indianern scherzhaft »Axolotl«, »Wasserspiel«, genannt werde.[115] Hinter dem flachen Kopf wuchern die Kiemenbüschel, im Körper schlummert eine Lunge. Humboldt hat die Axolotl mit Bonpland in Mexiko in dem kleinen Tümpel *la ciénaga del castillo* bei Acapulco entdeckt. Er nimmt an, dass sie sterben müssen, sobald die Pfütze alle paar Jahre austrocknet. Sie könnten nur im Wasser überleben.[116] Von den Axolotl schickt er 1800 neben fossilen Elefantenknochen zwei Exemplare nach Paris zu Georges Cuvier. Cuvier beschreibt sie als »Larve« und »erste Lebensform eines unbekannten Salamanders«.[117] Er mutmaßt, dass die Entwicklung bei ihnen gleichsam eine Pause einlegt. Sie verharrten jedenfalls bis zum Lebensende als still gestellte Kaulquappe im Larvenstadium. Brehm beschreibt den Axolotl als Fisch mit Gliedmaßen. Humboldt bezeichnet ihn dagegen als »schuppigen Fisch mit zwei Rückenflossen«.[118] Flosse oder Gliedmaßen, Fisch oder Amphibie? Bis in die zweite Hälfte des 19. Jahrhunderts hinein unterlaufen die Axolotl die Taxonomie. Sie besetzen im Königreich der Tiere ein Zwischengeschoss. Der gedrungene Körper, die kräftige Schwanzflosse und die Kiemenbüschel weisen sie als Fisch aus, die vier- und fünfzehigen Gliedmaßen warten dagegen beharrlich darauf, in ferner Zukunft als Molch an Land zu gehen.

Die Frage, ob das Larvenstadium nun primär oder sekundär ist, beantworten fünf männliche und ein weiblicher Axolotl selbst. Seit 1864 wohnen sie im Pariser Pflanzengarten, wo sie sich in kurzer Zeit von sechs auf hundert vermehren. Von der zweiten Generation gehen einige Axolotl an Land, woraufhin eine eigentümliche Verwandlung beginnt. Die Schwanzflosse schrumpft. Der Kopf setzt sich vom Rumpf ab. Die Herzvorkammer teilt sich, die Kiemenspalten bilden sich zurück, bis die Landgänger am Ende nur noch mit der Lunge atmen. Für Haeckel ist der Axolotl nur ein weiterer Beweis für die Grundthese, dass alle Wirbeltiere von einem Wurm und Urfisch abstammen. Der Axolotl habe eine niedere Entwicklungsstufe der Wirbeltiere konserviert. Er mache wie alle

Amphibien im Zeitraffer die Entwicklung vom Fisch zum Lurch durch und besitze alle Merkmale, um vom Wasser ans Land zu gehen.

Verne hat auch in späteren Jahren kein Buch von Haeckel besessen, obwohl sie die Obsession und Begeisterung für das Meer miteinander teilen.[119] Spuren der Rekapitulationstheorie sind dennoch bei dem Meeresforscher Aronnax hängen geblieben. In seinem zweibändigen Hauptwerk *Geheimnisse der Tiefsee* entwickelt er Haeckels biogenetisches Gesetz in wenigen Sätzen:

> Im Wasser leben die größten der bekannten Säugetierarten, und vielleicht bergen sie auch Weichtiere von unvergleichlicher Körpergröße, entsetzlich anzuschauende Krustentiere wie hundert Meter lange Hummer oder Krabben, die zweihundert Tonnen wiegen! Weshalb auch nicht? Früher, in der Urzeit, erreichten die Landlebewesen, die Vierhänder, Reptilien und Vögel gigantische Ausmaße. Der Schöpfer hatte sie mithilfe riesiger Gussformen angefertigt, die erst mit der Zeit immer kleiner wurden. Warum sollten sich in den unerforschten Tiefen des Meeres nicht solche riesigen Exemplare aus einem früheren Zeitalter erhalten haben, in diesem Meer, das ewig unverändert bleibt, während der Erdkern einem fast unablässigen Wandel unterworfen ist? Weshalb sollte es in seinem Schoß nicht den letzten Angehörigen dieser Riesenarten Schutz gewähren, für die Jahrhunderte nur Jahre sind und Jahrtausende Jahrhunderte?[120]

Aronnax entdeckt mit der Analogie der Entwicklungsreihen auch die Zeitmanipulation. Jahrtausende werden zu Jahrhunderten, Jahrhunderte zu wenigen Jahren. Die gegenwärtigen Riesen der Meere geben die Entwicklung nahezu kinematografisch in wenigen Augenblicken wieder. Doch vor allem vertritt er mit dem biogenetischen Gesetz die Vorstellung, dass die Zeit nicht nur spezifische Formen vererbe, sondern die Vorbilder selber sich mit der Zeit verändern. So rekapitulieren die gegenwärtigen Arten nicht nur ihre Vorfahren, sie können die Eltern auch gleich als »Gussform« und Negativ für zukünftige Arten verwenden. Die Formen enthalten einander. Jede frühere Tierart kann zur Gussform einer nachfolgenden Art werden.

Nach Haeckel verhalten sich Ontogenie und Phylogenie wie Zwillinge und Doppelgänger zueinander. Die Naturgeschichte kann sich darum mit schlafwandlerischer Sicherheit auf den zwei Alphabeten wie ein Eisenbahnwagen fortbewegen. Sie kann nicht entgleisen. Die Gussformen, die Aronnax dagegen in die Hand des Schöpfers legt, verändern die Arten ähnlich wie bei Darwin mit jeder Generation. Sie ersetzen Haeckels Stammeslinien und Genealogien durch Rekursionen. Die Rekursion erzeugt mit eingeschlossenen Luftblasen und Schweißnähten minimale, unwägbare Veränderungen an den Gussformen. Sie haben die Rundungsfehler schon an Bord. Denn das Gleiche im Dutzend ergibt irgendwann eine neue Art.

Ein Tier, das herumtappt, sich wiederholt und verirrt
Die Kulturtechniken der Abweichung

Haeckels Rekapitulationstheorie überträgt die Mechanik der Druckerpresse auf die Naturgeschichte. Wie kann man dem verlässlichen Lauf seiner Kosmogonie stören – wie mit den nachwachsenden Gussformen von Aronnax und Darwin die Produktivität der Abweichung denken? Das geschieht am einfachsten durch Haeckel selbst. Die folgenden Überlegungen spielen mit Haeckel Stille Post. Sie setzen seinen Fischmolch zwei Übersetzungen von Wilhelm Bölsche und Sandor Ferenczi aus, um schließlich in der Wiederholung eine Differenz zu finden.

Bölsche zitiert Haeckel in *Liebesleben in der Natur* und liest seine Palingenese als Selbsttechnik. Eine amphibische Phase, die an die niederen Entwicklungsstufen der höheren Wirbeltiere anschließt, durchlaufe jeder Embryo:

> [T]ief im Leibe der schwangeren Mutter zeigt sich an dem eben keimenden Embryo ein großes, bedeutsames Mysterium. Der reifende Keim wird, ehe er Mensch wird, noch einmal Fisch ...[121]

Wo Haeckel die Spurtreue der Naturgeschichte sucht, setzt Bölsche auf Rekursion. Er erwähnt die »Kiemenspalte am Halse« und den Übergang von den Flossen zu den Gliedmaßen, die »das Bild des Urfisches wie im Dunste« aufscheinen ließen. Die Entwicklungsgeschichte ziele vom Fischmolch zum Menschen auf Individualisierung und Isolation. Der ideale Mensch werde am Ende wie Robinson zu einer »einsamen Insel«.[122] Die Austrocknung und Verlandung formuliert er als Ziel der Entwicklung und Menschwerdung. Ein Vierteljahrhundert später beruft sich wiederum Sándor Ferenczi über Wilhelm Bölsche auf Haeckel. Bölsches Gedankenexperiment setzt er fort:

> Wie dann, dachten wir uns, wenn die ganze Mutterleibsexistenz der höheren Säugetiere nur eine Wiederholung der Existenzform jener Fischzeit wäre.[123]

Der Mensch stamme vom Fisch ab, darin stimmen Ferenczi und Bölsche überein. Aber an dieser Stelle trennen sich ihre Wege. Nicht die Sintflut, sondern die Errettung und die Arche Noah – die Austrocknung sei die eigentliche Katastrophe, schreibt Ferenczi.[124] Die Geburt wiederholt das Trauma aller Amphibien, vom Meer ans Land gesetzt zu werden. Sie sei

> die individuelle Rekapitulation der großen Katastrophe, die so viele Tiere und ganz sicher auch unsere tierischen Vorfahren

beim Eintrocknen der Meere zwang, sich dem Landleben anzupassen, vor allem auf die Atmung durch Kiemen zu verzichten, sich Luftatmungsorgane zuzulegen«.[125]

Barthes' *chiffre de clôture* findet bei Ferenczi einen frühen Verbündeten. Die Vorliebe für Erdlöcher und Höhlen, die Barthes Jules Verne und seinen Romanhelden zuschreibt, bezeichnet Ferenczi als »thalassischen Regressionszug«, den er mit dem Bild eines amphibischen Mannes veranschaulicht:[126]

> Unvergeßlich bleibt mir [...] das Beispiel jenes unlöslich an die Mutter fixierten jungen Homosexuellen, der noch als Jüngling stundenlang am Boden der mit warmem Wasser gefüllten Badewanne lag und, um in dieser archaischen Wasserexistenz oder Embryosituation verharren zu können, durch ein langes, aus dem Wasser herausragendes Rohr atmete, das er sich in den Mund steckte.[127]

Das Beispiel verweist auf die lang anhaltende Konjunktur des Meeres. Ob Badewanne oder Weltmeer – die submarinen Phantasmen amphibischer Existenzen teilt Ferenczi offenbar mit Ahab, Aronnax, Ismael, Nemo, Ned Land und den französischen Biografen der Meere. Haeckels Unterscheidung der Ontogenie und Phylogenie überträgt er auf die Genitaltheorie, um die Figuren des steten Fortschritts mit Regression zu übersetzen. Wie Haeckel zitiert Ferenczi mit der »phylogenetischen Parallele« die Forschungen zu den Axolotl. Von George Shaw (1798/1800) bis Auguste Duméril (1865) haben die Zoologen und Meeresforscher diskutiert, ob die Axolotl ozeanische Wesen sind oder ob sie sich bloß standhaft weigern, ihr Larvenstadium zu verlassen. Die Diskussion hat im Wesentlichen eine Frage der Taxonomie berührt: Sind die Axolotl Fischmolche oder Amphibien?[128] Um die Antwort von den Mischwesen selbst zu erfahren, haben manche ihnen hartnäckig die Kiemenbüschel abgeschnitten, andere sie in seichte Wässer ausgesetzt oder in Schraubstöcke gespannt.[129] Ferenczi zitiert die Fragen der Taxonomie mit dem Hinweis auf die Sintflut:

> Man fühlt sich versucht, auch die Sintflutfragen als eine nach psychoanalytischer Erfahrung nicht ungewöhnliche Umkehrung des wirklichen Sachverhaltes auszulegen. Die erste große Gefahr, die die Lebewesen, die alle ursprünglich Wasserbewohner waren, traf, war nicht das Überflutetwerden, sondern die Eintrocknungsgefahr. Das Emportauchen des Berges Ararat aus den Fluten wäre also nicht nur [...] die Rettung, sondern auch die ursprüngliche Katastrophe, die erst später im Sinne der Landbewohner umgedichtet worden ist.[130]

Ferenczi favorisiert das Meer. Doch bemerkenswerter ist ein strukturelles Argument. Mit der These, dass die Landbewohner das Trauma der Geburt bloß »umgedichtet« haben, reduziert er die Fragen der Taxonomie, die überwiegend im Experiment gestellt worden sind, auf Fragen der Narration. Aus dem Blickwinkel der Kosmogonien kann man die Axolotl entweder vom Land oder vom Meer aus beschreiben. Ferenczi charakterisiert sie als ozeanische Wesen. Haeckel und Bölsche betrachten sie dagegen als Landbewohner. Sie beharren darauf, dass die Axolotl in den stehenden Gewässern nur eine Zwischenstufe bewohnen. Die Austrocknung ist demnach eine notwendige Individuation und Entwicklung zu einer höheren Lebensform. Ferenczi erklärt dagegen, die Geburt sei kein Fortschritt, sondern eine Katastrophe, die die Landbewohner fortan zum Rückschritt zwingt. Jeder Koitus sei der mehr oder minder tappende Versuch, in den Mutterleib zurückzukehren. Die Gegenwart ist vor allem auf »die Wiederherstellung der See-Existenz« ausgerichtet.[131] Wir seien dazu verdammt, an Land die Katastrophe der Austrocknung und die Phasen des Landgangs stetig zu wiederholen und zu vererben.

Aus der geraden Linie, die Haeckel mit dem Alphabet der linearen Entwicklungsgeschichte zeichnet, formt Ferenczi auf den Schultern von Haeckel einen Kreis. Doch nicht einmal das. Der »thalassische Regressionszug« gleicht lediglich dem »tappenden« Versuch, einen Kreis zu zeichnen. Niemand kehrt zum Ursprung zurück, auch nicht, wenn er »Nemo« heißt. In Haeckel und Ferenczi kann man zwei antipodische »Lesarten der Welt« entdecken.[132] Haeckel kann alle Beobachtungen in einem Ursprung bündeln. Seine Alphabete haben Foggs Reise bis auf ihre Struktur reduziert. Dank der doppelten Genealogien, die in der Ontogenese und Phylogenie niedergelegt sind, beginnt seine Rekapitulationstheorie wie Phileas Fogg bei A und kehrt immer zu A zurück. Sie wird den Ursprung nicht verfehlen. Nemo und Ferenczi rechnen dagegen mit einer Divergenz: Sie wollen und müssen sich notwendig verirren.

Auf den Einfluss Haeckels und das streitbare Erbe des Lamarckismus bei Ferenczi und Freud zu Beginn der ersten zwei Jahrzehnte des 20. Jahrhunderts ist mehrfach hingewiesen worden. Auch die Fehldeutungen sind akribisch dokumentiert. So ist die Plazenta entwicklungsgeschichtlich vergleichsweise jung. Sie kann nicht als Zeugin eines Urozeans herhalten. Haeckels biogenetische Grundregel ist dagegen nach ihrem steilen Aufstieg in der Embryologie, Pädagogik, Verhaltensforschung, Kriminalistik und der Rassentheorie im späten 19. und frühen 20. Jahrhundert alsbald verschwunden, wie Stephen Jay Gould genauer ausführt.[133] Doch ebenso wie die Rekapitulationstheorie sitzt Goulds Kritik einer streitbaren Analogie auf. Er übersieht, dass Ferenczi im Gegensatz zu Haeckel keine naturwissenschaftliche Theorie verfaßt, die man messen oder deren Wahrheiten man notfalls mit dem Skalpell bloßlegen kann. Die Psychoanalyse kennt anders als die Embryologie und Zoologie keine direkte experimentelle Bestätigung. Vielmehr verbirgt sich hinter der Regression eine strukturelle Frage der Wiederholung und Differenz. Werden Neurosen angeboren, oder müssen sie kultiviert und erworben werden? Was und wie wiederholen sie? Der

Regressionszug ist rückblickend vor allem als Gesetz einer Serie interessant. Ferenczi weicht an wesentlichen Stellen von Haeckel ab. Prominent bleibt dabei die Reduktion der Taxonomie auf Fragen der kontinentalen oder ozeanischen Orientierung: Blicken wir vom Land auf das Meer oder vom Meer aufs Land? Noch entscheidender ist aber, dass Ferenczi dabei einem amphibischen Modell der Generationen folgt, das der fiktiven Rekapitulationstheorie des Meeresforschers Aronnax näher steht als dem vermeintlichen Vorbild Haeckels. Mit der Regression und dem »tappenden« Versuch, zum Ursprung zurückzukehren, verneint er jede Möglichkeit der exakten Wiederholung und weist Haeckels Vorstellung zurück, dass die Phylogenese die Ontogonese wiederholen und bestätigen könne. Die Alphabete der Phylo- und Ontogenese verlaufen bei Ferenczi nicht parallel – jede Entwicklungsgeschichte, die auf ihre Spurtreue setzt, müsste entgleisen. Schon der Mutterleib ist ein schaler Ersatz. Im Wissen um das Surrogat kann Nemo ihn durch die Nautilus ersetzen. Jede Insel kann ein Meer beherbergen, in dem eine Insel heranwächst, die erneut zum Meer werden kann und das bis in die fernste Zukunft. Das Meer mag auf einen mythischen Urozean verweisen, so wie man jede Teetasse zum indexikalischen Zeichen machen kann. Doch wird der Ozean durch die semiotische Aufladung nicht gleich zum Urtümpel. Die Regression rechnet mit der Nachträglichkeit, die in infinitesimal kleinen Differenzen im Gleichen die Abweichung entdecken will. Ferenczis Regressionszug entspringt genau betrachtet keiner Geburtskatastrophe. Er ist noch nicht einmal ein Rückschritt, wenn man damit die Rückkehr in die exakt gleichen Fußspuren meint. In den Axolotl, die sich im Pariser Pflanzengarten von ihren Artgenossen entfernen, um mit neuen Lungenflügeln ihr Glück an Land zu suchen, kann man dagegen mit Aronnax die nachwachsenden Gussformen entdecken. Ihre Metamorphose kann recht plastisch die Produktivität der Rundungsfehler veranschaulichen. Dabei bezeichnen die Axolotl keine niederen Entwicklungsstufen in einer Stufenfolge der stetig aufsteigenden

Arten. Ihre Landgänger sind vielmehr wie wir – ein Tier, das herumtappt, sich wiederholt und verirrt.

Von Wasser- und Meeresmenschen

»Ich halte nicht viel vom sogenannten psychologischen Roman, weil ich nicht weiß, was ein Roman mit Psychologie zu tun hat«, erklärt Verne achselzuckend dem Journalisten Sherard.[134] Die Abneigung richtet sich wohl nicht zuletzt gegen einige Autoren des französischen Realismus. Ihre Namen nennt er nicht. Doch enthält ihre Ablehnung womöglich auch eine Schreibanweisung, die umarmt, was sie bestreitet: Alle inneren Vorgänge sind strikt nach außen zu wenden – die Innenwelt ist immer eine äußere. Vernes Figuren sind aus Überzeugung flach. Jede Tiefe ist ihnen verboten. In dieser Hinsicht sind die Episoden, in denen Kapitän Nemo in aller Ausführlichkeit die Innenwelten der Nautilus und die Lebens- und Ernährungsweise ihrer Insassen mit technischer Detailversessenheit beschreibt, sehr beredt:[135]

> Ja, Herr Professor, das Meer stillt all meine Bedürfnisse. Mal werfe ich Schleppnetze aus und hole sie zum Bersten voll wieder ein; mal gehe ich in diesem Element, das dem Menschen so unzugänglich scheint, auf Jagd und erlege das Wild, das in meinen unterseeischen Wäldern haust. Arglos weiden meine Herden wie die Tiere von Neptun auf den endlosen Ebenen des Ozeans. Ich verfüge da über unermessliche Reichtümer und fahre selbst die Ernte ein, während die Hand des Schöpfers aller Dinge immer wieder neu auf ihnen aussät.[136]

In dem »Element, das dem Menschen so unzugänglich scheint«, den »unterseeischen Wäldern« oder »den endlosen Ebenen des Ozeans« kann man Kapitän Nemo dabei zusehen, wie er seine Innenwelt nach außen kehrt. Die Penetration, Eroberung und Inbesitznahme der »unterseeischen Wälder« und Jagdgründe beschreibt er ganz offenherzig. Und wenn er an nahezu gleicher Stelle das Meer Aronnax als »wunderbare, unerschöpfliche Nährmutter« vorstellt, so stillt er mit jeder Jagd und jedem Tauchgang das unstillbare Verlangen, in die Arme der nimmermüden Amme zurückzukehren. »Das Meer ist alles«:[137] Milch, Wasser und Leben. Man hat 20.000 *Meilen unter den Meeren* als Abenteuerroman bezeichnet.[138] Seine Protagonisten sind männlich, das Meer und die Nautilus dagegen weiblich. Sie sind Umwelt und Futteral: Nährzelle, Brutkasten und Individuationstank. Die Vorliebe für »Uterotopien« kehren Vernes Figuren an die Oberfläche, sie bekennen sie ganz unverblümt.[139] Die Regression setzen sie strikt technisch um.[140] Ihre Innenwelt ist zur Umwelt und zweiten Haut geworden.

Wie wird man also zum Fisch unter Fischen? Zum Wasser- oder Meeresmenschen kann man nur durch Technik oder Täuschung werden. Die Täuschung führt in die Jahrmarktzelte und Freakshows, die den neuen Seebädern auf dem Fuß folgen. Die Technik kombiniert dagegen die Naturgeschichte und Physiologie mit den Ingenieurswissenschaften. Die biotechnische Aufrüstung der Lungen zu Kiemen führt Verne seinen zeitgenössischen Lesern in *20.000 Meilen unter den Meeren* detailliert vor Augen. Die neuesten Atemgeräte hat er zusammen mit seinem Bruder Anfang Mai 1867 vermutlich auf der Pariser Weltausstellung in Paris oder in den abonnierten Zeitungen entdeckt. Auf der *Exposition universelle d'art et d'industrie* haben der Bergbauingenieur Benoît Rouquayrol und der Marineleutnant Auguste Denayrouze ein Drucklufttauchgerät ausgestellt, das mit einer Goldmedaille ausgezeichnet worden ist. Jules Verne sind die Weltausstellung und die Auszeichnung offenbar Grund genug, die Vorzüge der Rouquayrol-Denayrouze-Apparate gegenüber den Skaphanderapparaten in einem Dialog zwischen dem Ich-Erzähler Aronnax und Kapitän Nemo festzuhalten:

»Sie meinen den Skaphanderapparat«, sagte ich.

»In der Tat: allerdings ist der Mensch unter diesen Bedingungen nicht frei. Er bleibt an die Pumpe gefesselt, die ihn über einen Kautschukschlauch mit Luft versorgt, eine wahre Fessel, die ihn ans feste Land kettet, und wenn wir auf diese Weise an die *Nautilus* gebunden wären, würden wir nicht weit kommen.«

»Und wie verschaffen wir uns die nötige Freiheit?«

»Indem ich mich des Rouquayrol-Denayrouze-Anzugs bediene, den zwei Ihrer Landsleute entwickelt haben, den ich aber für meinen Gebrauch wesentlich verbessert habe und der es Ihnen erlaubt, sich diesen ungewohnten physiologischen Bedingungen auszusetzen, ohne dass Ihre Organe in irgendeiner Weise Schaden nehmen«.[141]

Den herkömmlichen Skaphanderapparat hat der Schiff-Kalfaterer Charles Anthony Deane am 20. November 1823 zunächst als Feuerhelm zum Patent angemeldet:

Dieser Apparat besteht aus einem kupfernen Helme mit einem dazu gehörigen Anzuge, den derjenige über Kopf und Schultern nimmt, der in ein mit Rauch und Dämpfen erfülltes Zimmer etc. treten muß. An dem Hintertheile des Helmes ist eine lange lederne Röhre oder ein Schlauch angebracht, der aus dem Gebäude in die freie Luft hinausreicht, wo er mit Blasbälgen verbunden ist, die frische Luft in den Helm blasen, um das Individuum unter dem Helme athmen zu lassen: an dem Hintertheile des Helmes ist noch eine andere Röhre angebracht, um die unter dem Helme unathembar gewordene Luft durch dieselbe entweichen zu lassen.[142]

Die Weiterentwicklung zum Tauchanzug erlebt Deanes Erfindung bei der Bergung des Schiffwracks. Die Luft wird vom Festland oder

Schiffsdeck durch zwei Schläuche zum Taucher gepumpt – eine Konstruktion, die im Gedanken schon Beklemmungen hervorruft, im Normaltrieb zu Kopfschmerzen und chronischer Atemnot führt. Der Taucher mit herkömmlichem Atemgerät muss beständig die Verbindung zum Festland halten. Beim Rouquayrol-Denayrouze-Apparat ist der Taucher dagegen weitgehend autark. Er trägt die komprimierte Atemluft »wie de[n] Tornister eines Soldaten« auf dem Rücken.[143] Kapitän Nemo erwähnt die Kautschukschläuche, die den Taucher mit frischer Atemluft verkabeln, die kupferne Hohlkugel, die ihm die freie Sicht unter den Meeren garantiert, das Mund- und Nasenstück, das wegen seiner konischen Form auch »Schweineschnauze« genannt wird, den Regulator, der den Luftdruck der Tauchtiefe anpasst. Aber das Herz der neuen Tauchapparate ist der Tornister. Während die Taucher mit Skaphandergeräten kontinentale Wesen bleiben, da ihr Leben an einem ledernen Luftschlauch hängt, kann ein Taucher, der das Atmen dem Rouquayrol-Denayrouze-Apparat anvertraut, sorgenfrei zur einsamen Insel werden. Auf die neue technische Freiheit schwört nicht nur Kapitän Nemo die Passagiere der Nautilus ein. Auch die zeitgenössischen Quellen weisen auf die Unabhängigkeit hin. So schreibt etwa der Baumeister Julius zu Nieden 1869 in der *Deutschen Bauzeitung*:

> Die Wichtigkeit eines möglichst vollkommenen Taucher-Apparates, welcher es möglich macht, dass ein Mensch längere Zeit sowohl im Wasser als in schädlichen Luftarten unter möglichst grosser Freiheit seiner Bewegungen sich aufhalten kann, für die Zwecke der Gegenwart ist nicht zu unterschätzen.[144]

Die neuen Atemgeräte finden im Bergbau, der Marine, dem Schiffsbau, bei der Reinigung von Schiffsbäuchen, Aquarien und Kai-Anlagen großen Absatz.

Hinter der Erfindung der Drucklufttauchgeräte verbirgt sich indes auch eine biotechnische Anpassung, die die Besucher auf

Druckluttauchgerät mit sogenannter »Schweineschnauze« nach Denayarouze und Rouquayrol um 1874.

der Weltausstellung zum ersten Mal bestaunen dürfen. Unweit des Marsfeldes haben Denayarouze und Rouquayrol am Ufer der Seine einen Wassertank aufgestellt, in dem zwei Taucher den Fischen gleich umherschwimmen und die Funktionsweise der neuen Tauchapparate vorführen. Die Besucher finden für das unförmige Wasserbecken auf der Uferpromenade bald eine sprechende Bezeichnung. Der Wassertank sei ein »menschliches Aquarium«.[145] Sie haben in ihm offenbar ein Gegenstück zu den Rundum-Aquarien der Pariser Weltausstellung am Marsfeld gesehen. Die zwei Süß- und Salzwasseraquarien, die das große Gewächshaus im *jardin réservé* flankieren, sind künstliche Grotten, die nach den Plänen von Gustave Eiffel in Stahlskelettbauweise entworfen worden sind. An fünf Seiten von

100 Tonnen Wasser umgeben, haben die Besucher den Kopf chronisch in den Nacken gelegt, um die Fische über ihren Köpfen zu beobachten.[146] In künstlichen Grotten wandeln sie auf dem Meeresboden. Wie lebt es sich als Fischmolch unter Fischen? Die Entwickler der neuen Tauchapparate sind dieser Frage mit ingenieurstechnischem Fleiß bis auf den Meeresgrund gefolgt. Das Wasserbecken am Rand der Seine hat die Versuchsanordnung der Aquarien bloß konsequent fortentwickelt und von den Axolotl im Pariser Pflanzengarten das Rüstzeug abgeschaut. Mit den neuen Tauchapparaten könne man auch »nackt« tauchen, stellen die deutschen Fabrikanten der Rouquayrol-Denyarouze-Systeme Ludwig von Bremen & Co. begeistert fest und meinen damit das Tauchen ohne Helm und Taucheranzug.[147] Vor dem ungewohnten Element müssen die Menschen sich nicht durch Kapselung oder Isolation schützen. Die »künstlichen Lungen« passen sie der Umwelt der Fische an.[148]

Die Wassertanks der Weltausstellung müssen dabei auf die Besucher wie Goethes Infusorien gewirkt haben, in denen Leben im Zeitraffer entsteht. Das »menschliche Aquarium« ist nichts weiter als ein großes Wasserglas, das eine Riesenhand auf der Fensterbank der Seine gestellt und vergessen haben muss. Der Wassermensch von Denayarouze und Rouquayrol ist ein amphibisches Wesen, das Dank der Erweiterung seiner natürlichen Atemwerkzeuge den Fischen nähersteht als den Menschen. Tatsächlich machen die künstlichen Kiemen aus Kautschuk, Blech und Blasebalg nicht nur die Expeditionen in die Tiefsee physiologisch möglich. Sie zeigen auch, dass jeder technisch aufgerüstete Körper zum Axolotl werden kann. Wie in jedem Fischmolch die Möglichkeit schlummert, an Land zu gehen, so besitzt jeder Landbewohner das Potenzial, mit künstlichen Kiemen zum »Urfisch« der Zukunft zu werden.

Vernes Frage nach der Anpassungsfähigkeit des Menschen ist das Echo einer langen Kette von Versuchen zur Lokalisation von Gehirnfunktionen, die die Physiologen, Anatomen und Naturhistoriker seit der ersten Hälfte des 19. Jahrhunderts beschäftigt und um

1870 wieder aufnehmen.¹⁴⁹ Der todesähnliche Schlaf, in den Vernes Protagonisten versinken, taucht in ihren physiologischen Experimenten als sensomotorische Störung wieder auf. So hat der Neurophysiologe Marie-Jean-Pierre Flourens 1824 das Vorderhirn von Hähnen, Schweinen, Kaninchen scheibchenweise abgetragen und die Veränderungen in der Motorik und Willenskraft untersucht. Die Tiere, so berichten der Anatom Gustav Fritsch und der Neurophysiologe Eduard Hitzig, »sitzen stets wie in sich versunken, wie schlafend da, und man ändert nichts an diesem Zustande, setzte man sie auch dem Verhungern nahe auf einen Berg Nahrungsmitteln«. Hat Flourens die Gehirnrinde konservativ entfernt, erwachen die Tiere nach wenigen Tagen wieder aus ihrem Schlaf, sie erlangen alle Fähigkeiten zurück. Flourens schließt aus ihrer Rekonvaleszenz auf die verteilte Lokalisation der Gehirnfunktionen.¹⁵⁰ Ähnlich folgert der Forensiker David Ferrier, ein Schüler Alexander Bains, Wilhelm Wundts und Hermann von Helmholtz', als er zusammen mit Gustav Fritsch und Eduard Hitzig die Frage der Lokalisation um 1870 wieder aufnimmt. Dem Affen Rolando entfernt er die Kleinhirnrinde und durchbohrt mit glühenden Drähten den Mandelkern und Teile des Hippocampus.¹⁵¹ Rolandos Ausfälle bilanziert er mit seiner Rekonvaleszenz und beobachtet wie Flourens, dass bald andere Großhirnbereiche die Funktionen der zerstörten Areale übernehmen. Ferrier, so Hagner, habe zum ersten Mal das Gehirn als »sensomotorische Maschine« aufgefasst, das man formen und modellieren kann.¹⁵² H. G. Wells überträgt die neurologischen Debatten zur Plastizität von Ferriers Affenhirnen auf die Menschen:

> Viel zu wenig ist bekannt, dass wir Lebewesen auch als plastisches Material betrachten können, das geformt und verändert werden kann. Man kann gegebenenfalls etwas hinzufügen und fortnehmen, der Organismus bleibt bisher weit hinter seinen Möglichkeiten zurück.¹⁵³

Wells' Argument kreist mit der Formbarkeit um die Frage der Ersetzung und Abweichung, die auch Verne mit den künstlichen Kiemen in ähnlicher Weise streift. Wie wird man also zum Fisch unter Fischen?

Die Liste der Pilzsporen, Hunde, Affen und Menschen, die seit 1956 in den Orbit geschossen worden sind, ist lang. Sie füllt Titelblätter und Bildstrecken populärer Zeitschriften. Nachdem man irdisches Leben in Satelliten und Raketennasen in den Orbit tragen kann, ist die Frage der Anpassung zu Beginn der Sechzigerjahre keine Frage der Geschichtsschreibung mehr.[154] Die Ingenieure, Strategen und Mediziner der Weltraumbehörde ignorieren die Frage, wie Leben entsteht, sich verändert oder abstirbt. Sie sind Haeckel ferner denn je. Den ingenieurstechnischen Geist von Nemos Wassermenschen haben sie dagegen mit den Kiemen eingesogen. Nicht die Vergangenheit, eine Biotechnologie der Zukunft wollen sie vermessen. Wie kann man Leben in fremden Welten erhalten, wie erweitern und synthetisch herstellen? Der Ingenieur Manfred E. Clynes und der Physiologe Nathan S. Kline haben schon Mitte der Fünfzigerjahre nach Möglichkeiten gesucht, den Menschen an die neue Umgebung des Weltraums anzupassen. Dabei haben sie die Isolation, für die etwa die Taucherglocke, die Raumstation oder der Druckanzug stehen, verworfen. Sie setzen nicht auf Mimikry oder Wiederholung. Die mimetische Nachbildung der terrestrischen Milieus ist im Weltall zu fehleranfällig. Die Isolation ersetzen sie durch Rekursion und Abweichung: »Wenn sich die Menschen teilweise den neuen Umgebungen anpassen, statt darauf zu beharren, ihre alte Umgebung immer mit sich herumzutragen, wird vieles einfacher. Man kann etwa ein externes Organ entwickeln, das den Menschenkörper so verändert, dass er mit seinen selbstregulierenden Mechanismen im Weltraum dank seiner Natur überleben kann«.[155] Mit selbstregulierenden Mensch-Maschine-Systemen träumen sie davon, dass wir die eigene Evolution selbst in die Hand nehmen können, uns selbst züchten und zähmen. Der erste Cyborg setzt entgegen seines Rufs gar nicht auf die Verpflanzung von Maschinenteilen, sondern mit Doktor Moreau auf die Veränderung der inneren Struktur, eine spezifische Plastizität oder Variation. Mit dem Messer musste auch ein Relikt der Steinzeit weichen. Vernes Protagonist setzt noch auf ein Bad des Schmerzes. Kline und Clynes nutzen dagegen die biochemischen Möglichkeiten ihrer Zeit. »Die geistige Struktur ist viel weniger festgelegt als die körperliche«, erklärt Dr. Moreau. Ein Schwein könne erzogen werden.[156] Eine Ratte auch. Den ersten Cyborg schließen Kline und Clynes über fünf Jahre an eine osmotische Pumpe an – sie solle die Ratte nicht fernsteuern, sondern die Selbstregulation des Körpers verstärken. Die Cyborgs unterlaufen die alte Dichotomie von Tier, Mensch, Maschine durch Selbstreferenz – die selbstnachwachsenden Gussformen haben Kline und Clynes miteinander kurzgeschlossen, damit wir herumtappen, uns wiederholen und verirren können.

Wie man die Initiation auf Dauer stellt

Die französische Verne-Forscherin Simone Vierne nahm an, dass die *Außergewöhnlichen Reisen* Schwellenerlebnisse thematisieren.[157] Sie disputierte 1972 über das Thema *Jules Verne et le roman initiatique*. Entwicklungsromane handeln von einer Initiation: einem Abschied, einer selbst gewählten Isolation und einem Neubeginn. »Vernes Vorstellung vom Reisen ist die Erforschung eines abgeschlossenen Raumes«, schreibt Barthes.[158] Das Glück der Einschließung stelle sich aber nur um den Preis der Ausschließung ein, es setze den Rückzug und die Askese notwendig voraus:

Der Genuß der Einschließung erreicht seinen Gipfel, wenn es möglich ist, aus dem Inneren dieses vollkommen dichten Binnenraums durch eine große Scheibe das unbestimmte Außen des Wassers zu betrachten und so das Innere durch sein Gegenteil zu definieren.[159]

Die »Geste der Einschließung« beschreibt die »kindliche Leidenschaft«, in Zelten und Hütten einen endlichen Raum zu erforschen. Mit dem Einschluss beharrt Barthes auf dem Rückzug und betont den Stillstand. Doch jede Isolation zielt auf eine »Änderung des religiösen oder gesellschaftlichen Status«, der Neophyt wird am Ende ein anderer geworden sein.[160] So entspricht jeder Regression verkehrstechnisch betrachtet eine Bewegung. Davon zehren Vernes *Außergewöhnliche Reisen*. Vernes Leser finden den Busch und die Initiationshütte in jedem Reisebüro. Bilden bedeutet Initiieren und Iniitieren Reisen. Darum schenkt Hetzel womöglich jedem eifrigen Leser des *Magasin d'Educations et de Récréation* einen Globus. So wie Melanesien, Indien oder Sambia erst mit Thomas Cook auf der Weltkarte des Empires erscheinen, tauchen Phileas Fogg, Kapitän Nemo oder Kapitän Hatteras erst mit der Dampfmaschine auf der literarischen Landkarte auf. Vernes ethnologische Quellen bleiben diffus. Dennoch beschreiben die *Außergewöhnlichen Reisen* Initiationsriten, die durch die Dampfmaschine erst befeuert und ermöglicht werden. Die Initiationen seiner Protagonisten folgen dabei weniger den Schwellenriten fiktiver Stammesgesellschaften als den Linien der Dampfschiffe und Eisenbahnen. Helden werden sie vermutlich nie. Sie sind weder Entdecker noch Erfinder. Stattdessen sind sie dazu verdammt, notorisch zu spät zu kommen und die Routen der Touristen im späten 19. Jahrhundert nachzuzeichnen, die den Kontakt mit den indigenen Völkern als planmäßige Exkursionen buchen können.[161]

Schon auf den ersten Seiten zitiert der Roman mit der Great Eastern, Cristóbal Colón, der West India and Pacific Steam Company die großen Dampfschiffe und Reedereien seiner Zeit. Die geraden Linien, die Kapitän Nemo mit der Nautilus auf den Globus zeichnet, reagieren auf den Weltverkehr. Dennoch unterscheiden sich Vernes Protagonisten von den gemeinen Touristen. Als Nomaden und Aussteiger bestehen sie auf ihrer Insularität. Sie besuchen den Meeresgrund, weil sie nichts sehnlicher suchen als die Entfernung jeder Nähe. Die Verwandtschaft mit den Menschen haben Nemo und seine Gefährten darum aufgekündigt, jede Verbindung zum Festland gekappt, um fernab des Festlands mit den Wasser- und Meeresmenschen einen neuen Stamm zu gründen.[162] Ein ähnliches Begehren hat auch Herman Melville mit Ahab auf die Reise geschickt. Die Wassermenschen tauft Ismael auf den Namen *Isolatos*:

> Auf der *Pequod* stammten fast alle Mann von einer isolierten Insel: *Isolatos*, so nenne ich solche, die den allen Menschen gemeinen Kontinent nicht anerkennen, sondern jeder für sich auf ihrem eigenen Kontinent leben. Doch nun, da sie Konföderierte eines Kieles waren – was für eine verschworene Schar stellten diese *Isolatos* da vor! Eine Abordnung des Anacharsis Clootz von allen Inseln der Meere und allen Ecken der Erde, die den alten Ahab auf der *Pequod* begleiteten, um die Beschwerden der ganzen Welt vor die Schranken jenes Gerichts zu bringen, von dem nur wenige jemals zurückkehren.[163]

Die *Isolatos* sind Inselmenschen, die auf eigenen Umlaufbahnen auf den Schiffen der Walfänger um die Welt kreisen. Lediglich die Jagd auf Moby Dick hat sie auf einem Boot geeint. Die einzige Gemeinsamkeit besteht in dem Glauben, mit niemandem verwandt zu sein. Die *Isolatos* fliehen das Festland. Sie wollen anders und einzig sein. Doch soweit sie auch reisen, sie bleiben immer die »Konföderierten eines Kiels«. Denn einzig kann man nur sein, wenn man den Glauben an die eigene Insularität mit niemandem teilen muss. Gilles Deleuze hat auf das Paradox der einsamen Insel hingewiesen. Ein Eremit, der eine einsame Insel bewohnt, ist niemals allein. Er bewohnt eine Insel und daneben sich selbst.[164] In dieser Hinsicht ist auch die Nautilus keine einsame Insel. Ihre Insassen reisen zu den Rändern der Menschheit und treffen immer nur auf sich selbst.

»Die Sezession vollziehen, heißt die Welt spalten«, schreibt Peter Sloterdijk. »Der Rückzug der Asketen ist das Messer, das den Schnitt ins Kontinuum setzt«.[165] Doch wer hat das Messer eigentlich in der Hand, wer trennt sich von wem – die Asketen von der Welt oder die Welt von ihren Asketen? Jules Verne hat diese Frage nicht interessiert. Er beziffert lediglich die beiderseitige Entfernung. Und das schon im Romantitel. Es sind »20.000 Meilen«. Den Leser setzt er mit der Nautilus auf einer dampfbetriebenen Schwelle ab, das Entfernen wird zum Antrieb und Gegenstand seines Reiseromans. Für die Touristen des 19. Jahrhunderts, die noch die Erinnerung an die Grand Tour wachhalten, zielt jede Reise auf Erziehung. Isabel Burton spricht von einer *éducation d'un voyage*. Als Briten brechen sie in London auf, verschmelzen unterwegs zur uniformierten Masse der Cookii, um als Festlandmenschen und Weltbürger wieder auf das Mutterland zurückzukehren. Auch Nemo verspricht den Schiffsbrüchigen Bildung und Initiation: »Vom heutigen Tag an werden Sie in ein neues Element vorstoßen, Sie werden schauen, was noch kein Mensch vorher gesehen hat«. Burtons Reiserichtung dreht er dabei einfach um. Als Festlandmenschen kommen die Schiffbrüchigen an Bord, verschmelzen mit der Nautilus zu einem Körper, um als Meeresmenschen wiedergeboren zu werden. Wie wird man also zum Fischmensch unter Fischen, wie kann man dem eigenen Festland entkommen?

Der Roman sucht die Möglichkeit einer Differenz in der Selbstreferenz und Wiederholung, die in der Flucht der Schiffbrüchigen zum Ausdruck kommt und im Schnittmuster der Schwellenriten eine Selbsttechnik finden will. Nemo hat die Trennung von den Menschen versprochen. Malinowski betont, es sei nötig, dass man sich aus dem Umgang mit den Weißen herauslöst und in möglichst engen Kontakt mit den Eingeborenen bleibe.[166] Auch Nemo schlägt sein Zelt direkt neben der Hütte des Tierreichs auf. Er reist im Kopf eines Riesencephalopoden, um die Metamorphose zum Fischmenschen zu beschleunigen. Aber am Ende ist die Nautilus für Aronnax, Conseil und Ned Land selbst zum Festland geworden. Von Nemos Mutterland setzen sie sich darum erneut mit einem namenlosen Beiboot ab, das sich zur Nautilus wie ein Satellit zum Festland verhält. Das Boot gerät mit der Nautilus in einen Mælstrom. Vernes Protagonisten müssen wie Ismael eine Schwelle passieren, die sie zum zweiten Mal in einen todesähnlichen Schlaf fallen lässt:

> Zusammen mit der *Nautilus* wurde das Boot, das noch immer am Rumpf festsaß, mit schwindelerregender Schnelligkeit fortgerissen. Ich spürte es. Ich empfand im Kopf dieses unbestimmte Schwindelgefühl, das von einer langen Drehbewegung hervorgerufen wird. Grauen hatte uns gepackt, der Schrecken seinen höchsten Punkt erreicht, das Blut gefror uns in den Adern, das Reaktionsvermögen setzte aus, kalter Schweiß trat uns aus den Poren wie im Todeskampf! Und welch ein Lärm rings um unser zerbrechliches Boot! Welch ein Tosen, das vom Echo über mehrere Meilen hinweg wiederholt wurde! Welch ein Dröhnen der Wogen, die von den spitzen Felsen des Grundes gebrochen wurden ...
> Ich prallte mit dem Kopf auf einen Eisenspant und verlor durch diesen brutalen Schlag das Bewusstsein.
> [...]
> Was sich während jener Nacht ereignete, wie das Boot dem fürchterlichen Strudel des Mælstroms entkam, wie Ned Land, Conseil und ich dem Abgrund entgingen, ich vermag es nicht zu sagen.

Der Schlaf, die Betäubung und das Grauen, das die Schiffbrüchigen nach der ersten Mahlzeit auf der Nautilus befallen hat, sind zurückgekehrt. Der Mælstrom ist das Messer, das die Passagiere von der Nautilus trennt. Die Fahrt durch den Wasserkanal und die Ankunft auf den Lofoten sind eine erneute Initiation. Aronnax und seine Gefährten wiederholen lediglich die Trennung, die Nemo vor undenklicher Zeit vollzogen hat. Dass man die Geburt auf Dauer stellen kann, ist die strukturelle Botschaft des Romanendes. Denn die Nautilus, die die Köpfe der Leser und Schiffsbrüchigen für eine halbe Ewigkeit unter Wasser gedrückt hat, ist am Ende zur zweiten Heimat und zum Festland geworden. Jede Welt, sei sie Festland oder Meer, kann in die eigene Form eintreten, die man *ad infinitum* spalten kann. George Spencer-Brown beschreibt mit *Re-entry* den Wiedereintritt der Form in die Form und demonstriert die Rekursion am Beispiel einer Kreisform und Insel, die sich selbst enthält.[167] Auch Vernes Romanhelden können die Unterscheidung zwischen Insel-, Meeres- und Festlandbewohner endlos auf sich selbst anwenden. Die Regression, die nur ein anderer Name für die Rekursion ist, ist zur Kulturtechnik geworden.

Die Drehbewegung des Mælstroms löst die zirkulären Reisen auf der geraden Linie ab. In *20.000 Meilen unter den Meeren* zeichnen die Reisen der Nautilus keine Kreislinien mehr, die in sich selbst zurücklaufen. Den Routen ihrer Insassen entspricht vielmehr die archimedische Spirale des Mælstroms und der Schwindel, zu dessen Inbild das Gehäuse der Nautilus geworden ist. Die Linie umkreist den Mittelpunkt, ohne ihn jemals zu erreichen. Der Regressive ist der Antipode von Foggs Geradlinigkeit. Er ist weniger ein Tourist, der die kürzeste Verbindung sucht, als ein dauerhafter Bewohner der Schwelle. Vernes Helden wollen weder sich noch die Welt verbessern. Sie verweigern jeder Zukunft ihre Gefolgschaft. Die Insassen der Nautilus scheinen lediglich in einer abgeschlossenen Gegenwart zu leben, aus der sie nicht wieder auftauchen wollen. In der fiktiven Monografie *Geheimnisse der Tiefsee* hat der Meeresforscher Aronnax seine Expedition und Reise als »Fahrt ins Blaue« bezeichnet.[168] Und auch Kapitän Nemo beharrt auf dem Wunder: Das Unglaubliche soll nicht Vorbild werden, weil man ihm dann jede Singularität nehmen müsste.[169] Kapitän Nemo wie Aronnax bekennen mehrfach ihre Liebe zur unerschöpflichen Nährmutter. Den Meeresboden entdecken sie als Forschungsgegenstand. Zugleich aber wird der Ozean auch zum Taufbecken im Weltformat. In diesem Sinne kann man den Titel von Vernes Unterwasser-Roman durchaus wörtlich nehmen. Der dauerhafte Aufenthalt »20.000 Meilen *unter* den Meeren« will den Augenblick der Taufe und Initiation auf Dauer stellen. Jede Taufe entfernt die Novizen von ihrem Festland, jede Entfernung birgt die Möglichkeit einer Individuation und ozeanischen Insel. Die Erzeugung synthetischer Kosmogonien, der Alfred Russel Wallace 1880 mit der dritten Insel eine Figur und ein Gedankenexperiment widmet, sind hier bereits angelegt. Und das wohl nicht zuletzt, weil das British Empire den Eintritt der Form in die Form an seinen Rändern etabliert hat. Die Passage ist Ritus und Fahrplan, die mobile Schwelle Medium und Mysterium zugleich.

6

Nicht Fisch, nicht Land:
Grenzfälle des Wissens

Eine nomadische Klippe

Wunder und Ungeheuer sind sprachhistorisch miteinander verwandt. Ein »Monstrum« bezeichnet mit dem »Ungeheuer« ein »Wahrzeichen«, das »Ungereimte«, das »Abenteuerliche« und »Unglaubliche«.[1] In *De divinatione* verwendet Cicero die Wörter *ostenta, portenta, monstra, prodigia* nahezu synonym,[2] vermutlich weil sie allesamt aus dem Umfeld der teratologischen Vorzeichen stammen. Sie bezeichnen nahezu alle ein »Ungeheuer«, das in irgendeiner Weise mit den Vorzeichen und Wundern verbunden ist.[3] Von dieser romanischen Sprachverwirrung zwischen dem Ungeheuren und Wunderbaren ist ein ferner Abglanz auf Vernes nomadische Klippe gefallen. Mit den »Ungeheuern«, dem »Ungereimten«, dem »Abenteuerlichen« und »Unglaublichen« ist jedenfalls das Becken abgesteckt, in dem sich Kapitän Nemo und die Nautilus fortan in siebenundvierzig Kapiteln bewegen.

Ein antikes Ungeheuer zitiert Verne bereits mit Nemos Namen. Der Kapitän der Nautilus ist der lateinische Zwilling von Odysseus, der Polyphem im Land der Kyklopen getäuscht und geblendet hat. Polyphem ist in Homers *Odyssee* ein doppelter Außenseiter. Er lebt mit einem Auge unter Schafen, Ziegen und Kleinvieh weitab von den anderen Kyklopen: ein Inselmensch unter Inselmenschen. Polyphem ist so auffällig, dass jede Insel in seinem Weichbild zum Festland werden muss. Er ist geschaffen »als ein Wunder, ein ungeheures, und glich nicht einem brotessenden Manne, sondern einer bewaldeten Felsenkuppe von hohen Bergen, die sichtbar ist für sich allein, entfernt von andern«.[4] Der Einäugige schwankt unstet zwischen Mensch und Landschaft. Als Riese und Landmarke zugleich hat er seine Höhle nah am Wasser gebaut.[5] Die Meeresnähe ist genealogisch bedingt. Polyphems Vater tritt im ersten Gesang der *Odyssee* als Poseidon auf.[6] Sein Sohn ist nicht nur als Klippe und Inselberg vom Meer umgeben: Polyphem ist mit dem Meer über zahlreiche Meeresgötter verwandt, die wie er und die Göttin Gaia halb Land, halb Lebewesen sind. Sein Bruder Triton, der ab dem 4. Jahrhundert im Plural auftritt, ist der Meeresgott der Strömung. Er kann mit dem Muschelklang Wogen rufen und glätten. Mit dem Dreizack lässt er Inseln aus dem Meer auftauchen und untergehen. Polyphems Großvater Phorkys ist der Gott der Klippen, der zusammen mit Triton das Meer verkörpert. *Pontos* ist die »Tiefe«, aus dem das Meer mit Gaia geboren wird. *Thalassa* bezeichnet die »erregte, wilde Fluth«, *pelagos* das »Geschlage« und »Gewoge«. Polyphems Vorfahren sind nichts weiter als verschiedene Erscheinungsformen des Meeres.[7] Die herumschweifende Klippe kommt wie Honey Ryder in *Dr. No* direkt aus dem Meer. Polyphem ist eine schaumgeborene *Venus marina*.[8] Vom Meer angeschwemmt, weiß man über seine Ursprünge wenig. Er ist ein Findelkind, ein Nomade ohne Stamm und Wurzeln.

Die Geschichte von Polyphem ist Vernes Lesern über François Fénelons *Die Abenteuer des Telemach* dagegen bereits bekannt. Fénelons Roman, den er 1699 für Ludwig XIV. geschrieben hat, wird bis ins 20. Jahrhundert viel gelesen. In Polyphem oder der »bewaldeten Felsenklippe« kann man darum unschwer Vernes mobile Klippe entdecken, die dem ersten Kapitel den Namen gab. Die auf- und absteigenden Inseln, die weder Landschaft noch Lebewesen sind, zitiert Verne mit einer überraschenden Pointe. Blickt man auf die Rätsel, die sich zu Beginn des Romans häufen, dann dreht Verne die Perspektive einfach um. Auf den ersten hundert Seiten wird das Geheimnis der nomadischen Klippe nicht gelüftet. Verne lässt seine Leser wie Polyphem mit nur einem Auge sehen. Die Leser stolpern und schweifen umher. Sie sehen nahezu nichts. Denn das ungeheure Etwas, das der Erzähler ihnen mit zahllosen Spekulationen unter die Nase hält, taucht ab, bevor sie es zu fassen bekommen.

Ein Tier, das auf der Schwelle lebt

Meeresungeheuer und Wal sind nominell Zwillinge – sie tragen häufig denselben Namen. Als Ungeheuer gilt der Wal schon allein wegen seiner schieren Größe. Die Assyrer bezeichnen mit *naxiru* den Pottwal, den sie für ein »großes, gefährliches Seeungethüm« halten.[9] Die Griechen benennen mit κῆτος nicht nur einen »großen Fisch«, sondern das »Seeungeheuer« schlechthin, und auch den Römern ist der Wal nicht geheuer.[10] Die größten Wassertiere – und damit auch den Wal – nennt Plinius »beluae« und meint damit ein großes, schwerfälliges Tier: ein »Untier«, »Ungeheuer« oder »Ungetüm«. Unter die *beluae* fallen neben den Elefanten und Walen auch die Meeresgötter, Seenymphen und Meeresmenschen.[11] Plinius zitiert etwa einen Triton, der auf einer Muschel blies. Er berichtet von Nereïden, die – halb Fisch, halb Mensch – am ganzen Körper Schuppen tragen, um schließlich auf den Gegenspieler Neptuns zu verweisen:

> Von bedeutenden Menschen aus dem Ritterstand habe ich die Nachricht, sie hätten im Gaditanischen Ozean einen Meermenschen, der am ganzen Körper einem wirklichen Menschen ähnlich sei, gesehen; nachts besteige er die Schiffe, die Teile, auf die er sich niederließe, würden sich sogleich neigen, und wenn er länger bleibe, gehe das Schiff sogar unter.[12]

Plinius beruft sich auf Zeugen: »Von bedeutenden Menschen aus dem Ritterstand habe ich die Nachricht ...«, ein wenig später schreibt er »nach Berichten der Flottenführer Alexander des Großen«, er beruft sich auf einen »Legat[en] aus Galizien« und so weiter. Während Plinius die Land- und Meerestiere mit ihren Merkmalen, Vorlieben und Wohnorten vorstellt, bleiben die Erzählungen von Nymphen, Meeresgöttern und Meeresmenschen notwendig vage, weil er ihre Existenz nur mit wenigen Berichten und Augenzeugen belegen kann. Das Wissen der Tiere entnimmt er der Anschauung und Erfahrung, das Wissen von den »Untieren« entspringt dagegen lediglich der Sage, dem Zeugenbericht Einzelner. Der Muschelklang der Tritonen könnte Mythos und Halluzination sein, der Meermensch, der Schiffe zum Kentern bringt, eine bildhafte Erklärung, um einem Tabu, dem Willen der Götter oder den Gefahren des Meeres Nachdruck zu verleihen.[13] Seeungeheuer sind singuläre Erscheinungen, Inselwesen und Ausnahmen, die aus mindestens zwei Gründen unheimlich sind: Sie bezeichnen erstens die Grenze dessen, was wir wissen und wahrnehmen können, und sind zweitens fähig, die unterschiedlichsten Mischverhältnisse zwischen Tier und Mensch anzunehmen. In beiden Fällen beschreiben sie Grenzen. Die *beluae* sind in einem ganz buchstäblichen Sinne »Untiere«. Nicht Tier, nicht Mensch. Nicht Mensch, nicht Gott. Vieles zugleich und nichts davon ganz. Die »Untiere« beunruhigen wegen der Unschärfe der Unterscheidung. Doch vor allem sind sie den Menschen potenziell ähnlich.[14]

Der Wal unterläuft von der Antike bis zur Mitte des 18. Jahrhunderts die Ordnungen und Taxonomien der Natur. Er ist die personifizierte Unordnung, die am Rande der Sprache haust und nur *ex negativo* benannt werden kann. Dem Mittelalter gilt der Wal als nackt. Er ist ein Fisch ohne Schuppen. Sein Fleisch können Mönche darum selbst in der Fastenzeit bedenkenlos verspeisen.[15] Als Lebewesen ohne Haar, Fell und Schuppen ist der Wal ein Außenseiter: ein Fisch und doch kein Fisch. Schon Plinius hat ihn lediglich nach seinem auffälligsten Merkmal benannt. In seiner *Naturkunde* gibt ihm das sichtbarste Kennzeichen, die Wasserfontäne, seinen Namen: »Im Gallischen Ozean gibt es einen mächtigen Fisch, der ›physeter‹ genannt wird und sich wie eine Säule aus der See erheben kann. Er steigt höher auf als die Segel der Schiffe und speit dann eine Wasserflut aus – genug, um ein Schiff versinken zu lassen«.[16] Plinius erwähnt, dass die Wale wie die Delfine, Schildkröten,

Seehunde und Robben unter Wasser atmen und eine Lunge besitzen. Doch führt er sie nicht als Doppelatmer ein, sondern beeilt sich zu erklären, dass auch die Fische zuweilen an die Wasseroberfläche kommen, um mit offenem Maul zu atmen.[17] Plinius bezweifelt, dass Lunge und Atem die Wale von den Fischen unterscheiden. Erst Carl von Linné ordnet den Pottwal 1758 als *physeter macrocephalus*, »großköpfigen Bläser«, in der 10. Auflage der *Systema Naturæ* unter die Säugetiere ein.[18]

Auf Linnés Systematisierung antwortet knapp hundert Jahre die Literatur. Mit der Zuordnung der großköpfigen Bläser zu den Säugetieren habe Linné den Pottwal aus dem Wasser »verbannt«, lässt Herman Melville Ismael sagen. Doch er wolle den Wal weiterhin »in altmodischer Weise« als Fisch betrachten: »Ein Wal ist ein *blasender Fisch mit einem waagerechten Schwanz*«.[19] Ismael nimmt den »heiligen Jona als Rückendeckung«.[20] Mit Jona zitiert er die Walgeburt und die hartnäckige Legende, dass Schiffbrüchige im Bauch eines Wals den Verdauungssäften widerstehen und fortleben können. Alle Zweifel widerlegt er mit dem Hinweis auf einen namenlosen deutschen Exegeten der Bibel. Jona habe in einem toten Wal überlebt wie die französischen Soldaten, die im Russlandfeldzug im Leib ihrer toten Pferde überleben konnten, weil sie diese als Zelte verwenden haben.[21] Den Wal thematisiert Ismael als Umwelt, Nanny und Survival-Zelt. Das Überleben knüpft er an die hartnäckige Weigerung, geboren und erwachsen zu werden. Bunker, Waldhütten, Vulkanschlünde, Tierleiber, U-Boote, Wassermänner, *rabbit holes* und ein bunter Berg Unterröcke sind Orte, an denen das ozeanische Gefühl in der Literatur heimisch wird. Die Höhlen, Futterale und Schlünde sind mehr als ein Motiv, das die Literatur von Walden, Lidenbrock, Ahab, Nemo über Benjamin Button und Alice im Wunderland bis zu Oskar Matzerath auf eigentümliche Weise begleitet. Melville zitiert Thomas Hobbes, der den »großen Leviathan« mit dem Gemeinwesen und Staat gleichsetzt, er sei »nichts anderes als ein künstlicher Mensch«.[22]

Tatsächlich kann man über alle Kontinentgrenzen hinweg vom Russlandfeldzug, den Sezessionskriegen, den Weltkriegen, der Kubakrise ... eine Geschichte der Kriege entlang der Inselentwürfe schreiben, eine Karte der Grenzenverläufe und Konflikte anhand der gleichen oder ähnlichen Uterotopien zeichnen. Insularität und Sozialität verschmelzen unter der Speckschicht des Wals zu einem Körper. Die »Konföderierten eines Kiels« sind durch eine kollektive Form der Regression gezeichnet und dazu verdammt, das Gemeinwesen an Isolation, eine unauflösbare Einheit von Inklusion und Exklusion, zu binden.

Der Wal, der nach Ismael das Wasser nicht verlassen soll, ist auch in klassifikatorischer Hinsicht interessant. In Linnés *Systema Naturæ* steht er den Vierfüßlern und Menschen näher als den Fischen. Auf die neue Verwandtschaft mit den Landbewohnern verweist etwa der Chirurg John Hunter: »Die zwei Finnen haben sich analog zu den Gliedmaßen der Vierfüßler entwickelt und ähnelten ihnen auch im Aufbau«.[23] Aus Flossen werden Gliedmaßen. Kann darum jeder Warmblüter vom Meeresboden aus die Meere erobern? Wohl kaum. Dass in jedem Arm oder Bein die Möglichkeit einer Fischflosse steckt, ist nur ein frommer Meerjungfrauenwunsch. Nicht der Mensch, nur der Wal ist obdachlos: Er schwimmt im Wasser auf Lunge und ist darum weder an Land noch im Wasser vollständig zu Hause. *Mostro*, spanisch *mostrenco* oder portugiesisch *monstrengo* bedeuten »heimatlos« und »obdachlos«.[24] In der Semantik des Worts »Monstrum«, ist der Wal ein Ungeheuer, weil er dazu verdammt ist, ungeborgen und unbehaust zu bleiben.

Die ersten Unterwasserbilder lebender Wale haben Philippe Diolé und Jacques-Yves Cousteau 1951 gedreht.[25] Die Morphologie der Wale ist bis in die Fünfzigerjahre des 20. Jahrhunderts hinein nahezu unbekannt. Mit den Nachrichten von Walsichtungen und -strandungen assoziieren Flugblätter im 16. Jahrhundert häufig Vorzeichen und Wunder. Ein dreiseitiges Flugblatt aus Augsburg,

Matthäus Franck, Das Meerwunder Thonine
bei Ceuta, Mai 1565.

das als das älteste Exemplar seiner Art gilt, zitiert einen Brief an die Fugger und berichtet von einer Walsichtug am 18. Januar 1531 in Lissabon, die noch am selben Tag zu Blutregen und Erdbeben geführt habe. Das sei »ein zeychen des Juengsten gerichts«. Ein Flugblatt von Matthäus Franck verkündet die »Sichtung eines Meerwunders«, ein Mischwesen aus Vogel und Wal, sei in Toniña [Thonine] bei Ceuta im Mai 1565 aufgetaucht. Ein drittes Flugblatt, das die Farbe der Haut, die Körpermaße, die Anzahl der Zähne, die Form des Kiefers genau vermisst, erzählt die traurige Geschichte von zwei Walen, die einem gestrandeten Wal zu Hilfe eilten und selbst auf dem Strand verendeten. Diese Begebenheit solle uns die Nächstenliebe verdeutlichen, »auf daß wir mit allem Vertrauen – merkt wohl auf! – wie sie es taten, unser Leben füreinander einsetzen mögen«.[26] Dass Hobbes das Gemeinwesen auf die Vorzeichen der Flugblätter gründet, auf denen der Leviathan schon vor knapp einem Jahrhundert heimisch geworden ist, ist symptomatisch. Das Walwissen ist selten aus erster Hand. Noch 1839 beteuert Thomas Beale in Auseinandersetzung mit Frédéric Georges Cuviers *De l'histoire naturelle des Cétacés*, die »Mischung aus Fiktion und Wahrheit«, Wunder und Ungeheuer hätten die

Pottwale immer begleitet.[27] Die Untersuchungen beruhen auch zweihundert Jahre später überwiegend auf Bibliotheksreisen und Hörensagen, aber selten auf der Beobachtung lebender Wale. So werden sie hartnäckig mit Spaut abgebildet, da man mit Plinius annehme, dass eine kontinuierliche Wasserfontäne ihre Anwesenheit ankündigt. Der Spaut selbst ähnele einem Springbrunnen, dabei bestehe er in Wahrheit aus Wasserdampf und sei selten sichtbar.[28] Cuvier erklärt im Vorwort, wie schwierig es gewesen sei, eine korrekte Abbildung eines Pottwals zu finden. Und selbst Beale, der auf seinen Reisen einige Wale gesichtet hat, besitzt nur die Porträts toter Pottwale.

In Beales Vorwort hat Herman Melville den Stoff für das 53. Kapitel gefunden. In Monstrous Pictures of Whales verspricht er den Lesern »ein wahres Bild des Wales« und überzieht die zeitgenössischen Walabbildungen mit ungebremstem Spott. Hogarths Wal sei ein »überaus malerisches, aber frei erfundenes Tier«, Cuviers Pottwal ähnele einem Kürbis und Bernard-Germain Lacépèdes Leviathane haben »keinerlei Entsprechung mit der Natur«.[29] Melville zitiert die einschlägigen Handbücher der Cetologie des späten 18. und frühen 19. Jahrhunderts und findet überall nur Fiktionen. Der Leviathan sei »noch nie im Meer Porträt geschwommen«:

Den lebenden Wal in seiner vollen Majestät und Bedeutung bekommt ihr nur auf See zu Gesichte, in unergründlichen Gewässern, und wenn er schwimmt, ist sein gewaltiger Leib kaum zu sehen, gerad wie ein Linienschiff, wenn es vom Stapel gelassen, und es bleibt für den Menschen auf ewig ein Ding der Unmöglichkeit, ihn aus jenem Elemente in der vollen Fülle seines Leibes in die Luft zu hieven, um all seine mächtigen Rundungen und Schwellungen zu erhalten.

Monströs ist der Wal, weil er zu großen Teilen unsichtbar ist.

Wie ihr es auch dreht und wendet, so muß man doch aus den genannten Gründen notwendigerweise schließen, daß der große Leviathan das einzige Wesen auf der Welt ist, welches bis zuletzt ohne Bildnis bleiben muß. [...] Es läßt sich auf Erden somit unmöglich feststellen, wie der Wal wirklich aussieht.[30]

Die Wale werden erst tot zum Wunder und Zerrbild ihrer selbst.[31] Die Verwesung und Gasentwicklung in den Gedärmen bläht die Brust- und Bauchhöhle auf, bis die Speckschicht platzt und explodiert. In Seitenlage, mit leicht geöffnetem Maul, aufgestellter Seitenflosse und erschlaffter Genitalspalte erwecken die Kadaver zugleich Grauen und Mitleid.[32]

Von der Antike bis in die Mitte des 20. Jahrhunderts bleibt der Wal ein Mischwesen, das aus Halbwissen, Prophetie und Spekulation hervorgegangen ist. Die Wunder und Vorzeichen heben die Verwandtschaft mit dem Menschen hervor.[33] Seine Obdachlosigkeit ist von den ersten Abbildungen der Wale in Fischbüchern, Flugblättern und Tafelwerken von der Mitte des 16. Jahrhunderts an ein beliebtes Sujet.[34] So blicken uns auf dem Frontispiz von Joachim Camerarius von 1604/1605 die müden Augen eines sterbenden Wals an. Siech liegt er auf der Grenze zwischen Wasser und Meer, das Maul weit aufgerissen. Der Kupferstecher Hans Sibmacher hat ihm einen letzten Seufzer ins Maul gelegt: »Mir hat mein großes Gewicht den bitteren Untergang bereitet. So möge zugrunde gehen, wer immer allzu trotzig auf seine Kraft vertraut«.[35] Die zahlreichen Walstrandungen haben sich so tief in das Gedächtnis eingebrannt, dass noch Arthur Mangin 1864 in *Les mystères de l'océan* schreibt, im Wasser seien Wale »mehr die Gäste als die Angehörigen der Oceane«. Und er folgert daraus: »Der Ocean ist nicht ihr Element, sondern nur ihr Wohnsitz«.[36] Deutlicher drückt sich Michelet aus, der den Lesern immer wieder die Heimatlosigkeit und Unglückseligkeit des Wals vor Augen führt. Das Lieben sei mit Brustflossen von unvorstellbarer Schwierigkeit, das Fortpflanzen im »glitschigen Hautüberzug« nahezu unmöglich:

> Die Liebenden, die sich in heißem Liebestaumel für Augenblicke senkrecht aufrichteten wie die zwei Türme der Notre Dame, suchten stöhnend, mit ihren allzu kurzen Armen sich zu umfangen. Mit unerhörter Wucht fielen sie zurück.[37]

Das Rätsel der Fortpflanzung, so Michelet, sei nicht gelöst, das Stillen nur möglich, weil die Brüste den Walen auf Bauchhöhe wüchsen. Der Wal, so Michelet, sei ein »unmögliches Wesen«:

> Er atmet nur außerhalb des Wassers, und muß ersticken, sobald er nicht mehr herauskommt. Er ist folglich ein Erdentier und gehört der Erde an? Keineswegs. Will es das Unglück, daß er an der Küste strandet, so erliegt er der Last seines eigenen Fleisches und Fettes. Seine Organe erschlaffen. Er wird dort gleicherweise erdrosselt. In dem einzigen Element, das er zu atmen vermag, wird er genauso unweigerlich erstickt wie in jedem nicht zu atmenden Wasser, in dem er lebt.[38]

Das »Unglück« hat im Leben des Wals seinen festen Sitz. Er ist sich selbst sein größter Feind. Das Wasser ist ihm fremd, er will an Land. Aber kehrt er heim, strandet er und erstickt an seinem eigenen Gewicht.[39] Der Wal habe alle Eigenschaften der Säugetiere, »heißes Blut, süße Milch«. Zu seinem Glück fehle im nur eins: die Fähigkeit zu leben.[40]

Der Wal ähnelt einem Novizen, der die Rituale der Beschneidung durchlaufe. Dieser sei weder Kind noch Mann. Er bewege sich auf einer Grenze: Die Kindheit habe er verlassen, die Welt der Erwachsenen noch nicht erreicht. »Schwellenwesen sind weder hier noch da; sie sind weder das eine noch das andere, sondern

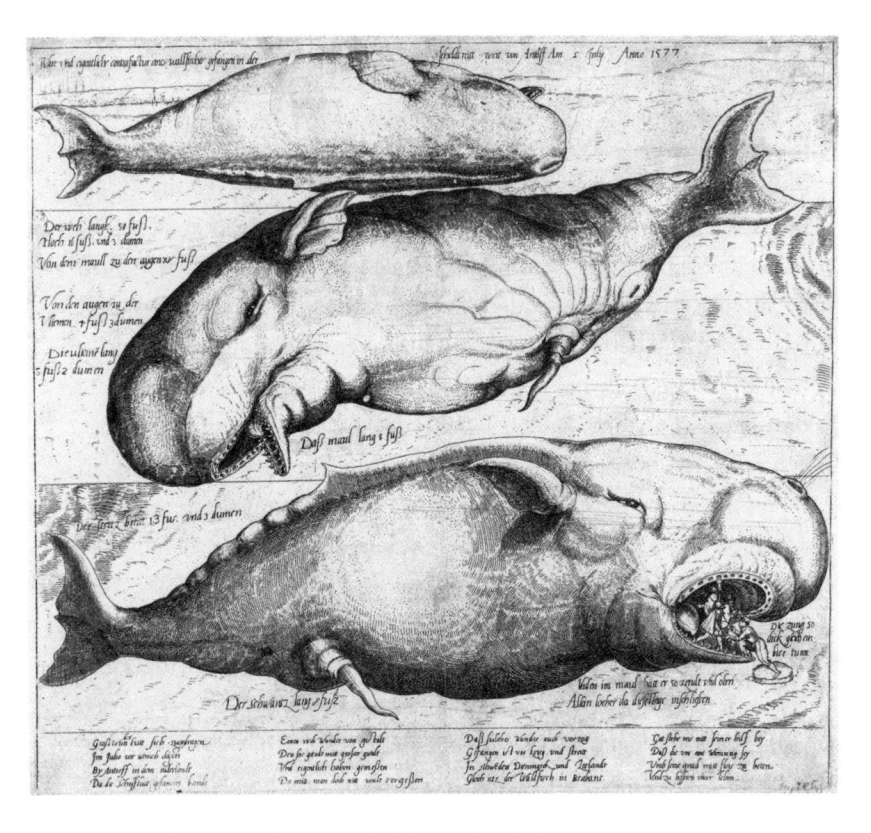

*Strandung von drei Pottwalen bei Antwerpen,
2. Juli 1577.*

befinden sich zwischen den vom Gesetz, der Tradition, der Konvention und dem Zeremoniell fixierten Positionen«.[41] Die ersten vollständigen Ansichten zeigen die Wale gestrandet. Tot und ungestalt liegen ihre Körper auf dem dünnen Saum zwischen Meer und Land. Nicht Fisch, nicht Fleisch, nicht Insel, nicht Land, weder tot noch lebendig sind sie auf den Darstellungen dazu verdammt, eine Schwelle zu bewohnen. Sie müssen zu dauerhaften Wärtern einer Grenze werden, solange der Blick die Meeresoberfläche nicht durchdringt.

Mensch oder Wal?

Als amphibisches Wesen ist der Wal ohne Heimat, als unheimlicher Platzhalter Rätsel und Drohung zugleich. Herman Melville zitiert in seiner *Wortkunde*, die er *Moby Dick* voranstellt, *Richardson's Dictionary*. *Whale* stamme vom holländischen und deutschen *Wallen* ab, altgotisch *walwian*, »rollen«, sich »wälzen«.[42] Im 19. Jahrhundert trägt das Ungeheuer, das sich mit atemberaubender Geschwindigkeit durch die Weltmeere »wälzt« jedenfalls nicht erst seit Melville den Namen »Moby Dick«. Bei Verne taucht der Name in unterschiedlichen Schreibweisen auf. Im Vorabdruck des Romans im *Magasin d'éducation et de récréation* und in der Erstausgabe von 1869 schreibt Verne »Maby Dick«, erst in den folgenden Auflagen übernimmt er die bekannte Schreibweise. Doch soll hier der Wechsel der Vokale weniger eine Rezeptions- und Wirkungsgeschichte ausweisen. Die Übersetzungen und Transformationen haben vielmehr einen wesentlichen Anteil an der Autorschaft. Verne verdankt ihnen zahlreiche Einfälle. *Moby Dick* erscheint 1851. Aber von Melvilles Roman kann er bestenfalls aus den französischen Rezensionen, Zusammenfassungen und Übersetzungen gehört haben – Verne versteht kein Wort Englisch.[43] Melvilles Wal bekommt er ebenso wenig zu Gesicht wie seine Zeitgenossen ein lebendes Exemplar der Pottwale. Aufgespießt, ausgeweidet und zu Lampenöl und Tran verarbeitet, kann er ihn am Schreibtisch bestenfalls erdichten und erahnen. Der Wal, der Mevilles Roman den Titel gab, taucht vor Vernes Augen erst bei Arthur Mangin auf, der in *Les mystères de l'océan* über »Maby Dick« schreibt:[44]

> In dieser Seeschlange [...] möchte man ein anderes phantastisches Tier erkennen, den großen weißen Walfisch der grönländischen Küsten, der zwei Jahrhunderte hindurch von den schottländischen Walfängern gejagt wurde, den sie Maby Dick nannten und als den Schrecken der arktischen Meere

betrachteten. Nach Angabe der Seeleute erscheint er noch zuweilen, ist aber so alt, daß sein ganzer Körper mit Pflanzenwuchs, mit Algen und Seemoos bedeckt ist, und darauf leben, wie auf einem Felsen haftend, viele Muscheln und Polypen.[45]

Mangins Beschreibung hält alle Charakterisierungen bereit, die nur fünf Jahre später auch Verne dem Wal zuschreibt: Der Wal ist ein Monstrum, eine Insel und ungeheure Zeitmaschine. Das Vorbild von Moby Dick wurde dagegen 1810 vor der Isla Mocha an der chilenischen Küste zum ersten Mal gesichtet. Daher stammt sein Name. Er soll, so schätzen Augenzeugen, zwischen 85 und 100 Fuß lang gewesen sein. Manche verbinden Moby Dick mit einer auffälligen weißen Zeichnung auf dem Vorderkopf. Andere sind sich sicher, der Pottwal sei ein Albino und vollständig weiß gewesen. Die Erzählungen und Nachrichten stützen sich im Wesentlichen auf den Bericht eines letzten Überlebenden über den Untergang des Walfangschiffs Essex und die zahllosen Berichte über einen Pottwal, der nahezu ein halbes Jahrhundert sein Unwesen auf allen Weltmeeren getrieben haben soll.[46] Die Geschichte des Schiffunglücks hat Owen Chase, der erste Matrose der Essex, in *Narrative of the Most Extraordinary and Distressing Shipwreck of the Whale-Ship Essex* 1821 im Stil eines Logbuchs verfasst. Tausend Meilen vor der südamerikanischen Küste wird die Essex, so berichtet Chase, dreimal innerhalb weniger Minuten von einem Pottwal angegriffen. Sie sinkt.[47] Die Überlebenden treiben zwei Monate lang in Walfangbooten über das Meer. Sie meiden die Gesellschaftsinseln aus Angst vor Kannibalen und verlassen die unbewohnte Henderson Island, eine Koralleninsel, die die ausgehungerten Überlebenden in nur wenigen Tagen leer gefressen haben. Zwei von ihnen hält die Hoffnungslosigkeit auf der Insel zurück, die heute von Hunderttausenden Ratten bewohnt wird – sie glauben nicht an ihre Rettung. Die verbliebenen Schiffbrüchigen flüchten sich erneut aufs

Meer.⁴⁸ Am Ende werden lediglich fünf von ursprünglich zwanzig Überlebenden der Essex gerettet. Vom Hunger getrieben, haben sie einander verspeist, das Mark aus den Knochen der Mitreisenden gesaugt.⁴⁹ Mit den Knochen ihrer ehemaligen Mitreisenden in den Taschen werden sie schließlich vom Walfangschiff Valparaiso aufgegriffen.⁵⁰ Ihr Leben verdanken sie den Toten. Herman Melville besaß eine Ausgabe des Berichts von Owen Chase, die dessen Sohn ihm überreichte.⁵¹ Mit der ausführlichen Darstellung des Kannibalismus erzählt diese erste Quelle eine Geschichte der Tierwerdung des Menschen. Die zweite Quelle beruft sich auf die zahlreichen Berichte über einen angriffslustigen Pottwal. Er habe, ob zaghaft weiß gesprenkelt oder Albino, nach einer vorsichtigen Zählung zwischen 1810 und 1859 vierzehn Boote und drei Schiffe angegriffen. Drei Schiffe habe er versenkt, dreißig Menschen getötet.⁵² Doch vor dem Zeitalter der Funkpeilung muss diese Zählung recht ungenau bleiben. Das Unglück der Essex hat die Legende vom weißen menschenhassenden Wal womöglich gefördert und befeuert. In der Literatur jedenfalls hinterließen beide Quellen zahllose Spuren. Und das wohl nicht zuletzt, weil der Walfang von sporadischen Versuchen im ausgehenden 17. Jahrhundert bis zum Beginn des 19. Jahrhunderts derart zugenommen hat, dass Thomas Beale und Arthur Mangin vor seinem Aussterben warnen.

Moby Dick oder Der Wal erzählt die Geschichte einer tierischen Rache. Von dem Augenblick an, von dem die Wale aus den Meeren zu verschwinden drohen, werden sie zu Menschenjägern, die Jagd auf Walfänger machen. Das Schiff, auf dem Ismael mit Queequeg anheuert, heißt Pequod. Mit dem Namen erzählt Melville eine Binnengeschichte, die das Schicksal von Ahab kommentiert und vorwegnimmt. »*Pequod* war, wie ihr euch zweifellos erinnern werdet, der Name eines berühmten Indianerstammes aus Massachusetts, der heute ebenso ausgestorben ist wie die Meder«, plaudert Ismael munter.⁵³ Er hat in einem Satz seine Auswilderung von den Menschen und das Ende von *Moby Dick oder Der Wal* schon vorweggenommen. Vom »schwimmenden Grabstein der Pequot Indianer«[54] aus läuft die Geschichte von Anfang an rückwärts:

»Und ich allein bin entronnen, daß ich dir's ansagte.«
Das Stück ist aus. Warum tritt dann hier noch einer hervor? –
Weil einer den Schiffbruch überlebte.[55]

Die Pequod ist untergegangen, »und das große Leichentuch des Meeres wogte weiter wie vor fünf Jahrtausenden«.[56] Unverhofft meldet sich unter dem Leichentuch eine Stimme, die von einer Schwelle, dem Epilog, zum Leser spricht. Nach dem Ende der Geschichte berichtet sie von einer Wiedergeburt aus den Tiefen des Meeres. Am Ende gibt der Mælstrom Queequegs Sarg frei, in dem sich Ismael gerettet hat. Ismael hat Queequeg überlebt, indem er ihn in seinem Sarg ersetzt. Der Ort seiner Rettung entbehrt nicht der Komik. Man könnte meinen, dass Melville im Sarg einen ironischen Kommentar zu Darwins *struggle for existence* transportiert. Ismael überlebt Queequeg in horizontaler Lage: Er überlebt, weil er sich den Toten besser als der tote Queequeg angepasst hat. Und mehr: Er nährt sich gleichsam wie Chase von den Toten, um als einziger Überlebender vom Schrecken Moby Dicks zu erzählen.

»Und ich allein bin entronnen, daß ich dir's ansagte« – dieses Hiob-Zitat stellt Melville dem Epilog voran.[57] Hiob erzählt von den Versuchungen des Teufels. Dreimal verliert er seine Knechte, sein Haus, sein Vieh, seine Familie. Doch seine Knechte überleben, um ihm von diesen Schrecken zu erzählen.[58] Das Zitat beginnt mit einem »und«. Es rechnet mit der Zukunft. Die alttestamentarische Drohung bleibt leer, solange man sich nur rechtzeitig bekennt. Jona wird gerettet, Ninive nicht dem Erdboden gleichgemacht. Ganz anders in *Moby Dick oder Der Wal*. Die Handlung steuert unaufhaltsam auf den Tod zu. Bis auf Ismael verschwinden alle Protagonisten und Requisiten am Ende spurlos im Auge des Mælstroms.

Der Sturm ist kein Vorzeichen eines drohenden Strafgerichts, sondern ein singuläres Ereignis, das als Vorzeichen weder gelesen noch gedeutet werden will.[59] »[U]nd das große Leichentuch des Meeres wogte weiter wie vor fünf Jahrtausenden«.[60] Sind die Wogen geglättet, ist der Vorhang gefallen: Die Grabesstille kehrt zurück.

Melville erzählt die Geschichte aus dem Blickwinkel der Menschen. Jules Verne dagegen wählt die Perspektive eines Wals, der vom Menschen bewohnt wird. Auch die Nautilus verschwindet mit Mann und Bibliothek im Auge eines Mælstroms. Doch Nemos Geschichte endet nicht mit einem Epilog, sondern folgt dem Gesetz der Serie. Aus dem Mælstrom taucht der greise Kapitän in dem Fortsetzungsroman *Die geheimnisvolle Insel* wieder auf. Nach dreißig Jahren Einsamkeit unter den Meeren trifft er in einer unterirdischen Grotte von Lincoln Island auf die gestrandeten Inselbewohner und begrüßt Ingenieur Cyrus Smith redselig: Er habe bis jetzt geglaubt, Aronnax und seine Begleiter haben den Mælstrom nicht überlebt, sondern nur er und die ersten Insassen der Nautilus seien die einzigen Überlebenden. Aus dem Blickwinkel Nemos hat das Leben außerhalb des Meeres aufgehört zu existieren. Vom Festland aus drängt sich dagegen der umgekehrte Schluss auf: Die Nautilus versank im Mælstrom. Bei Verne wie bei Melville ist die Meeresoberfläche eine magische Grenze. Dennoch hat bei Verne das Leichentuch seine absolute Orientierung verloren. Tot sind immer die anderen. Wo der Tod beginnt und das Leben endet, ist zu einer Frage des Standpunkts geworden. Das Auge des Mælstroms ist am Ende weniger Fluchtweg als Kanal, der die Grenze zwischen den Meeres- und den Festlandwesen untertunnelt und durchkreuzt.

Melville belebt Jona durch Ismael, der dem Wal und Meer entkommt, um vom Buchrand aus zum Leser zu sprechen. Verne wählt mit Nemo und der Nautilus eine nahezu entgegengesetzte Erzählanordnung. Das Ungeheure ist nicht der animalisch wütende Wal, sondern der wütende Mensch im Walbauch. Die Feindschaft und Konkurrenz entspringen keiner Heterotopie, sondern einem

The Mermaid!
Now Exhibiting at the Turf Coffee-house
39 St. James's Street.

Fisch, Affe, Menschenkind? Meerjungfrau von 1822,
London, St. James Street.

vermeintlichen Zwillingsparadox: dem Ähnlichen oder nahezu Gleichen. Bei Verne ist nichts ungeheurer als ein Mensch, der freiwillig im Walbauch heimisch wird. Die Doppelatmer und Meeresmenschen fliehen die Menschheit und suchen die Gesellschaft der Tiere. Sie wollen als Menschenwal unter Walen leben. Nicht die Gegensätze – die Übergänge irritieren. Verne folgt darin Michelet. »Alles, was nicht die wohlbekannten Formen des Tierischen aufweist, sondern sich im Gegenteil dazu den menschlichen Formen annäherte, galt als Ungeheuer, und es wurde schnellstens beseitigt«, schreibt Michelet.[61] Er verweist auf die Menagerien, Wunderkammern, Jahrmärkte, die bis ins 19. Jahrhundert Meermänner und Meerjungfrauen ausstellten. Man habe sie in Antwerpen »unter den Augen von Vesalius« ausgestellt.[62] Die Nähe zur Anatomie ist nicht zufällig. Die Wasser- und Meeresmenschen entspringen einem medizinischen Kunsthandwerk, das im 18. Jahrhundert in England einen *mermaid craze* auslöst.[63] Zwischen Kleinwüchsigen, bärtigen Frauen, siamesischen Zwillingen, Einhörnern und vielfüßigen Hunden nähren die Meeresmenschen die Geschichten von der See-Existenz. So tourt um 1822 eine Meerjungfrau durch England, die 1813 vor St. Helena zum ersten Mal gesichtet wird und zu einigen Spekulationen Anlass gibt. James Davies erklärt, dass er sie mit einem Vergrößerungsglas nach Belieben untersuchen konnte: »Ich nahm an, dass sie aus dem Rumpf eines Affen und dem Unterteil eines Fisch stammte«. Die Nahstelle zwischen den Teilen habe er aber auch nach längerem Suchen nicht gefunden.[64] Der Chirurg John Ivor Murray wird wenige Seiten später im selben Journal schon deutlicher. »Ich untersuchte das Ding mit den zahlreichen Flicken und Fetzen, fand schließlich die Stelle, an der es zusammengenäht war. Das Oberteil gehörte einem langarmigen Affen, das Unterteil einem Fisch aus dem Ganges, der verwandt mit der Spezies der Lachse war. Die Kreatur musste einen fürchterlichen Tod erlebt haben, und dies nur, um als abschreckende Karikatur der Menschheit zu enden«.[65] Das Handwerk, Arten schwellenlos zu vernähen, war so verbreitet, dass ein Reverend Philipp, ein britischer Missionar aus Kapstadt, im selben Jahr von einer weiteren Meerjungfrau berichtet:

> Der Kopf hat die Größe eines Pavianschädels, er war von schwarzem, kaum gewelltem Haar bedeckt. Über der Oberlippe und am Kinn wachsen einige Haare. […] Aus der Haltung

der Arme kann man ohne Zweifel auf ein Schlüsselbein schließen, das nicht Paviane, sondern nur Menschen besitzen. Die Reißzähne ähnelten dem Gebiss eines ausgewachsenen Hundes; alle anderen Zähne stammten vom Menschen.[66]

Bevor Doktor Moreau auf einer ozeanischen Insel synthetisch endemische Arten züchten kann, touren die Affenfische und Fischfrauen, die windige Händler aus tierischen und menschlichen Leichenteilen zusammensetzen ließen, nahezu ein ganzes Jahrhundert post mortem um die halbe Welt. Ausgestopft, verklebt und vernäht ist die *Möglichkeit einer Insel*, mit der H. G. Wells 1896 die *Insel des Doktor* Moreau untertitelt, auf den Jahrmärkten und Freakshows längst schaurige Realität geworden. Die untoten Seemenschen und Meerjungfrauen sind Amphibien, die die Grenze zwischen Fisch und Säugetier, Tier und Mensch unterlaufen.

Zwei sind einer zu viel

Doktor Moreau schreibt die Naturgeschichte mit Messer, Nadel und Faden um. Mit dem »Bad des Schmerzes« setzt er auf die Plastizität der Arten: Er will in den engen Grenzen einer einzigen Art zahllose Arten finden: im Tier den Menschen züchten. Die Vorläuferin der kybernetischen Organismen, die Granny der Cyborgs, findet man weniger an der Grenze zwischen Mensch und Maschine als an der Schnittstelle zwischen Tier und Mensch. Das erste Interface überbrückt die Grenzen zwischen zwei oder mehr Arten: Die stehende Verbindung ist eine Kontakt- und Nahtstelle, der einige Schnitte ins rohe Fleisch vorausgehen. Aber die taxonomische Frage des Monströsen wird im 19. Jahrhundert weniger mimetisch als funktional gestellt und häufig am Beispiel des Wals diskutiert. Der Wal überwinde als Schwellenwesen die Grenzen zwischen Land und Meer. Über die Sirenen skizziert Jules Michelet den Übergang vom

Walfisch zum Land- und Wassertier, die Amphibien nivellieren den Unterschied zwischen den Halbmenschen und Meeresmenschen. Die Seekühe und Seemenschen verkörpern ein Kontinuum. Seine Überlegungen zu den ausgestopften Amphibien und »dem Menschen allzu ähnlichen Ungeheuer[n]« enden in einer beunruhigenden Frage: »Heißt das, daß diese Wesen bis zu uns hätten aufsteigen können? Bedeutet es, daß sie die Urheber, die Ahnen des Menschen waren?«

Die Beunruhigung währt nicht lang. Die Spekulation um die gleitenden Skalen und kleinsten Differenzen entschärft Michelet gleich wieder:

> Ohne Zweifel nahm vom Meer alles seinen Ausgang. Doch die parallele Reihe der *irdischen* Formen, deren Krönung der Mensch ist, ist nicht aus den höchsten Meerestieren hervorgegangen.

Die Geschichten über die Meeresmenschen verweist er ins Fabelreich: Unwissen und Aberglauben haben die Überzeugung genährt, »daß man ihr Auftreten zu den fürchterlichen Mirakeln zählte, welche Gott in seinem Zorn erlaubt, um die Sünder zu erschrecken. Man wagte kaum, ihnen einen Namen zu geben, und schaffte sie eilends aus der Welt«.[67] Doch das Unbehagen bleibt. Michelets hartnäckige Weigerung, den Menschen im Tierreich an Land zu setzen, entspringt der Fiktion einer einsamen Insel, die nur von Menschen bewohnt wird. Die *Isolatos* sind die Vertreter des Anthropozentrismus, die mit keiner anderen Spezies als ihrer selbst verwandt sein wollen.

Sigmund Freud spricht 1917 von einer »biologischen Kränkung«: »Der Mensch ist nichts anderes und nichts Besseres als die Tiere, er ist selbst aus der Tierreihe hervorgegangen, einigen Arten näher, anderen ferner zugewandt«.[68] Darwin normalisiert die Schwellenwesen, indem er nachweist, dass der Mensch vom

Tier nur durch ein Kontinuum kleinster Differenzen getrennt ist. Die Psychoanalyse entdeckt im Kontinuum der Schwelle und der Zweizahl das Ungeheure im Menschen. Ungeheuer ist nicht das Fremde oder der andere, sondern der eigene Doppelgänger, der ungestalte Zwilling des Ich. Den Wal, der seine Wut gegen die Menschen kehrt, könnte ein Analytiker als gut gemeinte Projektion ins Reich der Fabeln verweisen und Vernes Interpretation nutzen, um den Analysanden zu provozieren. Das Ungeheure lauert in der Abspaltung und Übertragung. Was wäre also, wenn der wütende Wal niemand anderer als der zürnende Analysand im Walmantel wäre? Nicht Tier, nicht Mensch. Nicht Mensch, nicht Gott? Der Anthropozentrismus erstickt dagegen den zweiten Zwilling und nimmt wie Ahab den eigenen Tod stillschweigend in Kauf. Denn zwei sind einer zu viel. Die narzisstischen Kränkungen entstehen mit den unheimlichen Doppelgängern. Die kosmologische, biologische und psychologische Kränkung findet Freud in der Geografie, Evolutionsbiologie und Psychoanalyse. Aber das Meer und das »Irrwerden an der Tiefe«, das die Deviation und Missweisung beschreibt, verschweigt er.[69] Erst Michelet hat zusammen mit Mangin, Figuier, Zurcher, Margollé und vielen anderen dem Unbehagen am Meer eine Stimme geliehen. *Das Meer* handelt vor allem von einer ozeanischen Kränkung, die die Zoologen, Geografen und Philosophen schon vor Freud seit Beginn des 19. Jahrhunderts thematisieren.

Ein Großteil der Erde sei mit Wasser bedeckt, schreibt der Berliner Kartograf Friedrich Hoffmann 1837, das Festland sei nur eine Abweichung. Man könne die Erdoberfläche, »obgleich das Daseyn des Menschengeschlechts und eines so großen Theils der organischen Schöpfung von ihr abhängt, in der That nur als eine Störung der allgemeinen Gesetze des Gleichgewichts in der Vertheilung der Materie, als eine Anomalie in der Organisation des Planeten« ansehen.[70] Die Expeditionen in die Tiefe finden dagegen erst in der zweiten Hälfte des 19. Jahrhunderts statt.

Ihre Vorboten sind die Tiefseekabel. Erst als die überseeischen Verbindungen abbrachen oder gar nicht erst zustande kamen, das *telegraph plateau* zwischen Neufundland und den britischen Inseln sich als Fiktion erwies, wollte man mehr über die Beschaffenheit des Meeresbodens erfahren. Am 20. Dezember 1872 bricht Kapitän George S. Nares mit der Dampfkorvette Challenger von Portsmouth aus in See. An Bord sind der Ozeanograf und Linguist John James Wild, der ihn als Zeichner und Sekretär begleitet, der Mediziner und Naturforscher Henry Nottige Moseley, der Ozeanograf John Murray, der Chemiker John Buchanan und die Zoologen Rudolf von Willemoës-Suhm und Charles Wyville. Die *Royal Society* hat sie beauftragt, den Meeresboden zu erforschen und den tiefsten Punkt der Erde zu finden. Zur gleichen Zeit verfasst Jules Verne *20.000 Meilen unter den Meeren*. Bis zum Juni 1872 legt die Challenger 68 930 Meilen zurück, sammelt 13 000 Tier- und Pflanzenarten, 1441 Wasser- und unzählige Sedimentproben, die nahezu fünfzig Bände des offiziellen *Challenger Reports* füllen. Die Geognosie ist um 1870 vor allem an einer Frage interessiert: Ist der Meeresboden aus einer Senkung oder Hebung entstanden? Was war zuerst da, Land oder Meer? Die Vertreter der »Lehre der Permanenz« nehmen an, es wäre ozeanischen Ursprungs. Als Senkung wiese das Meer nicht über sich selbst hinaus. Als Hebung wäre das Meer dagegen aus herabgesunkenen Inseln und Kontinenten entstanden. Die Erzählungen über Meeresmenschen, dampfbetriebene Schwellen, den thalassischen Regressionszug, den menschenähnlichen Wal oder die Uterotopien des *British Empire* entstehen im Umfeld dieser Grundsatzdebatten zur Geologie des Meeresbodens. Sie sind auch auch 1850 nicht vollständig verstummt. So hat die Lotung von drei unterirdischen Bergrücken kurzfristig die Vorstellung befeuert, Amerika sei ursprünglich über eine Gebirgskette mit Europa und Asien verbunden, deren sichtbaren Überreste die Azoren seien.[71] Doch am Ende haben die Sedimente, die die Challenger aus der Tiefsee ans Licht befördert, keine Verwandtschaft des Meeresbodens mit dem Festland bestätigen können. Die Gewissheit bleibt aus. Die Nautilus reist indes zum tiefsten Punkt der Erde, findet lang verschollene Schiffwracks, besucht Atlantis und untertunnelt den Südpol. Nichts bleibt den Blicken Nemos verborgen. Jules Vernes Erzähler seziert die Meere wie Humboldt die monotonen Ebenen mit einem Schnitt. Das Profil, das zum Mittel der Erzählung wird, empfängt die Leser bereits im Frontispiz zu *20.000 Meilen unter den Meeren*. Nur die Scheibe eines Aquariums scheint sie vom Meeresboden zu trennen. Die Wunder und Abenteuer, die den Lesern in den Kapiteln entgegeneilen, erinnern an den Gang durch die städtischen Aquarien, die ab 1853 so zahlreich hinter Gründerzeitfassaden entstehen.

Mit dem Tempo der Enthüllungen und Erkenntnisse kann die Wissenschaft dagegen nicht mithalten. Was Nemo so mühelos gelingt – die Meeresoberfläche wie einen Theatervorhang zu lüften, um die letzten Rätsel der Menschheit zu lösen –, bleibt ihr verwehrt. So kommt der Geologe und Paläontologe Johannes Walther auch ein halbes Jahrhundert nach Hoffmann zu einem ernüchternden Ergebnis: Die Erde zerfalle in zwei Teile, »den bekannten Teil des Festlandes und den scheinbar unerforschten Ozean«:

Auf den Festländern beobachten wir Gebirge, Thäler, Flüsse und Strassen, politische Grenzen, Wüsten und Wälder mit verschiedenen Zeichen angegeben.
[...]
Vergleichen wir damit die blaugezeichneten Meeresflächen der meisten Karten, so fällt uns ein grosser Unterschied auf: Wohl sehen wir durch punktierte Linien die Dampferwege bezeichnet, aber wir wissen, dass diese Fahrstrassen keine geografische Realität besitzen; zwar zeigen uns andere Linien, wo die Telegrafenkabel liegen, aber auch diese

haben nur eine kultur-, aber nicht naturwissenschaftliche Bedeutung.

Das Wissen vom Meer klebt noch zum Ende des 19. Jahrhunderts an der Oberfläche. Die Ozeane sind eine Fläche ohne Tiefe:

> Denken wir uns alle diese oberflächlichen Bezeichnungen von einem Globus weg, so erkennen wir, dass das Meer auf den gewöhnlichen Karten eigentlich nur planimetrisch verzeichnet ist, dass die Karten uns nur diesen längst überholten Standpunkt der ozeanographischen Wissenschaft vor Augen führen.[72]

Walther abstrahiert von den Landflächen. Ihre Fläche ist so gering, dass wir sie vernachlässigen können. Noch ⅔ der Erdoberfläche seien mit Wasser bedeckt. Der Meeresboden bleibt weitgehend unsichtbar. Den Erdball umspanne eine dünne, lückenhafte Haut von Wasser: »[G]roße und kleine Öffnungen lassen Inseln und Festländer hervortreten«.[73]

Mit der Ozeanologie werde die Geologie immer mehr zu einer »Geschichte der versteinerten Meere«, beteuert Johannes Walther.[74] Nicht selten versucht die Meereskunde, im Festland ein Spiegelbild des Meeresbodens zu finden. Der Geograf Albrecht Penck vermutet darum die Spuren des Meeres zunächst auf dem Festland. 1893 wechselt er von der Universität Wien an die Friedrich-Wilhelms-Universität in Berlin. Von seinem Berliner Lehrstuhlvorgänger Ferdinand von Richthofen übernimmt er 1907 den Direktorenposten an dem neu gegründeten *Museum für Meereskunde* in der Georgenstraße 34–36, Ecke Planckstraße. Die ozeanische Abteilung ist in einem Kabinett untergebracht, die Weite des Meeres auf die Fläche einer Tischplatte reduziert. Unter den Eisbergen und Schiffbrüchen, die die Besucher von den Ölgemälden der »Ozeanischen Sammlung« anschauen, findet man mehrere Kuben,

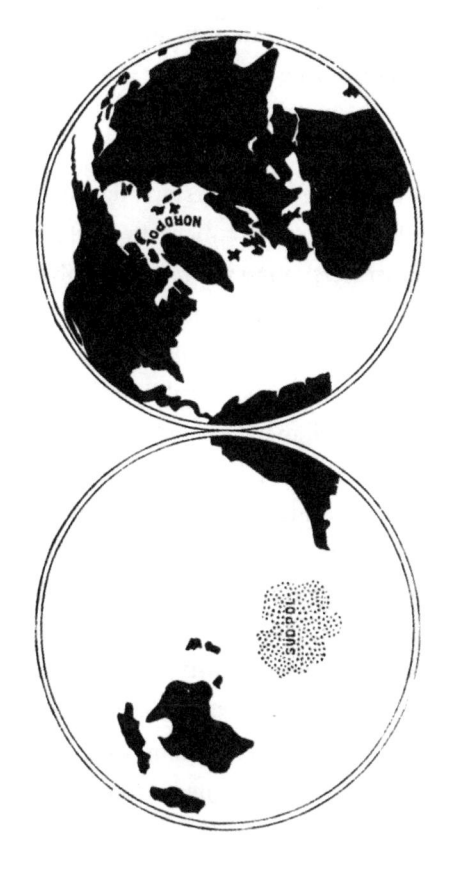

Johannes Walther, *Die Wasser-
und Landhemisphäre*, 1893.

dreidimensionale Profile aus Gips, Glas und Marmor. Sie sollen das Verhältnis von Meer und Festland veranschaulichen. »Ein Marmorwürfel von einem Kubikmeter Rauminhalt stellt den Erdkörper dar, der viel kleinere weiße Würfel auf ihm das Volumen des Weltmeeres«, erklärt Penck und ruft verwundert aus, »wie klein daneben jener dritte Würfel [ist], der den Rauminhalt der Erhebungen repräsentiert, welche über dem Meeresboden im mittleren Niveau der Erdkruste als Kontinentalblock aufsteigen«.[75] Gegenüber den unendlichen Weiten des Meeres schrumpft das Festland auf die Größe eines Spielzeugwürfels zusammen. Die ozeanische Kränkung hat Penck in Stein dargestellt. Er hat sie miniaturisiert, gezähmt und stillgestellt.

Im Museum für Meereskunde erstarrt das Meer zu einem Marmorblock. Seine Farbe veranschaulicht die letzten weißen Flecken, die Walther auf einer Zeichnung schwarz auf weiß porträtiert. Land trifft Meer: Die Nordhalbkugel tritt gegen die Südhalbkugel an. Die Karte ist an der physischen Gestalt der Erde wenig interessiert. Alle Binnendifferenzierungen sind gelöscht. Südamerika teilt ein Schnitt, Afrika und Nordamerika sind an die Ränder gerückt. Der Schwerpunkt der Darstellung liegt weder auf den Meeres- noch auf den Landflächen, sondern auf dem Verhältnis von Land und Meer. Die Karte kennt nur drei Zustände: fest, flüssig und gasförmig: schwarz, weiß und punktiert. Das Festland ist schwarz, die Wasserflächen sind weiß. Doch während der Nordpol in Schwarz geht, tritt der Südpol punktiert auf. Alle Evidenzen liegen unter Eis und Schnee begraben. Die Wissenschaft könne schlechterdings nicht wissen, ob sie die Antarktis »dem Meer oder dem Festland zurechnen« solle.[76] Der Südpol ist in der Geografie noch zu Beginn des 20. Jahrhunderts ein Novize und Schwellenwesen: Nicht weiß, nicht schwarz, weder flüssig noch fest. Die These, dass der Südpol kein Kontinent, sondern ein Meer sei, nährt die unheimliche Vermutung, das Meer habe sich nie zurückgezogen. Aus einer ozeanischen Perspektive lassen sich die Narrationen der Sintflut und der anschließenden Austrocknung als Inselphantasma und Landnahme beschreiben. Das Meer ist nicht nur Abweichung und Störung.[77] Die Kontinente sind nichts anderes als Wale: Ungeheuer und Monstren, die dem Nichtwissen und der Sage entspringen.

Die auf- und absteigenden Inseln, die Humboldt, Wallace, Töpfer und einige Mathematiker und Kybernetiker zu Modellen, Gedankenexperimenten und Benutzerschnittstellen anregen, entstehen und verdichten sich mit den Mythen, Narrationen und

Klassifikationen des Wals. Das letzte Kapitel verweilt zunächst beim Wal. Es sucht mit den auf- und absteigenden Inseln die unscharfe Grenze zwischen Säugetier und Fisch, Land und Meer und handelt von der emphatischen Entdeckung des schmalen Streifens, der das Meer vom Festland trennt. Was erzählt die Schwelle, welche Probleme verdichten sich in der Unterscheidung und Grenze? Die Frage der Abweichung und Variation, die zuletzt als literarische Fiktion und Gedankenexperiment mit seinen sozialen, kulturellen und technischen Implikationen und Potenzialen untersucht worden ist, soll zuletzt auf die Klassifikationen und Narrationen des Wissens angewendet werden. Die Kritik an der Taxonomie entdeckt mit dem Strand und Aquarium das Leben und die Umwelt. Wie wird Leben beobachtet, wie geschrieben – wie wird es synthetischen Welten angepasst?

7

Das Leben schreiben

Eine »allgemeine Zoologie« müsse sich von der bloßen Klassifikation der Tiere lösen und zur »Lehre von dem Leben der Thiere« werden, erklärt der Anatom und Physiologe Friedrich Tiedemann 1808. In seinen Vorlesungen erwähnt er neben einer »allgemeinen Physiologie«, die sich mit dem Verhältnis der Organe zueinander beschäftigen solle, auch die »Außenwelt«. Die Zoologie solle

> die Verhältnisse ausmitteln, in welchen die Thiere mit der Außenwelt stehen, in welchem Element sie leben, in welchem Clima sie sich aufhalten, was für Luft sie respriren, in welchem Grad sie der Einwirkung des Lichts ausgesetzt sind, welches ihre Nahrung ist usw.[1]

Die Zoologie ist eine Kommunikationswissenschaft. Die Fragen nach den mannigfaltigen Beziehungen der Tiere zu ihrer »Außenwelt« zielen auf die Anfänge einer Tier-, Pflanzengeografie und Klimawissenschaft. Dabei ist auffällig, dass Tiedemanns Definition nicht für alle Tiere gleichermaßen gilt: Fische, Krustentiere und Mollusken sucht man in seiner zweibändigen Abhandlung vergeblich. Die Wissenschaft des Lebendigen scheint sie nicht zu kennen. Der Heidelberger Physiologe vermisst in seiner Zoologie vom Vogel über den Menschen, das Beuteltier oder die Hyäne bis zum Wal lediglich die Außenwelt des Lebens oberhalb der Meeresoberfläche. Der Wal ist dagegen ein Grenzfall, der sich der Klassifikation entzieht und Tiedemann ratlos zurücklässt. Über die Frage, ob der Wal ein Fisch oder Säugetier sei, haben die Naturhistoriker des 18. Jahrhunderts mit Ausdauer gestritten. Linné hat etwa den Wal 1756 in der 9. Auflage der *Systema Naturæ* noch als Fisch bezeichnet, um ihn zwei Jahre später in demselben Werk als Säugetier zu klassifizieren. Ein halbes Jahrhundert später ist der Wal noch immer heimatlos, ein Mischwesen, das Tiedemann in Anlehnung an Linné nur *ex negativo* bestimmen kann:

Die vorderen Extremitäten sind ganz Flossen, und haben keine Nägel. Hintere Extremitäten fehlen. Haben einen Fischschwanz. Besitzen Spritzlöcher.

Obgleich ihre Organisation noch im Wesentlichen mit der der Säugethiere übereinkommt, so nähert sie sich doch in aller Hinsicht der der Fische. Sie machen den Uebergang von den Säugethieren zu den Fischen.[2]

»Flossen« oder »Nägel«, »Fischschwanz« oder »Gliedmaßen«? – In der Beschreibung pendelt der Wal noch unstet zwischen Festland und Meer. Die Flossen sind Platzhalter. Sie können zu Gliedmaßen werden. Auch wenn der Fischschwanz der Fortbewegung an Land enge Grenzen setzt, so scheint der Wal unter den Fischen das Schicksal der Axolotl und Meerjungfrauen zu teilen. Denn sein Körper hat die Zukünfte an Land und unter Wasser gleich mehrfach gespeichert.

Zwei von vier Gliedmaßen, keine Nägel? – Tiedemann beschränkt sich bei der Bestimmung der Wale auf die vergleichende Anatomie, die Plinius weitgehend treu bleibt. Plinius hat in der *Naturkunde* zwischen Land- und Wassertieren unterschieden, ein Umstand, der im 19. Jahrhundert zunehmend kritisiert wird.[3] George Henry Lewes, ein britischer Goethe-Biograf, der auf der Höhe des *aquarium craze* einige Bücher zur Natur- und Meereskunde verfasst, schreibt etwa:

Ein unwissenschaftlicher Geist wie Plinius mag Tiere nach ihren Habitaten ordnen. Aber als man gewahr wurde, dass Wale, die wie Fische im Wasser schwammen und den Körperbau von vierbeinigen Lebewesen besitzen - als man wusste, dass Tiere so sehr voneinander differieren können wie Bienen, Vögel, Fledermäuse, fliegende Eichhörnchen, Robben oder Otter -, erkannte man, dass ihre Anordnung nach Wohnorten ohne jeden praktischen Nutzen ist. Auch kann es nicht befriedigen, sie nach den verschiedenen Weisen des Nährens voneinander zu unterscheiden, weil sich in allen Klassen verschiedene Weisen finden lassen. Ebenso unbefriedigend ist die äußere Form – der Seehund gleicht dem Wal, der Wurm dem Aal, der Aal der Schlange«.[4]

Die Verwandtschaft mit den Säugetieren kann man zwar den Knochen und Organen ablesen, aber die Walhaut verbirgt jede Ähnlichkeit mit den Landbewohnern. Weder über die Anordnung noch über eine Ähnlichkeit lassen sich Merkmale generieren. Der Wal bleibt bis ins 20. Jahrhundert Mischwesen und Projektionsfläche. Ein *Bestiarium* des frühen 13. Jahrhunderts, das sich aus Isidor von Sevillas *Etymologiae* und dem *Physiologus* nährt, schildert ihn als »Untier« und »ein Ungeheuer im Meer«: »Es ist so wie das Tier, das den Ionas aufnahm, dessen Bauch von solcher Größe war, daß man ihn für die Unterwelt halten konnte, wie Ionas selbst sagt: Er erhörte mich aus dem Bauch der Hölle«.[5] Der Wal ist zwar nicht mehr der Wohnsitz des Teufels. Doch noch Tiedemann setzt ihn mit dem Monströsen und Unheimlichen gleich, weil er die Grenze zwischen Land und Meer zu verwischen droht. Dem Glauben und der Taxonomie gibt er gleichermaßen Rätsel auf. Mit dem »Uebergang von den Säugethieren zu den Fischen« wird der Wal um 1800 zur Grenze der Klassifikation.[6] Mit den äußeren Kennzeichen der Wale kann man offenbar keine *descriptio per genus et differentiam* verfassen.[7] Der Wohnort und die Physiognomie geben nur wenig Aufschluss über die Ordnung der Tiere. Die Anatomie reagiert auf die Zweifel am Augenschein mit einem beherzten Messerschnitt. Sie will die innere Struktur der Tiere freilegen. Auch Tiedemann will als Anatom und Physiologe die verloren geglaubte Klarheit mit der Schärfe des Messers wiederherstellen. Die Beziehungen der Meerestiere zu ihrer Außenwelt skizziert er darum nur flüchtig. Aber selbst die Anatomie kann ihm nicht alle Fragen beantworten. So ist er sich etwa nicht sicher, wie viele Magen der Schweinswal – »Braunfisch« – habe, ob die Wale Speicheldrüsen haben, ob sie sich stehend oder liegend fortpflanzen.[8] Die Beschreibungen bleiben erstaunlich vage. Die Wissenslücken erbt Tiedemann von seinen Quellen. Den Leutnant, Uhrmacher und Naturforscher Frédéric Cuvier und den Anatom und Chirurg John Hunter hat er ausgiebig in seinen Vorlesungen zitiert. In den *Observations on the structure and oeconomy of whales* stellt Hunter resignierend fest, dass die Meerestiere noch um 1787 wesentlich unbekannter seien als die Tiere des Festlandes. Das Meer ist auf der Landkarte der Wissenschaften ein weißer Fleck. Die Naturhistoriker seien darum auf Analogien und Indizien angewiesen. Hunter ist überzeugt, dass den Riesen der Weltmeere der Eingang in die Zoologie als Wissenschaft des Lebens vorerst verwehrt bleiben müsse. Seine Gründe sind allesamt schlagend:

> Die Anatomie großer Meerestiere kann einfach bestimmt werden, solange diese in einem guten Zustand sind; tote Organismen hat man auf diese Weise schon untersucht. Doch meist treten diese Gelegenheiten nur selten auf, weil man diese Tiere nur in fernen Gewässern finden kann, die noch keiner für die Naturgeschichte aufgesucht hat. Auch können wir sie von dort nicht lebendig zurückbringen, [wir können nicht] sicherstellen [...], dass wir ihre Körper in einem angemessenen Zustand für eine Sektion erhalten. Da sie nicht die Luft mit uns teilen, können wir sie unmöglich am Leben erhalten.[9]

Wale und Naturforscher leben kreuzungsfrei nebeneinander. Sie können einander niemals begegnen, weil die Wale keine Gliedmaßen, die Naturforscher keine Flossen und Fischschwänze besitzen. Jakob von Uexküll wird 1905 in seinem *Leitfaden in das Studium der experimentellen Biologie der Wassertiere* den Grund systematisieren. Er sucht ihn in den unterschiedlichen Milieus von Untersuchungsobjekt und Beobachter und begründet die Inkongruenz mit dem Solipsismus der Umwelten: »Die Schwierigkeit, für jedes

Tier die wirksamen Reize festzustellen, liegt für uns darin, dass wir von der Außenwelt auch nur unser eigenes Milieu kennen«.[10] Mit demselben Argument streitet Alan Turing in *Computing Machinery and Intelligence* (1950) ab, dass wir wissen können, ob Maschinen denken oder fühlen können. Turing wie Uexküll gehen von einer irreduziblen Differenz aus. Doch schließen sie nicht aus, dass die Menschen von den Maschinen und Tieren lernen können. Sie könnten, so Uexküll, auf Reize stoßen, die erst durch die Tiere in ihr Bewusstsein kommen. Bei Uexküll entsteht aus der experimentellen Beschäftigung mit dem Aquarium das Milieu: eine Wissenschaft der Wechselwirkungen und Rekursionen. Turing überträgt dagegen die Technologien des *Intelligence Service* auf die *Artificial Intelligence*, sucht die Rückkopplung in den Maschinen und erfindet mit ihr die Software.[11] Jede Maschine kann fortan das »Milieu« einer anderen Maschine durch Rückkopplung und restlose Beschreibung nachbilden. In dieser Beziehung kann man die Unterschiede zwischen Maschinen und Tieren vernachlässigen. Denn alle insularen Systeme sind von Milieus umgeben, die man beschreiben, herstellen und reproduzieren kann, wenn man sie nur auf eine endliche Zahl von adressierbaren Reizen reduzieren kann.

Das Wissen um die Wechselwirkungen zwischen den »Rezeptoren« und »Nervenerregungen«, den Nervenerregungen und »Effektoren«, die gesamte Verkehrswissenschaft der »Wirkungen« und »Gegenwirkungen«, auf die Uexküll den *struggle for existence* reduziert, steckt dagegen hundert Jahre zuvor noch in den Kinderschuhen. Tiedemann antwortet auf die erstarrte Taxonomie Linnés. Er kritisiert das tote Wissen der Naturgeschichte. Alles, was er und seine Zeitgenossen von den Riesen der Weltmeere wissen können, verdanken sie der Sektion gestrandeter Wale und einzelner Knochenfunde. Die Unmöglichkeit, im 18. und 19. Jahrhundert eine Zoologie der Cetaceen zu entwerfen, veranschaulicht Hunter mit einer Anekdote. Ein Chirurg, den Hunter mit einem Walschiff nach Grönland schickt, kehrt einige Wochen später mit einem Fetzen Walhaut zurück. Das

Leben des Wals hat der Chirurg auf die Walhaut reduziert, auf der die Parasiten ihre Bahnen ziehen. Dass die Reste und Schimmelkulturen am Ende zum eigentlichen Untersuchungsgegenstand geworden sind, sagt mehr über die Praktiken der Naturforscher als über den Wal aus. Naturhistoriker müssen ihre Gegenstände erst zurichten, um sie beschreiben und untersuchen zu können.

Die Beschreibung der Untersuchungsgegenstände ist dabei tatsächlich eine Schreibtechnik. Die Walhaut ist den Ziegen-, Lamm- oder Kalbshäuten gar nicht unähnlich. Der Chirurg hat sie wie eine Pergamenthaut zugeschnitten und scheint sie mit Akten und Dokumenten zu verwechseln. Doch erfüllt sie nicht die Kriterien der *immutable mobiles*: Sie ist nicht »beweglich und doch unwandelbar«, noch »darstellbar, lesbar und doch beliebig mit anderen kombinierbar«.[12] Die Haut ist gar keine Darstellung von etwas, sondern nur das, was vom Leben übrig bleibt: Reliquie und Probe, Medium und Indiz. Die Fragen nach der Aufzeichnung des Lebens und der Notation von Bewegung lässt sich nicht auf das Problem der Einschreibung reduzieren. Sie reagieren vor allem auf ein Paradox der Beobachtung. Die Geschichte der Zoologischen Gärten, der Selbstschreiber und kinematografischen Aufzeichnungen folgen offenbar dem Paradigma einer neuen Unmittelbarkeit. Sie nehmen an, dass das Leben sich am besten selbst schreibe. Wie schreibt sich also das Leben? Braucht es Papier, Tinte und Feder: Register, Alphabete, Verwaltungen und Archive? Wie wird Bewegung notiert, wie Evidenz und Indexikalität hergestellt? Auf diese Fragen finden die Naturforscher erst vierzig Jahre später Antworten, die nicht zuletzt durch die Erfindungen der Chronofotografie und der ersten beweglichen Bildern vorangetrieben werden. Tiedemann wendet sich dagegen um 1800 vom Meer ab. Die Zoologie der lebendigen Wesen beschränkt er auf das Festland und die Lüfte. Unterhalb der Meeresgrenze treffen die Zoologen und Naturforscher bis in die zweite Hälfte des 19. Jahrhunderts auf eine nahezu unüberwindbare Grenze, die er am Schreibtisch mit dem »Wallfisch« identifiziert.

Die folgenden Seiten strömen mit den ersten Touristen an die englische Kanalküste und entdecken am Strand eine neue Sammelleidenschaft und Naturbetrachtung. Dabei soll die *science of the living creatures*, wie die Lebenswissenschaft in ihren Anfängen noch umständlich buchstabiert wurde, auf zwei Ebenen diskutiert werden. Mit Philip Gosse, dem auflagestärksten Autor der *true naturalists*, soll zunächst die Kritik an der Taxonomie dargelegt werden und die »wahre Naturkunde« als Wissenschaft der infinitesimal kleinen Unterschiede an paradigmatischen Zweifels- und Problemfällen der Taxonomie um 1840 genauer beschrieben werden: Wie wird Leben beobachtet, wie definiert, wie zugerichtet? Der zweite Teil handelt vom *aquarium craze*, den Gosse mit den Strandspaziergängen und der neuen Sammelleidenschaft mit entfacht und nährt. Mit den Aquarien soll nach den Experimentalbedingungen der neuen Freiluft- und Lebenswissenschaft gefragt werden. Was sind die Anweisungen an die Bühne? Wie wird Leben synthetisch hergestellt? Wie wird die dünne Grenze zwischen Land und Meer nivelliert und mobilisiert – wie Umwelt als transportable Größe erfunden und reproduziert?

Out of the Closet

Noch um 1850 ist das Meer nahezu flach. Das Wissen der Tiefsee stammt entweder aus der Bibliothek, den Naturalienkabinetten oder von angeschwemmten Kadavern, Knochen, Zähnen und undefinierten Gallertmassen. Die Naturgeschichte müsse ihre Gegenstände notwendig stillstellen, bevor sie sie erforschen könne, erklärt der Laienprediger, Naturforscher und Bestsellerautor Philipp Gosse.[13] Sie sei eine »Nekrologie«, die das Leben nur aus seinen Überresten erschließen könne:

Die Naturgeschichte kennt nahezu nichts als tote Gegenstände[,] getrocknete Felle oder Federn, die man schwärzte, schrumpfte oder mit Stroh ausstopfte. Manche Tiere sind von bewundernswerter Schönheit, andere extrem hässlich. Aufgezogen, mit Nägeln fixiert, zwischen Korkrinden gestapelt, sind sie kaum wiederzuerkennen, übel riechend, eklig anzusehen, ausgebleicht und verzogen, an Fäden aufgehängt oder mit Alkohol in Flaschen eingelegt[.] Ungeachtet ihrer vertrockneten und verzerrten Körper, werden sie beschrieben und identifiziert. Auch wenn die Farbe aus ihren Körpern schon gewichen ist, Tod und Zerfall sie bereits unmerklich ausbleicht und gezeichnet haben, werden ihre, Körperteile, Organe und Gliedmaßen auf ein tausendstel Inch vermessen. Jeder Gegenstand wird mit zwei Namen bestimmt. Das Ganze taucht man in den englischen Kauderwelsch einer griechisch-lateinischen Fachsprache (die allein schon barbarisch genug ist) – fertig ist die Naturgeschichte![14]

Die Kritik an den mortifizierenden Praktiken der Naturgeschichte systematisiert Gosse mit der Unterscheidung zwischen einer *closet-science* und *true natural history*. Die *closet-science* entsteht mit ihren Kabinetten und Wunderkammern. Sie ist eine Wissenschaft, die ihre Gegenstände in kleinen Kammern und Schränken, den *closets*, ordnet und konserviert. Die Gelehrten der Naturalienkabinette klassifizieren die Tiere mit der Ordnung der Tablare und Schubladen ihrer Sammelkästen. Carl von Linné hat in der *Philosophia Botanica* für die Herbarien 1751 einen Schrank mit zwei Kolumnen und beweglichen Bretter entworfen. Jedes Exemplar, so fordert Linné, solle man auf einem eigenen Papier konservieren, damit man die Herbarien sortieren und die Schränke den Zuwachs der Sammlung verwalten können.[15] Die Taxonomie der Herbarien stellt Linné erst durch die Inneneinrichtung her. Der Schrank, so schreibt Anke te Heesen, »gab ein klassifikatorisches Grundmuster vor, das ohne ihn nicht existieren und ohne das der Gelehrte nicht hätte arbeiten können«.[16] Ein Schrank der Meerestiere ist nicht bekannt. Aber Linné

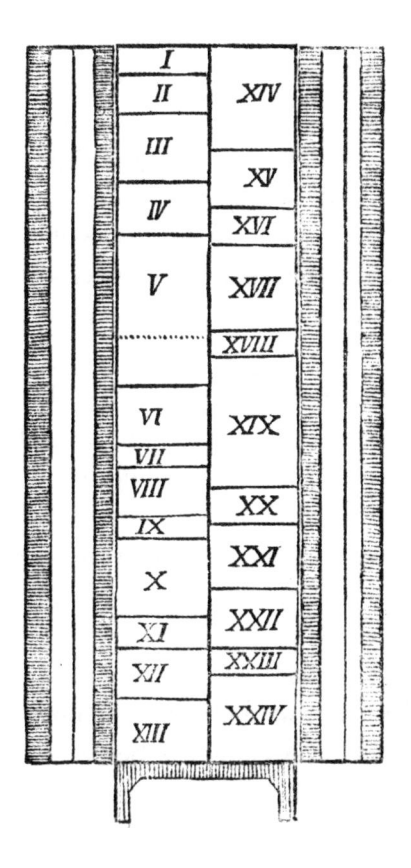

Carl von Linnés Entwurf eines Herbarschranks, *Philosophia botanica*, 1770.

hätte mühelos die Ordnung der Herbarien auf die 48 Fische ausdehnen können, die er auf seinen Reisen durch Schweden gesammelt, getrocknet und sorgfältig beschriftet auf ein Einzelblatt mit Banderolen und Bindfäden befestigt hat.[17]

Um 1800 beginnen die Zoologen dagegen an der Hermeneutik des Schranks zu zweifeln und die tote Ordnung der Bretter und Schubfächer durch die Empirie des Lebens zu ersetzen. Die Kabinette der Naturforscher können zwar Namen sortieren, Formen und

Eigenschaften beschreiben und voneinander unterscheiden. Aber die Darstellung von Geschichte, Veränderung und Bewegung muss ihnen notwendig fremd bleiben. Die Entstehung, das Verschwinden und die Anpassung von Arten können sie ebenso wenig darstellen wie die mannigfaltigen Wechselwirkungen zwischen einzelnen Arten oder ihre Beziehungen zu ihrer Umwelt. Gegen diese statische Eigenlogik der Kabinette wendet sich Gosse: »Die Regale sollen die Objekte aufnehmen. Man sammelt sie nicht, um Regale zu füllen. Die Mittel werden [...] zu häufig zum Selbstzweck«.[18] Der *closet naturalist* kommt niemals in die Versuchung, ein und denselben Gegenstand in zwei unterschiedlichen Schubladen seines Schranks abzulegen. Dynamische Ordnungen und Kontinua sind temporäre Rätsel und Unschärfen. Sie sind Ausdruck eines Nichtwissens, das überwunden und eliminiert werden muss. Im Schrank finden Schwellenwesen und Hybride keinen Platz, das ist physisch schlicht unmöglich.

Für Linnés Kritiker wird der Schrank darum zum Sinnbild für die Limitationen der Taxonomie. *Closet* ist mit dem lateinischen *claustrum* verwandt. »Verschluss«, »Riegel«, »Mauer«: »Wand« und »Schranke« gehen allesamt auf *claustrum* zurück. Für Johann Christoph Adelung verweist der Schrank darum vor allem auf die mannigfaltigen Prozesse des Einschließens.[19] Der Schrank teilt daneben einige Eigenschaften mit der Insel. Denn das Isolieren ist auch das »taxonomische Grundmuster« des Herbarschranks. Der Ufersaum ist eine Mauer, jedes Festland ein Schrank, der die Arten fixiert und verwaltet. Der Schrank, mhd. *schranne*, *schrīn*, lat. *scrinium*, ist mit dem altgriechischen Verb κρίνειν, »scheiden«, »trennen«, »auswählen«, »entscheiden«, »urteilen«, verwandt. Die Schrankwände und -bretter verweisen auf mannigfaltige Weise auf mathematische, juristische und philosophische Techniken des Teilens. Als »Schrein«, »Schranke«, »Gitter«, »Kasten«, »Schatulle«, »Sarg« ist der Schrank je nach Kontext Archiv, Möbel, Schwelle, Schiedsstelle, Grenze oder Gerichtsort. Er tritt als Wärter der

Zeiten, Sphären, Grenzen, Unterscheidungen oder Urteile auf. Man kann die Bretter und Wände als Medien und Werkzeuge der Erkenntnis interpretieren. Sie vollziehen oder vollstrecken hinter den Türen eine Unterscheidung und setzen jedem Kontinuum notwendig ein Ende. Der Schrank definiert, er eliminiert jede Vieldeutigkeit. Ein Schrein oder Reliquienbehälter trennt das Heilige vom Profanen. Eine Totenkiste separiert die Toten von den Lebenden. Der Archivschrank scheidet die erledigten Vorgänge von den zirkulierenden Akten der Gegenwart und Zukunft. Die Schranke oder der Lettner in den mittelalterlichen Domen und Münstern, der die Mönche und Priester von den Laien trennt, kennzeichnet vom 10. Jahrhundert bis zur Reformation in den Mysterienspielen die Schwelle zu Tod und ewigem Leben in der Hölle oder im Paradies – so wird er in der Karwoche zum mahnenden Stellvertreter des jüngsten Gerichts. Das Gitter, das die Richter und ihre Beisitzer von den Klägern und Angeklagten trennt, will ein ausgewogenes Urteil garantieren: Jede Person, jede Partei soll vor den Schranken des Gesetzes gleich sein. Das Gleichheitsprinzip kann exemplarisch verdeutlichen, dass die Schranke nicht nur teilt. Sie ist als Gleichmacher auch ein Instrument der Analogie, das Dinge, Körper, Zeiten, Orte und Räume durch Teilung zueinander in Beziehung setzen kann. Die Schranke ist vor allem ein hölzerner Repräsentant des Bruchstrichs und der Äquivalenz, das weniger beschreibt, als fordert und setzt. Die Personen, Gegenstände, Strafsachen und Fälle, die einander vor einer Schranke begegnen, sollen vor einem wie auch immer gearteten juristischen, ökonomischen, mathematischen, politischen Gesetz einander gleich sein. Ob die Techniken des Trennens, Unterscheidens oder Urteilens unabhängig von ihren Räumen, Möbeln und Gegenständen existierten, ob also der Schrank oder die Kulturtechniken der Isolation und Trennung zuerst da waren, lässt sich retrospektiv nur bedingt feststellen. Gesichert ist lediglich, dass das 18. Jahrhundert die Techniken der Trennung und des Unterscheidens, die aus dem Verb κρίνειν hervorgehen, wieder aufnimmt und am Ende das Möbel nicht mehr braucht. Linnés Schrank kann sich auf die Kulturtechniken der Unterscheidung berufen. Der Herbarienschrank mechanisiert jene Techniken, die die Philosophie, die Theologie, das Recht, die Literatur und die Künste vermehrt unter dem Begriff der »Kritik« zusammenfassen. Isolieren, Unterscheiden und Trennen universalisieren sie als Kulturtechniken der Aufklärung, die der Urteilsfindung und Herstellung gesicherten Wissens dienen. Die Kritik richtet die Wissenschaft als abstrakte Schranke des Wissens ein, die jedes Möbel entbehren kann. Was bei Linné zuerst da war, die Kritik oder der Schrank, ist demnach sekundär. Wenn der Naturalienschrank damit beauftragt wird, zugleich die Taxonomie zu verwalten, also Medium und Werkzeug einer Ordnung der Natur sein soll, kann er mit den Schubladen, Kolumnen und Fächern nur das beschreiben, was einen Unterschied macht. Linné mag den Schrank gewählt haben, weil er mit den Namen und Definitionen der Arten vor allem die Differenzen hervorheben will. Im Vulgärlatein wird das »Brettergestell« hinter den Türen des Schranks als *tabularium* bezeichnet. Daher leiten sich auch das »Tablar« und die »Tabelle« ab. Die Listen der Taxonomie haben den Schrank auf wenige Linien und eine Unterscheidung reduziert, von denen sich in George Spencer-Browns Formenkalkül nur noch ein Haken, der *mark*, erhalten hat. Jede Unterscheidung setzt einen Mark- oder Grenzstein. Sie zieht eine Linie, die fortan nicht mehr überschritten werden darf. *Draw a distinction.* Wissen heißt trennen – die einmal gefundene Unterscheidung auf jede beliebige Zukunft anzuwenden. »Artbeschreibungen überliefern alle Unterschiede, die bestehen, so daß die Beschreibung immer unerschüttert bleibt, selbst wenn unzählige neue Arten entdeckt würden«, schreibt Linné in dem *Corallium generum planatarum* 1737.[20] Die Unterteilungen der Naturalienschränke trennen die Objekte voneinander. Sie sollen so kunstvoll eingerichtet werden, dass sie unter allen Umständen erhalten bleiben können.

Linnés Klassifikation besitzt die »Eigenschaft der unwiderruflichen Aufspaltung«. Sie lässt sich, topologisch betrachtet, auch als Baum darstellen, in der jede Art derselben Gattung nur genau einer Familie entstammen kann.[21] Ein Wissen, das aus einer fortschreitenden Unterteilung entsteht, geht von einer ersten Unterscheidung aus, die sich bis in die letzten Verzweigungen vererbt. Es ist evolutionär und ahistorisch. Gegen die Irreversibilität ihrer Unterscheidungen wendet sich Alexander von Humboldt in den *Ideen zu einer Geographie der Pflanzen*. Ein Naturganzes könne aus ihren Klassifikationen nicht interpoliert oder evolutionär erschlossen werden:

> Die systematisch geordneten Verzeichnisse aller organischen Gestaltungen, die wir ehemals mit dem allzu prunkvollen Namen von Natursystemen bezeichneten, bieten eine bewundernswürdige Verkettung nach inneren Beziehungen der Formähnlichkeit (Struktur), nach Vorstellungsweisen von allmählicher Entfaltung (Evolution) in Blatt und Kelch, in farbigen Blüten und Früchten dar: nicht eine Verkettung nach räumlicher Gruppierung, d. i. nach Erdstrichen, nach der Höhe über der Meeresfläche, nach Temperatureinflüssen, welche die ganze Oberfläche des Meeres erleidet. Die inneren Verwandtschaften können nicht mehr durch Formähnlichkeiten festgestellt werden.[22]

Den Natursystemen stellt Humboldt die »Fülle der lebendigen Gestalten« gegenüber, den Kausalketten (»der Verkettung nach inneren Beziehungen«) die unverhoffte Ausbreitung und Streuung gleicher Arten. Die Taxonomien erklären die qualitativen Unterschiede, die Gemeinsamkeiten ignorieren sie. Die Wanderung und Verbreitung gleicher oder ähnlicher Tier- oder Pflanzenarten über große Distanzen hinweg können nicht durch lineare Genealogien vorhergesagt, beschrieben und erklärt werden. Ehe der Weltverkehr den Transport von Telegrammen, Passagieren und Waren über die

Kontinentgrenzen hinweg organisiert, fordert Humboldt ein Verkehrssystem der Naturgeschichte. Die Geografie übernimmt dabei die Aufgabe einer botanischen und zoologischen Verkehrswissenschaft. Es sei

> die Aufgabe einer physischen Geografie, nachzuspüren, wie auf der Oberfläche der Erde sehr verschiedenartige Formen bei scheinbarer Zerstreuung der Familien und Gattungen doch in geheimnisvoller genetischer Beziehung zueinander stehen, wie die Organismen ein tellurisches Naturganzes bilden, durch Atmen und leise Verbrennungsprozesse den Luftkreis modifizieren und [...] prometheisch bedingen, trotz ihrer geringen Masse doch auf das ganze äußere Erdenleben [...] einwirken.[23]

Humboldt spricht von »den Kräften sogenannter chemischer Verwandtschaft« und einer »Anziehung aus der Ferne«, die über Wärme, Elektrizität oder eine »Kontaktsubstanz« hergestellt werden könne. Globale Verwandtschaft gründet auf Boten. Sie braucht Modelle der Fernwirkung, die die organischen Genealogien über die Kontinentgrenzen hinweg streuen und übertragen. Die globalen Genealogien der Tier- und Pflanzengeografien können sich nur in schwellenlosen Verkehrsräumen bewegen, die die Grenzen zwischen Meer und Festland überwinden.

Die Kritik der Taxonomie verbindet Humboldt mit der Frage nach der Verwandtschaft der Disziplinen, der Genealogie ihres Wissens und ihrer Bezeichnungen, deren Bedeutungen sich verändern, ausbreiten oder vollständig verloren gehen können:

> Die Grenzverwirrungen zwischen [...] innigst verwandten Disziplinen sind um so größer, als seit Jahrhunderten man sich gewöhnt hat, Gruppen von Erfahrungskenntnissen mit Namen zu bezeichnen, die bald zu eng, bald zu weit für das Bezeichnete sind, ja im klassischen Altertum, in den Sprachen, denen

man sie entlehnte, eine ganz andere Bedeutung als die hatten, welche wir ihnen jetzt beilegen. Die Namen einzelner Naturwissenschaften der Anthropologie, Physiologie, Naturlehre, Naturgeschichte, Geognosie und Geografie, sind entstanden und allgemeingebräuchlich geworden, bevor man zu einer klaren Einsicht über die Verschiedenartigkeit der Objekte und ihre möglichst strenge Begrenzung, d. i. über den Einteilungsgrund selbst, gelangt war.[24]

Die strukturellen Probleme der Taxonomie findet Humboldt in der Unterteilung der Disziplinen und ihren Bezeichnungen. Er klagt über die Zersplitterung der Wissensgebiete und formuliert eine Kritik, die im Schatten von Big Data erstaunlich modern klingt. In den Grenzen der alten Disziplinen hätten die empirischen Wissenschaften das Wissen derart vermehrt, dass das Detailwissen keinen Blick mehr auf das Weltganze ermögliche. Die »Schilderung eines Naturganzen von den fernen Nebelflecken an bis zur klimatischen Verbreitung des organischen Gewebes, die unsere Felsklippen färben«, will Humboldt darum mit dem *Kosmos* übernehmen – die physikalische Weltbeschreibung soll den Überblick synthetisch herstellen.[25]

Die Taxonomie ist wie die indisch-arabischen Zahlen ein Stellenwertsystem, das jeder Art in der Natur nur genau einen Wohnort zuweisen will. Ein alternatives Modell stellt Humboldt dagegen 1849 mit der *Physiognomik der Gewächse* vor, die nach der Verbreitung der Pflanzen und dem Verhältnis verschiedener Pflanzentypen fragt. Dort erwähnt er »die gleichzeitige Verwandtschaft mit mehreren Familien«:

> Die Vegetation der Vorwelt biete vorzugsweise solche Gestalten dar, welche durch gleichzeitige Verwandtschaft mit mehreren Familien der jetzigen Welt daran erinnern, daß mit ihr viele Zwischenglieder verlorengegangen sind. Die in der

Vorwelt so häufigen Koniferen begleiten besonders Palmen- und Cycadeen-Holz, aber in den spätesten Ligniten- oder Braunkohlen-Schichten finden wir Koniferen, unsere Fichten und Tannen wieder mit Cupuliferen, Ahorn und Pappeln zusammengestellt.[26]

Mit dem Konzept der »chemischen Verwandtschaft« weicht Humboldt den Unterschied zwischen Nachbarschaft und Verwandtschaft auf und zielt auf Fern- und Wechselwirkungen. Kulturelle, geologische, geografische, hydrologische und zoologische Faktoren können einander bedingen. Der Luftkreis trage »zahllose Keime künftiger Bildungen, Insekten-Eier und Eier der Pflanzen, die durch Haar- und Federkronen zur langen Herbstreise geschickt sind«.[27] Während Linné jedes singuläre Exemplar einer Art auf einen Stamm und eine Ur-Art zurückführen kann, besitzt für Humboldt jedes Exemplar das Potenzial, eine Spezies zu affizieren und zu verändern.

Die Taxonomien der Botaniker sind irreversibel. Die »physikalische Geografie« und die dynamische Genealogie der Namen und Disziplinen sind dagegen lediglich temporär aufgespalten. Mit der Betonung der Wechselwirkungen und Nebenwirkungen lädt Humboldt jede Art mit der Möglichkeit auf, über die Grenzen der Familien hinaus bidirektional und reziprok auf andere Familien einzuwirken. Will man im Bild der genealogischen Struktur der Bäume bleiben, so lassen sich die Effekte der Verteilung und »chemischen Verwandtschaft« und die Topologie der Isothermen nur mit Bäumen abbilden, deren Kronen sich nicht nur stetig verzweigen, sondern ebenso wieder zusammenwachsen können. Diese Bäume, die sich gleichermaßen verdichten und entfalten, entsprechen in ihrer Struktur eher Rhizomen und Geflechten, die mit der Entdeckung des lateralen Gentransfers erneut diskutiert werden.[28] Sie führen die Rekursion als Werkzeuge in die Verwandtschaftsbeziehungen ein und erweitern die Naturgeschichte der Wiederholung durch die Möglichkeit des Löschens und Überschreibens.

Ein Stamm lässt sich nicht ausmachen oder vielmehr kann durch Rekursion jeder Stamm nachträglich wieder zum Zweig werden.

Humboldt markiert weder einen Anfang noch einen Wendepunkt. Seine Forschungen sind Ausdruck eines Unbehagens, das mit den Datenmassen der Messwissenschaften in der ersten Hälfte des 19. Jahrhunderts entsteht, an den »kleinen Ursachen« in den Anfängen der Klimatologie sichtbar wird und sich mit den Wechselwirkungen zwischen Land- und Wassermeer konkretisiert. Die *true naturalists* pflegen das Unbehagen dagegen als Massenbewegung. Sie reisen zu der unscharfen Grenze zwischen Land und Meer und begeistern sich für die vermeintlichen Grenzfälle der Taxonomie. Nicht Fisch, nicht Stein, nicht Pflanze, nicht Tier? Die »wahren« Naturforscher hoffen, in den gleitenden Übergängen nicht auf die immer gleichen Vertreter einer Art zu treffen. Die Infusorien auf der Fensterbank oder die Obsession, jede Bestimmung im Buch durch einen eigenen Fund im Marmeladenglas zu verdoppeln, nährt die Hoffnung, im verlässlich Gleichen eine kaum wahrnehmbare Differenz zu finden und zwischen den Varietäten irgendwann eine neue Art zu entdecken. Den Stubengelehrten wird jede Abweichung zum wiederholten Beweis der unerschütterlichen Taxonomie – die Vielfalt reduzieren sie auf eine Einzahl und die Wiederholung. Die *true naturalists* sehen dagegen in jeder Identität eine Singularität: Jede Verdopplung birgt die Möglichkeit einer Insel, den Keim einer Abweichung.[29]

Unterwegs im Grenzland der Vieldeutigkeiten

Die neuen Naturforscher sind Freiluftwissenschaftler, Strandläufer und glühende Amateure, die mit der Empirie das Licht, die Farben und das Kontinuum feiern. Der britische Maler William Powell Frith hat sie zwischen 1851 und 1852 zwei Sommer lang in Ramsgate Sands beobachtet und mit den Strandtouristen einen neuen Realismus entdeckt.[30] Er wolle »die Vielzahl der Charaktere in Ramsgate Sands« zeigen, das »moderne Leben in seiner ganzen Hässlichkeit« darstellen.[31] Auf dem Ölgemälde *Life at the Seaside*, das 1854 nach den Sommern im Seebad entstand, sieht man das Meer nicht. Stattdessen stehen wir knöcheltief im Wasser und blicken vom Meer auf den Ufersaum. Am Horizont winkt ein Obelisk, vom nahen Hafen das Clock House, die Klippen und die Balkone eines Kurhotels. Wir sehen die *bathing machines*, die der Quäker Benjamin Beale 1750 in Margate erfunden hat, folgen den Eisenbahnschienen, die die Briten ab 1840 von London in nur einer Stunde Fahrzeit bis nach Ramsgate ans Meer befördern, erspähen die Musikanten und Sandburgen, die nur einen Nachmittag lang die Herrschaft am Meer behaupten können. Wir entdecken die Frauen, die von ihren Sonnenschirmen und Gouvernanten beschattet sich dem unbekümmerten Bad in der Masse hingeben. Wir blicken den Fernrohren nach, die auf eine unbekannte Ferne gerichtet sind. Wir beobachten die Zeitungsleser. Doch vor allem sehen wir in die zahllosen Gesichter, die nahezu alle en face dem unsichtbaren Meer zugewandt sind. Frith hat sie zunächst zwei Jahre lang am Strand von Ramsgate gesucht. Er hat Personen skizziert und Szenen fotografiert. Der Genremaler William Mulready war empört. Er könne »weder einen Charakter noch die Schönheit der Frauen, die Natur oder irgendeinen Funken von Wahrheit« auf dem Gemälde entdecken.[32] Das »moderne Leben« hat Frith in Ramsgate Sands so offenbar nicht vorgefunden. Der Explorationsphase am Strand folgt eine Phase der Ausarbeitung im Atelier. Die Vielfalt des Lebens ist eine Fiktion, die er mit Modellen im Studio nachstellen und auf den Zeichnungen herstellen muss. Roland Barthes lädt die Fotografie mit der Indexikalität der Vergangenheit auf. Jede Fotografie zeugt davon, dass es so und nicht anders gewesen sei. Den Film verbindet er dagegen mit dem Paradox des Konjunktiv II. Er rekonstruiere nicht, sondern mache eine fiktive Vergangenheit sichtbar: »Es hat den Anschein, als wäre es so gewesen«:

In Wirklichkeit ist es nicht so gewesen, sondern die Wirklichkeit ist vollständig umgearbeitet, manipuliert worden, nach Art einer chemischen »Synthese«[:] a) Umstellung der Reihenfolge bei der Aufnahme und bei der Wiedergabe = Montage; Erfahrung bei Dreharbeiten; b) Dissoziation von Bild und Ton: Nachsynchronisation.[33]

Der Film enthält keinen Splitter Wirklichkeit. Er stellt sie durch Synthese, Montage und Synchronisation erst her.[34] Bei Frith tritt an die Stelle des Films die gezeichnete Fotografie, die das Gemälde mit den Effekten des Wirklichen auflädt. Die Schnappschüsse von Ramsgate Sands zergliedert und synthetisiert er, um mit der Vielzahl der Fotografien ein Spektrum und Panorama des modernen Lebens zu erfinden. Die Anfänge des Realismus wird der Autor, Kunst- und Literaturkritiker Jules Champfleury 1855, nahezu zur gleichen Zeit, in einem Brief an George Sand in der Malerei von Gustave Courbet suchen. Doch der Realismus erschöpft sich nicht nur in der unbeschwerten Darstellung des Alltäglichen: dem Begräbnis eines Bauern (1850), der Arbeit der Steinklopfer (1849) oder dem Abendessen in einem Wirtshaus (1849).[35] Das »›unnütze‹ Detail« ist kein ausschließliches Merkmal der Malerei, sondern der Fotografie eigentümlich, die weniger durch ihre Indexikalität (»so ist es gewesen«) als durch die mechanische Aufzeichnung zahlloser Details, Nuancen und stufenloser Schattierungen hervortritt. Die Maler des Realismus suchen häufig mit der Fotografie nicht den unbestechlichen Zeugen einer vorgefundenen Wirklichkeit als vielmehr das Rohmaterial und Reservoir einer grenzenlosen Vielfalt. Die Fotografie wird ihnen zum Ausgangspunkt einer dokumentarischen Fiktion. Ihr entspricht in der Literatur weniger die Erzählung als die Beschreibung, die auf keine Handlung oder Kommunikation zielt. Die Beschreibung, so Barthes, erzeuge ihre eigene

William Powell Frith,
*Life at the Seaside –
Ramsgate Sands*, 1854.

Wirklichkeit, die weder auf eine Bedeutung noch auf einen Leser hin konstruiert sei.³⁶ Die »Wirklichkeitseffekte« in der Malerei stellt Frith über die fotografische Verdichtung her. Die endlose Liste und Aufzählung soll den Singular des Ewiggleichen durch die Faktizität des Plurals ersetzen. Aus den vielen Detailszenen hat er die Gesichter auf dem Strand in mühevoller, zweijähriger Kleinarbeit zu einem geologischen Querschnitt und Spektrum der viktorianischen Gesellschaft zusammengesetzt.³⁷ Von der Leinwand aus blicken sie uns unverwandt an. Sie erstrahlen vom gleißenden Sonnenlicht, den zahllosen Reflexen des Wassers und scheinen nur eine Botschaft zu reflektieren: Die Faszination des Meeres hat vom Fabrikarbeiter bis zur *middle class* alle Gesichter ohne Unterschied erleuchtet. Dennoch ist Friths Panorama

weniger Zeuge einer eigenständigen Obsession. Den Endbahnhof der Great Western Railway hat er 1862 auf einem raumfüllenden Gemälde dargestellt. Seit 1833 gelangen die Londoner von Paddington Station an die Strände Südenglands und seit September 1846 von London Bridge Station aus mit der South Eastern Railway nach Dover zu den Seebädern der Kanalküste. Ramsgate ist Eisenbahn- und Telegrafenstation. Bei Frith synchronisieren die Schienen mehrfach. Sie verbinden erstens das Inland mit den Küsten und versprechen zweitens, die Grenzen zwischen den tradierten Schichten weitgehend einzuebnen. Das Panorama mit Telegrafen- und Eisenbahnanschluss ist mehr Fahrplan als Archiv. Es zeigt den schmalen Streifen von Ramsgate Sands als Ziel- und Abfahrtsort: Der Strand ist Insel und Verkehrsknotenpunkt, in dem das Leben in zahllosen Arten und Varianten aufscheinen, zirkulieren und sich entwickeln kann.

Die Wege und Möglichkeiten, die die Briten mit den neuen Eisenbahnnetzen entdecken, sind mit der neuen Freiluftwissenschaft und Sammelleidenschaft der *true naturalists* eng verbunden. Das zeigen die zahllosen Parodien, die Friths Gemälde folgen. Man kann sie wie Frith als Antipoden der niederländischen Seestücke des 17. Jahrhunderts begreifen. Vom Meer wenden sie den Blick ab, um die neue Spezies der Strandtouristen in die Bildmitte zu rücken. Nicht die unendlichen Weiten des Meeres, die Flotten oder Steamer werden ihr Gegenstand. Der Statik der Naturalienkabinette setzen sie die flirrende Grenze der vor- und zurücklaufenden Wellen entgegen. Mit dem schmalen Streifen zwischen Land und Meer bevölkern sie ein mobiles Zwischenreich, das den Wellen und Gezeiten unterliegt. Doch während Frith die erleuchteten Gesichter der Touristen zeigt, sehen wir in John Leechs Karikatur *Common Objects at the Sea-Side* lediglich ihre Über- und Unterröcke. Kopfunter sind sie emsig damit beschäftigt, zwischen Land und Meer die zahllosen »Wunder« der Natur einzusammeln. Der Titel des Blatts, das in der Satirezeitschrift *Punch* erschienen ist, parodiert mindestens zwei populäre Strandführer mit annähernd gleichem Titel:

1. Die *Chapters on the Common Things of the Sea-coast* (1857) der zeitweilig sehr bekannten Illustratorin Anne Pratt, die in über zwanzig Büchern das Wissen der Botanik und Naturkunde popularisiert, und
2. die *Common Objects of the Sea Shore* des Priesters und Naturforschers John George Wood, dessen Meeresbücher und Naturgeschichten so bekannt werden, dass Arthur Canon Doyle Woods Beschreibung der Medusa zum Titel der Sherlock-Holmes-Novelle *Die Löwenmähne* macht.[38]

John Leech, *Common Objects at the Sea-Side ...*, 1858.

Ein Blick in Woods Naturführer, der zwischen 1857 und 1912 sechsstellige Auflagenzahlen erreicht,[39] offenbart die Bück- und Hitliste der *true naturalists*, die die Karikatur nicht zeigt. Seegras, Algen, Seeanemonen, Quallen, Krabben, Muscheln, Krebse, Seesterne, Tintenfische füllen die Einmachgläser und Körbe der Strandläufer und Flaneure. Sie verkörpern die Konjunkturen spezifischer Sammlermoden, die in der zweiten Hälfte des 19. Jahrhunderts einander im raschen Tempo ablösen. Den Babyalligatoren der Zwanzigerjahre folgen in den Vierziger- und Fünfzigerjahren Seegräser, Farne und Seeanemonen, die in den späteren Jahrzehnten wiederum durch die Seeschlangen und Infusionstierchen ersetzt werden.[40] Die Naturgeschichte ist eine »britische Obsession«, die zwischen 1820 und 1860 mit der Entdeckung der Strände durch die Massen aufkommt und alle Schichten der viktorianischen Gesellschaft erfasst. Die Naturgeschichten seien genauso bekannt wie die Romane von Charles Dickens, schreibt Lynn Barber rückblickend.[41] Philip Henry Gosse, einer ihrer bekanntesten Autoren, betont ihre leicht fassbare, ästhetische Form, die zwischen Bühnenstück, Melodram und Sachbuch changiere. So sei etwa *The Romance of the Natural History*

> der Versuch, Naturgeschichte eine ästhetische Form zu geben. Man darf nicht annehmen, dass man wahre Gefühle wie in einem Drama oder einer Rede durch Bühnenanweisungen oder Hört!-Hört!-Ausrufe erzeugen kann; das wäre zu aufdringlich und dem Gegenstand nicht angemessen. Mit einer Folge von Bildern, die in mir poetisches Wohlgefallen hervorgerufen haben, will ich einige Szenen und Aspekte der Natur beleuchten, damit sie ihre Wirkung entfalten können.[42]

Gosse scheint zu glauben, dass die Natur selbst unsichtbar ist. Erst die Naturgeschichten verleihen ihr ein Gesicht. Mit der Vorstellung, dass die ästhetische Darstellung die Wahrnehmung bestimme, tritt er nicht nur in die Fußstapfen der Romantik. Auch Alexander von Humboldt hat die Analogie zur Malerei gesucht und den *Kosmos* als Naturgemälde bezeichnet. Mit dem *tableau physique* zielt er wie Gosse auf eine Synästhesie und eine spezifische Form der Darstellung. Mit dem stufenlosen Voranschreiten »von den äußersten Nebelflecken bis zur ersten Spur der Vegetation« appelliert er mit dem *Kosmos* an einen poetischen Sinn.[43] Die Aufrisse, Naturbeschreibungen und Miniaturen will er so transparent und schwellenlos wie möglich gestalten, die Natur sinnlich vor Augen stellen. Ähnlich argumentiert Gosse, der die ästhetische Form gegen eine Naturgeschichte der Begriffe stellt. Manche finden in den populären Formen der Naturgeschichte die Unterscheidung zwischen *closet-science* und *natural science* bestätigt. Die Naturgeschichte sei keine Wissenschaft, sondern Poesie und Erbauung, die unter dem Schlagwort *rational amusement* rasch Verbreitung fand.[44] Doch egal, auf welche Seite man sich schlägt, die Überlegungen zu einer Ästhetik der Naturgeschichte, die mit der britischen Sammelwut ab 1820 entstehen, deuten mit den Zweifeln an den etablierten Wissensformen womöglich auch einen Perspektivwechsel an: einen Nährboden, auf dem die evolutionsbiologischen Fragen zur Varietät der Arten erst entstehen und gedeihen können. Während die Grundoperation der *closet naturalists* das Unterscheiden ist, entdecken die *true naturalists* an den Küsten Großbritanniens die irreduzible Vielfalt. In einigen Naturgeschichten spiegelt diese Vielfalt noch die unergründlichen Wunder der Schöpfung wieder. So schreibt etwa John Wood 1889 in *Half Hours with a Naturalist – Rambles near the Shore*:

> Mit den menschlichen Thesen geht die Natur unbarmherzig um. Man kann Fakten sammeln, sie generalisieren und nach Meinung ihrer Urheber auch einige wunderbar zufriedenstellende Theorien aufstellen[.] Allein die Natur erzeugt in ihren zahllosen Schatzkammern [immer] neue unerwartete und unwiderlegbare Fakten, die die alten etablierten Theorien wie die Frühlingssonne die Schneeflocken dahin schmelzen lassen.

Die neue Unübersichtlichkeit veranschaulicht Wood am Beispiel der Schwämme: »Wir wissen noch nicht einmal, was das Tierleben von jenem der Pflanzen unterscheidet«.[45] In den *Common Objects of the Sea Shore* tauchen wenige Meter unterhalb des Meeresspiegels mit dem Korallenmoos (*corallina officinalis*) ähnliche Zweifel auf:

> Es ist allgemein bekannt, dass einige Lebewesen, die man zuvor für Pflanzen hielt, etwa die Korallen und Zoophyten, jetzt der Tierwelt zugerechnet werden; aus dieser Korrektur schloss man etwa, dass einige Pflanzen tatsächlich Tiere sein müssten, weil sie einige Merkmale besaßen, die die Tiere von den Pflanzen unterschieden. So wurde etwa das Korallenmoos

vergleichsweise spät unter die Tiere eingeordnet, in enger Nachbarschaft zu den echten Korallen. Der Irrtum war begründet, weil das Moos tatsächlich eine seltsame Pflanze ist. Über das Meereswasser nimmt sie eine so große Menge an Calciumcarbonat auf[,] dass von der Alge nach ihrem Absterben nur der Kalk zurückbleibt. Die Form der Pflanze bleibt erhalten, die jener der Zoophyten sehr ähnelt, mit denen man sie verwechselt hat«.[46]

Als drittes Beispiel führt Wood die Seeanemonen an, die Vielzeller, die dem Tausendschön, den chinesischen Astern und Dahlien bis aufs Haar ähnele.[47] Während Carl von Linné noch die Beschreibungen der vorhandenen Arten so unmissverständlich auf die Differenzen gründen wollte, dass alle Neuzugänge der Arten ihre Definitionen nicht infrage stellen, lassen die Schwämme, Korallen und Zoophyten die Grenzen zwischen den Mineralien, Tieren und Pflanzen verschwimmen. Die Merkmale, die die Kalk absondernden toten Algen mit den wirbellosen Nesseltieren mit nahezu gleichem Namen verbinden, lassen die Hobby-Systematiker an der Einteilung der Naturalienkabinette zweifeln. Muss man nicht etwa die »pflanzenähnlichen Tiere« an zwei Orten der Systematik gleichzeitig niederlegen? Sind sie nicht der beste Beweis, dass man die Vielzahl der Erscheinungen nicht ohne Not reduzieren kann? Aronnax favorisiert mit den mitwachsenden Gussformen Wissensordnungen, die sich mit jedem Exemplar verändern und verformen. Wie sähe eine Taxonomie aus, die nicht auf »vorgängige Identitäten« setzt, sondern die Arten vor dem Hintergrund der Übergänge als Orientierungen, Möglichkeiten und Neigungen denkt? Zahlreiche Bücher der Naturgeschichte enthalten Kapitel zu den Korallen und Zoophyten, andere zählen unter dem Schlagwort des Wunders die ungelösten Probleme der Taxonomie auf. Mit ihnen haben sie den Blick auf die unscharfen Zwischenreiche der Pflanzen, Tiere und Steine gelegt.

Die neue Naturgeschichte verbindet mit der »ästhetischen Form« nicht nur eine neue Form der Beschreibung, sondern auch spezifische Visualisierungen. Dies spiegeln die doppelten Professionen ihrer Autoren wieder. Philip Gosse, Anne Pratt und John Wood sind zugleich auch bedeutende Illustratoren ihrer Zeit. Man kann darum in den Bildtafeln ihrer Bücher nach Anzeichen des bevorstehenden Blickwechsels suchen. Die Tafel, die etwa Woods Gedanken zu den Blumentieren illustriert, zeigt die unscharfe Grenze zwischen den Korallen und dem gleichnamigen Korallenmoos auf einem einzigen Blatt. Auf ihm tummeln sich die vermeintlich gleichen Arten neben einigen Zoophyten in inszenierter Enge wie die Touristen in Friths Gemälde von Ramsgate Sands. Der Blick auf einen singulären Unterschied wird zugunsten eines Überblicks und flirrenden Spektrums preisgegeben. Er fällt auf Arten, die sich gleiche oder ähnliche Namen und Merkmale teilen. Die Tafel handelt von Ähnlichkeiten und Ambiguitäten, als wolle er das Leben mit dem Kontinuum der Bezeichnungen, Arten und Varietäten einfangen. Die Untiere, für die der Wal als Ungeheuer und Wunder so sichtbar einstand, finden die Naturforscher nur wenige Zentimeter unter dem Meeresspiegel in den Pflanzentieren und Tierpflanzen. In der irreduziblen Vielfalt, die mit den neuen Muschelkabinetten, Aquarien und Infusorien von der Küste landeinwärts wandert, sehen manche eine weitere Form der Naturtheologie.[48] Doch auch die Naturtheologie ist nur ein anderer Ausdruck für die unbändige Sammelleidenschaft. Mit der Freiluftwissenschaft der *true naturalists* wächst das Unbehagen an den trennscharfen Unterscheidungen. Die neuen Monster der Taxonomie, die Unpflanzen und Untiere, finden einen festen Platz in den Bestsellern der *natural history*. Der *closet naturalist* schärft mit den Differenzen die Taxonomie, der *true naturalist* mit den »unerwarteten, unwiderlegbaren Fakten«, die das Meer ihm unaufhörlich vor die Füße spült, den Blick für die ungelösten Probleme der Taxonomie. Die Aufmerksamkeit der »wahren Naturgeschichte«

gilt der Nuance und der Abweichung, der fluiden Grenze zwischen Stein, Tier, und Pflanze:

> Die biologischen Untersuchungen haben sich in der ersten Hälfte des 19. Jahrhunderts mit dem Bezeichnen, Identifizieren und Klassifizieren von Arten auf eine reine Schreibtischarbeit konzentriert. Die lebenden Tiere und Pflanzen waren ein Problem, das viele Amateure und Populärwissenschaftler [...] aus eigenem Antrieb verfolgten. Während die Populärdarstellungen die Massen bildeten, wuchs im Verborgenen die Gewissheit, dass die *closet-science* nicht die »echte« Wissenschaft darstelle.[49]

Wenn Gosse dem Wissen der Herbarien und Naturalienkammern eine *true natural history* entgegenstellt, misstraut er wie John Wood einer Wissenschaft, die ihre Beschreibungen und ihr Wissen überwiegend auf die Persistenz ihrer Unterscheidungen gründet. Dennoch thematisiert Gosse mit der Emphase der »wahren« oder »wirklichen« Naturgeschichte lediglich eine Leerstelle. Was ist schon in dem Grenzland von *plant, animal* und *mineral kingdom* »wahr« und »wirklich«? Ist nicht jede Wissenschaft »nützliche Fiktion«? Die latenten Zweifel an den Klassifikationen und Tabularien der Taxonomie werden von einer Obsession begleitet, die in der zweiten Hälfte des 19. Jahrhunderts an den Stränden der Kanalküste beginnt und auf die Anfänge einer populären Lebenswissenschaft verweist, die unter dem unmissverständlichen Namen *true natural history* auftritt und Linnés *Systema Naturæ* kritisieren und erweitern will.

Eine neue Wissenschaft vom Leben

Die neue Lebenswissenschaft findet ihren anschaulichsten Ausdruck in einer unscharfen, mobilen Grenze, die die Trennwände der Naturalienkabinette ersetzt. Den Städtern, die ab 1840 mit der britischen Eisenbahn in Massen ans Meer kommen, steht sie lebhaft vor Augen. Für Jules Michelet, der beinahe am Mont Saint-Michel mit Pferd und Kutsche im Wattenmeer versunken wäre, ist der Meeresrand ein »Vorhof des Ozeans«, eine »Zwischenlandschaft«, die weder dem Land noch dem Meer zugeschlagen werden könne. Mit dem »vestibule de l'Océan« zitiert er Dante, der mit dem »Limbus« den Talrand und den Vorhof zur Hölle bezeichnet, in den jene Menschen gelangen, die »ohne Schmach und Lob« gelebt haben. Der *limbus* ist »vom Gewebe der Saum«, ein »Streifen«, »Gürtel«[50] oder Korridor – die Grenze als Transit- und Wartehalle. Die Durchschnittsmenschen, die heimatlos zwischen Himmel und Hölle pendeln, sind amphibische Wesen – Strandläufer und Touristen, die Frith mit seiner fiktiven Gesellschaft am Strand von Ramsgate porträtiert hat. Die ozeanische »Zwischenlandschaft« geht Marc Augés Nicht-Orten der »Übermoderne« voraus.[51] Jürgen Osterhammel beschreibt sie als »Kontaktarena« und »Interaktionsraum« und legt die Aufmerksamkeit auf die Verkehrssysteme im weitesten Sinne: »Interaktionsräume sind Sphären, in denen mehrere verschiedenartige Zivilisationen in dauerhaftem Kontakt miteinander stehen und in denen es trotz mancher Spannungen und Unverträglichkeiten immer wieder zu hybriden Neubildungen kommt«.[52] Gegen die starren Kausalmodelle stellt Osterhammel die Topografien der Durchgangsorte: Die neuen »Interaktionsräume« erzeugen »Spannungen« und »Unverträglichkeiten«, Friktionen und Fliehkräfte.[53] Dass die neuen Eisenbahnlinien auch die sozialen Schichten verändern und nivellieren, lassen die Reaktionen auf Friths Gemälde erahnen. Seine Zeitgenossen bezeichnen das Bild als *vulgar Cockney business* und *tissue of vulgarity*.[54] Die Briten erblicken in der Ansicht von Ramsgate Sands eine moderne Vorhölle. Die 2. Hälfte des 19. Jahrhunderts hat sich indes im Vorzimmer der Hölle eingerichtet, um mit der Abwärme des Infernos seine Dampfmaschinen zu betreiben. Mit den »Interaktionsräumen« beschreibt

Osterhammel Durchgangsorte, die durch die Maximierung von Handel, Verkehr und Kommunikation aus der mobilen Ordnung der Schwelle – den Dampfschiffen, Seehäfen, Aquarien, Seebädern, Freakshows, Casinos und Vergnügungstempeln – Kapital schlägt: »Auf die Idee, ein karges Stück Land zum Genussraum von Meereslust zu erklären, kam man überhaupt erst im späten 19. Jahrhundert«.[55] Das »karge Stück Land« macht William Powell Frith zum Schauplatz des »modernen Lebens«. Die unscharfe Linie steht für eine zweite Eroberung. Die Eroberer des 19. Jahrhunderts sind keine Insel- und Ausnahmemenschen. Namenlos nehmen sie das »karge Stück Land« in Besitz, um vom »Vorhof der Finsternis« vergnügt in Massen in den Schlund des Ozeans zu starren.

Die Schrank- und Zimmerwissenschaft der Naturalienkabinette, die bei Zimmermann noch so mächtig ist, ersetzt Gosse kurzerhand durch eine Freiluftwissenschaft. Die *true natural history*, die er in seinen Büchern immer wieder beschwört, funktionalisiert keine Regalböden und Schrankwände. Sie ersetzt die starren Grenzen der Taxonomie durch die mobile Linie zwischen Strand und Meer. Die neue Naturgeschichte wartet nur wenige Fingerbreit unter dem Sand am Strand. Sie lebt in den Meeresgrotten und nistet zwischen den Klippen. Die neue Lebenswissenschaft entdeckt Gosse mit zahllosen anderen Briten um 1840 mit den neuen Eisenbahnlinien, die ihn in nur einer Stunde vom Londoner Zentrum zum Meer bringen. Die ausgedehnten Küstenwanderungen hat Gosse in zahlreichen Büchern beschrieben. Die aufkommende Mode, zwischen Strandpicknick und erhabenem Meeresblick mit Quallen, Seesternen, Polypen, Seegurken, Seeanemonen, Krustentier und zahllosen Fischen auf Tuchfühlung zu gehen, hat Gosse mit einem halben Dutzend auflagenstarker Strand- und Naturführer nicht nur gefördert, sondern maßgeblich geprägt.[56] Mit der Zoologie verbindet der Laienprediger Gosse weniger einen Gegenstand als eine Analogie: das Verhältnis zwischen belebter und unbelebter Welt. Doch das Leben schreibt seine Biografie nicht selbst.

Gosse kann darum wie Frith das »wahre Leben« der Meerestiere und Strandläufer nicht mechanisch abbilden. Er muss sich einer dokumentarischen Fiktion bedienen. Das wahre Leben stellt er über zwei verschiedene Techniken der Naturbeobachtung her. Zu Fuß solle man die marine Flora und Fauna erkunden. Will man dagegen die submarinen Lebewesen aus der Nähe betrachten, braucht man eine Versuchsanordnung, die nicht die Untersuchungsgegenstände stillstellt, sondern das Leben einfangen kann: »Die wirksamste Art, Naturkunde zu betreiben, ist das Aquarium, um die Formen des Meereslebens zu erforschen«.[57] Mit dem Aquarium, das Gosse als Miniaturozean beschreibt, sollen die Bedingungen des Meeresbodens auf dem Festland im Kleinen nachgebildet werden, in der Kopie könne man die Insassen der Meere als Lebewesen beobachten. Der »wirkliche Naturforscher« braucht indes beides: das Meer und sein Nachbild in den abgedunkelten viktorianischen Salons. Denn die Küstenwanderungen und die Miniozeane ergänzen einander. Auf den Spaziergängen am Strand, auf den Klippen, im Watt und in den unterirdischen Grotten kann man die Fische, Rädertierchen, Quallen, Schwämme und Polypen an ihren natürlichen Wohnorten entdecken. In den Aquarien kann man dagegen ihre biologischen Verhaltensweisen, das Wachstum, den Umgang mit den Nachkommen, die Abwehr der Feinde und nicht zuletzt die Anpassung an die veränderten Umweltbedingungen am lebenden Objekt studieren. »Kennt man die Meeresbewohner ausschließlich aus dem Aquarium, muss man mit einigen Wissenslücken rechnen, die man durch das eigenständige Sammeln eigner Organismen in ihrer Lebenswelt beseitigen kann«, schreibt Gosse, »findet man sie in der freien Natur, kann man mit Ausdauer im Wassertank aus den Unterschieden zwischen den künstlichen und natürlichen Lebensbedingungen auf den Wandel der Lebensgewohnheiten schließen«.[58] Gosse betont den Unterschied der Lebensumstände. In dem *Lehrbuch der ökologischen Pflanzengeographie*, dem ersten Handbuch, das die Umweltwissenschaft im Titel trägt, unterscheidet Eugenius

Warming zwischen »terrestrischen«, »atmosphärischen und mittelbar wirkenden Faktoren«, die die äußeren und inneren Formen der Pflanzen prägen.[59] Tiere und Pflanzen bedürfen keiner fehlerfreien Kopie der Natur, um zu überleben. Die künstlichen Umwelten bilden die Natur nicht nach, sondern suchen eine funktionale Ähnlichkeit. Ähnlich, aber nicht gleich, sind die künstlichen Milieus keine perfekten Kopien der Natur, sondern falsche Doppelgänger. An den imperfekten Kopien kann man daher mehr als in der Natur die evolutionäre Anpassung im Zeitraffer studieren.[60] Aquarien, zoologische Gärten und die mannigfaltigen Einrichtungen der Akklimatisation werden als ähnliche Orte zu Schau- und Experimentalräume des Lebens, weil sie nicht gleiche, sondern ähnliche und alternative Umwelten aufweisen.

Das Aquarium ist ein Meeresgarten.[61] Es besitzt eine »endliche Fläche« und hat »absolute Grenzen«. Es verkörpert ein geschlossenes System, das alle Bedingungen von Wallace' dritter Insel erfüllt.[62] Die Frage, wie aus einer kontinentalen Insel eine ozeanische Insel werden kann, versucht das Aquarium live, unter Lebensbedingungen, zu klären. Seine Insassen haben wie Vernes Meeresforscher Aronnax das gewohnte Habitat verlassen und müssen in der neuen Umwelt heimisch werden. Wie kann also aus dem Aquarium eine zweite Umwelt werden? Die Frage, unter welchen Bedingungen man die Natur in den zoologischen Gärten und unter Wasser nachbilden kann, zielt auf ein komplexes System von Wechselwirkungen, Rahmenbedingungen, Gleichgewichten und Nebenwirkungen. Das Bild einer ersten, unberührten Natur und »See-Existenz« malt nicht das Meer, sondern das Aquarium. Die Natur erscheint in einem Augenblick, an dem von Natur keine Rede mehr sein kann. Die einsame Insel beschreibt Gilles Deleuze als »zweiten Ursprung und Neubeginn«.[63] Blickt man aus dieser Perspektive auf die Zoologie, charakterisiert sie ein strukturelles Dilemma, das die Umweltwissenschaften von ihr erben: Die Natur kann nur post mortem zum Patienten und Gegenstand einer Wissenschaft vom Leben werden.

Die Evolution im Wasserglas

Die ersten Exemplare für die künstlichen Wasserwelten hat Gosse in zahllosen Glasdosen von Ifracombe, einer Kleinstadt an der südenglischen Küste von Devonshire, mit der Eisenbahn nach London transportiert. Er hat mit Zoophyten und Ringelwürmern das erste öffentliche Aquarium beliefert. Unter seiner Leitung wird es mit über 4000 Exemplaren am 21. Mai 1853 im Zoologischen Garten im Regent's Park eröffnet.[64] Das Londoner *Fish House* ähnelt einem Gewächshaus aus Glas, Schiefer und Stahl. Es besteht aus einer Ansammlung kleinerer Glaskästen, die Gosse in lockerer Anordnung auf Tischen und Kommoden verteilt. Einige Kästen sind in die Wände eingelassen, vom Tageslicht beleuchtet, haben sie die Fenster ersetzt. »Die Geheimnisse, die bisher nur den Fischen und Meerjungfrauen bekannt waren, sind jetzt allen zugänglich«, können die ersten Besucher noch am selben Tag in der *London Daily News* lesen.[65] Das Versprechen, mit den Augen der Fische und Meerjungfrauen in die fremde Welt der Meeresbewohner einzudringen, hat das *London Fish House* noch am Tag der Eröffnung zur Attraktion gemacht. In Dublin entsteht noch im gleichen Jahr ein zweites Aquarium. In wenigen Jahren erfasst die Aquariumswelle New York (1856), Frankfurt (1857), Boston (1859), Wien (1860), Hamburg (1864), Boulogne-sur-Mer (1866), Hannover und Paris (1868), Köln, Le Havre, Brüssel (1868), Berlin (1869), Brighton (1871), Washington (1875) und zahllose andere Städte, die sich in der Größe und Vielfalt der Wasserwelten ihrer Vorgänger jeweils überbieten wollen.[66] »In England wurden die Familien auf einen Schlag gossefiziert«, schreibt *The Atlas* nur zwei Jahre nach der Eröffnung des Londoner Aquariums.[67] Dem Besuch im Aquarium folgt der Familienbesuch an der Küste mit dem »Gosse« in der Hand, dem Ausflug an die Küste die Initiation zum Amateur-Meeresforscher.

Die Great Western Railway geht zwischen Bristol und London im August 1841 in Betrieb. Ramsgate Sands wird im April 1843 an das Netz der South Eastern Railway angeschlossen. Fortan ist das Meer von London aus in einer Stunde zu erreichen. Um 1845 bilden die Besuche in den Zoologischen Gärten in der Stadt, die ausgedehnten Strandspaziergänge, der Nachbau der Aquarien mit den Bestsellern der *natural history* einen geschlossenen Kreislauf. Die Seepferde, Krustentiere, Polypen, Seeanemonen wandern in Marmeladengläsern massenhaft die Themse flussaufwärts, um in den viktorianischen Stadthäusern die Salons mit den Trophäen und Souvenirs des submarinen Lebens zu überschwemmen. Zur gleichen Zeit liest der Buchhalter William Alford Lloyd *Aquarium – An Unveiling of the Wonders of the Deep Sea* (1858) von Philip Gosse und gründet unweit des Regent's Park ein *Aquarium Warehouse*. Die Sehnsucht, auf dem Meeresboden wie die Krebse zu wandeln, breitet sich nicht zuletzt durch seinen schwunghaften Handel mit Meerwasser auf dem Festland aus. 1860 hat Lloyd das Hamburger Aquarium und 1874 die Zoologische Station in Neapel eingerichtet. Auch das Pariser Aquarium vertraut ihm die Einrichtung und Besiedlung der vierzehn Wasserbecken an. Das französische Aquarium, das 1860 im *Jardin Zoologique d'Acclimatation* eröffnet wird, ist in einen fensterlosen Ziegelsteinbau eingezogen. Das Tageslicht soll minimiert werden, um das Pflanzenwachstum zu bändigen. Doch wollen die Zoodirektoren daneben mit der Dunkelheit auch die Lichtverhältnisse der Tiefsee im Schwimmbecken nachbilden. Das Dilemma, das den Zoologen Tiedemann noch zu Beginn des Jahrhunderts an das Festland bindet, ist mit dieser Versuchsanordnung überwunden. Die Fische kommen die Menschen und Säugetiere in ihrer natürlichen Umgebung besuchen. So kommentiert etwa die *Deutsche Bauzeitung* die neue Beleuchtung im Pariser Aquarium nicht ohne Bewunderung: »Hierdurch erst gewann das Leben in denselben seinen eigenthümlichen Reiz und die angemessene naturalistische Wirkung, die es vergessen macht, wie viel künstliche Mittel zu einer solchen Schaustellung angewendet werden muß«.[68] In den synthetischen Wasserwelten wird die Zoologie als Wissenschaft des Lebendigen zu einer Frage der Inszenierung und Animation. Die Zoologie muss das Wissen, das sie beobachten will, zu einem gewissen Maß auf die Bühne bringen: beleben und selbst erzeugen.

»Tatsächlich! Fische!«

Während Verne an seinem Unterwasserroman schreibt, findet er die Insassen der Meere nicht nur in den Beschreibungen der populären Handbücher der Meeresforschung. Er kann sie in den Grotten und Kristallpalästen der öffentlichen Aquarien mit eigenen Augen studieren. Die harten Lichtkontraste des Pariser Aquariums haben womöglich auch in einer der bekanntesten Szene des Romans die Regie geführt. Dabei wird das Aquarium zum Schauplatz eines Streitgesprächs zwischen Conseil, Aronnax und Ned Land. In diesem sehr schematisch skizzierten Duell zitiert Verne die weit verbreiteten Zweifel an der Taxonomie. Er lässt die Wissenschaft der Naturalienkabinette gegen die Feldstudien der Naturgeschichte antreten. Die Szene öffnet den Lesern buchstäblich die Augen. Sie erwachen. Denn mit Aronnax, Conseil und Ted Land erblicken sie zum ersten Mal die Bewohner der Tiefsee. Das Ereignis wird von Kapitän Nemo zunächst umständlich angekündigt:

> Ich werde Sie in eine Wunderwelt entführen, die so phantastisch ist, daß sie aus dem Staunen nicht mehr herauskommen, ja, Sie werden sich nicht sattsehen können an dem Schauspiel, das sich beständig Ihren Augen bietet,

verspricht Kapitän Nemo Professor Aronnax, seinem Assistenten Conseil und dem Harpunier Ned Land.[69] Das Rätsel der »Wunderwelt« löst Aronnax hundert Seiten später: »Fast jeden Tag öffneten sich für ein paar Stunden die Läden vor dem Salon, und wir wurden nicht müde, die Geheimnisse der Unterwelt zu bestaunen«.[70] Die Geheimnisse der Unterwelt bezeichnen eine neue Form der Wahrnehmung. Wie die *true naturalists* will sie die Bewegung und das Leben nicht in den Gelehrtenzimmern und Naturalienkabinetten studieren, sondern im Wasser. Die Anpassung erfolgt also in umgekehrter Richtung. Die Fische müssen nicht an Land gehen, um in die Annalen der Wissenschaft einzugehen. Die Beobachter gleichen sich, umgekehrt, den Fischen an. Sie kommen sie besuchen. In der Nautilus wartet das Leben direkt vor der Fensterscheibe. Doch als sich die Läden der Nautilus zum ersten Mal öffnen, erleben ihre Insassen eine Überraschung:

»Und die Fische!« monierte der Kanadier. »Ich sehe keine Fische!«[71]

Den Blick ins Blaue malt Conseil mit seinem Wissen aus. Das Meer nimmt er als weiße Seite wahr, die beschrieben werden will. Wo der Harpunier Ned Land nur zwischen essbaren und nicht essbaren Fischen unterscheidet, errichtet er im blauen Nichts das weitläufige Gebäude der Taxonomie. Conseil erwähnt den Flussbarsch, den Karpfen, Hecht, Scholle, Flunder, Steinbutt, Glattbutt, Seezunge, Zitteraal, Seedrachen, Mondfische, das Neunauge, den Stör, die Haie und den Rochen. Er führt Ned Land in die Unterscheidung zwischen den Knorpel- und Knochenfischen ein. Conseil übernimmt den Blick der Naturforscher in den Naturalienkabinetten, die die Fische nach ihren Skeletten, Trocken- und Alkoholpräpraten identifizieren oder nach Holzschnitten und Diagrammen sortieren und klassifizieren können.[72] Er tauft sie in Abwesenheit. Doch auf die Anschauung müssen die Leser in Hetzels Ausgabe dennoch nicht verzichten. Conseils Aufzählung begleitet ein Tableau, das den Anschein erweckt, die Fische schwämmen auf dem offenen Meer ganz zwanglos in Klassen, Ordnungen, Familien und Gattungen. Er will die Ordnung der Fische aus einem meeresbiologischen Lehrbuch direkt auf das Meer übertragen. Aronnax Assistent heißt »Rat«. *Conseil* ist eine sprechende Enzyklopädie, die das Wissen der Naturgeschichte in Listen und Tableaus an jedem Ort abrufbar hält, das akkumulierte Meereswissen in Person macht Verne zum Protagonisten seines Romans.[73] Die Naturgeschichte tötet die Natur nicht nur, weil dem toten Wissen der Bibliotheken und Kabinette keine Anschauung entspricht. Sie braucht sie auch nicht, um ihr Gedächtnispaläste und Naturalienkabinette zu errichten. Conseil legt die Namen der Knorpelfische und Knochenfische in Kolumnen und Spalten ab. Doch noch ehe er in seinem virtuellen Naturalienkabinett die zahllosen Fächer der »Familien«, »Gattungen«, »Untergattungen«, »Arten« und »Abarten« einrichten und mit Exemplaren ihrer Spezies füllen kann, tauchen die ersten Untersuchungsgegenstände höchst lebendig vor der Scheibe des Salons auf.

»Tatsächlich! Fische!«, rief Conseil aus. »Man könnte meinen, wir befänden uns direkt vor einem Aquarium.«
»Oh nein«, erwiderte ich, »denn ein Aquarium ist nichts als ein Käfig, und die Fische dort sind frei wie die Vögel in der Luft.«
»Los, Freund Conseil, benennen Sie sie, benennen Sie sie doch!«, forderte Ned Land.
»Ich«, antwortete Conseil, »dazu bin ich nicht in der Lage! Das ist die Sache von Monsieur!«[74]

Mit den Fischen zerfällt das mühsam erlernte Wissen zu Staub. Die Schrank- und Zimmerwissenschaft, für die Conseil so sichtbar einsteht, ist mit dem Auftauchen des Lebens plötzlich zur Freiluftwissenschaft geworden, die die tradierten Unterscheidungen der Taxonomien hinter der Scheiben mit dem Geschehen vor der Scheibe synchronisieren muss. Schon Lamarck warnt 1809 in der *Philosophie Zoologique*, dass man die Klassifikation nicht mit der

Jules Verne, *20.000 Meilen unter den Meeren*, 1871.

Natur gleichsetzen oder gar verwechseln möge. Er zählt die Klassifikation zu den »künstlichen Hilfsmitteln« und »Kunsterzeugnissen«. Sie sollen uns helfen, »die Naturerzeugnisse zu vergleichen, zu erkennen und zu zitieren«.[75] Die Taxonomie bildet nicht ab, sie benennt und sortiert. Der Kantforscher Hans Vaihinger zitiert Lamarck und bezeichnet Linnés Klassifikation als »Halbfiktion«. Sie »substituirt den noch unbekannten einzig richtigen Gebilden provisorisch solche, denen keine Wirklichkeit unmittelbar entspricht«.[76] Die Taxonomie muss mit der Abwesenheit des Lebens auf eine Leerstelle antworten. Sie starrt mit Conseil ins Blaue, wiederholt und interpoliert. Und das in mehrfacher Hinsicht. Jede Veränderung muss sie auf eine abzählbare, überraschungsfreie Zukunft der Arten reduzieren. Das Gleiten der Arten, das schwellenlose Kontinuum der Anpassungen und Varietäten muss die Taxonomie der Spalten und Zeilen notgedrungen ignorieren. Conseil substituiert, wenn er das Meer mit einem Aquarium verwechselt, nämlich die unüberschaubaren Weiten des Ozeans durch den domestizierten, transparenten Raum des Aquariums. Die Natur hat er womöglich wie Verne lediglich in den zahllosen neuen öffentlichen Aquarien kennengelernt. Das Festland hat Conseil jedenfalls niemals zuvor verlassen. Der Ozean der »Gattungen, Untergattungen, Arten, Abarten« existiert nur in den Kabinetten, Präparaten und Büchern.

Die Versuchsanordnung, die Vernes Roman entwirft, ist dabei nicht trivial. Die Nautilus ist ein Fisch unter Fischen – ein künstlicher Apparat, der sich vollständig der Umwelt angepasst hat.[77] Weniger die Begriffe oder die Fische, die Beobachter selbst müssen durch »Kunsterzeugnisse« und »künstliche Hilfsmittel« isoliert und kadriert werden. Erst der Blick durch die Scheibe – die Entfernung von ihren Untersuchungsgegenständen – versetzt sie in den Stand, die Tiere lebendig zu beobachten. Fast nach Lehrbuch führt Aronnax die verschiedenen Gebrauchsweisen des Fischwissens vor:

> Ned nannte die Fische beim Namen, Conseil ordnete sie ein und ich, ich begeisterte mich an ihren lebhaften Bewegungen und der Schönheit ihrer Formen. Niemals zuvor war es mir vergönnt gewesen, diese Tiere lebendig und frei in ihrem natürlichen Element zu beobachten.[78]

Ned Land verkörpert das Erfahrungswissen des Walfängers, Conseils Namenslisten das mortifizierende Wissen der *Systema naturæ*. Aronnax entwirft dagegen mit den technischen Möglichkeiten des Unterwasserboots eine neue Lebens- und Überlebenswissenschaft, die das Bücherwissen mit den »lebhaften Bewegungen« animieren und verbinden will. Die Domestikation setzt darum nicht nur bei den Untersuchungsgegenständen, sondern bei der Beobachtung an, die man akklimatisieren oder ein Stück weit züchten und fingieren muss.

Die Akklimatisation schreibt McLuhan den Medien zu. »Alle Medien beziehungsweise Technologien – Sprachen als auch Waffen – schaffen neue Umwelten, die zur sozialen Umgebung neuer Arten oder Technologien werden[.] Das kulturelle Habitat, von dem wir lange Zeit gewohnt waren zu glauben, dass es die Menschheit enthalte, ist jetzt selbst zum Säugetier geworden«.[79] McLuhan verkehrt Subjekt und Objekt der Evolutionsbiologie. Die Arten sind nicht mehr Herr ihrer Umwelt, die Umwelten steuern ihre Evolution. »Jede neue Technologie erfordert einen neuen Krieg«.[80] Den *struggle for existence* verlegt er in die Historiografie der Medien. McLuhan führt die Ambientwissenschaft als »zweite Botschaft an den Fisch« ein und hat dafür die Ansicht eines Aquariums mit der Fisheye-Ansicht eines Großraumcomputers gepaart.[81]

In *Aquarium* thematisiert Gosse die Errungenschaften der Akklimatisation. Er zeigt sich über einen französischen Zoologen befremdet, der mit Taucherbrille, Atemschlauch und Ölanzug auf dem Grund des Mittelmeeres wandert, um das Verhalten der Meerestiere genauer zu studieren. Im Meeresaquarium könne man trockenen Fußes das Leben der wundersamen Tiere studieren und die letzten Wunder der Tiefsee enthüllen.[82] Nicht die Spezies der Beobachter, die Beobachtung muss gerahmt und angepasst werden. Aronnax skizziert mit den »lebhaften Bewegungen« eine Zoologie des Lebendigen, die die Nautilus ins Zimmer holt. Im »natürlichem Element« kann man unschwer Gosses »Außenwelt« erkennen, die Warming 1896 »Oecologie« und Uexküll 1906 »Milieu« nennt. Dass die Außenwelt einer Serie von Anpassungen entspringt, davon handelt die Episode vor der Scheibe. Doch auch die Lehrbücher von Uexküll und Jäger und die zahllosen Bücher zur Natur- und Aquarienkunde bekunden, dass die Umweltwissenschaften aus den weit verbreiteten Techniken und Praktiken der Fischzucht hervorgegangen sind, die Brehm im Berliner Aquarium Unter den Linden samt den Fischen in einer eigenen Galerie beheimatet. Brehms Aquarium stellt neben den Fischen auch ihre Überlebensbedingungen aus. Die Verwechslung von Fisch und Medium, Medium und Botschaft führt er durch die parallele Ausstellung explizit herbei. Und er ist nicht allein. Die Aquarien des 19. Jahrhundert sind Laboratorien der kulturellen Akklimatisation. Sie testen gleichsam jede Medientheorie unter Überlebensbedingungen und unterlaufen dabei zielstrebig die fluiden Grenzen zwischen Mensch und Tier, Welt und Umwelt.

Das Leben ist eine Projektion

In dem Londoner *Fish House* sind Ausstellungsraum und Wasserwelt deutlich voneinander getrennt – das Wasserbassin ruht auf einem Tisch. Das *Fish House* widersetzt sich jeder Illusion, man flaniere mit den Krebsen auf dem Meeresgrund. Die späteren Aquarien versuchen dagegen durch die Wegeführung, das Interieur und die Beleuchtung die Welt vor der Scheibe der Welt hinter der Scheibe anzugleichen. Wie sehr die Aquarien ihre Besucher akklimatisieren und für Nemos »Wunderwelt« initiieren, kann man besonders deutlich der Grottenarchitektur der öffentlichen Aquarien ablesen.[83] In dem Berliner Aquarium, das am 11. Mai 1869 unter den Augen von Wilhelm I. Unter den Linden eröffnet worden ist, stoßen die Besucher hinter aufgeräumten gotischen Gründerzeitfassaden auf fensterlose Basalthöhlen. Ein 2,3 km langer Gang verbindet den Boulevard mit der nahen Schadowstraße. Auf dem Eckgrundstück Unter den Linden 68, Ecke Schadowstraße sorgt der Gang für maximale Entfernung von der lichten Oberwelt der Straße. Er führt die Besucher eine gefühlte Ewigkeit vorbei an unterirdischen Seen, geologischen Höhlen, Terrarien, Volieren und Laubengängen über Emporen und Mezzanine durch ein Grottenlabyrinth. Die Besucher sollen sich verirren. Die Technik der Desorientierung haben die Aquarien von den Panoramen übernommen. Von der Hauptgalerie wird der euklidische Orientierungssinn durch überraschende Ausblicke auf Schluchten und Nischen, einem labyrinthischen Parcours von Haupt- und Nebenwegen, planvoll verwirrt. Die Erinnerung an das Festland soll im Halbdunkel zunehmend verschwinden.[84] Franz Hessel, der in seiner Kindheit mit seinem Onkel mehrere Male das Aquarium besucht hat, entdeckt in dem Wassertierreich etwas »Höhlenhaftes und Irrgartenhaftes«, das mit »Überraschungen und Abenteuern« auf die Besucher warte »wie das ›Tierleben‹ seines Begründers Brehm«.[85] Die Nivellierung der Ausstellungsräume vor und hinter der Scheibe, die Angleichung der Milieus, begegnet den Besuchern auf Schritt und Tritt. Hessel schreibt:

> [G]erade da, wo die Tiefsee, wo die Tiefseefische zwischen Algen und Korallen, Tierpflanzen und Pflanzentieren des seimig quellenden Meeresgrundes schwammen, war ein Büfett für die Besucher eingerichtet. Und da aß ich mit Schauer eine unterseeische Schinkenstulle, und der Onkel trank Bier, das

hinter seinem Glase wallte wie der Met, den Thorr bei den Riesen aus dem Weltmeer geschänkt bekommt.[86]

Der unterseeische *Schauer* ist das Symptom einer viel umfassenderen Gleichschaltung. Die Architekten wollen nicht nur die Grenze zwischen Botanik, Zoologie und Geologie verwischen, das Aquarium soll vor allem die Unterscheidungen zwischen Tier und Mensch, Meer und Land aufheben. Sie wollen die Gründerzeithöhlen fluten, das Festland ozeanisieren. Die künstlichen Grotten kennen keine geraden Flächen. Sie meiden den rechten Winkel. Das Dämmerlicht der Vitrinen taucht die Besucher in ein Zwielicht, es schluckt die Wände und öffnet den Raum für die Reflexe und Projektionen des Wassers:

Lichtstrahlen, nach deren Quellen man vergeblich forscht, erhellen die kristallenen Innenwände, und hinter diesen Wänden schaut man die grünen Wellen, in denen die Fische auf- und niedersteigen und die seltsamen Gebilde der Süß- wie der Salzflut sich entfalten. Bald ist es eine muntere Gruppe aus heimischen Gewässern, welche das Auge fesselt, bald sind es die wunderlichen Gestalten der Seerosen, Seesterne, der Einsiedler usw.,

schreibt die *Berliner Tageszeitung*.[87] Nur durch die Glasscheibe getrennt, flanieren die Besucher mit den Krebsen, Schnecken und Fischen auf dem gemeinsamen Meeresgrund. Die schwellenlose Architektur gleicht Fische und Menschen einander an. Eine Illustration von Gustav Heil hält diese Synchronisation auf prägnante Weise fest.[88] Sie hat die beiden Direktoren des Berliner Aquariums, den »Tiervater« Alfred Brehm und den Ingenieur Wilhelm Lüer, in ein Wasserglas gesperrt. Derart exponiert und ausgesetzt werden sie von den Tieren neugierig betrachtet. Ist das Glas U-Boot oder Akklimatisationsgarten? Werden sie ihre Klimazelle jemals verlassen können, um als Fische unter Fischen zu leben? Wie sieht eine Zoologie der Menschen aus der Perspektive der Tiere aus? Wir werden es nie erfahren. Die Direktoren scheinen jedenfalls ihr Leben nur dem Aufenthalt im Tank zu verdanken. Der Karikaturist muss diese Pointe nicht lang recherchieren. Vernes Unterwasserroman ist nur zwei Jahre vor der Karikatur erschienen. Auch die Insassen der Nautilus tauchen in einem Tank aus Glas und Stahl zum Meeresboden hinab, um den Fischen auf Augenhöhe zu begegnen. Wer wen in seinem Habitat beobachtet, ist auch im Roman nicht einfach auszumachen. Denn die Innenarchitektur der Nautilus ist auf Angleichung aus. Ihre Passagiere müssen zu Doppelatmern und Meerjungfrauen werden, um »20.000 Meilen unter den Meeren« in die Geheimnisse der Tiefsee eingeführt zu werden. Alle Käfige und Bassins seien von Glasscheiben umgegeben, der Besucher vollständig von ihnen umfangen. Das Aquarium werde lediglich indirekt über die Käfige beleuchtet, schreibt Brehm.[89] Die Glaswände sind Schwellen: Leinwände, die auf ihre Erleuchtung warten. Natascha Adamowsky verweist auf die Ökonomie von Dunkelheit und Licht. Seit der zweiten Hälfte des 19. Jahrhunderts könne man sie in den Büchern der Meeresbiologie, den Romanen von Flaubert, Jules Vernes und Victor Hugos, aber auch in den Handbüchern der Meereskunde finden: »Das Meer wurde im 19. Jahrhundert für die geheimnisvolle Wunderwelt der Naturwissenschaft, das Lüften seiner Geheimnisse zum festen Topos«.[90]

Ein klassischer Ort, in dem ein Lichtstrahl die Dunkelheit erhellt, ist das Kino. Jakob von Uexküll, der Étienne-Jules Marey 1898 in Paris besuchte, will die wissenschaftliche Beobachtung der Aquarien mit dem Kymografen und Kinematografen verbessern: »Neben der photographischen Aufnahme des ruhenden Tieres, hat die Chronophotografie, d. h. die Photographie bewegter Objekte die grösste Bedeutung«.[91] Mit den lebenden Bildern könne man die Koordination von Bewegungen beobachten und ihre Amplituden und Intensitäten messen, schreibt Uexküll. Die Unterwasserfotografien von Fischen entstehen mit den ersten öffentlichen Aquarien. Das früheste Foto zeigt das Portrait eines Hechts, das der Graf von Montizon im harten Kontrast zur weißen Außenwand um 1855 im Londoner *Fish House* auf die fotografische Platte bannt. Der Fisch muss gelebt haben. Die Fotografie kann die Bewegung indes nur einfrieren. Ein Freund Philip Gosses, der auch die öffentlichen Aquarien mit Algen und Fischen belieferte, der Naturforscher William Thompson, hat 1856 an der Küste Dorsets den Meeresboden zum ersten Mal in sechs Metern Tiefe fotografiert. Die Glasplatte hat er in der Dunkelheit einer Zeltplane am Strand mit Kollodium präpariert, die Kamera in einem Holzkasten mit Seilen von einem Boot in die Tiefe hinabgelassen, den Verschluss per Seilzug geöffnet. Zehn Minuten später wird die Kollodiumplatte geborgen, doch vom Meeresboden keine Spur. Eine zweite Fotografie, die auf gleiche Weise entstand, zeigt kaum mehr als nichts: unterhalb der Wasserlinie Schatten und Chimären, die Thompson in einem Artikel erst nachträglich identifizieren muss.[92] Die frühen Fotografien sind ein Experiment, wie Thompson schreibt, die mehr der Exploration der Technik als der Dokumentation des Meeresbodens dienen.[93] Noch im gleichen Jahr wird die Versuchsanweisung verbessert. Der deutsche Ingenieur Wilhelm Bauer erkundet von seinem Unterwasserboot aus den Meeresboden fotografisch. »Nach verbürgtem Bericht«, so schreibt der Zoologe, Karl-May-Fan und Sportschütze Benno Wandolleck, »hat Wilhelm Bauer zuerst die Idee gehabt, von seinem Tauchboot aus die Tiefe des Meeres mit seinen Bewohnern zu photographieren und diese Idee schon 1856 ausgeführt«.[94] Und das zehn Jahre vor Kapitän Nemo. Doch die langen Belichtungszeiten mortifizieren selbst die langsamsten Bewohner des Meeresbodens. Die Verschlusszeit hat in der Tiefe die ersten Unterwasserfotografien des späten 19. Jahrhunderts weitgehend auf die küstennahe Fotografie von Wracks, Seegras und die Begutachtung maroder Brücken, Piers und Hafenanlagen reduziert.[95]

Die Fotografien gleichen der Wissenschaft der Naturalienkabinette und Herbarienschränke. Sie handeln fast nur von toten Gegenständen: getrockneten Augenblicken und verblichenen Erinnerungen. Sie können das Leben nur präparieren und fixieren, um es als abgeschlossene Vergangenheit darzustellen. Ganz anders die Kinematografie – gegen das Präteritum der Momentfotografie setzt sie ein Jetzt, das sie 24 Mal in der Sekunde aktualisiert.[96] Die Kinematografie verspricht, das Leben mit der Bewegung zu verwechseln – es aufzuzeichnen und jederzeit zu wiederholen. Die strukturelle Nähe von Aquarium und Kinosaal ist unübersehbar. Auch Uexküll beruft sich implizit auf die kinematografische Fiktion des Präsens, er verweist auf die Strukturähnlichkeit von Kino, Bewegung und Leben. Die Vorstellung, dass Leben nur durch Bewegung dargestellt werden könne, die belebte Natur also erst durch Animation beobachtet werden könne, schlägt sich in den Bezeichnungen des frühen Kinos nieder. Der Kinetograf, den William Kennedy Dickson sich 1891 patentieren lässt, »schreibt« oder »zeichnet« die »Bewegung«. Mit dem »Bioskop« der Brüder Skladanovski kann man das »Leben« und die »Bewegung« buchstäblich »beobachten« und »erspähen«. Dem Singular setzt die kinematografische Fiktion des Lebens den Plural der Aufzeichnungen entgegen. Diese Wende beschreibt auch der Chronofotograf Henry Du Mont:

> Heute können Fotografen mit hochempfindlichen Flächen sogenannte Momentaufnahmen machen. Einen bewegten Gegenstand fotografieren sie wie ein Rennpferd [...], haben aber nie daran gedacht, von demselben Gegenstande mehrere Bilder zu belichten. Sie wollen nie mehrere Bilder oder Bewegungssequenzen aufzunehmen.[97]

Du Mont lässt 1863 die Fotoplatten auf einem Fließband durch die Kamera laufen – das Leben soll durch eine Bilderserie hergestellt werden. Die Momentaufnahme ersetzt er wie zahllose andere Chronofotografen durch die Vielzahl ähnlicher Bilder. Ein singulärer Augenblick kann offenbar nicht zum Urbild oder Mittelwert einer Bewegung werden. Denn ein *Moment* bezeichnet lediglich ein *Punktum*: ein Datum, aber keine Bewegung. Humboldt wäre vermutlich keine fünfzig Jahre später ein glühender Anhänger der Kinematografie. Sein Argument, dass man nicht eliminieren dürfe, was man finden wolle – den Einfluss der kleinsten Ursache und Differenz aufzeigen solle –, wird mit dem kinematografischen Apparat und dem Filmtransport – jenem losen Verbund von Zelluloid, Filmperforierung und Malteserkreuzgetriebe – auf eine neue Grundlage gestellt.[98] Das Malteserkreuz entwirft der Astronom Pierre-Jules-César Janssen erstmals für seinen *revolver automatique*. Mit den Bildern der Revolvertrommel belichtet er den Durchgang der Venus am 1. Dezember 1874 mit 48 Bildern in 72 Sekunden. Doch erst der Chemiker Louis Aimé Augustin Le Prince verbindet das Malteserkreuz 1888 mit dem perforierten Zelluloidstreifen und verwendet es so zum ersten Mal in der Kinematografie. Janssen und Le Prince ersetzen einen singulären ikonischen Augenblick durch eine Serie. Die Touristen, Strandläufer und Freiluftwissenschaftler hingegen, die ab 1850 in Massen zu den Küsten Englands und Frankreichs strömen, können die Brandung nur hören, aber nicht aufzeichnen: Sie müssen die Küste immer wieder aufsuchen – das Meer erneut hören, sehen und schmecken –, damit die Erinnerung an die unbeschwerte See-Existenz nicht stirbt.

»[F]ließende Gewässer, ein Wasserfall«, schreibt Wolf-Czapek 1911,

> werden im ruhenden Bilde immer erstarrt glasig aussehen; das Spiel der Reflexe fehlt eben, das bewegte Flüssigkeitsoberflächen charakterisiert. Die herrliche Schönheit der Meeresbrandung – sie ebenbürtig darzustellen vermag weder der Maler,

nicht die einzelne Momentaufnahme: wohl aber vermag es das lebende Bild[.]⁹⁹

Das Leben findet nicht in einem abgeschlossenen Augenblick statt, es kann nur durch eine Serie ähnlicher Bilder eingefangen und wiedergegeben werden, die sich 24-mal in der Sekunde aktualisieren und permutieren.

Wie Du Mont beruft sich auch Uexküll auf den Plural: eine Kinogeschichte, die mit Étienne-Jules Marey und Eadweard Muybridge aus der Reihen- und Serienfotografie hervorgegangen ist und die Bewegung 1869 am lebenden Gegenstand wissenschaftlich vermessen und aufzeichnen will. Der Physiologe Marey seziert das Leben mit den Mitteln der Chronofotografie und der grafischen Methode. Mit einem Schrittmesser, dem *odographe*, einem Pulsmesser, dem *sphymographe*, und einem Kardiografen soll die Bewegung eingefangen und dargestellt werden.¹⁰⁰ Der kalifornische Züchter und Fotograf Eadweard Muybridge entdeckt im Zoo von Philadelphia seine ersten fotografischen Objekte und erfand 1879 eine Methode, das Leben auf den stillgestellten Bildern zu reanimieren. Der Apparat enthält den Namen des Fundorts, *Zoopraxiskop*. »Das Zoopraxiskop ist das erste Instrument, das je gebaut wurde, um durch synthetische Rekonstruktion Bewegungen zu zeigen, die nach dem wirklichen Leben photographiert worden sind«, so Muybridge. Mit der »synthetische Rekonstruktion« bekennt er freimütig, dass das Leben im Zoopraxiskop erst künstlich hergestellt werden muss. Die zirkuläre Bewegung der Handkurbel, die die Bildscheiben in Bewegung setzt, ahmt nicht die Bewegungen der dargestellten Tiere nach, sondern ersetzt sie durch die Mechanik des Apparats und die Trägheit des Blicks. Die bewegungslose Bewegung, die der Zugfahrt zugrunde liegt, treibt im Filmprojektor die Fiktionen an. Die wissenschaftliche Kinematografie, auf die sich Uexküll mit der Chronofotografie beruft, lässt sich von den »Projektionskünsten«, die aus der Finsteren

Kammer, der Laterna Magica und den Zauberkünsten hervorgegangen sind, nicht so einfach trennen.[101] »Das System möglicher Augentäuschungen mußte aus einem Wissen von Magiern und Zauberkünstlern wie Houdini zu einem Wissen von Physiologen und Ingenieuren werden«, schreibt Friedrich Kittler.[102] H. G. Wells winkte ab. Die Grenze zwischen Magie und Wissenschaft zöge er vermutlich weniger scharf. Die Triebfeder der Wissenschaft suchte er in den Fiktionen und der Magie des »Imaginären«. Denn nichts kann besser die homogenisierende Wirkung der Verallgemeinerung darstellen als die Trägheit der Augen, die zahllose heterogene Aufnahmen zu einem Bild und einer kontinuierlichen Bewegung zusammensetzt.[103]

Mit der kinematografischen Aufzeichnung von Bewegung nähert sich Uexküll dem Kino und der Animation. Auch die Aquarien, die die Besucher in Dunkelheit hüllen, um das Leben der Tiere desto effektvoller auszuleuchten, sind Lichtspieltheater, die mit der Animation gleichermaßen auf Wissenschaft, Bildung und Unterhaltung setzen. Der erste Ausflug des Meeresforschers Aronnax in die ozeanische Wunderwelt ähnelt einer Filmvorführung. Das Deckenlicht erlischt:

> Plötzlich flutete taghelles Licht durch zwei längliche Öffnungen zu beiden Seiten des Salons ein, und wir erblickten das flüssige Element, gründlich ausgeleuchtet auf elektrischem Wege. Jetzt trennten uns nur noch zwei Kristallscheiben vom Wasser. Zuerst ließ mich der Gedanke, dieses zerbrechliche Glas könnte zerbersten, schaudern; doch dann sah ich, daß es in stabile Kupferrahmen eingefaßt war, was ihm eine fast unendliche Widerstandskraft gab.[104]

Jules Verne musste für die Vorbilder dieser ungewöhnlichen Perspektive nur seine vielen abonnierten Magazine studieren, um den französischen Fotograf Ernest Bazin unter den Tagesnachrichten zu entdecken. Als er 1866 an 20.000 *Meilen unter den Meeren* schreibt, sinkt Bazin in Cherbourg – unweit von Vernes Yacht – in einer Taucherglocke nahezu achtzig Meter zum Meeresboden hinab, um im Strahl eines elektronischen Scheinwerfers nach versunkenen Schätzen und Wracks zu suchen. Bazin wird zum Passagier einer Plattenkamera, die »das Licht durch linsenförmige, wasserdichte Fenster einliess«.[105] Der Auftritt des Fotografen auf dem Meeresboden ist so spektakulär, dass selbst Napoleon ihn im Juni 1866 an der Küste besucht. Die Sensation hat ihren Preis. Bazin muss in seinem fotografischen Arbeitsraum bis zum letzten Atemzug ausharren, zehn Minuten unter Wasser bleiben, damit das Licht auf der Fotoplatte einige Spuren hinterlässt. Während die Mortifizierung der Wunder ihn bis an die Grenze der Bewusstlosigkeit treibt, wollen die Passagiere der Nautilus die Bewohner der Meere nicht länger stillstellen, sondern beleben. Wie Bazin begeben Kapitän Nemo und seine Gefährten sich zwischen Licht und Linse. Sie müssen zum Teil einer optischen Maschine werden. Doch der Salon der Nautilus ist nicht wie bei Bazin eine Plattenkamera, sondern ein kinematografischer Apparat. Die Verbindung zu den lebenden Bildern ist in Vernes Fall mehr als eine Analogie. Die Leidenschaft, die Leser mit der Welt des Fantastischen zum Staunen zu bringen, teilt er mit den ersten Kinematografen, die seine Romane nur wenige Jahre später für das Kino entdecken. Mit Filmen nach Motiven und »der Fantasie von Jules Verne« werben Reynauds *Théâtre optique* 1888, Edisons Kinematograf und Vitascope (1888 und 1891), Dicksons Kinetoskop (1892), das Theatroskop der Brüder Werner 1896 und der Cinématographe der Brüder Lumière (1895). Die geheime Tiefsee lockt von den Anfängen des Films zum kurzweiligen Verweilen in der Dunkelheit und hat bis 2015 mehr als 300 Filme und Fernsehserien hervorgebracht. Allein *20.000 Meilen unter den Meeren* und *Die geheimnisvolle Insel* wurden bis heute einundsechzig Mal verfilmt.[106]

Blockbuster ihrer Zeit sind die Filme der Brüder George und John Ernest Williamson. Als Cartoonisten, Journalisten und begeisterte Leser von 20.000 *Meilen unter den Meeren* gründen sie 1912 die Submarine Film Corporation und erforschen zwischen 1914 und 1929 mit der tatkräftigen Hilfe der Navy den Meeresboden vor den Bahamas in drei Dokumentarfilmen und drei Spielfilmen.[107] John Ernest Williamson, Amphibie und Business Man, erzählt die Geschichte der Geschäftsidee als Geistesblitz und ozeanische Rückblende. Er sei eine Straße entlanggelaufen, über ihm der grüne Himmel Virginias, am Horizont das Meer. Die Häuser schienen alt und verlassen – da kam das Wasser zurück: »Ich stand da in der Abenddämmerung und stellte mir vor, dass diese Stadt, einst von Menschen bevölkert, nun von den Kreaturen der Tiefsee heimgesucht werde«.[108] An Land und doch kielunter reist Williamson in eine menschenleere, untergegangene Zeit, seine Gedanken treiben über den Meeresboden. 1912 ist die Welt erobert, die Wunder sind von der Erde verschwunden, hinabgesunken auf den Meeresboden. Williamson hofft wie Alfred R. Wallace auf die Möglichkeit einer Insel. Die bekannte Welt lässt er untergehen, damit sie zwei Sätze später wieder auftaucht – Williamson will endemische Welten züchten. Auf dem Meeresboden sucht er eine »neue, wundersame Welt, die die rastlose See vor unseren Augen bisher verborgen hielt[,] eine Welt, die von seltsamen Monstern und bizarren Wesen bewohnt wird, von denen man bisher weder gehört noch geträumt hat«.[109] Die Submarine Film Corporation soll Atlantis finden und Schätze heben: die Wunder der Meere in der Dunkelheit der Lichtspieltheater reproduzieren und mit Spezialeffekten animieren. 1916 drehen die Brüder Williamson einige Unterwasserszenen von 20.000 *Meilen unter den Meeren* durch die runde Panoramascheibe der *photosphere*, einem Unterwasserboot, das vom Mutterschiff Jules Verne gesteuert und mit Luft versorgt wird. Die Verne-Adaption ist der erste Spielfilm mit Unterwasseraufnahmen. Die Brüder inszenieren den Kampf des Kraken mit einem patentierten Modell aus Stoff, Gummi und Eisen, einer Molluske, die wie die Nautilus von einem Menschen gesteuert und bewohnt wird.[110] Die Filme der Submarine Film Corporation fangen den Meeresboden als Aquarium, Abenteuerspielplatz und Tipi ein, den man zwischen Natural History Museum, Broadway und Hollywood überall aufschlagen und ohne Kiemen und Taucherhelm betreten kann. Die Passagiere der Kinosäle kennen keine Taucherflöhe, sie bekommen weder nasse Füße noch Schnappatmung. Die *photosphere* teilt nicht nur den Blick durch die runde Panoramascheibe mit der Nautilus. In ihrem Bauch wird man unwillkürlich zum Touristen. Man reise so komfortabel wie in der Luxussuite eines *ocean liners*.[111] Die Unterwasseraufnahmen haben den Blick aus der ersten Reihe normalisiert. Fortan kann jeder Niemand mit dem Kinoticket eine Reise in die Tiefsee buchen: vor der Leinwand zum Fischmensch und Weichtiermann werden – in den Schoß des Aquariums zurückkehren.

Auch Georges Méliès hat neben der *Reise zum Mond* 1907 Vernes Unterwasserroman verfilmt und ist dabei selbst in die Rolle von Nemo geschlüpft. Wie Vernes Protagonist verspricht Méliès den Kinobesuchern in 18 Minuten das Staunen beizubringen. Der Film gibt preis, was der Roman verschweigt, doch der Psychoanalytiker ahnt.[112] Nemos Matrosen sind weiblich und auch der Meeresboden ist mit Nymphen, Feen und Meerjungfrauen gespickt. Das Meer ist im Film zu einem Ort des Begehrens geworden, in dem sich Nemo nur mit Widerständen fortbewegt. Die Ladeluke der Nautilus öffnet sich zunächst wie der Vorhang eines Theaters. Kapitän Nemo betritt im weißen Anzug die Unterwelt, die er vergeblich zu zähmen sucht. Anemonen, Seepferde, Muscheln, Krebse und Kraken führen auf der Leinwand ein Eigenleben. Méliès' *Alptraum eines Fischers* bringt das Drama zahlloser Amateurmeeresforscher auf die Leinwand, denen die Kontrolle über ihre »Ozeane auf dem Tische« längst entglitten ist. Die Meereswesen begehren gegen jede Domestikation auf und sind am Ende ihrem Meister entkommen. Méliès'

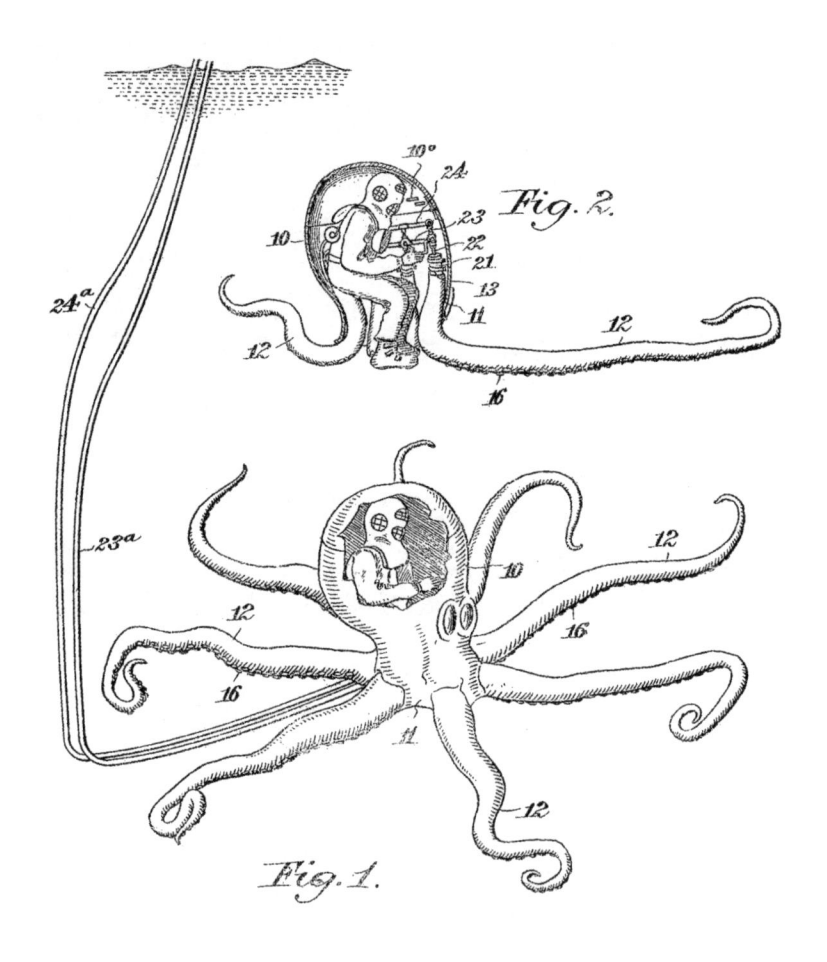

Modell des Oktopus in *20.000 Meilen unter den Meeren* (1916) aus der Patentschrift von John Ernest Williamson, *Art of Producing Lifelike Simulations to inanimate Objects*, 1917.

Verne-Verfilmung erbt von Vernes Roman mit dem Traum einer ozeanischen Insel auch die Phantasmen der Regression. Méliès' Feenwesen und Meerjungfrauen beleben mit vierundzwanzig Bildern in der Sekunde die Vorstellung der »See-Existenz«. Dunkel, abgeschlossen und mit Blick auf den Meeresboden wird das Kino so zur Höhle, in der die Kinobesucher zum Urfisch werden können.

Filmstill aus Georges Méliès, *Deux cent milles lieues sous les mers, ou le cauchemar d'un pêcheur*, mit dem Corps de Ballet du Châtelet, 1902.

Kehren sie dagegen von der Filmaufführung in den Alltag ihrer selbst gemachten Unterwelten zurück, stirbt in den heimischen Aquarien schnell jede Hoffnung, man könne die »See-Existenz« in den lichtscheuen Salons der Gründerzeit auf Dauer stellen. Jenseits der Imagination unterliegt jede Neuschöpfung einer Probezeit. Den Kosmogonien in den Fischtanks folgen die Weltuntergänge auf dem Fuß.

Ohne Ende

Die Lichtregie, mit der im Pariser Aquarium das Leben seiner Insassen »seinen eigenthümlichen Reiz und die angemessene naturalistische Wirkung« gewann, kann 1860 noch verbergen, dass das Leben sich nicht von selbst einstellt. Doch kein Jahrzehnt später tritt an die Stelle der Begeisterung eine Buchhaltung der Verluste.[113] Im September 1878 bilanziert Max Schmidt, der Direktor des Frankfurter Zoos, die Toten der Unterwasserwelt. Die Haifische werden von kleinsten Parasiten binnen kurzer Zeit dahingerafft. Ein Wels und ein Donausalm, beide schenkte ein Herr S. Rosenbaum dem Zoo, überleben die Strapazen ihrer Reise nur wenige Tage.[114] Und selbst die Medusen werden nicht alt: »Im Aquarium ist wiederholt beobachtet worden, dass Quallen verschiedener Art, welche aus dem Adriatischen Meere bezogen worden, von Tag zu Tag an Körperumfang abnahmen und zuletzt bis auf ein Minimum verkleinert abstarben oder auch ganz verschwanden«, schreibt der Direktor:

> Die Empfindlichkeit ist bei den verschiedenen Arten bald grösser, bald kleiner, so dass, während manche Gattungen mehrere Wochen lang am Leben erhalten werden können, andere schon während des Transportes verschwinden und die Gefäße mit klarem Seewasser gefüllt, ohne ein Thier zu enthalten anlangen.[115]

Schmidts Erfahrung ist kein Einzelfall. Dem Boom der Großaquarien folgt ihr öffentlicher Zerfall. Allein Berlin zählt in der zweiten Hälfte des 19. Jahrhunderts in der Stadtmitte drei öffentliche Aquarien, die in rascher Folge entstehen und nahezu ebenso schnell wieder verschwinden. Die Brüder Sasse öffnen etwa in der Friedrichstraße 178 im Juli 1879 ein Aquarium, das nur zwei Jahre später wieder schließt. Auf dem Werderschen Markt eröffnet Dr. Zenker im gleichen Jahr ein Mikroskopisches Aquarium, das ausstellt, was die Bewohner der Aquarien andernorts dahinrafft: das Leben von Schimmel und Verwesung. Im Licht der Scheinwerfer legen die *Bakterien* Dank der neuesten Projektionstechnik einen glamourösen Auftritt hin. Aber auch dieses Aquarium muss bereits 1881 seinen Betrieb wieder einstellen. Selbst das Aquarium Unter den Linden 68a, Ecke Schadowstraße, das Brehm zusammen mit dem Apotheker Otto Hermes 1869 in einer geräumigen künstlichen Grotte auf verschiedenen Ebenen einrichtet, kann den Besucherschwund lediglich aufschieben.[116] Zwischen Seetang und Salzwasserfisch beherbergt es mit M'Pungu den ersten lebenden Gorilla auf deutschem Boden. Der Platz unweit des königlichen Schlosses scheint gut gewählt. Aber der Affe, dem ein Leben in Einsamkeit und Dunkelheit beschieden ist, kann die Verlegenheit der Aquarienbetreiber nur mühsam kaschieren. Um 1876, auf dem Höhepunkt der Aquarienmanie, müssen sie bereits mit den Attraktionen der Oberwelt werben. Nur wenige Jahrzehnte später, am 30. September 1910, wird das Aquarium nach dem Tod seines Besitzers geschlossen. Dem Sterben der Fische folgt wenig später der Abriss der Grotten und Feentempel: Untrennbar sind mit ihrem kometenhaften Aufstieg die Ausfälle und Unfälle verbunden.

Mit dem massenhaften Fischsterben geraten die Pathologien der geschlossenen Systeme in den Blick. Der Assessor Ernst Friedel, der mit gleicher Leidenschaft über die transozeanische Dampfschifffahrt wie über das Leben des nordamerikanischen Bibers berichtet, attestiert schon 1882 eine »Krisis der öffentlichen Aquarien«. In der *Zeitschrift der Zoologischen Gesellschaft* sucht er die Gründe für das große Aquariensterben und stellt fest:

> Man sieht immer oder meint doch immer dasselbe wiederzusehen: das langweilt. Man vermisst die Kapriolen der Affen und das Gebrüll der Löwen: dergleichen reizt die Nerven.[117]

Neben der chronischen Stummheit der Fische nennt er technische Probleme. Die Futterdosis ist nur vage zu dosieren, die Wasserqualität schwer zu halten. Erst 1869 gelingt es dem Apotheker Otto Brehm für das Aquarium Unter den Linden klares Meerwasser synthetisch herzustellen. Doch die Durchsichtigkeit des Wassers ist nicht alles. Der Wundfraß der Bakterien in den Labyrinthen der Gründerzeitgrotten stellt die Aquarienbetreiber bisweilen vor unüberwindbare Probleme. Mit der »Aquarienkrankheit« bündelt er Symptome, unter denen die Gebäude, die Tiere und ihre Halter gleichermaßen leiden:

> Die Thiere überziehen sich in Folge dessen mit ekelhaften Wucherungen, erblinden nicht selten, sehen mager, traurig und geradezu abstossend aus[,] ebenso halten sich die Wasserpflanzen wegen Mangel an Licht und Luft meist nur kurze Zeit in leidlicherem Zustande; Seewasserpflanzen versteht man leider fast noch gar nicht zu kultiviren.[118]

Die Aquarienkrankheit hat keinen Ort. Sie sucht nicht einzelne Individuen heim, sondern beschreibt Wechselwirkungen und Asynchronien – ein pathologisches Verhältnis zwischen den Menschen, Tieren und ihren Umwelten. Die Selbstkompostierung der Mini-Ozeane ist um 1880 mit technischen Mitteln kaum aufzuhalten. So umweht nach wenigen Jahren die lichtscheuen Grottenaquarien der süße Geruch unzähliger Wasserleichen. Das Aquarium ist eine Schöpfung im Ausfall.

Die Dramen, die die Schöpfung im Wasserglas begleiten, müssen Jules Verne nicht minder gefesselt haben. Im Mai 1868 besucht er mit seinem Bruder ein Aquarium auf der Seefahrausstellung in Le Havre. Ein Jahr zuvor hat er die Aquarien der Pariser Weltausstellung gesehen.[119] Das Pariser Aquarium überbietet seine Vorgänger an Größe und Pracht. Auf elliptischem Grundriss erbaut, fassen seine zweiundzwanzig Einzelaquarien 600 000 Liter Wasser.[120] Auf dem Marsfeld wiederholen die Pariser Wasserwelten 1867 die Architektur des Londoner Crystal Palace, doch weichen sie in einigen Punkten von ihr ab. Der Pariser Kristallpalast ist wesentlich kleiner, von seiner Pracht blieb lediglich eine Ruine. Es scheint, als sei die größte Attraktion der Londoner Weltausstellung vor undenkbaren Jahren wie Atlantis in den Meeresfluten versunken.

Der Vandalismus ist keine Karikatur. Als der Nordflügel des Crystal Palace 1866 Feuer fing und bis auf seine Fundamente abbrannte, hat man ihn tatsächlich geflutet. Das Feuer muss den Pariser Besuchern nach zwei Jahren noch gegenwärtig sein. Wenn sie die letzten Überreste der Londoner Weltausstellung besichtigen, werden sie zwangsläufig zu Archäologen der eigenen Gegenwart.

Der französische Glaspalast wird von Säulen gestützt, die mit steinernem Seetang und Korallen überwuchert sind. So durchqueren die Besucher eine Abfolge gläserner Grotten, die vollständig von Wasser umgeben sind. Auch Jules Verne ist mit seinem Bruder unter fünfundsiebzigtausend Litern Wasser in Paris auf dem Meeresboden gewandert. Er hat den Kopf in den Nacken gelegt und durch die Panoramascheiben ins klare Nass geblickt. Was er gesehen hat, kann man nur erraten. Folgt man aber den Urteilen seiner Zeitgenossen, kann es nicht viel gewesen sein. Über das Pariser Aquarium zeigt sich Ernst Friedel 1878 jedenfalls zunehmend verärgert:

> Diese Einrichtung erscheint mir gekünstelt und unbequem – man renkt sich in fataler Stellung fast den Kopf aus, um Nichts zu sehen, denn die Fische lieben es gerade nicht, sich von unten beikommen zu lassen.[121]

Der Meeresboden ist von Touristen bevölkert, die Fische aber machen blau. Das Bild des leeren, zerfallenen Glaspalasts greift Jules Verne in der ersten Tauchfahrt der Nautilus wieder auf, als Conseil vom Salon aus ins blaue Nichts blickt und in Abwesenheit die Fische bestimmt. Die Leere des Glaspalasts verfolgt Verne bis in das Ferienhaus Solitude. Er nimmt sie mit an die Kanalküste von Le Crotoy auf das dampfbetriebene Segelboot Saint Michel, um im Schiffsbauch im Rausch der Wellen große Teile von *20.000 Meilen unter den Meeren* zu verfassen.[122] Wenn Verne an der Kanalküste von seinem schwimmenden Schreibtisch aus ins blaue Nass sieht, taucht

Das Seewasseraquarium als Ruine und Unterwasserboot
auf der Weltausstellung in Paris, Jardins du Trocadéro, 1867.

er ab in die Welt der Nautilus. Die Existenzbedingungen der fiktiven Wasserwelten reduziert er auf zwei einfache Spielregeln. Nemo und seine Gefährten sollen erstens der Menschheit entsagen und zweitens alles, was sie zum Leben benötigen, im Meer finden. Verne entwirft die Nautilus als einsame Insel, die die Außenwelt und die Bedingungen des Überlebens in den engen Grenzen der eigenen Innenwelt reproduzieren will. »Wenn die Inseln und Kontinente in einer neuen Flut verschwänden, lebte er genau auf dieselbe Art«, schreibt er 1868 über Nemo an seinen Verleger Pierre-Jules Hetzel, »und Sie können mir glauben, daß seine Arche besser ausgestattet ist als jene von Noah«.[123] Die Leser nähern sich den Insassen der Nautilus lediglich aus einer apokalyptischen Perspektive. Und das buchstäblich von den Buchrändern aus. Das Buch, das der Meeresforscher nach seiner Rettung aus dem Mælstrom schreibt, erwähnt Verne erst im Fortsetzungsroman *Die geheimnisvolle Insel*, und man ahnt rückwirkend auch den Grund. Es trägt den Titel *20.000 Meilen unter den Meeren.* Der Meeresforscher ist der letzte Überlebende, Vernes Double, der seine Romane nach dem Ende fortschreibt und ihm seine Autorschaft streitig macht. Die Insassen der Nautilus bleiben indes ohne Kontur. Die Welt der Schiffbrüchigen ist mit ihnen untergangen. Die Arche, die Verne nach der zweiten Sintflut vom Stapel lässt, ruiniert wie der Pariser Glaspalast die Gegenwart. Vom Meeresboden aus müssen wir den Kopf in den Nacken legen und sehen nahezu nichts: Der Unterwasserroman erzählt eine Naturgeschichte von ihrem Ende aus, in der Hoffnung, dass wir uns als Meeres- und Wassermenschen ad infinitum neu erfinden können. Die Fiktionen der Zukunft betreibt er mit der Abwärme der Vergangenheit. Jeder Neuanfang ist ein Ende – ein Film, der rückwärts läuft, damit die Zukunft wie Kapitän Nemo, Polyphem oder Honey Ryder aus den Fluten wieder aufsteigen kann.

Nachwort

Die ersten Gedanken zu diesem Buch entstanden im Anschluss an meine Forschungen zur geraden Linie und Geschichte der ebenen Fläche in der Forschergruppe *Bild–Schrift–Zahl* an der Humboldt Universität zu Berlin. Sie entsprangen einem erweiterten Konzept von Kulturtechnik, das durch die rekursive Kulturtechnikdefinition Thomas Machos möglich wurde. Schreiben, Zeichnen, Rechnen kann man schließlich nicht nur auf dem Papier, sondern ebenso gut auf dem Wasser, im Flachland und auf monotonen Hochebenen. Und das nicht nur mit Blei, Tinte, Zählsteinen und Computern, sondern auch mit Schneelinien, Horizonten, Bergkämmen, Eisenbahnschienen und Schiffskielen, sofern den Operationen im Raum symbolische Operationen des Zeichnens, Rechnens und Schreibens vorausgehen oder aus ihnen folgen. Die Kulturtechniken im Raum lenkten die Aufmerksamkeit auf die Kurzschlüsse, Wechselwirkungen und Überträge zwischen Raum und Fläche – auf die Reisen der geraden Linie, die Alexander von Humboldt mit Aimé Bonpland in Spanien und Südamerika unternahm, und die Abenteuer im und um das eigene Zimmer, die Jules Vernes Romanhelden auf den kürzesten und geradesten Routen des Weltverkehrs erlebten und erträumten, versunken in die Reise- und Forschungsliteratur des 18. und 19. Jahrhunderts. Die Forschungen zu den *transitory empires* und den auf- und absteigenden Inseln, die die Geografen, Ethnologen und Evolutionswissenschaftler ersannen, um Singularitäten in Massen zu diskutieren, konkretisierten sich zuerst am Rheinsprung am bildwissenschaftlichen Schwerpunkt *Eikones* der Universität Basel und der ETH Zürich. Mein Dank gilt diesen Institutionen und ihren Geldgebern.

Niemand schreibt ein Buch auf einer einsamen Insel, auch wenn es von ozeanischen Inseln handelt. Die Reisen auf der geraden Linie und dem Meeresboden konnte ich nicht ohne das Festland der FreundInnen und KollegInnen unternehmen. Claus Pias, Thomas Macho und Elisabeth Bronfen danke ich für ihre genauen Lektüren und Anmerkungen zur ersten Fassung des Buchs, mit der ich an der Leuphana Universität Lüneburg habilitiert wurde. Daneben danke ich für Gespräche, Kritik und Anregungen Dirk Baecker, Gabriele Gramelsberger, Hans-Christian von Herrmann, Eva Horn, Markus Krajewski, Maren Lehmann, Helmut Müller-Sievers, Birgit Schneider, Bernhard Siegert, Christina Vagt, Joseph Vogl, Julia Voss. Und vor allen anderen Peter Geimer.

Literaturverzeichnis

Abbot, Willis J.: *Aircraft and Submarines. The Story of the Invention, Development and Present-Day Use of War's Newest Weapons*, New York und London 1918.

Abbott, Edwin Abbott: *Flatland. A Romance of Many Dimensions*, London 1884.

Abusch, Tzvi, Annette Krüger, Otto Kaiser, Bernd Joanowski, Gernot Wilhelm (Hg.): *Omina, Rituale und Beschwörungen. Texte aus der Umwelt des Alten Testaments*, Bd. 4, Gütersloh 2008.

Adamowsky, Natascha: »Annäherungen an eine Ästhetik des Geheimnisvollen – Beispiele aus der Meeresforschung des 19. Jahrhunderts«, in: *Zeitschrift für Ästhetik und Allgemeine Kunstwissenschaft*, Sonderheft 7 (2006), S. 219–232.

Adamowsky, Natascha: »Wunder des Meeres. Kultur- und medienästhetische Überlegungen zur Figur des Kraken bei Jules Verne«, in: Clemens Risi, Robert Sollich, Anna Papenburg (Hg.): *»Wann geht der nächste Schwan?« Aspekte einer Kulturgeschichte des Wunders. Ein Symposion in Bayreuth*, Leipzig 2011, S. 87–105.

Adamowsky, Natascha: *Ozeanische Wunder: Entdeckung und Eroberung des Meeres in der Moderne*, Paderborn 2017.

Adelung, Johann Christoph: *Grammatisch-kritisches Wörterbuch der Hochdeutschen Mundart mit beständiger Vergleichung der übrigen Mundarten, besonders der Oberdeutschen*, Faksimile der 2. erweiterte Aufl. (Leipzig 1793–1801), Hildesheim und New York 1970.

Afflerbach, Holger: *Das entfesselte Meer. Die Geschichte des Atlantiks*, Kempten 2001.

Agassiz, Louis: *Address Delivered on the Centennial Anniversary of the Birth of Alexander von Humboldt under the Auspices of the Boston Society of Natural History*, Boston 1869.

Aldrich, Henry: *Artis logicæ rudimenta with illustrative Observations on each Section*, 2. Aufl., Oxford und London 1821.

Alghieri, Dante: *Die göttliche Komödie*, übers. v. Ida und Walther von Wartburg, Zürich 1963.

Allemandy, Victor E.: *Wonders of the Deep. The Story of the Williamson submarine expedition*, London 1915.

Amici, Edmondo de: »A Visit to Jules Verne and Victorien Sardou«, in: *The Chautauquan* 26, Nr. 6 (März 1897), S. 701–705.

Angehrn, Emil: *Die Frage nach dem Ursprung. Philosophie zwischen dem Ursprungsgedanken und Ursprungskritik*, Paderborn 2007.

Angevine, Robert G.: *The Railroad and the State. War, Politics, and Technology in Nineteenth-Century America*, Stanford 2004.

Anghiera, Peter Martyr: *Acht Dekaden über die Neue Welt*, hg. und übers. v. Hans Klingelhöfer, 2 Bde, Darmstadt 1972.

Anonymous: »To sound the deepest Seas without a Line, by the help of an Instrument, represented by Figure 2«, in: *Philosophical Transactions* 2/24 (1667) S. 439–443 und Fig. 2.

Anonymous: »Die Panoramen. Allgemeine Betrachtung darüber und Nachricht von ihrem Ursprung und ihrer Verpflanzung nach Deutschland«, in: *Journal des Luxus und der Moden* 16 (März 1801), S. 282–290.

Anonymous: »Manufacture of Gutta Percha«, in: *The Illustrated Magazine of Art* 3 (1854) Nr. 17, S. 355–359.

Anonymous: »Taucher-Apparate, System Rouquayrol-Denayrouze von L. v. Bremen und Comp. in Kiel«, in: *Polytechnisches Journal* 1873, Bd. 208, Nr. LIX., S. 241–262 (http://dingler.culture.hu-berlin.de/article/pj208/ar208059, abgerufen am 15.6.2014).

Anonymous: *History of the »Great Eastern« Steamship. A Popular Account of the Career of the Vessel from her Launch in 1858 to the Present Time, with a Complete Guide to the Principal Objects of Interest on Board*, London 1887.

Anonymous: *Bestiarium. Die Texte der Handschrift Ms. Ashmole 1511 der Bodeleian Library Oxford*, Lateinisch/Deutsch, hg. und übers. v. Franz Unterkircher, Bd. 3, Graz 1986.

Antunes, Gabriela und Björn Reich (Hg.): *(De)formierte Körper: die Wahrnehmung und das Andere im Mittelalters / Corps (Dé)formés: Perceptions et l'Altérité au Moyen-Âge*, Interdisziplinäres Seminar, Straßburg, 19. März 2010, Göttingen 2012.

Aristoteles, *Philosophische Schriften in sechs Bänden*, Hamburg 1995.

Ashton, John: *Curious Creatures in Zoology*, London 1890.

Assmann, Jan: »Urkatastrophen und Urverschuldungen«, in: ders. und Martin Mulsow (Hg.): *Sintflut und Gedächtnis. Erinnern und Vergessen des Ursprungs*, Paderborn 2006, S. 13–21.

Atteslander, Peter: *Methoden der empirischen Sozialforschung*, 13. erweiterte Aufl., Berlin 2010.

Augé, Marc: *Nicht-Orte*, 3. Aufl., München 2011.

August, Ernst Ferdinand: »Zur Kenntniss der geometrischen Methode der Alten«, in: *Zwei Abhandlungen physikalischen und mathematischen Inhalts womit zu der Mittwoch, den 8. April 1829 vormittags von 9 bis 1 Uhr, in dem Cölnischen Rahthhause statt findenden öffentlichen Prüfung der Zöglinge des Cölnischen Real-Gymnasii ehrerbiethigst einladet der Director ...*, Berlin 1829, S. 11–26.

August, Ernst Ferdinand (Hg.): *Eukleidou stoicheia: Euclidis elementa ex optimis libris in usum tironum: graeca edita*, Berlin 1826–1929.

August, Ernst Ferdinand: *Ueber die Anwendung des Psychrometers zur Hygrometrie*, Berlin 1828.

August, Ernst Ferdinand: *Psychrometertafeln nach den neuesten Untersuchungen berechnet*, Berlin 1848.

Aujac, Germain: »The Foundations of Theoretical Cartography in Archaic and Classical Greece«, in: John Harley und David Woodward: *The History of Cartography*, Bd. 1, S. 130–147.

D'Alencé, Joachim: *Traittez des baromètres, thermomètres, et notiomètres, ou hygromètres*, Amsterdam 1707.

Baatz, Ursula: »›Dieses Gefühl kann ich bei mir nicht entdecken‹. Ozeanisches Bewußtsein und Religionskritik bei Freud, Rolland und Nietzsche. Zur Frage des Religiösen«. In: Johann Figl (Hg.): *Von Nietzsche zu Freud. Übereinstimmungen und Differenzen von Denkmotiven*, Wien 1996, S. 143–164.

Baeyer, J. J.: *Nivellement zwischen Swinemünde und Berlin. Auf dienstliche Veranlassung ausgeführt von J. J. Baeyer, Major im Generalstabe*, Berlin 1840.

Bagley, James Warren: *The Use of the Panoramic Camera in Topographic Surveying with Notes on the Application of Photogrammetry to Aerial Surveys*, hg. v. Department of the Interior, United States Geological Survey (Bulletin Nr. 657).

Baier, Karl: *Yoga auf dem Weg in den Westen: Beiträge zu einer Rezeptionsgeschichte*, Würzburg 1998.

Baier, Wolfgang: *Quellendarstellungen zur Geschichte der Fotographie*, München 1977.

Bailyn, Bernard: *Atlantic History. Concept and Contours*, Cambridge und London 2005.

Balbi, Adriano: *Hausbuch des geografischen Wissens. Eine systematische Encyklopädie der Erdkunde für die Bedürfnisse des Gebildeten jedes Standes*, frei bearbeitet nach den *Abrégé de Géographie* v. Johann Günther Friedrich Cannabich, Joseph Johann Littrow, Johann Gottfried Sommer, Gottlieb August Wimmer und Johann August Zeune, Bd. 1, Köszeg [Güns] 1834.

Balbi, Adriano und Eugenio Balbi: *Notizie di cose geografiche e statistiche. Principii generali della geografia*, Mailand 1864.

Barber, Lynn: *The Heyday of Natural History*, 1820–1870, Garden City und New York 1980.

Barck, Karlheinz: »›Umwandlung des Ohrs zum Auge‹. Teleskopisches Sehen und ästhetische Beschreibung bei Alexander von Humboldt«, in: Bernhard Dotzler und Ernst Müller (Hg.): *Wahrnehmung und Geschichte. Markierungen zur Aisthesis materialis*, Berlin 1995, S. 27–43.

Barnard, Frederick Augustus Porter: *Reports of the United States Commissioners to the Paris Universal Exhibition*, 1867, Bd. III (=Machinery and Processes of the Industrial Arts, and Apparatus of the Exact Sciences), Washington 1870.

Barthelmeß, Klaus und Joachim Münzing: *Monstrum Horrendum. Wale und Waldarstellungen in der Druckgraphik des 16. Jahrhunderts und ihr motivkundlicher Einfluß*, Schriften des deutschen Schiffahrtsmuseum 29, 3 Bde, Bremerhaven 1991.

Barthes, Roland: *Cy Twombly*, Berlin 1983.

Barthes, Roland: *Die helle Kammer. Bemerkung zur Photographie*, Frankfurt am Main 1989.

Barthes, Roland: *Die Vorbereitung des Romans*, Vorlesung am Collège de France 1978–1979 und 1979–1980, Frankfurt am Main 2008.

Barthes, Roland: *Mythen des Alltags*, Berlin 2010.

Barton, Cathy: »Marie Tharp, oceanographic cartographer, and her Contributions to the Revolution in the Earth Sciences«, in: *Geological Society. Special Publication* 192 (2002) [=The Earth Inside and Out: Some Major Contributions to Geology in the Twentieth Century], S. 215–229.

Bauks, Michaela: *Die Welt am Anfang. Zum Verhältnis von Vorwelt und Weltentstehung in Gen 1 und in der altorientalischen Literatur*, Neukirchen 1997.

Bateson, Gregory: *Mind and Nature, a necessary Unity*, New York 1979.

Beale, Thomas: *The Natural History of the Sperm Whale, to which is added a Sketch of a South-sea Whaling Voyage ...*, London 1839.

Beck, Hanno: *Alexander von Humboldt*, Bd. 1, Wiesbaden 1959.

Becker, Fridolin: *Relief-Karte des Kantons Glarus, bearbeitet von F. Becker Ingenieur auf Grundlage J. M. Zieglers »Karte von Glarus«* 1:50.000, 2 Blätter, Winterthur 1889.

Becker, Fridolin: »Kunst in der Kartografie«, in: *Geografische Zeitschrift* 16 (1910) 9, S. 473–490.

Beeckman, Tinneke: »Reinterpreting Freud's Genealogy of Culture«, in: Kerslake, Christian und Ray Brassler (Hg.): *Origins and Ends of the Mind: Philosophical Essays on Psychoanalysis*, Löwen 2007, S. 117–134.

Belloc, Marie Adelaide: »Jules Verne at home«, Illustrated Interview, in: *The Strand Magazine* 9 (Januar 1895), S. 206–213.

Belting, Hans: *Bild-Anthropologie. Entwürfe für eine Bildwissenschaft*, München 2001.

Belville, John Henry: *A Manual of the Thermometer; Containing its History and Use as a Meteorological Instrument ...*, London 1850.

Bennett, Jill: *Living in the Anthropocene: Leben im Anthropozän*, 100 Notes – 100 Thoughts, documenta 13, Nr. 53, Ostfildern 2011.

Berchem, Jacob-Pierre Berthout van: *Itinéraire de la Vallée de Chamonix, d'une partie du Bas-Valais et des Montagnes avoisinantes*, Lausanne 1790.

Berghaus, Heinrich: *Physikalischer Atlas oder Sammlung von Karten, auf denen die hauptsächlichsten Erscheinungen der anorganischen und organischen Natur nach ihrer geografischen Verbreitung und Vertheilung bildlich dargestellt sind*, Bd. 3 [Geologie], Gotha 1850.

Berghaus, Heinrich: *Physikalischer Atlas ... zu Alexander von Humboldt, Komos. Entwurf einer physischen Weltbeschreibung*, Frankfurt am Main 2004.

Bernoulli, Christoph: *Handbuch der Dampfmaschine für Techniker und Freunde der Mechanik*, Bremen 2009 [Faksimile der Ausgabe Stuttgart und Tübingen 1833].

Beythien, Hermann: *Eine neue Bestimmung des Pols der Landhalbkugel*, Kiel und Leipzig 1898.

Bigg, Charlotte: »The Panorama, or La Nature A Coup D'Œil«, in: Erna Fioretini (Hg.): *Observing Nature – Representing Experience. The Osmotic Dynamics of Romanticism 1800–1850*, Berlin 2007, S. 73–95.

Bin Jiang: »The Fractal Nature of Maps and Mapping«, August 2014, (https://arxiv.org/pdf/1406.5410.pdf, abgerufen am 04.04.2016).

Birdseye, Claude Hale: »Stereoscopic Photographic Mapping«, in: *Annals of the Association of American Geographers* 30 (März 1940), Nr. 1, S. 1–23.

Bishop, Farnham: *The Story of the Submarine*, New York 1918.

Bloom, Harold: »Die Notwendigkeit des Fehllesens«, in: ders.: *Kabala. Poesie und Kritik*, Basel 1989, S. 93–126.

Böhme, Gernot und Hartmut Böhme: *Feuer, Wasser, Erde, Licht. Eine Kulturgeschichte der Elemente*, München 2004.

Böhme, Hartmut: »Umriß einer Kulturgeschichte des Wassers«, in ders. (Hg.): *Kulturgeschichte des Wassers*, Frankfurt am Main 1988, S. 7–42.

Böhme, Hartmut: »GAIA. Bilder der Erde von Hesiod bis James Lovelock«, in: Internationale Gesellschaft der bildenden Künste (Hg.): *Terre–Erde–Tierra–Earth*, Bonn 1992, S. 16–67.

Böhme, Hartmut: »Das Geheimnis«, in: *Neue Zürcher Zeitung*, 20./21. Dezember 1997, S. 65–66.

Böhme, Hartmut: »Das Volle und das Leere. Zur Geschichte des Vakuums«, in: Kunst- und Ausstellungshalle der Bundesrepublik (Hg.): *Luft*, Köln 2003, S. 42–67.

Böhme, Hartmut: »Die Metaphysik der Erscheinungen. Teleskop und Mikroskop bei Goethe, Leeuwenhoek und Hooke«, in: Schramm, Helmar (Hg.): *Kunstkammer, Laboratorium, Bühne: Schauplätze des Wissens im 17. Jahrhundert*, Berlin 2003, S. 359–396.

Böhme, Hartmut: »Alexander von Humboldts Entwurf einer neuen Wissenschaft«, in: Wegner, Reinhard (Hg.): *Kunst – die andere stabKunst*, Göttingen 2004, S. 189–210.

Böhme, Hartmut (Hg.): *Topographien der Literatur*, Stuttgart und Weimar 2005.

Bonpland, Aimé und Alexander von Humboldt:*Synopsis plantarum, quas in itinere ad plagam aequinoctialem orbis novi collegerunt*, 4 Bde, Paris 1822–1824.

Bonpland, Aimé und Alexander von Humboldt, Carl Sigismund Kunth: *Nova genera et species plantarum: quas in peregrinatione ad plagam aequinoctialem orbis novi collegerunt*, 7 Bde, Paris 1815–1826.

Borges, Jorge, Luis: »Von der strengen Wissenschaft«, in: ders.: *Borges und ich*, München 1982, S. 121.

Born, Franz: *Der Mann, der die Zukunft erfand*, Eupen 1960.

Borsò, Vittoria: »Transitorische Räume«, in: Dünne, Jörg und Andreas Mahler (Hg.): *Handbuch Literatur & Raum*, erschienen in der Reihe *Handbücher zur kulturwissenschaftlichen Philologie*, hg. v. Claudia Benthien, Ethel Matala de Mazza und Uwe Wirth, Bd. 3, Berlin und Boston 2015, S. 259–271.

Bradshaw, George: *Bradshaw's Monthly Continental Railway, Steam Transit and General Guide, through Europe; Containing the Official Time and Fare Tables of all the Continental Railway, Steam Boates, Diligences, Mail Coaches, &c. An Epomitized Description of Each Country, The Cities, Towns, Continental Bath, And Places of Interest* 25, London 1866.

Bradshaw, George: *Bradshaw's Through Route Overland Guide to India, and Colonial Handbook: or Manual for Travellers in Egypt, Turkey, Persia, and India; the Australian Settlements and New Zealand; China, Japan, the Cape, and Mauritius, via the Isthmuses of Suez and Panama, and the American Overland Railway*, London 1878.

Brandstetter, Thomas, Karin Harrasser, Günther Friesinger (Hg.): *Ambiente. Das Leben und seine Räume*, Wien 2010.

Brandstetter, Thomas, Karin Harrasser, Günther Friesinger (Hg.): *Grenzflächen des Meeres*, Wien 2010.

Braumüller, Wilhelm: *Bericht über die Welt-Ausstellung zu Paris im Jahre 1867*, hg. durch das Österreichische Central-Comité, Bd. 2. Wien 1869.

Braungart, Michael und William McDonough: *Cradle to Cradle: Remaking the Way We Make Things*, New York 2002.

Braungart, Michael und William McDonough: *The Upcycle. Beyond Sustainability – Designing for Abundance*, New York 2013.

Bredekamp, Horst und Sibylle Krämer: »Kultur, Technik, Kulturtechnik. Wider die Diskursivierung der Kultur«, in: dies. (Hg.): *Bild, Schrift, Zahl*, München 2003, S. 11–22.

Bredekamp, Horst: »Die Amerikanischen Reisetagebücher: ein erster Zugang«, in: *Internationale Zeitschrift für Humboldt-Studien* (HiN) XVI/31 (2015), S. 1–17 (online unter http://www.hin-online.de/index.php/hin/article/view/220/418, abgerufen am 05.01.2016).

Brehm, Alfred Edmund: *Brehms Thierleben. Allgemeine Kunde des Thierreichs*. Große Ausgabe. 2. umgearbeitete und vermehrte Aufl., Bd. 1, *Dritte Abtheilung – Kriechthiere, Lurche und Fische*, Leipzig 1878.

Brendon, Piers: *Thomas Cook. 15 Years of Popular Tourism*, London 1991.

Bright, Charles und Edward Bright: *The Life Story of the late Sir Charles Tilston Bright, Civil Engineer*, Bd. 1, New York 2012 (Faksimile von 1898).

Brilli, Attilio: *Als Reisen eine Kunst war. Vom Beginn des modernen Tourismus: Die »Grand Tour«*, Berlin 1997.

Bromme, Traugott: *Atlas zu Alex. v. Humboldt's Kosmos, in zweiundvierzig Tafeln mit erläuterndem Texten*, Stuttgart 1854.

Brotton, Jerry: *A History of the World in Twelve Maps*, London 2012.

Bruhns, Karl (Hg.): *Alexander v. Humboldt, eine wissenschaftliche Biographie im Verein mit R. Acé-Lallemant, J. v. Carus, A. Dove, H. W. Dove, J. W. Ewald, A. H. R. Grisebach, J. Löwenberg, O. Peschel, G. H. Wiedemann, W. Wundt*, Leipzig 1872, 3. Bde.

Brunel, Isambard: *The Life of Isambard Kingdom Brunel, Civil Engineer (1870)*, Cranbury und New Jersey 1971 [Reprint des Originals, London 1870]

Brunner, Bernd: *Wie das Meer nach Hause kam. Die Erfindung des Aquariums*, 2. überarb. und erweiterte Aufl., Berlin 2011.

Brunner, Bernd: *Die poetische Insel. Inseln und Inselvorstellungen in der deutschen Literatur*, Stuttgart 1967.

Buch, Christoph: »Jules Verne: Eine Enzyklopädie des 19. Jahrhunderts«, erstmals abgedruckt in: *Der Monat*, 234 (März 1968), wiederabgedruckt und zit. n. Buch, Christoph: *Kritische Wälder. Essays – Kritiken – Glossen*, Hamburg 1972, S. 28–50.

Burgess, Robert F.: *Ships Beneath the Sea. A History of Submarines and Submersibles*, London 1975.

Burnbury, Edward Herbert: *A History of ancient geography among the Greeks and Romans: From the earliest ages till the fall of the Roman Empire*, 2 Bde, London 1879.

Burns, Elmer Ellsworth, *The Story of Great Inventions*, New York und London 1910.

Burton, Isabel: *The Inner Life of Syria, Palestine and the Holy Land, from my Private Journal*, 2 Bde, London 1875.

Busch, Bernd: »Wasser^x«, in: *Wasser*, Schriftenreihe Forum, Bd. 9 [Elemente des Naturhaushalts I], hg. v. Kunst- und Austellungshalle der Bundesrepublik Deutschland, Köln 2000, S. 301–311.

Busch, Werner: *Caspar David Friedrich: Ästhetik und Religion*, München 2003.

Buschauer, Regine und Katharine S. Willis (Hg.): *Locative Media, Medialität und Räumlichkeit. Multidisziplinäre Perspektiven zur Verortung der Medien*, Bielefeld 2013.

Buschauer, Regine: *Mobile Räume. Medien- und diskursgeschichtliche Studien der Tele-Kommunikation*, Bielefeld 2010.

Bush, Vannevar: *Science is not enough*, New York 1969.

Butcher, William: *Verne's Journey to the Centre of the Self*, Houndmills, Basingstoke, Hampshire, London u. a. 1990.

Buttenfield, Barbara P.: »A Rule for Describing Line Feature Geometry«, in: dies. und Robert B. McMaster (Hg.): *Map Generalization. Making Rules for Knowlegde Representation*, Essex 1991, S. 150–171.

Callander, John: *Terra Australis Cognita or Voyages to the Terra Australis Between the 16th, 17th and 18th Centuries*, Vol. 1, Amsterdam und New York 1967.

Campe, Joachim Heinrich (Hg.): *Wörterbuch der deutschen Sprache*, Braunschweig 1809, Bd. 3.

Cancik-Kirschbaum, Eva, Sybille Krämer und Rainer Trotzke (Hg.): *Schriftbildlichkeit. Wahrnehmbarkeit, Materialität und Operativität von Notationen*, Berlin 2012.

Carson, Rachel L.: *Geheimnisse des Meeres*, München 1952.
Cavelier, Guillaume: *Traité des maladies vénériennes; où, après avoir expliqué l'origine, la propagation, & la communication de ces maladies en général, on décrit la nature, les causes ...*, 4 Bde, Paris 1743.
Certeau, Michel de: »Die See schreiben«, in: Robert Stockhammer (Hg.): *TopoGraphien der Moderne. Medien zur Repräsentation und Konstruktion von Räumen*, München 2005, S. 127–144.
Cicero, Marcus Tullius: *De re publica: Der Staat*, lat./dt., übers. v. Karl Büchner, München 1987.
Cicero, Marcus Tullius: *De divinatione: Über die Wahrsagung*, lat./dt., übers. v. Christoph Schäublin, München und Zürich 1991.
Chakrabarty, Dipesh: *Provincializing Europe. Postcolonial Thought and Historical Difference*, Princeton, New Jersey 2010.
Chakrabarty, Dipesh: »Europa provinzialisieren. Postkolonialität und die Kritik der Geschichte«, in: Sebastian Conrad und Shalini Randeria (Hg.): *Jenseits des Eurozentrismus. Postkoloniale Perspektiven in den Geschichts- und Kulturwissenschaften*, unter Mitarbeit von Beate Sutterlüty, Frankfurt am Main und New York 2002, S. 283–312.
Chandler, Alfred Dupont, Jr.: *Strategy and Structure. Chapters in the History of the Industrial Enterprise*, Cambridge, 1962.
Chandler, Alfred Dupont, Jr.: »The Railroads: Pioneers in Modern Corporate Management«, in: *The Business History Review* 39, Nr. 1, Sonderheft *Transportation* (Frühjahr 1965), S. 16–40.
Chandler, Alfred Dupont, Jr.: *The Visible Hand. The Managerial Revolution in Amercian Business*, Cambridge und London 1977.
Chase, Owen: »Narrative of the Most Extraordinary and Distressing Shipwreck of the Whale-ship Essex, of Nantucket«, zit. n. d. ungekürzten Abdruck in: Thomas Farel Heffernan (Hg.): *Stove by a Whale. Owen Chase and the Essex.* Middletown, Connecticut 1987, S. 13–76.
Chorley, Richard: »Models in Geography«. in: ders. und Peter Haggett (Hg.): *Physical and Information Models in Geography*, S. 59–90.
Clavius, Christophorus: *Euclidis Elementorum XVI*, Köln 1591.
Clifford, James: »Traveling Cultures«, in: ders.: *Routes. Travel and Translation in the Late Twentieth Century*, Cambridge und London 1997, S. 17–46.

Clynes, Manfred E. und Nathan S. Kline: »Cyborgs and Space«, in: *Astronautics*, September 1960, S. 26 f. und 74–76.

Cohen, Erik: »The Sociology of Tourism: Approaches, Issues, and Findings«, in: *Annual Review of Sociology* 10 (1984), S. 373–392.

Cohen, Margaret: *The Novel and The Sea*, Princeton und Oxford 2010.

Columbus, Christoph: *Bordbuch*, Frankfurt am Main und Leipzig 1992.

Conrad, Sebastian: *Globalgeschichte. Eine Einführung*, München 2013.

Condamine, Charles Marie de la: *Reise zur Mitte der Welt. Geschichte von der Suche nach der wahren Gestalt der Erde*, hg. und kommentiert v. Barbara Gretenkord, Ostfildern 2003.

Cook, James und John Hawkesworth: *Geschichte der See-Reisen und Entdeckungen im Süd-Meer, welche auf Befehl Sr. Großbrittannischen Majestät unternommen, und von Commodore Byron, Capitain Wallis, Capitain Carteret und Capitain Cook im Dolphin, der Swallow, und dem Endeavour nach einander ausgeführet worden sind: aus den Tagebüchern der verschiedenen Befehlshaber und den Handschriften Joseph Banks in drey Bänden verfaßt*, Bd. 1, Berlin 1774.

Cook, James: *A Voyage to the Pacific Ocean; Undertaken by the Command of His Majesty, for Making Discoveries in the Northern Hemisphere. Performed under the Direction of Captains Cook, Clerke, & Gore in the Years 1776, 7, 8, 9, and 80. Compiled form the carious Accounts of that Voyage hitherto Published in Four Volumes*, Bd. 2, Edinburgh 1805.

Cook, James: *The Journals of Captain James Cook on his Voyages of Discovery, edited from the Original Manuscripts*, Bd. 2 (The Voyage of the Resolution and Adventure, 1772–1775).

Cook & Son: *Cook's Tourists' Handbook for Egypt, the Nile and the Desert*, London 1876.

Corbin, Alain: *Meereslust. Das Abendland und die Entdeckung der Küste*, Frankfurt am Main 1994.

Costello, Peter: *Jules Verne. Inventor of Science Fiction*, London, Sydney, Auckland und Toronto 1978.

Cortés, Martín: *Breve compendio de la sphera y de la arte de navegar*, Sevilla 1551.

Crane, Nicolas: *Der Weltbeschreiber. Gelehrter, Ketzer, Kosmograph. Wie die Karten des Gerhard Mercator die Welt verändern*, München 2005.

Crang, Mike und Stephen Graham: »Sentient Cities. Ambient intelligence and the Politics of Urban Space«, in: *Information, Communication & Society* 10/6 (2007), S. 789–817.
Cresswell, Tim: *On the move. Mobility in the modern Western World*, New York 2006.
Creswell, Tim und Peter Merriman (Hg.): *Geografies of Mobilities: Practices, Spaces, Subjects*, Farnham und Burlington 2013.
Crutzen, Paul J. und Will Steffen: »How Long Have We Been in the Anthropocene Era?«, in: *Climatic Change* 61, Nr. 3 (2001), S. 251–257.
Crutzen, Paul J. und John W. Birks: »The Atmosphere after a Nuclear War: Twilight at Noon«, in: *Ambio* 11, Nr. 2/3 (1982), S. 114–125.
Crutzen, Paul J.: »Die Geologie der Menschheit«, in: ders., Mike Davis, Michael D. Mastrandrea, Stephen H. Schneider und Peter Sloterdijk (Hg.): *Das Raumschiff Erde hat keinen Notausgang*, Berlin 2011, S. 7–10.
Curtmann, Wilhelm Jacob Georg: *Lehrbuch der Erziehung und des Unterrichts*, Bd. 1, Leipzig und Heidelberg 1866.
Cuvier, Frédéric Georges: *De l'histoire naturelle des Cétacés*, Paris 1836.
Cuvier, Georges: *Die Umwälzungen der Erdrinde in naturwissenschaftlicher und geschichtlicher Beziehung von Baron G. Cuvier. Nach der fünften Original-Ausgabe übersetzt und mit besondern Ausführungen und Beilagen begleitet von Dr. J. Nöggerath*, 2 Bde, Bonn 1830.
Dalrymple, Alexander: *An Historical Collection of the Several Voyages and Discoveries in the South Pacific Ocean*, Bd. 1, London 1770.
Dance, Peter: *Animal Fakes & Frauds*, Maidenhead 1975.
Darwin, Charles: *The Variation of Animals and Plants under Domestication*, autorisierte Ausgabe mit einem Vorwort v. Asa Gray, 2 Bde, London 1868.
Darwin, Charles: *On the Origin of Species by Means of Natural Selction or the Preservation of Favoured Races in the Struggle for Life*, 5. erweiterte und korrigierte Aufl., London 1869.
Darwin, Charles: *Über die Entstehung der Arten durch natürliche Zuchtwahl oder die Erhaltung der begünstigten Rasen im Kampfe um's Dasein*, 6. Aufl., übers. v. H. G. Bronn, kommentiert und korr. v. Victor Carus, Stuttgart 1876.
Darwin, Charles: *The Life and Letters of Charles Darwin including an autobiographical Chapter*, hg. v. Francis Darwin, 3 Bde, London 1887.

Darwin, Charles: *The Foundations of the Origin of Species, A Sketch written in 1842*, hg. v. Francis Darwin, Cambridge 1909.

Darwin, Charles: *Gesammelte Werke*, Neu-Isenburg und Frankfurt am Main 2006.

Daston, Lorraine: »Wunder und Beweis«, in dies.: *Wunder, Beweise und Tatsachen. Zur Geschichte der Rationalität*, 2. Aufl., Frankfurt am Main 2003, S. 29–76.

Davies, John: »Mermaid«, in: *Magazine of natural history and journal of zoology, botany, mineralogy, geology and meteorology* 3 (1830), S. 188.

Davis, W. M.: »Biographical Memoir of Peter Lesley, 1819–1903«, in: National Academy of Sciences (Hg.), *Biographical Memoirs*, Bd. 8, S. 152–240.

Debell, Frederick: *Narrative of a Whaling Voyage Round the Globe From the Year 1833 to 1836*, 2 Bde, London 1840.

Debiel, Tobias, Dirk Messner, Franz Nuscheler, Michèle Roth und Cornelia Ulbert (Hg.): *Globale Trends 2010. Frieden – Entwicklung – Umwelt*, Bonn 2010.

Dehs, Volker: *Jules Verne. Eine kritische Biographie*, Düsseldorf und Zürich 2005.

Deleuze, Gilles: *Logique du sens*, Paris 1969.

Deleuze, Gilles: »Postskriptum über die Kontrollgesellschaften«, in: ders., *Unterhandlungen. 1972–1990*, Frankfurt am Main 1993, S. 254–262.

Deleuze, Gilles und Félix Guattari: *Tausend Plateaus*, Berlin 1992.

Deleuze, Gilles: *Logik des Sinns*, übers. v. Bernhard Dieckmann, Frankfurt am Main 1993.

Deleuze, Gilles: *Differenz und Wiederholung*, übers. v. Joseph Vogl, 3. Aufl., Paderborn 2007.

Deleuze, Gilles: »Ursachen und Gründe der einsamen Inseln«, in: ders.: *Die einsame Insel. Texte und Gespräche 1953–1974*, hg. v. David Lapoujade, Frankfurt am Main 2003, S. 10–17.

Dencker, Klaus Peter: *Optische Poesie. Von den prähistorischen Schriftzeichen bis zu den digitalen Experimenten der Gegenwart*, Berlin 2010.

Dening, Gregory Moore: *Islands and Beaches. Discourse on a Silent Land, Marquesas 1774–1880*, Honolulu, Hawaii 1980.

Detel, Wolfgang: »Das Prinzip des Wassers bei Thales«, in Hartmut Böhme (Hg.): *Kulturgeschichte des Wassers*, Frankfurt am Main 1988, S. 43–64.

Diefenbach, Lorenz: *Glossarium Latino-Germanicum mediae et infimae aetatis. Supplementum lexici mediae et infimae latinitatis*, Frankfurt am Main 1857.

Diller, Hans: »Όψις ἀδήλων τα φαινόμενα«, in: *Hermes* 67 (1932), S. 14–42.

Dodds, Klaus und Stephen A. Royle: »The Historical Geography of Islands. Introduction: Rethinking Islands«, in: *Journal of Historical Geography* 29 (2003), S. 487–498.

Dodgson, Charles L.: *Euclid and his Modern Rivals*, London 1879.

Doetsch, Hermann: »Schrifträume«, in: Dünne, Jörg und Andreas Mahler (Hg.): *Handbuch Literatur & Raum*, erschienen in der Reihe *Handbücher zur kulturwissenschaftlichen Philologie*, hg. v. Claudia Benthien, Ethel Matala de Mazza und Uwe Wirth, Bd. 3, Berlin und Boston 2015, S. 73–87.

Donnelly, Ignatius: *Atlantis: The Antediluvian World*, 11. Aufl., New York 1882.

Doyle, Arthur Canon: »The Lion's Mane«, in: ders.: *The Case-Book of Sherlock Holmes*, Oxford 2016, S. 214–237.

Du Cange, Charles du Fresne: *Glossarium ad scriptores mediae et infimae Latinitatis/in quo Latina Vocabula novatae Significationis, aut Usus rarioris, Barbara et Exotica explicantur, eorum Notiones et Originationes reteguntur/Complures aevi medii Ritus et Mores, Legum, Consuetudinum municipalium, et Jurisprudentiae recentioris Formulae, et obsoletae voces; Utriusque Ordinis, Ecclesiastici et Laici, Dignitates et Officia, et quam plurima alia ... illustrantur*, Frankfurt am Main 1710.

Dueck, Daniela: *Strabo of Amasia. A Greek Man of Letters in Augustan Rome*, London und New York 2000.

Dueck, Daniela: »Strabo's Use of Poetry«, in: dies., Hugh Lindsay und Sarah Pothecary (Hg.): *Strabo's Cultural Geography. The Making of Kolossourgia*, Cambridge, New York, u. a. 2005.

Dumont-d'Urville, Jules-Sébastian-César: *Voyage de la corvette l'Astrolabe exécuté par ordre du roi: pendant les années 1826–1827–1828–1829*, Bd. 1 (= Histoire du voyage) Paris 1830.

Dünne, Jörg: »Dynamisierungen: Bewegung und Situationsbildung«, in: ders. und Andreas Mahler (Hg.): *Handbuch Literatur & Raum*, erschienen in der Reihe *Handbücher zur kulturwissenschaftlichen Philologie*, hg.

v. Claudia Benthien, Ethel Matala de Mazza und Uwe Wirth, Bd. 3, Berlin und Boston 2015, S. 43–54.

Dunbar, Seymour: *A History of Travel in America Being an Outline of the Development in Modes of Travel from Archaic Vehicles to Colonial Times to the Completion of the First Transcontinental Railroad ...*, 3 Bde, Indianapolis 1915.

Dupuy, Lionel: *Jules Verne. La géographie et l'imaginaire. Aux sources d'un Voyage extraordinaire: Le Superbe Orénoque (1898)*, Aiglepierre 2013.

Eckert, Max: *Die Kartenwissenschaft. Forschungen und Grundlagen zu einer Kartografie als Wissenschaft*, Bd. 1, Berlin 1923.

Eco, Umberto: »Die Karte des Reiches im Maßstab 1:1«, in: ders.: *Platon im Striptease-Lokal. Paradoxien und Travestien* [Diario Minimo, 1963], München 1984, S. 85–97.

Eco, Umberto: »Why the Island Is Never Found«, in: ders. *Inventing the Enemy*, London 2012, S. 192–216.

Eco, Umberto: *Die Geschichte der legendären Länder und Städte*, München 2013.

Eco, Umberto: *Bekenntnisse eines jungen Schriftstellers*, München 2011.

Eco, Umberto: *Die unendliche Liste*, München 2011.

Eder, Josef Maria: *Geschichte der Photographie*, 2 Bde, Halle 1932.

Edson, Evelyn, Emilie Savage-Smith und Anna-Dorothee von den Brincken: *Der mittelalterliche Kosmos. Karten der christlichen und islamischen Welt*, 2. unveränderte Aufl., Seeheim 2011.

Egli, Emil: »Hans Conrad Escher von der Linth und sein Panoramawerk«, in: *Schweizer Monatshefte. Zeitschrift für Politik, Wirtschaft, Kultur* 57 (1977/1978), Heft 6, S. 433–443.

Ehrlich, Paul R., Carl Sagan, Lewis Thomas, Paul J. Crutzen u. a. (Hg.): *Die nukleare Nacht. Klimatische, genetische und biologische Auswirkungen von Atomkriegen*, Köln 1985.

Ehlers, Eckart: *Das Anthropozän. Die Erde im Zeitalter des Menschen*, Darmstadt 2008.

Eliade, Mircea: *Die Schöpfungsmythen. Äygpter, Sumerer, Hurriter, Hethiter, Kanaanoiter und Israeliten*, Zürich und Köln 1964.

Eliade, Mircea: *Das Mysterium der Wiedergeburt. Versuch über einige Initiationstypen*, Frankfurt am Main 1988.

Eliade, Mircea: *Schamanen, Götter und Mysterien. Die Welt der alten Griechen*, Freiburg, Basel und Wien 1992.

Elsaesser, Thomas: *Filmgeschichte und frühes Kino. Archäologie eines Medienwandels*, Stuttgart 2002.

Engelmann, Gerhard: »Alexander von Humboldts kartographische Leistung«, in: *Wissenschaftliche Veröffentlichungen des Geografischen Instituts der Deutsche Akademie der Wissenschaften*, Neue Folge 27/28, S. 5–21.

Engels, David: *Das römische Vorzeichenwesen (753–27 v. Chr.). Quellen, Terminologie, Kommentar, historische Entwicklung*, Stuttgart 2007.

Erdmann, Dominik und Christian Thomas: »›Zu den wunderlichsten Schlangen der Gelehrsamkeit zusammengegliedert‹. Neue Materialien zu den ›Kosmos-Vorträgen‹ Alexander von Humboldts, nebst Vorüberlegungen zu deren digitaler Edition«, in: *HiN – Humboldt im Netz. Internationale Zeitschrift für Humboldt-Studien* XV/28, S. 34–45. Zit. n. d. Druckausgabe http://www.uni-potsdam.de/romanistik/hin/pdf/hin28/hin_28_komplett.pdf (aufgerufen am 18.6.2015).

Erdoğan, Oya: »Wasser«, in: dies. und Dietmar Koch (Hg:): *Im Garten der Philosophie. Festschrift für Hans-Dieter Bahr zum 65. Geburtstag*, München 2005, S. 67–76.

Ernst, Ulrich: *Intermedialität im europäischen Kulturzusammenhang. Beiträge zur Theorie und Geschichte der visuellen Lyrik*, Berlin 2002.

Ernst, Ulrich (Hg.): *Visuelle Poesie. Historische Dokumentation theoretischer Zeugnisse*, Bd. 1 (*Von der Antike bis zum Barock*), Berlin und Boston 2013.

Ette, Ottmar: »Zwischen Räumen. Von Inseln und Archipelen als mobilen Kartografien der Literatur«, in: Uwe Wirth (Hg.): *Bewegen im Zwischenraum*, Berlin 2012, S. 75–97.

Euklid: *Euclid. The Thirteen Books of the Elements*, kommentiert und übers. v. Thomas Heath, 2. Aufl., 3 Bde, New York 1956.

Euler, Leonhard: »Recherches sur la déclinaison de L'aiguille aimantée«, in: *Mémoires de l'académie de Berlin* 13 (1757), 1759, S. 175–251.

Euler, Leonhard: *Vorbericht von L. Euler vom 31. Mai 1760 zur 2. Auflage des aus 44 Landkarten bestehenden Schulatlasses*, Archiv der BBAW, Bestand Preußische Akademie der Wissenschaften, I-VII-37.

Euler, Leonhard: *Briefe an eine deutsche Prinzessinn über verschiedene Gegenstände aus der Physik und Philosophie*, 3. Bd., Leipzig 1780.

Evans, Ian S., Tomislav Hengl und Richard J. Pike: »Geomorphometry: A Brief Guide«, aus: Tomislav Hengl und Hannes I. Reuter (Hg.): *Geomorphometry: Concepts, Software, Applications*. Philadelphia 2009, S. 3–30.

Evans, Henry Smith: *A Map and a Guide to all the Emigration Colonies of Great Britain and America*, London 1851.

Faraday, Michael: »On the Use of Gutta Percha in Electrical Insulation«, in: *Philosophical Magazine* 32 (1848), Nr. 214, Series 3, XXV.,S. 165–167 [M. Faraday 1848a].

Faraday, Michael: »Ueber den Gebrauch der Gutta Percha als Electricitaets-Isolator«, in: *Annalen der Physik* 150 (1848), Nr. 5, S. 154–156 [M. Faraday 1848b].

Faust, Wolfgang Max: *Bilder werden Worte. Zum Verhältnis von bildender Kunst und Literatur im 20. Jahrhundert oder vom Anfang der Kunst im Ende der Künste*, München 1977.

Fay, Theodore S.: *Atlas to Fay's Great Outline of Geography for High Schools and Families*, New York 1868.

Fay, Theodore S.: *Great Outline of Geography for High Schools and Families. Textbook to Accompany the Universal Atlas*, New York 1868.

Fechner, Carl Gustav: »Der Raum hat vier Dimensionen«, in: Dr. Mises [= Theodor Fechner]: *Vier Paradoxa*, Leipzig 1846, S. 15–40.

Feldbusch, Thorsten: *Zwischen Land und Meer. Schreiben auf den Grenzen*, Würzburg 2003.

Ferenczi, Sándor: *Versuch einer Genitaltheorie*, Leipzig, Wien und Zürich 1924.

Feuerstein-Herz, Petra: *Der Elefant der Neuen Welt. Eberhard August Wilhelm von Zimmermann (1743–1815) und die Anfänge der Tiergeographie*. Braunschweiger Veröffentlichungen zur Pharmazie und Wissenschaftsgeschichte, hg. v. Bettina Wahrig, Bd. 45, Stuttgart 2006.

Fields, Cyril: *The Story of the Submarine: From the Earliest Ages to the Present Days*, London 1908.

Flick, Uwe: *Qualitative Forschung. Theorie, Methoden, Anwendung in Psychologie und Sozialforschung*, 2. Aufl., Hamburg 1996.

Flannery, Tim: *Wir Wettermacher. Wie die Menschen das Klima verändern und was das für unser Leben auf der Erde bedeutet*, Frankfurt am Main, 2. Aufl., 2006.

Flourens, Marie Jean-Pierre: *Recherches expérimentales sur les propriétés et les fonctions du système nerveux, dans les animaux vertébrés*, 2. korrigierte und überarbeitete Aufl., Paris 1842.
Forster, Georg: *Georg Forster's sämmtliche Schriften in neun Bänden*, Bd. 4, Leipzig 1843.
Forster, Georg: *Reise um die Welt*. Illustriert von eigener Hand, mit einem biographischen Essay von Klaus Harprecht und einem Nachwort von Frank Vorpahl, Frankfurt am Main 1997.
Forster, Georg, *Reise um die Welt*, Frankfurt am Main 2009.
Forster, Johann Reinhold: »Einleitung«, in: *La Perouse'ns Entdeckungsreise in den Jahren 1785, 1786, 1787 und 1788*, hg. von M. Louis Marie Antoine de Milet de Mureau, übersetzt v. Johann Reinhold Forster und C. L. Sprengel, 1. Bd. Abgedruckt in: *Magazin von merkwürdigen neuen Reisebeschreibungen aus fremden Sprache übersetzt und mit erläuternden Anmerkungen begleitet* 16 (1799), S. 1–38
Foucault, Michel: *Die Ordnung der Dinge. Eine Archäologie der Humanwissenschaften*, Frankfurt am Main 1974.
Foucault, Michel: »Von anderen Räumen«, in: ders.: *Dits et Ecrits: Schriften*, 4. Bd., Frankfurt am Main 2005, Nr. 360, S. 931–942.
Foulke, Robert: *The Sea Voyage Narrative*, Studies in Literary Themes and Genres 14, New York 1997.
François, Jean: *La science des eaux qui explique en quatre partie leur formation, communication, mouuemens, & meslanges; auec les arts de conduire les eaux, & mesurer la grandeur tant des eaux que des terres ...*, Paris 1654.
Franklin, Adrian: *Tourism: An Introduction*, London, Thousand Oaks, Neu-Delhi 2003.
Freese, Peter: *Die Initiationsreise. Studien zum jugendlichen Helden im modernen amerikanischen Roman*, Neumünster 1971.
Freud, Sigmund: »Eine Schwierigkeit der Psychoanalyse«, in: *Imago. Zeitschrift für Anwendung der Psychoanalyse auf die Geisteswissenschaften* V (1917), S. 1–7.
Freud, Sigmund: *Briefe 1873–1939*, ausgewählt und hg. v. Lucie und Ernst Freud, 2. erweiterte Aufl., Frankfurt am Main 1960.
Freud, Sigmund: *Die Traumdeutung*, Frankfurt am Main 1961.

Freud, Sigmund: *Briefe an Wilhelm Fließ 1887–1904*, ungekürzte Ausgabe, hg. v. Jeffrey Moussaieff Masson, Frankfurt am Main 1985.

Freud, Sigmund: *Jugendbriefe an Eduard Silberstein. 1871–1881*, hg. v. Walter Boehlich, Frankfurt am Main 1989.

Freud, Sigmund: *Schriften zur Behandlungstechnik*, Studienausgabe Ergänzungsband, Frankfurt am Main 2007.

Freud, Sigmund: *Das Unbehagen in der Natur und andere kulturkritische Schriften*, Frankfurt am Main 2009.

Freud, Sigmund: *Die Zukunft einer Illusion*, Frankfurt am Main 2007.

Frèzier, Amedée François: *Reise nach der Süd-See und denen Küsten von Chili, Peru und Brasilien aus dem Französischen übersetzt und mit vielen saubern Kupfern versehen*, Hamburg 1718.

Friedel, Ernst: »Ueber das Aquarium der Pariser Weltausstellung«, in: Neue Zoologische Gesellschaft (Hg.): *Der Zoologische Garten. Zeitschrift für Beobachtung, Pflege und Zucht der Thiere*, Nr. 3 (1868), Jg. IX, S. 187–189.

Friedel, Ernst: »Die Krisis in der Verwaltung der öffentlichen Aquarien«, in: Neue Zoologische Gesellschaft (Hg.): *Der Zoologische Garten. Zeitschrift für Beobachtung, Pflege und Zucht der Thiere*, Nr. 3 (1882), Jg. XXIII, S. 82–85.

Fritsch, Gustav und Eduard Histzig: »Ueber die elektrische Erregbarkeit des Grosshirns«, in: *Archiv für Anatomie, Physiologie und wissenschaftliche Medicin* 37 (1870), S. 300–332.

Früh, Jakob: »Zur Geschichte der Terraindarstellung«, in: *Zeitschrift für wissenschaftliche Geografie* 2 (1881), S. 156–160 und 214–216.

Furetière, Antoine: *Dictionaire Universel. Contenant generalement tous les Mots François tant vieux que modernes, & les Termes de toutes les Sciences Et Des Arts ...*, 3 Bde, La Haye 1690.

Galloway, Anne: *A Brief History of the Future of Urban Computing and Locative Media*, Ottawa und Ontario 2008 (PhD-Thesis, Carleton University).

Garnier, F. A.: *Atlas sphéroïdal & universel de géographie*, Paris 1860.

Gauß, Carl Friedrich: *Disquisitiones generales circa superficies curvas*, Göttingen 1823.

Geikie, Sir Archibald, *Elementary Lessons in Physical Geography*, London und New York 1877.

Gehler, Johann Samuel Traugott: *Physikalisches Wörterbuch oder Versuch einer Erklärung der vornehmsten Begriffe und Kunstwörter der Naturlehre mit kurzen Nachrichten von der Geschichte der Erfindungen und Beschreibungen der Werkzeuge begleitet in alphabetischer Ordnung*, Zweyter Theil, Leipzig 1798.

Gennep, Arnold van: *Übergangsriten*, Frankfurt am Main 1986.

Gehlen, Arnold: *Urmensch und Spätkultur. Philosophische Ergebnisse und Aussagen*, Bonn 1956.

Gernsback, Hugo: »A New Sort of Magazine«, in: *Amazing Stories. The Magazine of Scientifiction* 1 (April 1926), S. 3.

Gernsheim, Helmut: *Geschichte der Photographie. Die ersten hundert Jahre*. Propyläen Kunstgeschichte, Frankfurt am Main, Berlin und Wien 1983.

Gilbert, Wilhelm, *De magente, maneticisque, corporibus, et de magno magente tellure; Physiologia nova, plurimis et argumentis, et experimentis demonstrata*, mit einem Vorwort von Edward Wright, Berlin 1892 (Faksimile der Ausgabe von London 1600).

Glaubrecht, Matthias: *Am Ende des Archipels. Alfred Russel Wallace*, Berlin 2013.

Global Mammal Assessment Team: *Homo sapiens*, in: IUCN 2014. IUCN Red List of Threatened Species, Cambridge 2008–2014 (Version 2014.1., https://www.iucnredlist.org, abgerufen am 29.6.2014).

Goethe, Johann von: »Versuch einer allgemeinen Witterungslehre«, in: ders.: *Werke. Hamburger Ausgabe*, hg. und kommentiert v. Dorothea Kuhn und Rike Wandmüller, Bd. 13, München 1988, S. 305–313.

Goldschmidt, Georg-Arthur: *Als Freud das Meer sah. Freud und die deutsche Sprache*, 2. Aufl., Frankfurt am Main 2010.

Goodchild, Michael Frank: »Modeling the earth: A short history«, in: Martin Dodge, Rob Kitchin und Chris Perkins (Hg.): *Rethinking Maps: New Frontiers in Cartographic Theory*, New York 2009, S. 83–96.

Gosse, Philip Henry: *A Naturalist's Sojourn*, London 1851.

Gosse, Philip Henry: *A Naturalist's Rambles on the Devonshire Coast*, London 1853.

Gosse, Philip Henry: *Aquarium: An Unveiling of the Wonders of the Deep Sea*, London 1856.

Gosse, Philip Henry: *The Romance of Natural History*, London 1864.

Gould, Carol: *The Remarkable Life of William Beebe. Explorer and Naturalist*, Washington, Covelo und London 2004.
Gould, Stephen Jay: *Ontogeny and Phylogeny*, Cambridge und London 1977.
Gould, Stephen Jay: »Die Evolutionsfantasien des Sigmund Freud«, in: ders.: *Das Ende vom Anfang der Naturgeschichte*, Frankfurt am Main 2005, S. 194–209.
Graczyk, Annette: *Das literarische Tableau zwischen Kunst und Wissenschaft*, München 2004.
Giesecke, Michael: *Der Buchdruck in der frühen Neuzeit. Eine historische Fallstudie über die Durchsetzung neuer Informations- und Kommunikationstechnologien*, Frankfurt am Main 1998.
Graburn, Nelson H. H.: »The Anthropology of Tourism«, in: *Annals of Tourism Research* 10 (1983), Nr. 2, S. 9–33.
Graburn, Nelson H. H.: »Tourism: The Sacred Journey«. In: Valene A. Smith (Hg.): *Hosts and Guests. The Anthropology of Tourism*, Philadelphia 1977, S. 17–31.
Graczyk, Annette: »Das Tableau als Antwort auf den Erfahrungsdruck und die Ausweitung des Wissens um 1800. Louis Sébastian Merciers Tableau von Paris und Alexander von Humboldts Naturgemälde«, in: Inge Münz-Koenen und Wolfgang Schäffner (Hg.): *Masse und Medium. Verschiebungen in der Ordnung des Wissens und der Ort der Literatur, 1800/2000*, Berlin 2002, S. 41–59.
Grimm, Jakob und Wilhelm Grimm: *Deutsches Wörterbuch*, Leipzig 1854–1971, Fotomechanischer Nachdruck, 33 Bde, Gütersloh 1991.
Gunkel, Hermann: *Schöpfung und Chaos in Urzeit und Endzeit. Eine religionsgeschichtliche Untersuchung über Gen 1 und Ap Joh 12, 2*. unveränderte Aufl., Göttingen 1921.
Günther, Markus: *Auf dem Weg in die Neue Welt. Die Atlantiküberquerung im Zeitalter der Massenauswanderung 1818–1914*, Augsburg 2006.
Güttler, Nils: *Das Kosmoskop. Karten und ihre Benutzer in der Pflanzengeografie des 19. Jahrhunderts*, Göttingen 2014.
Haeckel, Ernst Heinrich: *Anthropogenie oder Entwicklungsgeschichte des modernen Menschen. Gemeinverständliche wissenschaftliche Vorträge über die Grundzüge der menschlichen Keimes- und Stammes-Geschichte*, Leipzig 1874.

Haeckel, Ernst Heinrich: *Das Leben in den größten Meerestiefen*, Berlin 1870.

Hagaman, Edward: *Hudson and Fulton. A Brief History of Henry Hudson and Robert Fulton ...*, New York 1909.

Hagner, Michael: »Moderne Gehirne«, in: ders. (Hg.): *Ecce Cortex. Beiträge zur Geschichte des modernen Gehirns*, Göttingen 1999, S. 7–25.

Haining, Peter: *The Jules Verne Companion*, London 1978.

Halley, Edmund: »A Theory of the Variation of the Magnetical Compass«, 1683, in: *Philosophical Transactions* 13 (1683), S. 208–221.

Hamilton-Paterson, James: *Seestücke. Das Meer und seine Ufer*, Stuttgart 1995.

Hamilton-Paterson, James: *Vom Meer. Über die Romantik von Sonnenuntergängen, die Mystik des grünen Blitzes und die dunkle Seite von Delfinen*, Hamburg 2010.

Hancock, Charles: »Verbesserungen in der Fabrication von Artikeln aus Gutta-Percha dieselbe mag allein oder in Verbindung mit andern Substanzen angewandt werden, worauf sich Charles Hancock zu London am 12. Jan. 18sac6 ein Patent ertheilen ließ«, in: *Polytechnisches Journal* 102 (1846), LXXIV, S. 363–373 (Online-Facsimile http://dingler.culture.hu-berlin.de/article/pj102/ar102074, abgerufen am 17.8.2013).

Hanafi, Zakiya: *The Monster in the Machine*, Durham und London 2000.

Hard, Gerhard: »Landschaft als wissenschaftlicher Begriff und als gestaltete Umwelt des Menschen«, in: Günther Altner (Hg.): *Biologie für den Menschen*, Frankfurt am Main 1982, S. 113–146.

Hardenberg, Friedrich vv., s. Novalis.

Harrasser, Karin: *Körper 2.0. Über die technische Erweiterbarkeit des Menschen*, Bielefeld 2013.

Harter, Ursula: *Aquaria in Kunst, Literatur & Wissenschaft*, Heidelberg 2014.

Harvey, William: *Exercitatio anatomica de motu cordis et sanguinis in animalibus*, Frankfurt 1628.

Harvey, William: *The Anatomical Exercises of William Harvey ... with the Preface of Zachariah Wood, Physician of Roterdam*, London 1653.

Hauschild, Thomas, Britta N. Heinrich, Jörg Potthast und Viktoria Tkaczyk: *Von Vogelmenschen, Piloten und Schamanen. Kulturgeschichte und*

Technologien des Fliegens, Dresden 2011. (Ausstellungskatalog Haus der Kulturen der Welt).

Haupt, Paul: »Der Assyrische Namen des Potwals«, in: *The American Journal of Semitic Languages and Literatures* 23, Nr. 3 (April 1907), S. 254–263.

Hawkesworth, John: *An account of the voyages undertaken by the order of His present Majesty for making discoveries in the Southern Hemisphere, and successively performed by Commodore Byron, Captain Wallis, Captain Carteret, and Captain Cook, in the Dolphin, the Swallow, and the Endeavor. Drawn up from the journals which were kept by the several commanders, and from the papers of Joseph Banks, Esq*, 3 Bde, London 1773.

Headrick, Daniel R.: *Power over Peoples. Technology, Environments, and Western Imperialism, 1400 to the Present*, Princeton 2010.

Heath, Thomas, s. Euklid.

Heesen, Anke te: »Vom Einräumen der Erkenntnis«, in: dies. und Annette Michels (Hg.): *auf/zu. Der Schrank in den Wissenschaften*, Berlin 2007, S. 90–97.

Heesen, Anke te und Anette Michels: »Der Schrank als wissenschaftlicher Apparat«, in: dies. (Hg.): *auf/zu. Der Schrank in den Wissenschaften*, Berlin 2007, S. 8–15.

Heeßel, Nils P.: *Divinatorische Texte I. Terrestrische, teratologische, physiognomische und oneiromantische Omina*, Wiesbaden 2007.

Heeßel, Nils P.: *Divinatorische Texte II. Opferschau-Omina*, Wiesbaden 2012.

Heffernan, Thomas Farel: *Stove by a Whale. Owen Chase and the Essex*, Middletown, Connecticut 1987.

Heinrich, Klaus: »Die Funktion der Genealogie im Mythos«, in: ders.: *Parmenides und Jona. Vier Studien über das Verhältnis von Philosophie und Mythologie*, Frankfurt am Main 1966, S. 9–28.

Heinrich, Klaus: »Parmenides und Jona. Ein religionswissenschaftlicher Vergleich«, in: ders.: *Parmenides und Jona. Vier Studien über das Verhältnis von Philosophie und Mythologie*, Frankfurt am Main 1966, S. 61–128.

Heimann, W.: *Über Dampfmaschinen, Dampfwagen und Eisenbahnen nebst einem Anhang und Plan über die Richtung der künftigen Eisenbahn zwischen Frankfurt, Mainz und Wiesbaden; mit 5 lithografirten Tafeln*, Frankfurt am Main 1836.

Heise, Ursula K.: *Nach der Natur. Das Artensterben und die moderne Natur*, Berlin 2010.

Henderson, Caspar: *Wahre Monster. Ein unglaubliches Bestiarium*, Berlin 2013.

Herbart, Johann Friedrich, *Allgemeine Pädagogik aus dem Zweck der Erziehung abgeleitet* (1806), in ders.: *Sämmtliche Werke*, hg. v. G. Hartenstein, Bd. 10, 1. Teil, Leipzig 1851, S. 5–182.

Herder, Johann Gottfried: *Ideen zur Philosophie der Geschichte der Menschheit*, 2. Theil, Riga und Leipzig 1785.

Herder, Johann Gottfried: *Werke*, hg. v. Wolfgang Proß, München, Wien 2002, Bd. III/1 und III/2.

Hessel, Franz: *Spazieren in Berlin*, in: *Sämtliche Werke in fünf Bänden*, hg. v. Hartmut Vollmer und Bernd Witte, Oldenburg 1999, Bd. 3, S. 9–192.

Hey'l, Bettina: *Das Ganze der Natur und die Differenzierung des Wissens, Alexander von Humboldt als Schriftsteller*, Berlin und New York 2007.

Hillis Miller, Joseph: *Topographies*, Stanford 1995.

Hinton, Charles Howard: *Wissenschaftliche Erzählungen*. Hg. v. Jorge Luis Borges, München 1983.

Hinton, Charles Howard: *Scientific Romances*, London 1886.

Hoare, Philip: *Leviathan oder Der Wal. Auf der Suche nach dem mythischen Tier der Tiefe*, Hamburg 2013.

Hobbes, Thomas: *Leviathan; or, the Matter, Forme, & Power of a Commonwealth, Ecclesiaticall and Civill*, London 1651.

Hoffmann, Friedrich: *Physikalische Geographie. Vorlesungen gehalten an der Universität zu Berlin in den Jahren 1834 und 1835*, Berlin 1837.

Holl, Frank und Kai Reschke: »›Alles ist Wechselwirkung‹ – Alexander von Humboldt«, Ausstellungskatalog der Bundeskunsthalle der BRD, Bonn 1999, S. 12–15.

Holl, Frank: »›Wir kommen von Sinnen, wenn die Wunder nicht bald aufhören‹. Die amerikanische Reise«, in: ders., Kunst- und Ausstellungshalle der Bundesrepublik Deutschland GmbH (Hg.): *Alexander von Humboldt. Netzwerke des Wissens* (Ausstellungskatalog), Ostfildern 1999, S. 63–90.

Holtdorf, Christian: *Der erste Draht zur Neuen Welt. Die Verlegung des transatlantischen Telegrafenkabels*, Göttingen 2013.

Holtdorf, Christian: »Das ozeanische Gefühl – ein Topos der Moderne«, in: Alexander Kraus und Martina Winkler (Hg.): *Weltmeere. Wissen und Wahrnehmung im langen 19. Jahrhundert*, Göttingen und Bristol 2014, S. 66–83.

Honigmann, Peter: »Über Alexander von Humboldts geophysikalische Instrumente auf seiner russisch-sibirischen Reise«, in: *Gerlands Beiträge der Geophysik* 91 (1982) 3, S. 185–199.

Hooke, Robert: *Micrographia, or, Some physiological descriptions of minute bodies made by magnifying glasses with observations and inquiries thereupon*, London 1665.

Hooke, Robert: *Philosophical Experiments and Observations of the late eminent Dr. Robert Hooke*, hg. v. William Derham, London 1726.

Hoppe, Günter: »›Die Konstruktion des Erdballs‹. Humboldt und die Geologie«, in: Frank Holl, Kunst- und Ausstellungshalle der Bundesrepublik Deutschland GmbH (Hg.): *Alexander von Humboldt. Netzwerke des Wissens* (Ausstellungskatalog), Ostfildern 1999, S. 93–94.

Hopwood, Henry V.: *Living Pictures. Their History, Photo-Production and practical Working*, London 1899.

Hölderlin, Friedrich: *Werke und Briefe*, Bd. 1, Frankfurt am Main 1982.

Hölscher, Uvo: »Anaximander und die Anfänge der Philosophie«, in: *Hermes* 81 (1953), S. 257–277 und 385–418.

Homer: *Die Odyssee*, übers. v. Wolfgang Schadewaldt, Zürich und München 1966.

Hooke, Robert: *Micrographia; or some physiological Descriptions of Minute Bodies made by magnificant Glasses with Observations and Inquiries thereupon*, London 1665.

Humboldt, Alexander von: *Voyage de Humboldt et Bonpland, 4. Recueil d'observations astronomiques, d'opérations trigonométriques et de mesures barométriques: faites pendant le cours d'un voyage aux régions équinoxiales du Nouveau Continent, depuis 1799 jusqu'en 1803. Partie 4, Volume 1*, von A. v. Humboldt; überarbeitet, berechnet nach den sehr exakten Tafeln von Jabbo Oltmanns, Paris 1810.

Humboldt, Alexander von: »Ueber die Bergketten und Vulcane von Inner-Asien und über einen neuen vulcanischen Ausbruch in der

Anders-Kette«, in: *Annalen der Physik und Chemie* 18 [94.] (1830), S. 1–18 und 319–354.

Humboldt, Alexander von: *Fragmente einer Geologie und Klimatologie Asiens*, Berlin 1832.

Humboldt, Alexander von: »Brief an Johann Gottfried Flügel«, 19. Juli 1851, in: *Sitzungsberichte der mathematisch-naturwissenschaftlichen Classe der Kaiserlichen Akademie der Wissenschaften*, Bd. 11 (1853), Heft 1, S. 3–4.

Humboldt, Alexander von: *Central-Asien. Untersuchungen über die Gebirgsketten und die vergleichende Klimatologie*, übers. und hg. v. Wilhelm Mahlmann, 2. Bde, Berlin 1844–1845.

Humboldt, Alexander von: *Cosmos. Essai D'une decription physique du monde*, übers. v. Herve Faye, Bd. 1, Paris 1847.

Humboldt, Alexander von: *Reise in die Aequinoctial-Gegenden des neuen Continents*, Bd. 1, Stuttgart 1854.

Humboldt, Alexander von: *Briefe von Alexander von Humboldt an Varnhagen von Ense aus den Jahren 1827 bis 1858*, 4. Aufl., Leipzig 1860.

Humboldt, Alexander v.: *Briefwechsel Alexander v. Humboldt's mit Heinrich Berghaus aus den Jahren 1825 bis 1858*, Bd. 1, Leipzig 1863.

Humboldt, Alexander von: *Reise auf dem Río Magdalena, durch die Anden und Mexico. Teil I: Texte*. Aus seinen Reisetagebüchern zusammengestellt und erläutert von Margot Faak, 2 Bde, Berlin 1990.

Humboldt, Alexander von: *Reise auf dem Río Magdalena, durch die Anden und Mexico. Teil II: Übersetzung, Anmerkungen, Register*. Übers. und bearbeitet von Margot Faak, 2 Bde, Berlin 1990.

Humboldt, Alexander von: *Die Kosmos-Vorträge 1827/28 in der Berliner Singakademie*, hg. v. Jürgen Hamel und Klaus-Harro Tiemann in Zusammenarbeit mit Martin Pape, Frankfurt am Main 2004.

Humboldt, Alexander von: *Werke. Darmstädter Ausgabe*, hg. und komm. v. Hanno Beck, 7 Bde, 2. überarbeitete Aufl., Darmstadt 2008.

Humboldt, Alexander von: *Kritische Untersuchung zur historischen Entwicklung der Geografischen Kenntnisse der Neuen Welt und den Fortschritten in der nautischen Astronomie im 15. Jahrhundert und 16. Jahrhundert*, übers. v. Julius Ludwig Ideler, hg. v. Ottmar Ette, 2 Bde, Frankfurt am Main 2009.

Humboldt, Alexander von: *Das graphische Gesamtwerk*, hg. v. Oliver Lubrich unter der Mitarbeit v. Sarah Bärtschi, Darmstadt ³2016.

Humboldt-Dachroeden, Georg Freiherr von: »Auf den Spuren Alexander von Humboldts in Spanien: Spurensuche eines fast vergessenen Messzuges, 5. Januar – 13. Mai 1799«, in: Irene Prüfer Leske (Hg.): *Alexander von Humboldt und die Gültigkeit seiner Ansichten der Natur*, Bern 2009, S. 107–157.

Hunter, John: »Observations on the Structure and Oeconomy of Whales«, nach dem Bericht v. Sir Joseph Banks, in: *Philosophical Transactions of the Royal Society of London* (1787), S. 371–450.

Hunter, Louis C.: *A History of Industrial Power in the United States 1780–1930*, Bd. 2, Charlottesville 1985.

Hutchinson, Gillian: »Geografie und Kartografie des späten 18. Jahrhunderts«, in: *James Cook und die Entdeckung der Südsee*, hg. v. Kunst- und Ausstellungshalle der BRD, Bonn, Museum für Völkerkunde, Wien; Historisches Museum Bern, München 2009, S. 79–82.

Ingold, Tim: *Lines. A Brief History*, London und New York 2007.

Innerhofer, Roland: »Die Bewegung im Bewegten. Das Meer bei Jules Verne«, in: Thomas Brandstetter, Günther Friesinger und Karin Harrasser (Hg.): *Grenzflächen des Meeres*, Wien 2010, S. 87–106.

Innerhofer, Roland: *Deutsche Science Fiction 1870–1914: Rekonstruktion und Analyse der Anfänge einer Gattung*, Wien, Köln und Weimar 1996.

Jablonski, Johann Theodor: *Allgemeines Lexicon der Künste und Wissenschaften oder kurze Beschreibung des Reichs der Natur, Himmel und himmlischen Cörper, der Luft, der Erde samt denen bekannten Gewächsen, der Thiere, Ertze, des Meeres und darin lebenden Geschöpffe …*, Leipzig 1721.

Jäger, Gustav: *Das Leben im Wasser und im Aquarium*, 2. durchgesehene Aufl., Stuttgart 1906.

Jensen, Adolf Ellegard: *Beschneidung und Reifezeremonien bei Naturvölkern*, Stuttgart 1968 (Reprint 1933).

Johnson, Donald S.: *Fata Morgana der Meere*, München und Zürich 1999.

Johnston, Alexander Keith: *A school Atlas of physical Geography, Illustration ijna Series of Original Design, The Elementary facts of Geology, Hydrology, Meteorology, and Natural History*, London und Edinburgh 1852.

Joppien, Rüdiger: »Die Künstler auf den Reisen des James Cook«, in: *James Cook und die Entdeckung der Südsee*, Hg. v. Kunst- und Ausstellungshalle der BRD, Bonn, Museum für Völkerkunde, Wien; Historisches Museum Bern, München 2009, S. 112–118.

Johnson, Donald S. und Juha Nurminen: *Die große Geschichte der Seefahrt. 3000 Jahre Expeditionen, Handel und Navigation*, Hamburg 2009.

Kamsteeg, Frans, Andrew Spiegel, Kees van der Waal, Harry Wels: »Victor Turner and Liminality: An Introduction«, in: *Anthropology Southern Africa* 34, Nr. 1 und 2 (2011), S. 1–4.

Kapp, Ernst: *Vergleichende Erdkunde in wissenschaftlicher Darstellung*, 2. verbesserte Aufl., Braunschweig 1868.

Kapp, Ernst: *Die Grundlinien einer Philosophie der Technik. Zur Entstehungsgeschichte der Cultur aus neuen Gesichtspunkten*, Braunschweig 1877.

Kay, Alan: »User Interface. A Personal View«, In: Brenda Laurel (Hg.): *The Art of Human-Computer-Interface Design*, Reading 1990, S. 191–207.

Kemp, Wolfgang: *Geschichte der Fotografie. Von Daguerre bis Gursky*, München 2011.

Kernbauer, Eva: »Traumwandler des Meeres«, in: Thomas Brandstetter, Günther Friesinger und Karin Harrasser (Hg.): *Grenzflächen des Meeres*, Wien 2010, S. 63–85.

Kerslake, Christian und Ray Brassler: *Origins and Ends of the Mind: Philosophical Essays on Psychoanalysis*, Löwen 2007.

King, Leonard William: *Enuma Elish: The Seven Tablets of Creation. The Babylonian and Assyrian Legends Concerning the Creation of the World and of Mankind*, London 1902.

Kittler, Friedrich: »Über romantische Datenverarbeitung«, in: Ernst Behler und Jochen Hörisch (Hg): *Die Aktualität der Frühromantik*, Paderborn, München und Wien 1987, S. 127–140.

Kittler, Friedrich: *Grammophon, Film, Typewriter*, Berlin 1986.

Kittler, Friedrich: *Aufschreibesysteme 1800/1900*, 2. korrigierte und erweiterte Aufl., München 1989.

Kittler, Friedrich: »Meer und Land – nach Hossegor«, in: ders.: *Baggersee. Frühe Schriften aus dem Nachlass*, hg. v. Tania Hron und Sandrina Khaled, Paderborn 2015, S. 99–100.

Knies, Karl: *Der Telegraf als Verkehrsmittel. Über den Nachrichtenverkehr überhaupt*, Tübingen 1857.

Kleist, Heinrich von: »Empfindungen vor Friedrichs Seelenlandschaft«, in: *Berliner Abendblätter*, 12. Blatt, 13. Oktober 1810, S. 47.

Köchy, Kristian: *Ganzheit und Wissenschaft: Das historische Fallbeispiel der romantischen Naturforschung*, Würzburg 1997.

Köchy, Kristian: »Das Ganze der Natur. Alexander von Humboldt und das romantische Forschungsprogramm«, in: *Humboldt im Netz* III/5 (2002), S. 5–16.

Kohl, Johann Georg: *Geschichte des Golfstroms und seiner Erforschung von den ältesten Zeiten bis auf den großen Bürgerkrieg. Eine Monographie zur Geschichte der Ozeane und der geografischen Entdeckungen*. Bremen 1868.

Konitz, Josef W.: *Cartography in France 1660–1848. Science, Engineering and Statecraft*, Chicago und London 1987.

Kortum, Gerhard: »›Die mathematische Betrachtung der Klimate‹. Humboldt und die Klimatologie«, in: Frank Holl, Kunst- und Ausstellungshalle der Bundesrepublik Deutschland GmbH (Hg.): *Alexander von Humboldt. Netzwerke des Wissens* (Ausstellungskatalog), Ostfildern 1999, S. 95–97.

Kolumbus, Christoph: *Bordbuch*, Frankfurt am Main und Leipzig 1992.

Konersmann, Ralf: »Unbehagen in der Natur. Veränderungen des Klimas und der Klimasemantik«, in: Petra Lutz und Thomas Macho (Hg.): *Zwei Grad. Das Wetter der Mensch und sein Klima*, Ausstellungskatalog Deutsches Hygiene-Museum, Göttingen 2008, S. 22–27.

Kopp, Max: *Julius Verne und sein Werk*, Leipzig 1909.

Koschorke, Albrecht: *Die Geschichte des Horizonts. Grenze und Grenzüberschreitung in literarischen Landschaftsbildern*, Frankfurt am Main 1990.

Koschorke, Albrecht: »Das Panorama. Die Anfänge der modernen Sensomotorik um 1800«, in: Harro Segeberg (Hg.): *Die Mobilisierung des Sehens. Zur Vor- und Frühgeschichte des Films in Literatur und Kunst.* München 1996. S. 147–168.

Koschorke, Albrecht: »System. Die Ästhetik und das Anfangsproblem«, in: Robert Stockhammer (Hg.): *Grenzwerte des Ästhetischen*, Frankfurt am Main 2001, S. 146–163.

Koschorke, Albrecht: »Zur Logik kultureller Gründungserzählungen«, in: *Zeitschrift für Ideengeschichte*, Heft I/2 (Sommer 2007), S. 7–12.

Koschorke, Albrecht: *Wahrheit und Erfindung. Grundzüge einer Allgemeinen Erzähltheorie*, Frankfurt am Main 2012.

Koselleck, Reinhart: *Zeitschichten. Studien zur Historik*, Frankfurt am Main 2000.

Kracauer, Siegfried: *Die Angestellten. Aus dem neusten Deutschland*, Frankfurt am Main 1972.

Krajewski, Markus: *Restlosigkeit. Weltprojekte um 1900*, Frankfurt am Main 2006.

Krajewski, Markus: »Der Bradshaw. Ein Kursbuch als Vademecum des Weltverkehrs«, in: Passepartout (Hg.): *Weltnetzwerke – Weltspiele. Jules Vernes ›In 80 Tagen um die Welt‹*, Konstanz 2013, S. 44–48.

Krämer, Sybille: »Karten–Kartenlesen–Kartografie, Kulturtechnisch inspirierte Überlegungen«, in: Philine Helas, Maren Polte, Claudia Rückert und Bettina Uppenkamp (Hg.): *BILD/GESCHICHTE. Festschrift für Horst Bredekamp*, Berlin 2007, S. 73–82.

Kranz, Isabell: »›Parlor oceans‹, ›crystal prison‹. Das Aquarium als bürgerlicher Innenraum«, in: Thomas Brandstetter, Karin Harrasser, Günther Friesinger (Hg.): *Ambiente. Das Leben und seine Räume*, Wien 2010, S. 155–174.

Kranz, Walther: »Kosmos«, in: *Archiv für Begriffsgeschichte* 2 (1955), S. 115–266.

Kroeber, Alfred Louis: *Anthropology. Race – Language – Culture – Psychology – Prehistory*, New York 1948.

Krümmel, Otto: *Der Ozean. Eine Einführung in die allgemeine Meereskunde*, Leipzig und Prag 1886.

Krümmel, Otto: *Handbuch der Ozeanographie*, 2 Bde, Leipzig 1907.

Kuhnle, Till R.: *Das Fortschrittstrauma. Vier Studien zur Pathogenese literarischer Diskurse*, Tübingen 2005.

Kunzig, Robert: *Der unsichtbare Kontinent. Die Entdeckung der Meerestiefe*, Hamburg 2002.

Kylstra, Peter H. und Arend Meerburg: »Jules Verne, Maury and the Ocean«, in: *Proceedings of the Royal Society of Edinburgh Section B: Biology* 72 (Januar 1972), Nr. 1, S. 243–251.

Lack, Hans Walter: »Botanische Feldarbeit: Humboldt und Bonpland im tropischen Amerika (1799–1804)«, in: *Annalen des Naturhistorischen Museums in Wien/B* 105 (2004), S. 493–514.

Lack, Hans Walter: *Alexander von Humboldt und die botanische Erforschung Amerikas*, München, Berlin, London und New York 2009.

La Cépède, M. le Comte de [Bernard Germain Etienne de La Ville sur Illon]: *Histoire naturelle de Lacépède: comprenant les cétacés, les quadrupèdes ovipares, les serpents et les poissons*, Paris 1853

Lamarck, Jean-Baptiste: *Zoologische Philosophie*, 3 Bde, Leipzig 1920.

Lamberson, Peter J. und Scott E. Page: »Essay: Tipping Points«, in: *Quarterly Journal of Political Science*, Bd. 7 (2012), S. 175–208.

Lambert, Johann Heinrich: »Sur la courbure du courant magnétique«, in: *Mémoires de l'Académie royale des sciences de Berlin* (1766/1768), S. 49–77.

Lambert, Johann Heinrich: »Analyse de quelques expériences faites sur l'aimant«, in: *Mémoires de l'Académie royale des sciences de Berlin* (1766/1768), S. 22–48.

Lambert, Johann Heinrich: »Über die Abweichung der Magnettafel«, in: *Astronomisches Jahrbuch oder Ephemeriden für das Jahr 1780 nebst einer Sammlung der neuesten in die astronomischen Wissenschaften einschlagenden Beobachtungen, Nachrichten, Bemerkungen und Abhandlungen*, Teil II, hg. v. der Königliche Akademie der Wissenschaften zu Berlin, Berlin 1777, S. 145–149.

Lambert, Wilfred George: »Mesopotamian Creation Stories«, in: Markham J. Geller und Mineke Schipper (Hg.): *Imagining Creation*, Leiden 2007, S. 15–59.

Lämmert, Eberhard: *Bauformen des Erzählens*, 3. unveränderte Aufl., Stuttgart 1968.

La Landelle, Guillaume Joseph Gabrièl de: *Le tableau de la mer: Moers Maritime*, 3^{ieme} Série, Paris 1866.

La Pérouse, Jean-François de Galaub de: »Reise um die Welt in den Jahren 1785, 1786, 1787 und 1788«, in: *Magazin von merkwürdigen neuen Reisebeschreibungen, aus fremden Sprachen übersetzt und mit erläuternden Anmerkungen begleitet*, Bd. 17, Berlin 1800.

Lardner, Dionysius: »Steam-Bridge of the Atlantic«, in: *Chamber's Edinburgh Journal* (Juni 1850), S. 408–410.

Lardner, Dionysius: *The Steam Engine, Steam Navigation, Roads and Railways, Explained an Illustrated*, London 1851.

Lassels, Richard: *The Voyage Of Italy, Or A Compleat Journey Through Italy in two Parts. With the Caracters of the People, and the Description of the Chief Towns, Churches, Monasteries, Tombs, Libraries, Pallaces, Villa's, Gardens, Pictures, Statues, and Antiquities*, Bd. 1, Paris 1670.

Latour, Bruno: »Visualization and Cognition: Thinking with Eyes and Hands«, in: *Knowledge and Society: Studies in the Sociology of Culture Past and Present* 6 (1986), S. 1–40.

Lee, Henry: *Sea Monsters Unmasked*, London 1883.

Leffler, Olga Helma: »Zur Psychologie und Biologie des Axolotls«, in: *Abhandlungen und Berichte aus dem Museum für Natur- und Heimatkunde und dem Naturwissenschaftlichen Verein in Magdeburg* III, Heft 1, Magdeburg 1905, S. 1–49.

Lempe, Johann Friedrich: *Lehrbegriff der Maschinenlehre, mit Ruecksicht auf den Bergbau*, Bd. 2, Leipzig 1797.

Lepenies, Wolf: *Autoren und Wissenschaftler im 18. Jahrhundert. Buffon, Linné, Winkelmann, George Forster, Erasmus Darwin*, München und Wien 1988.

Lesley, Peter: *Manual of Coal and its Cartography. Illustrated by Original Drawings, Chiefly of Facts in the Geology of the Appalachian Region of the United States of North America*, Philadelphia 1856.

Lesley, Peter: *A Dictionary of the Fossils of Pennsylvania and neighboring States named in the Reports and Catalogues of the Survesy*, Harrisburg 1889.

Lesley Ames, Mary (Hg.): *Life and Letters of Peter and Susan Lesley*, 2 Bde, London 1909.

Lessep, Ferdinand de: *Die Entstehung des Suezkanals*, Faksimile-Ausgabe Berlin 1888, Düsseldorf 1984.

Lever, Charles [Cornelius O'Dowd]: »Continental Excursionists«, in: *Blackwood's Edinburgh Magazine* 47 (Februar 1865), S. 230–233.

Linné, Carl von: *De Stella Polari, Archiatri Regii, Med. & Botan. Profess. Upsal.; ... Systema Naturæ Per Regna Tria Naturæ, Secundum Classes, Ordines, Genera, Species, Cum Characteribus, Differentiis, Synonymis, Locis*, 10. erweiterte Aufl., Stockholm 1758.

Ludewik, Ulrich: »Schöner wohnen im Wal«, in: Heike Fuhlbrügge, Jessica Ullrich und Friedrich Weltzien (Hg.): *Ich, das Tier. Tiere als Persönlichkeiten in der Kulturgeschichte*, Berlin 2008, S. 105–119.

Lütkehaus, Ludger (Hg.): »Dieses innere Afrika«, in: ders.: *Texte zur Entdeckung des Unbewußten vor Freud*, Gießen 2005.

MacCannell, Dean: *The Tourist. A New Theory of the Leisure Class*, Berkeley, Los Angeles und London 1999.

Macherey, Pierre: *Zur Theorie der literarischen Produktion. Studien zu Tolstoij, Verne, Defoe, Balzac*, Darmstadt und Neuwied 1974.

Macho, Thomas: »Vom Ursprung des Monströsen. Zur Wahrnehmung des verunstalteten Menschen«, in: Holl Adolf (Hg.): *Wie werden aus Menschen Monstren?* (Manuskripte Graz 109), Graz 1990, S. 55–94.

Macho, Thomas: »Mit sich allein. Einsamkeit als Kulturtechnik«, in: Aleida und Jan Assmann (Hg.): *Einsamkeit. Archäologie der literarischen Kommunikation VI*, München 2000, S. 27–44.

Macho, Thomas: »Zoologiken. Tierpark, Zirkus und Freakshow«, in: Gert Theile (Hg.): *Anthropometrie. Zur Vorgeschichte des Menschen nach Maß*, München 2005, S. 155–177.

Macho, Thomas: »Körper der Zukunft«, in: Hans Belting (Hg.): *Bilderfragen. Die Bildwissenschaften im Aufbruch*, Paderborn 2007, S. 181–194.

Macho Thomas: »Tiere zweiter Ordnung«, in: Dirk Baecker, Matthias Kettner, Dirk Rustemeyer (Hg.): *Über Kultur. Theorie und Praxis der Kulturreflexion*, Bielefeld 2008, S. 99–117.

Macho, Thomas: *Vorbilder*, Paderborn 2011.

Mahler, Andreas: »Welt als Spiel. Syntaktik – Pragmatik – Semantik«, in: Passepartout (Hg.): *Weltnetzwerke – Weltspiele. Jules Vernes ›In 80 Tagen um die Welt‹*, Konstanz 2013, S. 319–323.

Maisak, Petra: *Goethes Zeichnungen und Radierungen. Bestandskatalog.* Frankfurt am Main 1998.

Malinowski, Bronisław: *Argonauten des westlichen Pazifiks. Ein Bericht über Unternehmungen und Abenteuer der Eingeborenen in den Inselwelten von Melanesisch-Neuguinea*, Frankfurt am Main 1979.

Malte-Brun, Conrad: »Coup d'œil sur les découvertes géographiques qui restent à faire et sur les meilleurs moyens de les effectuer«, in: *Nouvelles Annales des Voyages* 9 (1817), S. 1–103.

Malte-Brun, Victor Adolphe: »Aperçu de l'état de nos connaissances géographiques en moment d'ouverture de congrès international a Paris« in: *Bulletin de la Société de Géographie* 9 (1875), S. 561–565 und Tafel 1.

Malthus, Thomas: *Eine Abhandlung über das Bevölkerungsgesetz, oder eine Untersuchung seiner Bedeutung für die menschliche Wohlfahrt ...*, aus dem Engl. übers. v. Valentine Dorn, 2 Bde, Jena 1905.

Mandelbrot, Benoît: »How Long Is the Coast of Britain? Statistical Self-Similarity and Fractional Dimension«, in: *Science* 156, Nr. 3775 (1967), S. 636–638.

Mangin, Arthur: *Les mystères de l'Océan*, Tours 1864.

Marey, Étienne-Jules Marey: *Le Mouvement*, Faksimile n. der Orignalausgabe von 1894, mit einem Vowort v. André Miquel, Nîmes 1994.

Marsh, George Perkins: *The Earth as Modified by Human Action*, 2. erweiterte Ausgabe, New York 1874.

Martyr, Petrus: »Die erste Reise um den Globus«, 7. Kap. aus: *De orbe decades* [1511–1523/1530], zit. n. der Ausgabe und übers. v. Robert Wallisch: *Magellans Boten. Die frühesten Berichte über die erste Weltumsegelung. Maximilianus Transylvanius, Johannes Schöner, Pietro Martire d'Angehiera. Lateinischer Text, Übersetzung und Anmerkungen.* Wien 2009, S. 107–159.

Masson, Jeffrey Moussaieff: *The Oceanic Feeling. The Origins of Religious Sentiment in Ancient India*, Boston und London 1980.

Maupertuis, Pierre-Louis Moreau de: »Lettre sur les Progrès des Sciences«, in: *Ouvrées de Maupertuis*, 2. korrigierte Aufl., Bd. 2, Lyon 1768.

Maury, Matthew Fontaine: *The Physical Geography of the Sea*, New York 1855.

Maury, Matthew Fontaine: *Die Physische Welt des Meeres*, übers. und bearbeitet v. Carl Boettcher, Leipzig 1856.

Mauss, Marcel: *Soziologie und Anthropologie 2*, übers. v. Eva Moldenhauer, Henning Ritter und Axel Schmalfuß, München 1975.

McCombs, Maxwell E. und Donald L. Shaw: »The Agenda Setting Function fo Mass Media«, in: *The Public Opinion Quarterly* 36, Nr. 2 (Sommer 1972), S. 176–187.

McCleod, Judyth: *Atlas der legendären Länder. Von Atlantis bis zum Garten Eden*, Hamburg 2010.

McLuhan, Marshall: *Die magischen Kanäle. Understanding Media*, Düsseldorf, Wien, New York und Moskau 1992.

McLuhan, Marshall: *Understanding Media. The Extensions of Man*, kritische Ausgabe, hg. v. Terrence Gordon, Corte Madera 2003.

Meadows, Dennis, Donatella Meadows, Erich Zahn, Pete Milling: *Die Grenzen des Wachstums. Bericht des Club of Rome zur Lage der Menschheit*, dt. v. Hans-Dieter Heck, Stuttgart 1972.

Merguet, Hugo: *Handlexikon zu Cicero*, Faksimile von Leipzig 1905/1906, Hildesheim 1962.

Meyer, Friedrich Johann Lorenz: *Briefe aus der Hauptstadt und dem Innerem Frankreichs*, Bd. 1, Leipzig 1802.

Meyer-Lübke, Wilhelm: *Romanisches Etymologisches Wörterbuch*, 3. bearbeitete Aufl., Heidelberg 1935.

Meynen, Gloria: »Die Tafel als Universalmedium«, in: Friedrich Kittler und Ana Ofak (Hg.): *Medien vor den Medien*, Paderborn 2008.

Michelet, Jules: *Das Meer*, Frankfurt am Main und New York 2006.

Micheli du Crest, Jacques Barthélemy: *Prospect Géométrique des Montagnes neigées dittes Gletscher telles qu'on les découvre en tems favorable, depuis le Chateau d'Arbourg, dans les territoires des Grisons du Canton d'Vry et de l'Oberland du Canton Berne*, Basel 1755.

Minois, Georges: *Die Geschichte der Prophezeiungen*, Düsseldorf 2002.

Moreau de Saint-Élier, Louis Malo: *Traité de la communication des maladies et des passions*, Den Haag 1738.

Moretti, Franco: *Atlas des europäischen Romans. Wo die Literatur spielte*, Köln 1999.

Moretti, Franco: *Kurven, Karten, Stammbäume. Abstrakte Modelle für die Literaturgeschichte*, Frankfurt am Main 2009.

Moretti, Franco: *Distant Reading*, Konstanz 2016.

Morgenthaler, Erwin: *Von der Ökonomie der Natur zur Ökologie. Die Entwicklung ökologischen Denkens und seiner sprachlichen Ausdrucksformen*, Berlin 2000.

Mori, Takashi: *Klassifizierung der Welt. Georg Forsters Reise um die Welt*. Berliner Kulturwissenschaft, Bd. 10, Freiburg, Berlin und Wien 2011.

Moritz, Karl Philipp und Johann Ernst Stutz: *Grammatisches Wörterbuch der deutschen Sprache*, 2 Bde, Berlin 1794.

Müller, Friedrich C.: *Theoretisch-Praktische Abhandlung über das richtige Aufnehmen und Zeichnen der Situations-Charten nach bloßem Augenmaaße*, Münster 1778.

Müller-Wille, Staffan: »Carl von Linnés Herbarschrank«, in: Anke te Heesen und Emma C. Spary (Hg.): *Sammeln als Wissen. Das Sammeln und seine wissenschaftsgeschichtliche Bedeutung*, Göttingen 2001, S. 22–38.

Müller, Friedhelm L. (Hg.): *Rhetorica ad Herennium: Rhetorik an Herennius*, übers. und kommentiert v. Friedhelm L. Müller, Aachen 1994.

Muirhead, James Patrick: *The Origin and Progress of the mechanical Inventions of James Watt illustrated by his correspondence with his friends and the specifications of the Patents*, 2 Bde, London 1854.

Muirhead, James Patrick: *The Life of James Watt with Selections from his Correspondences*, London 1858.

Mundt, Jörn W.: *Thomas Cook. Pionier des Tourismus*, Konstanz 2014.

Murray, John Ivor: »Mermaid«, in: *Magazine of natural history and journal of zoology, botany, mineralogy, geology and meteorology* 3 (1830), S. 447.

Nagel, Siegfried: *Französisch-englisches etymologisches Wörterbuch innerhalb des Lateinischen ...*, Berlin 1869.

Neutsch, Cornelius: »Die Kunst, seine Reise wohl einzurichten. Gelehrte und Enzyklopädien«, in: Hermann Bausinger, Klaus Beyrer und Gottfried Korff (Hg.): *Reisekultur. Von der Pilgerfahrt zum modernen Tourismus*, München 1999, S. 146–152.

Nieden, Ludwig Friedrich Julius zur: »Taucher-Apparate nach dem System Rouquayrol-Denayrouze«, in: *Deutsche Bauzeitung. Wochenblatt* III (14. Januar 1869), Nr. 3, S. 23–25.

Nitsch, Wolfram: »Topographien. Zur Ausgestaltung literarischer Räume«, in: Dünne, Jörg und Andreas Mahler (Hg.): *Handbuch Literatur & Raum*, erschienen in der Reihe *Handbücher zur kulturwissenschaftlichen Philologie*, Hg. v. Claudia Benthien, Ethel Matala de Mazza und Uwe Wirth, Bd. 3, Berlin und Boston 2015, S. 32–40.

Novalis: *Werke Tagebücher und Briefe Friedrich von Hardenbergs*, hg. v. Richard Samuel, 3 Bde, München und Wien 1978.

Nyhart, Lynn K.: *Modern Nature. The Rise of the Biological Perspective in Germany*, Chicago und London 2009.

Ohl, Michael: *Die Kunst der Benennung*, Berlin 2015.

O'Dowd, Cornelius [Pseudonym v. Lever, Charles]: »Continental Excursionists«, in: *Blackwood's Edinburgh Magazine* 47 (Februar 1865), S. 230–233.

Oettermann, Stephan: *The Panorama. History of a Mass Medium*, New York 1997.

Olaus Magnus: »Carta marina et descriptio septemtrionalium errarum ac mirabilium erum in eis contentarum diligentissime elaborata, Venedeig 1539, zit. nach Olaus Magnus: *Die Wunder des Nordens*, hg. v. Elena Balzamo und Reinhard Kaiser, Frankfurt am Main 2006, S. 104–339.

Olaus Magnus: *Historia de Gentibus septemtrionalibus ...*, Rom 1555, zit. nach Olaus Magnus: *Die Wunder des Nordens*, hg. v. Elena Balzamo und Reinhard Kaiser, Frankfurt am Main 2006, S. 104–339.

Oppel, Alwin: *Terra Incognita. Eine kurzgefasste Darstellung der stufenweisen Entwicklung der Erdkenntnis vom Ausgange des Mittelalters bis zur Gegenwart und der derzeitigen Ausdehnung der unerforschten Gebiete*, Bremen 1891.

Osten, Manfred: »Der See von Valencia oder Alexander von Humboldt als Pionier der Umweltbewegung«, in: Irina Podtergera (Hg.:): *Schnittpunkt Slavistik. Ost und West im wissenschaftlichen Dialog. Festgabe für Helmut Keipert zum 70. Geburtstag*, Teil 1, Göttingen 2012, S. 61–70.

Osterhammel, Jürgen: *Die Verwandlung der Welt. Eine Geschichte des 19. Jahrhunderts*, 6. Aufl., München 2011.

Otis, Laura: »Howled Out of the Country: Wilkie Collins and H. G. Wells Retry David Ferrier«, in: Anne Stiles (Hg.): *Neurology and Literature, 1860–1920*, Basingstoke 2007, S. 27–51.

Otto, Isabell: »Die Zeitmaschine – Vehikel in einer Mediengeschichte des Verkehrs«, in: Christoph Neubert und Gabriele Schabacher (Hg.): *Verkehrsgeschichte und Kulturwissenschaft*, Bielefeld 2013, S. 271–292.

Ovid, Publius Naso: *Metamorphosen: Metamorphosen Libri*, Lateinisch-deutsch, Hg. und übers. v. Gerhard Fink, 3. Aufl., München 2003.

Pardes, Îlânâ: *Melville's Bibles*, Berkeley 2008.

Parnes, Ohad, Ulrike Vedder, Stefan Willer: *Das Konzept der Generation. Eine Wissenschafts- und Kulturgeschichte*, Frankfurt am Main 2008.

Parsons, Barclay: *Robert Fulton and the Submarine*, New York 1922.

Parsons, William B.: »The Oceanic Feeling Revisited«, in: *The Journal of the Religion* 78, Nr. 4 (Oktober 1998), S. 501–523.

Parsons, William B.: *The Enigma of Oceanic Feeling. Revisioning the Psychoanalytic Theory of Mysticism*, New York und Oxford 1999.

Payen, Anselme: »Die Verarbeitung der Gutta-Percha beschrieben von Prof. Payen aus dessen Précis de Chimie industrielle«, in: *Polytechnisches Journal* 120 (1851), XXVII., S. 177–120, Faksimile unter http://dingler.culture.hu-berlin.de/journal/page/pj120?p=135, abgerufen am 21.3.2013).

Pecquet, Jean: *Joannis Pecqueti diepæi Experimenta Nova Anatomica, quibus incognitum hactenus chyli receptaculum, et ab eo per thoracem in ramos usque subclavios vasa lactea deteguntur*, Paris 1654.

Pecquet, Jean: *New anatomical experiments of John Pecquet of Deip: By which the hitherto unknown receptacle of the chyle, and the transmission from thence to the subclavial veins by the now discovered lacteal chanels of the thorax, is plainly made appear in brutes ...*, London 1653.

Penck, Albrecht: *Die Vergletscherung der deutschen Alpen, ihre Ursachen, periodische Wiederkehr und ihr Einfluss auf die Bodengestaltung*, Leipzig 1882.

Penck, Albrecht: *Morphologie der Erdoberfläche*, 2 Bde, Stuttgart 1894.

Peschel, Carl Friedrich: *Lehrbuch der Physik, nach dem gegenwärtigen Standpuncte dieser Wissenschaft bearbeitet, zum Gebrauche bei Vorlesungen auf höheren Gymnasien und mit besonderer Berücksichtigung der Militärbildungsanstalten*, Dresden 1844.

Peschel, Oskar: *Geschichte der Erdkunde bis auf Alexander von Humboldt und Carl Ritter*, 2. vermehrte und verbesserte Aufl., München 1877.

Peters, Emil: *Der griechische Physiologus und seine orientalischen Übersetzungen*, Berlin 1898.

Petri, Friedrich Erdmann: *Uebersicht der pädagogischen Literatur von ihrem Anbeginn bis zum Schlusse des XVIII^{ten} Jahrhunderts*, Bd. 1, Leipzig 1807.

Pettinato, Giovanni: »Das altorientalische Menschenbild und die sumerischen und akkadischen Schöpfungsmythen«, in: *Abhandlungen der Heidelberger Akademie der Wissenschaften. Philosophisch-historische Klasse*, Jg. 1971, 1. Abhandlung, Heidelberg 1971.

Pfannenstiel, Max: »Das Meer in der Geschichte der Geologie«, in: *Geologische Rundschau* 60/1 (November 1970), S. 3–72.

Pfatschbacher, Klaus: *Jules Verne und der Populärroman*, Frankfurt am Main, Berlin, Bern, Brüssel, New York, Oxford und Wien 2000.

Piantadosi, Claude A.: *The Biology of Human Survival. Life and Death in Extreme Enviroments*, Oxford 2003.

Pias, Claus: »Synthetic History«, in: *Mediale Historiographien. Archiv für Mediengeschichte* 1 (2001), S. 171–183.

Pias, Claus: »›One-Man Think Tank‹. Herman Kahn, oder wie man das Undenkbare denkt«, in: *Zeitschrift für Ideengeschichte*, Heft III/3 (Herbst 2009), S. 5–16.

Philbrick, Nathaniel: *Im Herzen der See. Die letzte Fahrt des Walfängers Essex*, Berlin 2000.

Phipps, Constantine John: *Voyage towards the North Pole undertaken by His Majesty's Command 1773*, London 1774.

Platon, *Werke in acht Bänden*, griechisch und deutsch, Darmstadt 1990.

Platthaus, Isabel: *Höllenfahrten. Die epische katábasis und die Unterwelten der Moderne*, München 2004.

Plinius, Secundus der Ältere: *Naturalis Historiae Libri XXXVIII: Naturkunde, Lateinisch – deutsch in 37 Bänden*, hg. und übers. v. Roderich König in Zusammenarbeit mit Gerhard Winkler, Kempten 1976.

Pontopiddan, Erik: *The natural History of Norway ... in two Parts*, London 1755.

Pratt, Anne: *Chapters on the Common Things of the Seaside*, London 1856.

Preble, Henry: *A Chronological History of the Origin and Development of Steam Navigation*, 2. Aufl., Philadelphia 1895.

Preller, Ludwig: *Griechische Mythologie*, Bd. 1 (*Theogonie und Goetter*), Berlin 1860.

Pryor, Frederic: »An Empirical Note on the Tipping Point«, in: *Land Economics* 47 (1971), S. 413–417.

Ptolemaios, Klaudios: *Handbuch der Geografie: Geographike Hyphegesis*, hg. v. Alfred Stückelberger und Gerd Graßhoff, Basel 2006.

Raisz, Erwin: *General Cartography*, 2. Aufl., New York, Toronto und London 1948.

Rathmayr, Reinhard: *Zwillinge in der griechisch-römischen Antike*, Wien, Köln und Weimar 2000.

Ratzel, Friedrich: *Anthropo-Geographie. Grundzüge der Anwendung der Erdkunde auf die Geschichte*, 1. Teil, hg. v. Albrecht Penck, 3. unveränderte Aufl., Leipzig 1909.

Ratzel, Friedrich: *Anthropo-Geographie. Zweiter Teil: Die Geographische Verbreitung des Menschen*, Stuttgart 1891.

Raumer, Friedrich von: *Litterarischer Nachlass von Friedrich von Raumer*, Bd. 1, Berlin 1869.

Reichenbach, Heinrich Gottlieb Ludwig: »Ueber Zoologische Gärten«, in: *Der Zoologische Garten. Organ Für die Zoologische Gesellschaft Frankfurt a. M.* 11 (1860), S. 193–197.

Reid, Gordon McGregor: »Linnaeus' Fishes. Past, Present und Future«, in: P. Gardiner und M. Morris (Hg.): *The Linnean Collections. The Linnean Special Issue* 7 (2007), S. 75–86.

Reimann, Ernst Julius: *Das Luftmeer. Eine physikalische Darstellung für Laien*, Gotha 1857.

Renzi, Thomas C.: *Jules Verne on Film. A Filmography of the Cinematic Adaptions of His Works, 1902 through 1997*, Jefferson, North Carolina und London 1997.

Reuleaux, Franz: *Lehrbuch der Kinematik*, Bd. 1 [=Theoretische Kinematik. Grundzüge einer Theorie des Maschinenwesens], Braunschweig 1875.

Reuleaux, Franz: *Lehrbuch der Kinematik*, Bd. 2 [=Die Praktischen Beziehungen der Kinematik zu Geometrie und Mechanik], Braunschweig 1900.

Richardson, Charles: *A New Dictionary of the English Language*, 2 Bde, London 1838.

Riecke-Müller: »Menagerien zwischen Privatheit und Wissenschaft vom Menschen. Die Haltung exotischer Wildtiere in der zweiten Hälfte des 18. Jahrhunderts«, in: Mitchell G. Ash: *Mensch, Tier und Zoo, Der Tiergarten Schönbrunn im internationalen Vergleich vom 18. Jahrhundert bis heute*, S. 53–71.

Riedel, Wolfgang: »*Homo natura*«. *Literarische Anthropologie um 1900*, Berlin 1996.

Ritter, Carl: *Sechs Karten von Europa*, Schnepfenthal 1806.

Ritter, Benjamin und Ritter, Carl: *Geografisch-statistisches Comptoir- und Zeitungs-Lexicon oder Beschreibung aller bekannten Länder, Meere, See'n, Flüsse, Inseln, Gebirge, Reiche, Provinzen, Städte …*, Leipzig 1836.

Ritter, Carl: »Über das historische Element in der geographischen Wissenschaft«, in: *Historisch-Philosophische Abhandlungen der Königlichen Akademien der Wissenschaften zu Berlin aus dem Jahre 1833*, Berlin 1835, S. 41–67.

Ritter, Carl: *Allgemeine Erdkunde. Vorlesungen an der Universität zu Berlin*, Berlin 1862.

Robinson, Arthur H. und Helen M. Wallis: »Humboldt's Map of Isothermal Lines: A Milestone in Thematic Cartography«, in: *Cartographic Journal* 4 (1967), S. 119–123.

Robinson, Arthur H. und Randall D. Sale: *Elements of Cartography*, 3. erweiterte Aufl., New York, London, Sydney und Toronto 1969.

Robinson, Arthur H.: »The Genealogy of the Isopleth«, in: *Cartographic Journal* 8/1 (Juni 1971), S. 49–53.

Robinson, John: *Proofs of a conspiracy against all the religions and governments of Europe: carried on in the secret meetings of Free Masons, Illuminati, and reading societies*, 3. Aufl., Philadelphia 1798.

Rötzer, Florian: »Globale Technik für den globalen Klimawandel. Die Großprojekte des Geoengineerings zur Rettung des irdischen Klimas«, in: Peter Lutz und Thomas Macho (Hg.): *Zwei Grad. Das Wetter, der Mensch und sein Klima*, Ausstellungskatalog Hygiene-Museum in Dresden, Göttingen 2008, S. 120–126.

Rolland, Romain: *Das Leben des Ramakrishna*, Zürich und Stuttgart 1964.

Rose, Hugh James: *A New General Biographical Dictionary*, 12 Bde, London 1853/1857.

Rosen, William: *The Most Powerful Idea in the World. A Story of Steam, Industry and Invention*, London 2010.

Rosenberger, Veit: *Gezähmte Götter. Das Prodigienwesen der römischen Republik*, Heidelberger Althistorische Beiträge und Epigraphische Studien, Bd. 27, Stuttgart 1998.

Ross, James Clark: *A Voyage of Discovery and Research in the Southern and Antarctic Regions during the Years 1839–1843*, 2 Bde, London 1847.

Rozwadowski, Helen M.: *Fathoming the Ocean. The Discovery and Exploration of the Deep Sea*, Cambridge und London 2005.

Rudio, Ferdinand: *Der Bericht des Simplicius über die Quadraturen des Antiphon und des Hippocrates*, Griechisch-Deutsch, Wiesbaden 1967 [Faksimile: Leipzig 1907].

Russell, William Howard: *A Diary in the East During the Tour of Prince and Princess of Wales*, 2 Bde, London 1869.

Russell, Ben: *Headmap Manifesto*, 1999, www.headmap.org/book/get/headmap-manifesto.pdf (abgerufen am 06.02.2015).

Samuel, Nina: »The Visibility of Islands: On Imagination, Seduction, and Materiality«, in: dies. (Hg.): *The Islands of Benoit Mandelbrot. Fractals, Chaos, and the Materiality of Thinking*, New Haven und London 2012, S. 18–61.

Sanderson, Robert: *Acta Publica inter reges angliæ et alios quosvis imperatores, reges, pontifices, principes, vel communitates ...*, Bd. XIX, London 1732.

Saval, Nikil: *Cubed. A Secret History of the Workplace*, New York 2014.

Scales, Helen: *The Poseidon's Steed. The Story of Seahorses. From Myth to Reality*, Cambridge 2009.

Schäffner, Wolfgang: »Die Verwaltung der Natur. Alexnander von Humboldts Medien (1799–1834)«, in: Stefan Rieger, Schamma Schahadat, Manfred Weinberg (Hg.): *Interkulturalität. Zwischen Inszenierung und Archiv*, Tübingen 1999, S. 352–364.

Schäffner, Wolfgang: »Topographie der Zeichen. Alexander von Humboldts Datenverarbeitung«, in: Inge Baxmann, Michael Franz und ders. (Hg.): *Das Laokoon-Paradigma. Zeichenregime im 18. Jahrhundert*, Berlin 2000, S. 358–382.

Schedel, Hartmann: *Die Schedelsche Weltchronik*, 3. Aufl., Dortmund 1985 [Faksimile von 1493].

Scheuchzer, Johann Jakob, *Natur-Historie des Schweitzerlandes*, 3 Theile, Zürich 1716.

Scheugl, Hans: *Showfreaks & Monster. Sammlung Felix Adanos*, Köln 1974.

Schirges, Georg: *Die zweite Welt-Ausstellung, mit besonderer Berücksichtigung der Deutschen Industrie*, Frankfurt am Main 1855.

Schleiden, Matthias Jakob: *Das Meer*, Berlin 1867.

Schlee, Susan: *Die Eroberung der Weltmeere. Eine Geschichte ozeanographischer Unternehmungen*, Oldenburg und Hamburg 1974.

Schlimm, Anette: *Ordnungen des Verkehrs. Arbeit an der Moderne – deutsche und britische Verkehrsexpertise im 20. Jahrhundert*, Bielefeld 2011.

Schlögel, Karl: *Im Raume lesen wir die Zeit. Über Zivilisationsgeschichte und Geopolitik*, 4. Aufl., Frankfurt am Main 2011.

Schmidt, Carl Christian (Hg.): *Encyklopädie der gesamten Medicin im Vereine mit anderen Ärzten*, Bd. 6, Leipzig 1842.

Schmidt, Max: »Nachrichten aus dem Zoologischen Garten zu Frankfurt a. M.«, in: *Der Zoologische Garten: Zeitschrift für Beobachtung, Pflege und Zucht der Thiere* 9 (1878), S. 280–284.

Schmiederer, Falko: »Urgeschichte der Nachmoderne. Zur Archäologie des Anthropozäns«, in: *Forum Interdiszipinäre Begriffsgeschichte* (E-Journal des Zentrums für Kultur- und Literaturforschung), 3. Jahrgang, 2. Ausgabe (2014), S. 43–48.

Schmitt, Carl: *Land und Meer. Eine weltgeschichtliche Betrachtung*, Köln-Lövenich 1981.

Schnelle, Eberhard und Alfons Wankum: *Architekt und Organisator. Probleme und Methoden der Bürohausplanung*, 2. erweiterte und überarbeitete Aufl., Quickborn 1965.

Schneider, Birgit: »Ohne Linien ist der Geist blind. Elemente einer Praxis- und Wissensgeschichte der explorativen Grafik«, in: Karsten Heck und Wolfgang Cortjaens (Hg.): *Stil-Linien diagrammatischer Kunstgeschichte*, Berlin 2014, S. 66–78.

Schneider, Birgit: »Berglinien im Vergleich. Bemerkungen zu einem klimageografischen Diagramm Alexander von Humboldts«, in: *Internationale Zeitschrift für Humboldt Studien* XIV (2013), Nr. 26 S. 26–41.

Schott, Gerhard: *Physische Meereskunde*, Leipzig 1903.

Schramm, Manuel: *Digitale Landschaften*, Stuttgart 2009.

Schubert, Johann Andreas: *Elemente der Maschinenlehre*, erste Abtheilung, Dresden und Leipzig 1842.

Schulze, Bruno: *Das militärische Aufnehmen unter Berücksichtigung der Arbeiten der königlich preuszischen Landesaufnahme nebst einigen Notizen über Photogrammetrie und über die topographischen Arbeiten Deutschland benachbarter Staaten*, Leipzig und Berlin 1903.

Schumacher, Arno: »Matthew Fontaine Maury und die Brüsseler Konferenz 1853«, in: *Deutsche Hydrographische Zeitschrift*, Bd. 6, Heft 2, 1953, S. 87–92.

Schurtz, Heinrich: *Altersklassen und Männerbünde: Eine Darstellung der Grundformen der Gesellschaft*, Berlin 1902.

Schwarz, Uwe: »Die Darstellung der dritten Dimension. Ein Beitrag zur Geschichte der Kartografie«, in: *Geowissenschaften in unserer Zeit. Organ der Alfred-Wegener-Stiftung* 5 (September 1987), S. 157–165.

Scior, Volker: »Monströse Körper. Zur Deutung und Wahrnehmung von *monstra* im Mittelalter«, in: Gabriela Antunes und Björn Reich (Hg.): *(De)formierte Körper: die Wahrnehmung und das Andere im Mittelalters / Corps (Dé)formés: Perceptions et l'Altérité au Moyen-Âge*, Interdisziplinäres Seminar, Straßburg, 19. März 2010, Göttingen 2012, S. 31–49.

Seel, Martin: *Die Künste des Kinos*, Frankfurt am Main 2013.

Seeley, John Robert: *The Expansion of England, Two Courses of Lectures*, London 1914.

Serres, Michel: »Jules Verne's Strange Journeys«, in: *Yale French Studies* 52 (1975), S. 174–188.

Serres, Michel: *Jules Verne, la science et l'homme contemporain. Conversations avec Jean-Paul Dekiss*, Paris 2003.

Serres, Michel: »Spiel«, in: Passepartout (Hg.): *Weltnetzwerke – Weltspiele. Jules Vernes ›In 80 Tagen um die Welt‹*, Konstanz 2013, S. 285–293.

Serres, Michel: »Loxodrome der ›Außergewöhnlichen Reisen‹, in: Passepartout (Hg.): *Weltnetzwerke – Weltspiele. Jules Vernes ›In 80 Tagen um die Welt‹*, Konstanz 2013, S. 135–140.

Siegert, Bernhard: »Einleitung« zum Kap. I [Repräsentationen diskursiver Räume], Böhme, Hartmut (Hg.): *Topographien der Literatur*, Stuttgart und Weimar 2005, S. 3–11.

Siegert, Bernhard: »Wasserlinien. Das Gekerbte und der glatte Raum als Agenten der Konstruktion«, in: Jutta Voorhoeve (Hg.): *Welten schaffen: Zeichnen und Schreiben als Verfahren der Konstruktion*, Berlin und Zürich 2011, S. 17–37.

Siegert, Bernhard: »Kapitel 16: *The Ship*«, in: *Neue Rundschau* 123 (2012), Heft 2 [Moby Dick], S. 40–49.

Siegert, Bernhard: »Nemos Nomos«, in: Passepartout (Hg.): *Weltnetzwerke – Weltspiele. Jules Vernes ›In 80 Tagen um die Welt‹*, Konstanz 2013, S. 149–153.

Simmel, Georg: *Soziologie. Untersuchungen über die Formen der Vergesellschaftung*, Leipzig 1908.

Simmel, Georg: »Philosophie der Landschaft«, in: ders.: *Brücke und Tür. Essays des Philosophen zur Geschichte Religion, Kunst und Gesellschaft*, hg. v. Michael Landmann, Stuttgart 1957, S. 141–152.

Sherard, Robert H.: »Jules Verne at Home. His Own Account of his Life and Work«, in: *McClure's Magazine* 2 (1894), S. 115–124.

Sloterdijk, Peter: *Sphären. Plurale Sphärologie*, Bd. 2 (=Globen), Frankfurt am Main 1999.

Sloterdijk, Peter: *Luftbeben. An den Quellen des Terrors*, Frankfurt am Main 2002.

Sloterdijk, Peter: *Sphären. Plurale Sphärologie*, Bd. 3 (=Schäume), Frankfurt am Main 2004.

Sloterdijk, Peter: *Im Weltinnenraum des Kapitals. Für eine philosophische Theorie der Globalisierung*, Frankfurt am Main 2006.

Sloterdijk, Peter: »Wie groß ist groß?«, in: Paul J. Crutzen, Mike Davis, Michael D. Mastrandrea, Stephen H. Schneider und Peter Sloterdijk et al. (Hg.): *Das Raumschiff Erde hat keinen Notausgang*, Frankfurt am Main 2011, S. 93–110.

Smiles, Samuel: *Lifes of Boulton and Watt: Principally from the original Soho Mss. comprising also a History of the Inventions and Introduction of the Steam-Engine*, London 1865.

Smith, Bernard: *Imagining the Pacific. In the Wake of the Cook Voyages*, New Haven und London 1992.

Smith, Jonathan: *Charles Darwin and Victorian Visual Culture*, Cambridge 2006.

Snyder, John P.: *Flattening the Earth. Two Thousand Years of Map Projections*, Chicago 1997.

Spitzer, Leo: »Milieu and Ambiance: An Essay in Historical Semantics«, in: *Philosophy and Phenomenological Research* 3,1 (September 1942), S. 1–42.

Spitzer, Leo: »Milieu and Ambiance: An Essay in Historical Semantics«, in: *Philosophy and Phenomenological Research* 3,2 (Dezember 1942), S. 169–218 [Fortsetzung].

Sobel, Dava: *Längengrad. Die wahre Geschichte eines einsamen Genies, welches das größte wissenschaftliche Problem seiner Zeit löste*, Berlin 1996.

Soja, Edward: *Postmodern Geografies: The Reassertion of Space in Critical Social Theory*, London und New York 1989.

Solar, Gustav: »Drei schweizerische Erstleistungen in der Frühgeschichte des Panoramas«, in: *Geographica Helvetica* 2/3 (1974), S. 109–115.

Speich, Daniel: *Papierwelten. Eine historische Vermessung der Kartografie im Kanton Zürich des späten 18. und 19. Jahrhunderts*, Preprints zur Kulturgeschichte der Technik 1998, Nr. 3 (Lizentiatsarbeit).

Spencer–Brown, George: *Laws of Form*, New Edition, 4. Aufl., Horningsham, Warminster, 2011.

Spencer, Herbert: *The Principles of Biology*, 2 Bde, London 1864/1867.

Sprenger, Florian: *Medien des Immediaten. Elektrizität, Telegrafie, Mc-Luhan*, Berlin 2012.

Sprenger, Florian: »Lob des Berührens. Zur phantasmatische Dimension der Elektrizität und ihrer Medientheorien«, in: Wieser, Veronika, Christian Zolles, Catherine Feik, Martin Zolles und Leopold Schlöndorff (Hg.): *Abendländische Apokalyptik. Kompendium zur Genealogie der Endzeit*, Berlin 2013, S. 179–195.

Sproul, Barbara S.: *Schöpfungsmythen der östlichen Welt*, München 1993.

Stafford, Barbara Maria: *Voyage into Substance. Art, Science, Nature, and the Illustrated Travel Account, 1760–1840*, Cambridge 1986.

Steel, Frances: *Oceania under steam. Sea Transport and the Cultures of Colonialism, c. 1870–1914*, Manchester 2011.

Stein, Sigmund Theodor: *Das Licht im Dienst wissenschaftlicher Forschung*, Frankfurt am Main 1877.

Steinhaus, Hugo: »Length, Shape and Area«, in: *Colloquium Mathematicum* 3 (1954), S. 1–13.

Steinheil, C. A.: »Beschreibung und Vergleichung der galvanischen Telegrafen Deutschlands, nach Besichtigung im April 1849«, in: *Polytechnisches Journal* 115 (1849), LVI., S. 253–270

Stehr, Nico und Hans von Storch: *Klima, Wetter, Mensch*. München 1999.

Stiehler, Adolf (Hg.): *Hand-Atlas über alle Theile der Erde nach dem neuesten Zustande und über das Weltgebäude*, Gotha 1821/1823.

Stiegler, Bernd: *Reisender Stillstand. Eine kleine Kulturgeschichte der Reisen im und um das Zimmer herum*, Frankfurt am Main 2010.

Stott, Rebecca: *Darwin's Ghosts. In Search of the First Evolutionists*, London, Berlin, New York und Sydney 2012.

Stoppani, Antonio: *Corso di Geologia*, Bd. 2, Neapel 1873.

Strabon: *Strabons Erdbeschreibung in siebzehn Büchern. Nach Berichtigtem griechischen Texte unter Begleitung kritischer und erklärender Anmerkungen*, übers. v. Christoph Gottlieb Groskurd, erster Teil, Berlin und Stettin 1831, Reprint Hildesheim, Zürich und New York 1988.

Strickland, Hugh E.: »On the True Method of discovering the Natural System in zoology and botany«, in: *The Annals and Magazine of Natural History* 6 (1841), S. 184–194.

Studer, Bernhart: *Geschichte der physischen Geografie der Schweiz bis 1815*, Bern und Zürich 1863.

Suárez, Thomas: *Early Mapping of the Pacific. The Epic Story of Seafarers, Adventures, and Cartographers*, Singapur 2004.

Suckow, Christian: »›Dieses Jahr ist mir das wichtigste meines unruhigen Lebens geworden‹. Alexander von Humboldts russisch-sibirische Reise im Jahre 1829«, in: Frank Holl, Kunst- und Ausstellungshalle der Bundesrepublik Deutschland GmbH (Hg.): *Alexander von Humboldt. Netzwerke des Wissens* (Ausstellungskatalog). Ostfildern 1999, S. 161–177.

Switzer, Stephen: *An introduction to a general system of hydrostaticks and hydraulicks, philosophical and practical: wherein the most reasonable and advantageous methods of raising and conducting water, for the watering noblemens and gentlemens seats, buildings, gardens, &c., are carefully (and in a manner not yet publish'd in any language) laid down ...*, 2 Bde, London 1729.

Talon, Philippe: *The Standard Babylonian Creation Myth: Enūma Eliš. The Neo-Assyrian Text Corpus Project*, State Archives of Assyria Cuneiform Texts IV, Helsinki 2005.

Taves, Brian: *Hollywood presents Jules Verne. The Father of Science Fiction on Screen*, Lexington und Kentucky 2015.

Theodoropoulou, Athanasia: *Stories of Initiation for the Modern Age: Explorations of textual and theatrical Fantasy in Jules Vernes* Voyage à travers l'impossible *and Philip Pullmans* His Dark Materials, University of Edingburg, August 2008 (Diss., Typoskript). https://www.era.lib.ed.ac.uk/bitstream/1842/4294/2/Theodoropoulou2009.pdf (abgerufen am 06.12.2014).

Thompson, William: »On Taking Photographic images under Water«, in: *Journal of the Society of Arts* 56 (9. Mai 1856), S. 425–426.

Thomson, C. Wyville: *The Depths of the Sea. An Account of the General Results of the Dredging Cruises of H. M. SS:* ›Porcupine‹ *and* ›Lightning‹ *During the Summers of 1868, 1869 and 1870 under the Scientific Direction of Dr. Carpenter, F. R. S. J. Gwyn Jeffreys, FF. R. S., and Dr. Wyville Thomson, F. R. S.*, London 1873.

Thomson, Rosemarie Garland: *Extraordinary Bodies. Figuring Physical Disability in American Culture and Literature*, New York 1997.

Töpfer, Friedrich: »Das Wurzelgesetz und seine Anwendung bei der Reliefgeneralisierung«, in: *Vermessungstechnik* 10,2 (1962), S. 37–42.

Töpfer, Friedrich und Wolfgang Pillewizer: »Das Auswahlgesetz, ein Mittel zur kartographischen Generalisierung«, in: *Kartographische Nachrichten* 14, Heft 4 (August 1964), S. 117–121.

Töpfer, Friedrich und Wolfgang Pillewizer: »The Principles of Selection«, in: *The Cartographic Journal* 3,1 (1. Mai 1966), S. 10–16.

Töpfer, Friedrich: *Kartographische Generalisierung*, Ergänzungsheft Nr. 276 zu Petermanns Geografische Mitteilungen, Gotha und Leipzig 1974.

Transylvanus, Maximilianus: *De Moluccis Insulis itemque aliis pluribus mirandis, quae novissima Castellanorum navigatio Serenissimi Imperatoris Caroli V auspicio suscepta nuper invenit: Die Reise zu den Molukken sowie weitere Wunderdinge, die auf der letzten Seefahrt der Spanier unter der Patronanz des durchlauchtigsten Kaisers Karl V. entdeckt wurden*, Köln 1523, zit. n. der Ausgabe und übers. v. Robert Wallisch: *Magellans Boten. Die frühesten Berichte über die erste Weltumsegelung. Maximilianus Transylvanius, Johannes Schöner, Pietro Martire d'Angehiera. Lateinischer Text, Übersetzung und Anmerkungen*, Wien 2009, S. 22–89.

Tschacher, Werner: »›Mobilis in mobile‹. Das Meer als (anti)utopischer Erfahrungs- und Projektionsraum in Jules Vernes 20.000 *Meilen unter den Meeren*«, in: Alexander Kraus und Martina Winkler (Hg.): *Weltmeere. Wissen und Wahrnehmung im langen 19. Jahrhundert*, Göttingen und Bristol 2014, S. 46–65.

Tuczay, Christa Agnes: *Kulturgeschichte der mittelalterlichen Wahrsagerei*, Berlin 2012.

Turing, Alan Mathison: »Computing Machinery and Intelligence«, in: *Mind* 59 (1950), S. 433–460.

Turner, Victor Witter: »Betwixt and Between: The Liminal Period in *Rites de Passage*«, Erstabdruck in: *The Proceedings of the American*

Ethnological Society (1964). Wiederabdruck in ders.: *The Forest of Symbols: Aspects of Ndembu Ritual*, New York 1967, S. 93–111.

Turner, Victor Witter: »Frame, Flow and Reflection: Ritual and Drama as Public Liminality«, in: *Japanese Journal of Religious Studies* 6/4 (Dezember 1979), S. 465–499.

Turner, Victor Witter: *From Ritual to Theatre: The Human Seriousness of Play*, New York 1982.

Turner, Victor: *Das Ritual: Struktur und Anti-Struktur*, Frankfurt am Main und New York 2005.

Tuters, Marc: »Locative Media as the Digital Production of Nomadic Space«, in: *Geography* 89/1 (Januar 2004), S. 78–82.

Tuters, Marc und Kazys Varnelis: »Beyond Locative Media: Giving Shape to the Internet of Things«, in: *Leonardo* 39/4 (2206), S. 357–363.

Uexküll, Jakob von: *Leitfaden in das Studium der experimentellen Biologie der Wassertiere*, Wiesbaden 1905.

Uglow, Jennifer: *The Lunar Men. The Friends Who Made the Future*, London 2003.

Uhlig, Ludwig: *Georg Forster. Lebensabenteuer eines gelehrten Weltbürgers (1754–1794)*, Göttingen 2004.

Umlauf, Friedrich: *Das Luftmeer. Die Grundzüge der Meteorologie und Klimatologie*, Wien und Leipzig 1891.

Unwin, Timothy: *Jules Verne. Journeys in Writing*, Liverpool 2005.

Unwin, Timothy: »Jules Verne. The Unbearable Brigthness of Seeing«, in: Susan Harrow (Hg.): *Visuality in Nineteenth-and-twentieth-century Literary and Other Media*, Cardiff 2013, S. 17–30.

Vaihinger, Hans: *Die Philosophie des Als Ob. System der theoretischen, praktischen und religiösen Fiktionen der Menschheit auf Grund eines idealistischen Positivismus*, 7. und 8. Aufl., Leipzig 1922.

Vennen, Mareike: »›Echte Forscher‹ und ›wahre Liebhaber‹ – Der Blick ins Meer durch das Aquarium des 19. Jahrhunderts«, in: Alexander Kraus und Martina Winkler (Hg.): *Weltmeere. Wissen und Wahrnehmung im langen 19. Jahrhundert*, Göttingen und Bristol 2014, S. 84–102.

Verne, Jules: *Cinq semaines en ballon*, Paris 1863.

Verne, Jules: *Vingt mille lieues sous les mers*, Paris 1871.

Verne, Jules: *Le tour du monde en quatre-vingts jours*, Manuskript aus dem Nachlass von Pierre-Jules Hetzel, Paris Bibliothèque nationale de France, Département des manuscrits, NAF 16998, undatiert (um 1872).
Verne, Jules: *Le Tour du Monde en Quatre-Vingts Jours*, Paris 1873.
Verne, Jules: *L'Île mystérieuse*, Paris 1874/1875.
Verne, Jules: *Les grand navigateurs du XVIIIe siècle*, Paris 1879.
Verne, Jules: *Fünf Wochen im Ballon*, Zürich 1976.
Vernes, Jules: *20.000 Meilen unter den Meeren*, übers. v. Martin Schoske, Frankfurt am Main 2003.
Vernes, Jules: *In achtzig Tagen um die Welt*, 5. Aufl., München 2012.
Vernes, Jules: »Die Meridiane und der Kalender«, Vortrag vor der Zentralkommission der geografischen Gesellschaft, 4. April 1873, zit. n. Jules Verne: *In achtzig Tagen um die Welt*, 5. Aufl., München 2012, S. 351–357.
Vesconte Pietro: *Liber Secretorum Fidelium*, Venedig 1320, Vatican Library, MS. Vat. Lat. 2972.
Vierne, Simone: *Jules Verne et le roman initiatique*, Paris 1973.
Vignaud, Henry: *The letter and Chart of Toscanelli. On the Route to the Indies by Way of the West, sent in 1474 to the Portuguese Fernam Martins and later on to Columbus. A Critical Study ...*, London 1902.
Virilio, Paul: *Geschwindigkeit und Politik*, Berlin 1980.
Viswanathan, Gauri: »The Beginnings of English Literary Study in British India«, in: Bill Ashcroft, Gareth Griffiths, Helen Tifflin (Hg.): *Post-Colonial Reader*, 2. Aufl., London und New York 1994, S. 376–380.
Vitzthum, Wolfgang Graf: »Die Gleichschaltung von Meer und Land«, in: ders. (Hg.): *Die Plünderung der Meere. Ein gemeinsames Erbe wird zerstückelt*, Frankfurt am Main 1981, S. 49–76.
Waghenaer, Lucas Janszoon: *Spiegel der Seefartt von der Navigation des Occidentalischen Meers oder West-See*, Amsterdam 1586.
Wagner, Hermann: *Lehrbuch der Geografie*, Bd. 1, 2. Halbbd., 5. überarbeitete Aufl., Hannover 1922.
Wallace, Alfred Russel: *Island Life: Or, The Phenomena and Causes of Insular Faunas and Floras, Including a Revision and Attempted Solution of the Problem of Geological Climates*, New York 1881.
Wallace, Alfred Russel: *A Wonderful Century*, New York 1898.

Wallace, Alfred Russel: *Letters and Reminiscences*, hg. v. J. Marchant, 2 Bde, New York 1916.

Walther, Johannes: *Allgemeine Meereskunde*, Leipzig 1893.

Ward, Barbara: *Spaceship Earth*, New York 1966.

Ward, Nathaniel Bagshaw: »Letter from Nathaniel Ward, Esq. to Dr. Hooker, ›On the Subject of his Improved Method of Transporting Living Plants‹«, in: *Companion to the Botanical magazine: being a journal, containing such interesting botanical information as does not come within the prescribed limits of the magazine; with occasional figures* (1835), S. 317–320.

Ward, Nathaniel Bagshaw: *On the Growth of Plants in Closely Glazed Cases*, London 1852.

Warington, Robert: »Observations on the adjustment of the relations between the Animal and Vegetable Kingdoms, by which the vital functions of both are permanently maintained«, in: *The Zoologist* 8 (1850), S. 2868–2870.

Warming, Johannes Eugenius Bülow: *Lehrbuch der ökologischen Pflanzen-Geografie. Eine Einführung in die Kenntnis der Pflanzenvereine* [Plantesamfund. Grundtraek af den økologische Plantegeografi], Leipzig 1896.

Watelet, Marcel: *Gérard Mercator cosmographe. Le Temps et l'espace*, Anvers 1994.

Watt, James: »Specification of Patent, January 5th, 1769, for a New Method of Lessening the Consumption of Steam and Fuel in Fire Engines«, in: Muirhead, James Patrick (Hg.): *The Origin and Progress of the Mechanical Inventions of James Watt*, Bd. 3, London 1854, S. 10–16.

Webb, W. H.: *Descriptive Particulars of the »Great Eastern« Steam Ship with Illustrations and Sectional Plans*, London 1857.

Weber, Bruno: »Formen und Funktionen älterer Panoramen. Eine Übersicht«, in: *Zeitschrift für schweizerische Archäologie und Kunstgeschichte* [=Revue suisse d'Art et d'archéologie/Rivista svizzera d'arte e d'archeologia] 42 (1985), Heft 4, S. 257–268.

Wehling, Peter: »Wissen und seine Schattenseite. Die wachsende Bedeutung des Nichtwissens in (vermeintlichen) Wissensgesellschaften«, in: Thomas Brüsemeister und Klaus-Dieter Eubel (Hg.): *Evaluation, Wissen und Nichtwissen*, Wiesbaden 2008, S. 17–34.

Weigel, Sigrid: »Zum ›topographical turn‹. Kartografie, Topographie und Raumkonzepte in den Kulturwissenschaften«, in: *Kulturpoetik* 2 / Heft 2 (2002), S. 151–165.

Weigel, Sigrid: *Genea-Logik. Generation, Tradition und Evolution zwischen Kultur- und Naturwissenschaften*, München 2006.

Weiland, Carl Ferdinand, *Hoehen Charte oder bildlich vergleichende Übersicht der bedeutendsten Berge in Europa, Asien, Africa, America, und den Südsee Landern ...*, Weimar 1820.

Weiland, Carl Ferdinand, *Hoehen Charte oder bildlich vergleichende Uebersicht der bedeutendesten Berge in Teutschland und der Schweiz nebst Andeutung der Hohen vieler Staedte, Doerfer, Seen etc. nach den besten Barometermessungen ...*, Weimar 1821.

Weissenberg, Éric: *Jules Verne – un univers fabuleux*, Lausanne 2004.

Wells, Herbert G.: »Human Evolution, an Artificial Process«, in: *Fortnightly Review* 60 (Oktober 1896), Nr. 358, S. 590–595.

Wells, Herbert G.: »The Rediscovery of the Unique«, in: *Fortnightly Review* 50 (Juli 1891), S. 106–111.

Wells, Herbert G.: *Die Zeitmaschine*, München 1996.

Welzer, Harald: *Selbst denken. Eine Anleitung zum Widerstand*, Frankfurt am Main 2013.

Welzer, Harald und Bernd Sommer: *Transformationsdesign. Wege in eine zukunftsfähige Moderne*, München 2014.

Wenzel, Horst: »Boten und Briefe. Zum Verhältnis körperlicher und nichtkörperlicher Nachrichtenträger«, in: ders. (Hg.): *Gespräche – Boten – Briefe: Körpergedächtnis und Schriftgedächtnis im Mittelalter*, Berlin 1994, S. 86–105.

Werner, Michael und Bénédicte Zimmermann: »Vergleich, Transfer, Verflechtung. Der Ansatz der Histoire croisée und die Herausforderung des Transnationalen«, in: *Geschichte und Gesellschaft* 28, Heft 4 (Oktober/November 2002), S. 607–636.

Werner, Petra: *Himmel und Erde. Alexander von Humboldt und sein Kosmos*, Berlin 2004.

Wescott, Thompson: *The Life of John Fitch, the Inventor of Steamboat*, Philadelphia 1857.

Wessely, Christina: »Wässrige Milieus. Ökologische Perspektiven in Meeresbiologie und Aquarienkunde um 1900«, in: *Berichte zur Wissenschaftsgeschichte* 36 (2013), Nr. 3, S. 128–147.

Williamson, John Ernest: *20 Years under the Sea*, Boston 1936.

Whitehead, Alfred North: *Wissenschaft und moderne Welt*, Frankfurt am Main 1986.

Whyte, Lancelot Law: *The Unconscious Before Freud*, New York 1960.

Wilhelmer, Lars: *Transit-Orte in der Literatur: Eisenbahn – Hotel – Hafen – Flughafen*, Bielefeld 2015.

Willoughby, Francis: »Extracts of Several Letters, Containing Sundry Inquiries and Experiments about the Bleeding of Trees, Especially by the Warmth of the Fire; The Circulation of Sap in Trees; The Consistence and Quantity of Sap in the Respective Parts of a Vegetable; And the Communication of One Part of a Plant with Another, In Relation to the Ascent and Descent of Sap, &c.«, in: *Philosophical Transactions* 70 (April 1671), S. 2119–2128.

Wilson, Adrian und Joyce Lancaster Wilson: *The Making of Nuremberg Chronicle*, Amsterdam 1976.

Wintermeyer, Rolf: »Unter den Röcken der Natur. Jules Michelets Buch: Das Meer (1861)«, in: Jules Michelet: *Das Meer*, hg. und übers. v. Rolf Wintermeyer, Frankfurt am Main und New York 2006.

Whörle, Georg (Hg.): *Die Milesier: Thales*, Berlin 2009.

Wood, John George: *Common Objects of the Sea Shore; including Hints for an Aquarium*, London 1859.

Wood, John George: *Illustrated Natural History*, Bd. 3 [Reptiles, Fishes, Molluscs], London 1865.

Wood, John George: *Out of Doors. A Selection of Original Articles on Practical Natural History*, New York 1874.

Wood, John George: *Half Hours with a Naturalist. Rambles Near the Shore*, London 1889.

Wolf, Burkhardt: »Der Wal«, in: Christian Kassung, Jasmin Mersmann und Olaf B. Rader (Hg.): *Zoologicon. Ein kulturhistorisches Wörterbuch der Tiere*, Paderborn 2012, S. 431–437.

Wolf, Burkhardt: *Fortuna di mare. Literatur und Seefahrt*, Zürich, Berlin 2013.

Wolf-Cazpek, Karl Wilhelm: *Die Kinematographie. Wesen, Entstehung und Ziele des lebenden Bildes*, Berlin 1911.

Wolter, John A.: »The Height of Mountains and the Lengths of River«, in: *The Quarterly Journal of the Library of Congress* 3 (1972), S. 187–205.

Wülker, Ludwig: *Die geschichtliche Entwicklung des Prodigienwesens bei den Römern. Studien zur Geschichte und Überlieferung der Staatsprodigien*, Leipzig 1903.

Wyhe, John van: »A New Theory to explain the Receipt of Wallace's Ternate Essay by Darwin in 1858«, in: *Biological Journal of the Linnean Society* 105 (2012), S. 249–252.

Zimmermann, Eberhard Wilhelm August von: *Geografische Geschichte des Menschen und der allgemein verbreiteten vierfüßigen Thiere mit einer hiezu gehörigen Zoologischen Weltcharte*, Bd. 3, Leipzig 1783.

Ziegler, Jacob: *Terrae sanctae, quam Palaestinam nominant, Syriae, Arabiae, Aegypti et Schondiae doctissima descriptio*, Straßburg, Petrus Opilius, 1532.

Zglinicki, Friedrich von: *Der Weg des Films*, 2 Bde, Hildesheim und New York 1979.

Anmerkungen

Vorwort

1 Herbert G. Wells 1891, S. 106.
2 A. a. O., S. 110.
3 A. a. O., S. 107.
4 A. a. O., S. 110.
5 Albrecht Koschorke 2002, S. 153.
6 Zur Negativität des Ursprungs vgl. Emil Angehrn 2007, S. 61; zur Positivität der Schwelle vgl. Albrecht Koschorke 2012, S. 396.

1 Die Erfindung ähnlicher Welten

1 Herbert G. Wells 1891, S. 106.
2 Vgl. Herbert G. Wells 2002/1891, S. 150; vgl. ebenso Charles Darwin 1912 und ders. 1869, S. 48–71; Alfred R. Wallace 1907, S. 101 f., Philip Henry Gosse 1851. Zu den Debatten der *true naturalists* vgl. Kap. 7.
3 Vgl. das Kap. IV in *The Origin of Species*.
4 Charles Darwin 2007, S. 500.
5 Charles Darwin 2006, S. 397; vgl. das Unterkapitel *Doubtful species* in *The Origin of Species*.
6 Vgl. a. a. O., S. 394.
7 Vgl. Hugh Edwin Strickland 1841, S. 186 f.
8 Vgl. ebd. und Herbert G. Wells 1891, S. 109.
9 Alfred R. Wallace 2002/1858, S. 53. Zum Ternate-Manuskripts, das Darwin veranlasst hat, *The Origin of Species* in nur einem Jahr zu schreiben, vgl. die *Autobiography*, Charles Darwin 1887, Bd. 1, S. 84–88, John van Wyhe 2012, Rebecca Stott 2012, S. 269–279 und Matthias Glaubrecht 2013, S. 234–245.

10 Charles Darwin 1887, Bd. 2, S. 125.
11 Vgl. Thomas Malthus 1905, Bd. 1, S. 21 und 25.
12 Vgl. Charles Darwin 1859, S. 67.
13 Zur Prosopopöie im Konzept der »natural selection« vgl. Wallace' Brief an Darwin vom 2. Juli 1866, Alfred R. Wallace 1916, Bd. 1, S. 170 f.
14 Vgl. Gregory Bateson 1979, S. 43 und 148.
15 Vgl. Charles Darwin 2006, S. 640.
16 Vgl. Alfred R. Wallace 1882, S. 3.
17 Vgl. a. a. O., S. 229.
18 Vgl. Alfred R. Wallace 1881, S. 231.
19 Vgl. Albrecht Penck 1894, Bd. 2, S. 630 f.
20 Alfred R. Wallace 1881, S. 232.
21 Vgl. Friedrich Hoffmann 1837, S. 105 [»Kontinental-Inseln«] und 111 [»pelagische Inseln«].
22 Alfred R. Wallace 1882, S. 232.
23 Herbert G. Wells 1895, S. 205.
24 Herbert G. Wells 1895, S. 205.
25 Ebd.
26 Herbert G. Wells 1992, S. 98.
27 Herbert G. Wells 1992, S. 98.
28 Herbert G. Wells 1896, S. 594.
29 Vgl. Hugo Gernsback 1926, S. 3.
30 Vgl. in Herbert G. Wells 1992, Kap. 14 [»Doctor Moreau explains«].
31 Vgl. Jules Michelet 2006, S. 16.
32 A. a. O., S. 21.
33 Vgl. a. a. O., 2006, S. 21 und 306. Zur *Dolphin* vgl. Robert Kunzig 2002, S. 42 f.
34 A. a. O., S. 21.
35 Jules Verne 1881, S. 5.
36 Vgl. Jules Verne 1882, S. 469.
37 Vgl. Alwin Oppel 1891, Conrad Malte-Brun 1809.
38 Vgl. Jules Verne 1880, S. 360.
39 Vgl. James Clark Ross 1847, Bd. 1, S. 285–299.
40 Jules Verne 1974, S. 462. Vgl. James Ross 1847, Bd. 1, S. 288 f. Doch existieren die Balleny-Inseln. Ross hat am falschen Ort gesucht

und am Ende lediglich Wilkes nachgewiesen, dass er die Inseln auf seiner Karte eingezeichnet hat, ohne sich von Ihrer Existenz mit eigenen Augen überzeugt zu haben und die Eigentumsrechte der unbewohnten Inseln nicht bei den Vereinigten Staaten, sondern Frankreich liegen.

41 Jules Verne 1974, S. 491.
42 Vgl. Jules Verne 1878, S. 458 f. und ders. 1880, S. 424 f. Zum vermutlichen kartographischen Vorbild vgl. die *Planisphère indiquant l'état des connaissances géographiques en 1875*, eine Weltkarte der Terra Incognita, die Victor-Adolphe Malte-Brun 1875 veröffentlicht [Fig. 4]. Zu den geografischen Vorläufern vgl. Conrad Malte-Brun, seinen Vater.
43 Vgl. Jules Verne 1974, S. 491.
44 Jules Verne 2007, S. 109.
45 Vgl. Natascha Adamowsky 2006; 2011 und 2017.
46 Zit. n. Christoph Buch 1972, S. 48.
47 Vgl. Harold Bloom 1989, S. 95 und 96; Friedrich Kittler 1986, S. 124.
48 Vgl. Volker Dehs 2005, S. 189–190.
49 Zu Jules Verne und Nadar Wolfgang Kemp 2011, S. 8.
50 Zit. n. Wolfgang Baier 1977, S. 431. Zu Nadars »Aerophotographien« vgl. auch Josef Maria Eder, Bd. I, Halle 1932, S. 552–554.
51 Vgl. Volker Dehs 2005, S. 221.
52 Jules Verne 2007, S. 315.
53 A. a. O., S. 408.
54 A. a. O., S. 120.
55 Vgl. Michel Serres 1975 und Buch 1972.
56 Vgl. dazu Takashi Mori 2011, S. 173. Mori liest, im Anschluss an Roland Barthes' Nautilus-Interpretation (Barthes 2003, S. 105), Vernes Roman *20.000 Meilen unter den Meeren* als Parodie auf die Robinsonaden.
57 Zu Vernes dokumentarischem Stil vgl. Klaus Pfatschbacher 2000, S. 89–90.
58 Christoph Buch 1972, S. 48 und Verne 1975, S. 179.
59 Vgl. Michel Serres 1975, S. 178.
60 Roland Barthes 2010, S. 103.

61 Vgl. Jules Verne 1976, S. 14–16.
62 Roland Barthes 2010, S. 103.
63 Vgl. Jules Verne 1974, S. 491 f., hier zit. n. a. a. O., S. 492.
64 Jules Verne 1974, S. 492.
65 Vgl. die Kapitel *Le Fleuve-noir*, *Le Gulf-Stream* und *La Mer de Sargasses*, Jules Verne 1871, Bd. 1, Kap. 8; a. a. O. Bd. 2. XI und XIX.
66 Vgl. Matthew Fontaine Maury 1859, §§ 1 und 2; Jules Verne 2007, S. 147.
67 Vgl. Jules Verne 2007, S. 147 und Matthew Fontaine Maury 1859, § 453.
68 Jules Verne 2003, S. 153, 119, 204 und 458. Zu Humboldt vgl. Matthew Fontaine Maury 1859, S. ix.
69 Vgl. a. a. O., § 435.
70 Vgl. a. a. O., §§ 61 und 62.
71 Vgl. a. a. O., Tafel VI [Fig. 8-1].
72 Jules Verne 2007, S. 204 und Matthew Fontaine Maury 1859, § 459.
73 Vgl. das Kap. XIX *Vanikoro* in a. a. O., S. 220–227 und ders. 1878, S. 143–145.
74 Vgl. Jules Verne 1974, S. 126–128.
75 Vgl. Johann Reinhard Forster 1799, S. 32 f.
76 Vgl. Jules Verne 2007, S. 218.
77 Vgl. a. a. O., S. 206.
78 Vgl. a. a. O., S. 207.
79 A. a. O., S. 142 f.
80 Vgl. Charles Darwins Eintrag am 8. Oktober 1835 auf dem *James Island*. Ders. 2006, S. 500.
81 Jules Verne 2007, S. 206.
82 Vgl. Kap. 6 in diesem Buch.
83 Vgl. Jules Verne 2007, S. 142.
84 Jules Verne 1871, S. 2, 209 und 313.
85 Georges Cuvier 1830 [frz. 1825], Bd. 1, S. 16. Vgl. zu Cuviers maritimer Katastrophentheorie auch S. 263. Vgl. dazu Jules Verne 2007, S. 142 (Mobile Inseln, S. 35)
86 Charles Darwin ³2007, S. 498.
87 Georges Cuvier 1830, Bd. 1, S. 117.
88 A. a. O., S. 491.
89 Vgl. Charles Darwin 1860, S. 214 und 216.

90 A. a. O., S. 316.
91 A. a. O., S. 319.
92 Charles Darwin ³2007, S. 498.
93 Vgl. den Eintrag v. 15. September 1835, a. a. O., S. 494.
94 Vgl. Charles Darwin 1859, Kap. 1 und Kap. 2.
95 Aristoteles, *Metaphysik*, IV 1005b 35.
96 Vgl. a. a. O., IV 1006b 25 und IV 1006a 30.
97 A. a. O., I 993a 10 f.
98 Zu den »Reinräumen« der klassischen Geometrie vgl. Meynen 2004, S. 63–65.
99 Vgl. Thomas Macho 2011, S. 66–67 und 433; ders. 2008b, S. 18 ff; ders. 2007, S. 186–187; hier zit. n. ders. 2011, S. 66.
100 Vgl. etwa Platon, *Nomoi*, 735b und ders. *Politikos* 303c–d. Vgl. Thomas Macho 2011, S. 65 und Gilles Deleuze 1993/1969, S. 312.
101 Vgl. Gilles Deleuze 1993/1969, S. 311–324, hier zit. S. 312.
102 A. a. O., S. 312.
103 Vgl. Gilles Deleuze 2007, S. 91.
104 Vgl. Arthur Mangin, *Les mystères de l'Océan*, 1864, Kap. 3.2, *Les Ouvriers de la mer*, S. 169–183, und Victor Hugos Roman *Les Travailleurs de la mer* von 1866.
105 Vgl. Arthur Goldschmidt 2005/1988, S. 16 und 67; Peter Sloterdijk 1999, S. 930; Thorsten Feldbusch 2003, S. 217; Isabel Platthaus 2004, S. 55–57; Michel Serres 2013; Burkhardt Wolf 2013, S. 416 f; Christian Holtdorf 2014.
106 Vgl. Ptolemaios 2006, 1. 5. 2.
107 Ptolemaios 2006, 1. 4. 2.
108 Karl Georges 1998, Bd. 1, Sp. 1110.
109 Ptolemaios 2006, 1. 18. 4.
110 A. a. O., 1. 18. 5.
111 Gilles Deleuze 1993/1969, S. 320. In ähnlicher Weise führt Franco Moretti die Dichotomie von Baum und Welle ein, vgl. Franco Moretti 2016, S. 59 f.
112 Vgl. Platon, *Politeia*, 514a–c. Zu den Paradoxa der Karten im Maßstab 1:1 vgl. auch Umberto Eco 1984.
113 Vgl. Jerry Brotton 2012, S. 157–185.

114 Gilles Deleuze und Felix Guattari 1992, S. 71 f; zu Darwin vgl. ebenso Gilles Deleuze 2003 und 1993/1969, S. 319.
115 A. a. O., S. 316–317.
116 Christoph Kolumbus, 1991, S. 21 [13. September 1492].
117 A. a. O., S. 22 [17. September 1492]. A. v. Humboldt hat an prominenter Stelle im *Kosmos* auf die erste Beschreibung der Missweisung bei Kolumbus verwiesen und den Zusammenhang des geografischen Meridians mit den Isothermen hergestellt, vgl. A. v. Humboldt 2008, Bd. VII/2, S. 257–262.
118 Ptolemaios, *Geographia*, hg. v. Evangelista Tosinus, Rom 1508.
119 Zu Modifikationen der ptolemäischen Projektionen bei Contarini und Ruysch vgl. John P. Snyder 1997, S. 29–31.
120 *Terrae Sancte ... mundus novus*, in: Johannes Ruysch, *Weltkarte*, 1508.
121 Vgl. Ptolemaios, *Geographia*, 40 42.
122 Johannes Ruysch 1508, zit. n. Donald Johnson 2009, S. 157.
123 Jakob Ziegler 1532, Tafel V.
124 Vgl. A. a. O., XVII r.
125 Die Legenden von Olaus Magnus sind von zahlreichen Mythen und Meereswunder durchsetzt; zum Verhältnis von exakter Beobachtung und der Tradierung alter Narrationen vgl. das Vorwort zur Olaus-Ausgabe von Elena Balzamo und Reinhard Kaiser, in: Olaus Magnus 2006, S. 40–43.
126 Olaus Magnus 1539/2006, S. 57.
127 A. a. O., S. 243.
128 Vgl. Martín Cortés 1551, III. Teil, Kap. X.
129 Vgl. Edward Wright in Wilhelm Gilbert 1600/1892, S. iiii r.
130 Vgl. Edmund Halley 1683, S. 210.
131 Vgl. a. a. O., S. 215 f.
132 Vgl. a. a. O., S. 220.
133 Vgl. a. a. O., S. 216.
134 Edmund Halley, *Tabula Nautica*, London 1701, Staatsbibliothek zu Berlin, Sign. Kart. W 759.
135 Vgl. den 174. Brief in Leonhard Euler 1780, Bd. 3, S. 86–89.
136 A. a. O., S. 89.
137 Vgl. a. a. O., Bd. 3, S. 74–78.

138 Vgl. a. a. O., S. 178, 199, 216 und 229.
139 A. a. O., S. 89.
140 Vgl. Leonhard Euler 1757, S. 176.
141 Zur Abfolge von Lokalisation, Ausdehnung und Lage vgl. Michel Foucault 2005/1984, S. 932–933.
142 Herbert George Wells 1891, zit. n. der Übers. v. Elmar Schenkel in H. G. Wells 2004, S. 149; ebd., S. 108.
143 Aristoteles, *Metaphysik* 1016 b 15.
144 Nicomachos von Gerasa, *Arithmetik* II 6,2.
145 Euklid, *Elemente*, I Def. 1.
146 Christophorus Clavius 1591, S. 1.
147 Vgl. Robert Hooke 1665, S. 2.
148 Vgl. Gilles Deleuze 1993/1969, S. 320.
149 Alexander von Humboldt 2008, II/1, S. 422.
150 Vgl. Friedrich Kittler 1984, S. 134 f.
151 Vgl. Alexander von Humboldt 2008 [=»Von den isothermen Linien und der Verteilung der Wärme«], Bd. II/1, S. 100.»Viola cheiranthifolia Humb. & Bonpl.«, von Humboldt beschriftet, Sammlung Willdenow, B-W 04917-01 0, Botanisches Museum Berlin-Dahlem; »Viola cheiranthifolia. Ste Croix de Ténér. messid. an 7^{60} in saxis ad basi du Pic«, von Bonpland beschriftet und von Humboldt korrigiert, Herbarsammlung Humboldt & Bonpland, Muséum National d'Histoire Naturelle, Paris; vgl. dazu Georg Freiherr von Humboldt-Dachroeden 2009, S. 145–147.
152 Vgl. Alexander von Humboldt 2008 [=»Von den isothermen Linien und der Verteilung der Wärme über dem Erdkörper«], Bd. VI, S. 18–19.
153 Edmund Halley, *Tabula Nautica*, London 1701, Staatsbibliothek zu Berlin, Sign. Kart. W 759.
154 Vgl. Alexander von Humboldt 2008, Bd. VI, S. 18.
155 A. a. O., S. 27 und 32. Hier zit. n. a. a. O., S. 23.
156 A. a. O., S. 22.
157 A. a. O., S. 23.
158 Vgl. ebd.
159 A. a. O.

160 Vgl. Gilles Deleuze 1993/1969, S. 317.
161 Der Grund für die leeren Kontinente auf Halleys Karte ist einfach – Halley hat, wie Lambert und Euler bemerken, die Abweichungen auf dem Festland zunächst nicht berücksichtigt, vgl. dazu etwa Heinrich Lambert 1777, S. 146.
162 Michel Foucault 2005, Bd. 4, S. 935.
163 Alexander von Humboldt 2008, Bd. VI, S. 20.
164 Vgl. Alexander von Humboldt 2008, Bd. VII/1 [»Kosmos ...«], S. 299.
165 Vgl. a. a. O., S. 44.
166 Dennis Meadows, Donella Meadows, Erich Zahn, Peter Milling 1972, S. 15.
167 Ebd., S. 14.
168 Zur Kritik an der Systemanalyse des ersten Berichts und der Methode des »educated guess« vgl. Jorgen Randers 2012, S. 6 f.
169 Vgl. etwa die Kritik des Grenzbegriffs bei Peter Sloterdijk und Reiner Klingholz 2014.
170 Vgl. Alexander von Humboldt 2008d, Bd. VII/2, S. 23 f.
171 Vgl. Robert Recorde 1557, o. Pag.
172 Herbert G. Wells 1891, S. 106.
173 Ebd.

2 Eine Reise ins »Innere zweier Continente«

1 Vgl. das Kap. VI in Alexander von Humboldt 2008, Bd. VII/2 [=»Kosmos ...«], S. 180–208.
2 Peter Martyr von Anghiera 1972, Bd. 1, S. 27 (Erste Dekade, Buch I, 2).
3 Vgl. Lukas 4,1 und Matthäus 4,1.
4 Vgl. Henry Vignaud 1902, S. 70 f. und 100 f.
5 Christoph Kolumbus 1992, S. 11.
6 Hartmann Schedel, *Liber Chronicarum*, Nürnberg 1493, Blatt XIII.
7 Petrus Matyr, *De orbi ambito*, 12.
8 Antonio Pigafetta 2012, S. 254.
9 A. a. O., S. 109.
10 Vgl. das Incipit in Gerhard Mercator, *Nova et aucta orbis terrae descriptio ad usum navigantium emendate accomodate*, Duisburg 1569.

11 Carl Ritter 1835, S. 55.
12 Vgl. Holger Afflerbach 2001, S. 254; zu den offiziellen Zahlenangaben vgl. a. a. O., S. 253 und 255.
13 Zur Metapher der »steam brigde« vgl. *Mobile Inseln*, S. 188 f.
14 Vgl. Gilles Deleuze und Félix Guattari 1992, S. 664.
15 Jules Michelet 2006, S. 78.
16 Ebd.
17 Vgl. Gilles Deleuze und Félix Guattari 1979, S. 498 f.
18 Vgl. a. a. O., S. 510.
19 Vgl. George Spencer-Brown 2011 (1969), S. 1.
20 Friedrich Kittler 2015, S. 99.
21 Vgl. Gilles Deleuze und Félix Guattari 1979, 658 f., 667, 671 f.
22 Vgl. Alwin Oppel 1891, S. 5 und Hermann Wagner 1922, Bd. 1, S. 262.
23 Alexander von Humboldt 2008, Bd. VII/2 [=»Kosmos ...«], S. 260.
24 Vgl. Gilles Deleuze und Félix Guattari 1979, S. 498 f.
25 A. a. O., S. 274.
26 Alexander von Humboldt 2004, Bd. 1 [1845], S. 82 [167].
27 Vgl. Thomas L. Hankins 1985, S. 50 f. Vgl. die Etymologie von »fluid[e]«/»fluidité« in: Siegfried Nagel 1869, S. 110.
28 Vgl. das Kap. »Communications, eine Sprache der Wechselwirkungen«.
29 Jules Verne 2003 [1863], S. 313.
30 Reinhart Koselleck 2000, S. 9.
31 Vgl. a. a. O., S. 10.
32 Vgl. Alexander von Humboldt 2008 [»Ideen zu einer Geografie der Pflanzen«], Bd. I, S. 161.
33 Vgl. Alexander von Humboldt 2008 [»Ideen zu einer Geographie der Pflanzen (1807)«], Bd. I, S. 133.
34 Vgl. Alexander von Humboldt 2008 [»Von den isothermen Linien und der Verteilung der Wärme«], Bd. II/1, S. 100.
35 Vgl. a. a. O., S. 100.
36 Vgl. Alexander von Humboldt 2008 [»Von den isothermen Linien und der Verteilung der Wärme«], Bd. II/1, S. 99.
37 Ebd.
38 Zur »imaginierten Höhenskala am Rande des Gesichtsfelds vgl. Nils Güttler 2015, S. 98 und 115 f.

39 Vgl. Hanno Becks Kommentar zu Humboldts *Forschungsreisen in den Tropen Amerika*; Alexander von Humboldt 2008f, Bd. II/2, S. 372.
40 Zur unabgeschlossenen Editionsgeschichte des Reisewerks und Analyse möglicher Gründe vgl. Bettina Hey'l 2007, S. 199–208.
41 Zum »ganzheitlichen Weltbild« vgl. Annette Graczyk 2002, S. 53. Entgegen Gracyzks Ansicht spricht Schäffner von einer »Homogenisierung« der Daten, die durch die Kartografie erst erzeugt wird, vgl. Wolfgang Schäffner 1999, S. 360. Zu den kartographischen, cameralistischen und numerischen Verfahren der Datenkompression, vgl. a. a. O., S. 355.
42 Vgl. Alexander von Humboldt 2008d, Bd. VII/2, S. 79 f.
43 Vgl. Stephan Oettermann 1997, S. 51 und Albrecht Koschorke 1996, S. 150 f.
44 Vgl. Friedrich Lorenz Johann Meyer 1803, Bd. 1, S. 286 f. und 292 f., hier zit. S. 287. Zur Geschichte der beiden Rotunden vgl. Stephan Oettermann 1997, S. 143–145.
45 Vgl. a. a. O., S. 289. Für Blendung und Schwindel macht Oettermann neben der Lichtregie auch die fehlende Angleichung der perspektivischen Ansichten an die Durchmesser der Rundbauten verantwortlich, vgl. Stephan Oettermann 1997, S. 145. Über die halbgare Illusion der Panoramen und des *faux terrains* klagt auch Heinrich von Kleist, der am 15. August 1810 in Berlin das Panorama der Stadt Rom besucht hat, vgl. Heinrich v. Kleist an Wilhelmine von Zenge, 15. August 1810, S. 4.
46 *Journal des Luxus und der Moden* 16 (1802), S. 142.
47 Vgl. Alexander von Humboldt 2008d, Bd. VII/2, S. 80.
48 Die Werbung erscheint 1792 mehrfach mit gleichlautendem Text in der *London Times*, hier zit. n. Stephan Oettermann 1999, S. 101. In seiner Patentschrift umschreibt Barker noch das Panorama, es zeige »la nature à coup d'œil«. Zur Wortgeschichte vgl. ebd., S. 6.
49 Vgl. Alexander von Humboldt 2008d, Bd. VII/2, S. 79 und 80.
50 Zu den Pariser Panoramen, die Humboldt unmittelbar vor Augen gestanden haben vgl. Bernard Comment 1999, S. 29–50. Zur Geschichte des *panoramic view* in der Geognosie vgl. Stephan Oettermann 1997, S. 32–38; zu Humboldt vgl. a. a. O., S. 38 und Nils Güttler 2015, S. 129.

51 Vgl. Alexander von Humboldt 2008d, Bd. VII/2, S. 79 f.
52 Vgl. Gustav Solar 1974, S. 109.
53 Vgl. das *Avertissement* in Jacques Barthélemy Micheli du Crest 1755.
54 Johann Jakob Scheuchzer 1716, Tafel 1. Vgl. Max Pfannenstiel 1971, S. 29. Vgl. das folgende Kap. »Welt im Profil«.
55 Vgl. Bruno Weber 1985, S. 265 f., Fn. 15.
56 Zur Standardisierung der wissenschaftlichen Beobachtung durch das Panorama vgl. Charlotte Bigg 2007, S. 87–89; zum Zusammenhang zwischen Geognosie und Panorama vgl. Stephan Oettermann 1997, S. 31–38.
57 Vgl. Friedrich Lorenz Johann Meyer 1803, Bd. 1, S. 290.
58 Vgl. Heinrich von Kleist 1810, S. 47 [»Empfindungen vor Friedrichs Seelenlandschaft«].
59 Vgl. Werner Busch 2003, S. 59 f.
60 Vgl. ebd. S. 59–64.
61 Vgl. Gilles Deleuze und Félix Guattari 1992, S. 510 und 664, sowie das einleitende Kapitel »Eine Wissenschaft der Wechselwirkungen«.
62 Alexander von Humboldt 2004b, S. 350.
63 Alexander von Humboldt 2008 [»Von den isothermen Linien und der Verteilung der Wärme«], Bd. II/1, S. 84.
64 Alexander von Humboldt 2008 [»Von den isothermen Linien und der Verteilung der Wärme«], Bd. II/1, S 96.
65 A. a. O., S. 100 und 101.
66 Zu Friedrichs Erweiterung des Bildraums auf 180 Grad durch die Zweipunktperspektive, vgl. Werner Busch 2003, S. 50–52. Zu Kleists Beschreibung des *faux terrains* im Rom-Panorama, das er am 15. August 1810 in Berlin besucht hat, und seine Verbesserungsvorschläge, die Illusion des Panoramas zu perfektionieren, vgl. Heinrich v. Kleist an Wilhelmine von Zenge, 15. August 1810, S. 4. Zur wechselseitigen Bestimmung vgl. Ralph Koenen 2014, S. 384.
67 *Journal der Moden und des Luxus* 1801, S. 282.
68 Vgl. Alexander von Humboldt 2008, Bd. I, S. 71.
69 Vgl. Alexander von Humboldt 2008, Bd. VII/1, S. 10.
70 Vgl. ebd.
71 Vgl. Hans Vaihinger 1922, S. 17.

72 Alexander von Humboldt 2008, Bd. II/1, S. 77.
73 Vgl. Marshall McLuhan 1992, S. 18.
74 Vgl. Alan Kay 1990, S. 199.
75 Vgl. ebd.
76 Hans Vaihinger 1922, S. 36 f.
77 Vgl. Gilles Deleuze 1993, S. 256.
78 Alexander von Humboldt 2008, Bd. VII/2, S. 82.
79 Alexander von Humboldt 2008 [=»Von den isothermen Linien und der Verteilung der Wärme«], Bd. II/1, S. 101.
80 A. a. O., S. 102.
81 A. a. O., S. 134.
82 Nils Güttler 2015, S. 115.
83 Zur Genese des geografischen Tableau-Begriff als Zusammenschluss von Text, Karte und Bild in der zweiten Hälfte des 19. Jahrhunderts vgl. Tobias Kraft 2014, S. 94 und Nils Güttler 2015, S. 100 f.
84 Vgl. Alexander von Humboldt 2008f, Bd. II/2, S. 108–122.
85 Vgl. a. a. O., S. 122.
86 Vgl. Gloria Meynen 2008.
87 Alexander von Humboldt 1804, Tafel XX und ders. 1808, S. 12–15 (einschließlich des Neuabdrucks d. *Tableau physique des Andes et Pays voisins*), Humboldt 1811–1837, S. xxx.
88 Vgl. John A. Wolter 1972, S. 187, und Ian S. Evans, Tomislav Hengl und Richard J. Pike 2009, S. 12 f.
89 Zur Geschichte der Reliefdarstellung als Vorläufer der Profilkarten und Blockdiagramme vgl. Arthur H. Robinson 1969, S. 173–177.
90 Vgl. Lucas Janszoon Waghnener 1585; »Exquisita & magno aliquot mentium periculo illustrata et iam recta Freti Magellamici Facies«, Gerhard Mercator, Henricus Hondius 1630, o. P.
91 Pietro Vesconte, *Weltkarte*, in: *Liber Secretorum Fidelium*, Venedig 1320, Vatican Library, MS. Vat. Lat. 2972.
92 Vgl. Umberto Eco 2012.
93 Umberto Eco 2012, S. 216.
94 Vgl. Donald S. Johnson 1999; Judyth McCleod 2010; Umberto Eco 2012, ders. 2013, S. 326–342.
95 Edwin A. Abbott 1884, S. 4 f.

96 Traugott Bromme 1851, Tafel 3.
97 Arthur H. Robinson und Randall Sale 1969, S. 178.
98 Vgl. Alexander von Humboldt 2008 [=»Von den isothermen Linien und der Verteilung der Wärme«], Bd. II/1, S. 99.
99 Zum Naturselbstabdruck, einem Druckverfahren, das Humboldt und Bonpland auf ihrer Reise selbst entwickelt haben, bei dem die Pflanze mit Druckerschwärze eingefärbt und auf dem Papier einen Selbstabdruck hinterlässt, vgl. Hans Walter Hack 2009, S. 30. Die Resultate sind zwar gröber, aber sichern die Funde vor Zersetzung und Zerfall.
100 Alexander von Humboldt 2008 [=»Von den isothermen Linien und der Verteilung der Wärme«], Bd. 1, S. 79.
101 Vgl. Tobias Kraft 2014, S. 151–154.
102 Vgl. exemplarisch Bruno Schulze 1903, S. 171–181; zur Ausdifferenzierung von Landschaftsmalerei und Kartografie, vgl. Wolfgang Schäffner 2000, S. 361 f; zur erneuten Aktualität der Profile als Datenvisualisierung und Oberflächenmodellierung in der Geomorphometrie vgl. Ian A. Evans, Tomislav Hengl und Richard J. Pike 2009.
103 Vgl. Arthur H. Robinson 1971, S. 50 und John A. Wolter 1972, S. 202 f., der die Quellenlage auf 200 gesichtete Atlanten vergrößert und Robinsons »Genealogie der Isoplethen« erweitert.
104 Vgl. Nikolaus von Kues, *De staticis experimentis dialogus*, 1543 und Robert Hooke den Bericht in den *Philosophical Transactions* 24, Bd. 2 (1667), S. 439–443, in der die Verbesserung der Profile (»Prospects«) als expliziter Nutzen genannt wird und die verbesserte Version des Explorators, die Hooke 1691 in einer Vorlesung vorstellt, zit. n. Robert Hooke 1726, S. 225–227. Zur Frühgeschichte der Lotgeräte vgl. Max Pfannenstiel 1971, S. 19–24.
105 Zu Bruinss und Ancellin vgl. Arthur H. Robinson 1971, S. 50 f.
106 Luigi Ferdinando Conte di Marsigli 1725, S. 6, Tafel III und IV.
107 Vgl. a. a. O., S. 6, Tafel IV.
108 Vgl. a. a. O., Tafel III, Profil 13 und Tafel IV, Profil 4.
109 Vgl. a. a. O., S. 7 f.
110 Philippe Buache 1737.
111 Vgl. John Wolter 1972, S. 189.

112 Richard Buckminster Fuller 1946; Gilles Deleuze und Félix Guattari 1992, S. 533 f; Gilles Deleuze 2003; Friedrich Kittler 2015, S. 99; Carl Schmitt 1981.
113 Alexander von Humboldt 2008, Bd. 6, S. 5.
114 Alexander von Humboldt 2008 [=»Ideen zu einer Geografie der Pflanzen«], Bd. 1, S. 79.
115 Bis 1724 ist der Pico del Teide von Teneriffa der höchste Berg der Welt, bis er gemessen wurde. Dann gibt er den Titel an den Mont Blanc ab, der ihn 1745 weiter an den Chimborazo reicht, bis die ersten Berge im Himalaja trigonometrisch bestimmt werden. Zur Geschichte der Höhenmessungen und der höchsten Berge vgl. Oskar Peschel, Bd. 1, S. 698.
116 Erwin Raisz 1948, S. 111.
117 Vgl. Abrecht Penck 1894, Bd. 1, S. 85–87.
118 Albrecht Penck 1896, Bd. 1, S. 86.
119 Ebd.
120 A. a. O., S. 60.
121 Vgl. das Steinhaus-Paradox in Benoît Mandelbrot 1967, S. 636 und Hugo Steinhaus 1954.
122 Vgl. Nina Samuel 2012, S. 34 f.
123 Zur Genese des Wurzelgesetzes vgl. Friedrich Töpfer und Wolfgang Pillewizer 1966, S. 10; zur ersten Erwähnung des Gesetzes vgl. Friedrich Töpfer 1962.
124 Friedrich Töpfer 1974, S. 249.
125 A. a. O., S. 24. Das Wurzelgesetz lautet $N = K\sqrt{M}$. N bezeichnet die Anzahl der darstellbaren Elemente, K ist eine Dimensionskonstante und M bezeichnet die Maßstabszahl der Karte, die erstellt werden soll. Vgl. a. a. O., S. 25.
126 Vgl. Wolfgang Pillewizer und Friedrich Töpfer 1966, S. 10, Fig. 1 [vgl. hier Fig. 51-2] und 2. Zu den Gemeinsamkeiten von fraktaler Geometrie und kartographischer Generalisierung vgl. Bin Jiang 2014, S. 9–11.
127 Zu den Forschungen zur geometrischen Generalisierung vgl. exemplarisch und zusammenfassend Barbara P. Buttenfield 1991, S. 153.
128 John Palmesino und Ann-Sofi Rönnskog 2013, S. 83–86.

129 Max Eckert 1913, Bd. 1, S. 13.
130 In einem Schreiben an Heinrich Berghaus vom 5. September 1825, in: Alexander v. Humboldt 1860, S. 19.
131 Ebd. Vgl. auch Richard J. Pike et al. 2002, S. 13.
132 Zur Analogie mit dem Ozean und die ersten Vermessungen vgl. Karl Bruhns 1873, Bd. 2, S. 270.
133 In einem Schreiben an Heinrich Berghaus vom 5. September 1825, in: Alexander v. Humboldt 1860, S. 19.
134 Humboldt, *Essaie politique*, Bd. 1, S. 220, zit. n. Karl Bruhns, Bd. 2, S. 192.
135 Alexander von Humboldt 2004, S. 4.
136 Vgl. ebd.
137 Vgl. Alexander von Humboldt 2008, [=»Reise in die Aequinoctial-Gegenden des neuen Continents ...«], Bd. II/2, S. 7 und 19 f. Es handelt sich um denselben Kompass, der zwischen 1791 und 1793 schon Joseph Bruny d'Entrecasteaux und den Hydrographen Carles Francois Beautemps-Beaupré auf der erfolglosen und desaströsen Suche nach Jean-François La Pérouse begleitet hat.
138 Zu den Ebenen Sibiriens vgl. Alexander von Humboldt 1844, Bd. 2.
139 Zur Ausrüstung, der Einrichtung und den Gebrauch der bordaschen Bussole vgl. Alexander von Humboldt und Joseph-Louis Guy-Lussac 1808, S. 259–261, zur bordaschen Schwingungsmethode vgl. Claude Servais Mathias Pouillet [und Johann Heinrich Jacob Müller] 1867, Bd. 1, § 177.
140 Alexander von Humboldt und Joseph-Louis Guy-Lussac 1808, S. 270 f.
141 Vgl. Friedrich Töpfer 1974, S. 259 f.
142 Vgl. a. a. O., S. 260.
143 Vgl. Fn. 314.
144 Alexander von Humboldt 2004, S. 6.
145 Heinrich Berghaus 1850, S. 1.
146 Vgl. zur Unentschiedenheit der Polarregionen den Kommentar v. Heinrich Berghaus im Vorwort, ebd.
147 Vgl. Alexander von Humboldt 2008 [»Kosmos ...«], Bd. VII/1, S. 261.
148 Ebd.

149 Vgl. dazu Heinrich Berghaus' Ausführungen im Vorwort, ebd.
150 Vgl. Carl Ferdinand Weiland, *Hoehen Charte oder bildlich vergleichende Übersicht der bedeutendsten Berge in Europa, Asien, Africa, America, und den Südsee Landern*, Weimar 1820; ders., *Hoehen Charte oder bildlich vergleichende Übersicht der bedeutendsten Berge in Teutschland und der Schweiz nebst Andeutung der Hohen vieler Städte, Dorfer, Seen etc. nach den besten Barometermessungen entworfen*, Weimar 1821.
151 Vgl. Heinrich Berghaus 1850, S. 2.
152 Vgl. Alexander von Humboldt 2008 [»Ideen zu einer Geografie der Pflanzen«], Bd. 1, S. 155–161.
153 Vgl. Heinrich Berghaus 1850, S. 1.
154 Vgl. Max Pfannenstiel 1970, S. 28 f.

3 Nichts als heiße Luft

1 Vgl. die anonyme Mitschrift der Vorlesung: Alexander von Humboldt 2004b, S. 94; zur Überlieferung vgl. die Anm. 175.
2 Zum Dementi jeglicher Vorlesungsskripte im Vorwort des *Kosmos* vgl. Alexander von Humboldt 2008 [»Kosmos ...«], Bd. VII/1, S. 9. Zur Überlieferungslage der Vortragsskripte vgl. Hanno Beck in den Anmerkungen ebd. Bd. VII/2, S. 354 und Dominik Erdmann/Christian Thomas 2014, S. 35.
3 Alexander von Humboldt 2004b, S. 94.
4 Vgl. »Hidden Kosmos – Reconstructing Alexander von Humboldt's ›Kosmos-Lectures‹« am Institut für Kulturwissenschaft, Humboldt-Universität zu Berlin https://www.culture.hu-berlin.de/de/forschung/projekte/hidden-kosmos und Dominik Erdmanns Dissertationsprojekt *Totalansichten aus dem Zettelkasten – Die Schriftbildlichkeit des Entwurfs als Basis der visuellen Poetologien in Alexander von Humboldts Kosmos*.
5 Vgl. Alexander von Humboldt 2008 [»Kosmos ...«], Bd. VII/1, S. 9. Zur Klage vgl. Bettina Hey'l 2007, S. 351.
6 Aus Briefen 11. (1841) und 24. (1850) von Alexander von Humboldt an Friedrich von Raumer, zit. nach dem *Litterarischen Nachlass*

von *Friedrich von Raumer*. Friedrich von Raumer 1869, Bd. 1, S. 27 f. Vgl. Bettina Hey'l 2007, S. 346–348.
7   Vgl. Petra Werner 2004, S. 168.
8   Karl Bruhns 1873, Bd. 2, S. 227–228.
9   Gerhard Engelmann 1970, S. 4.
10 Vgl. Petra Werner 2004, S. 168 und 171.
11 Dominik Erdmann und Christian Thomas 2014, S. 41. Zu einer ausführlicheren Darlegung der Ordnungssysteme und Arbeitstechniken vgl. auch Petra Werner 2004, S. 166–170.
12 Vgl. Reinhart Koselleck 2000, S. 9.
13 Karl Schlögel 2011, S. 48.
14 *Mobile Inseln*, S. 19.
15 Vgl. Karl Schlögel 2011, S. 51.
16 Vgl. a. a. O., S. 49.
17 Vgl. die »zwei Lesarten der Welt« in Gilles Deleuze 1969, S. 320 und ebenso die Unterscheidung zwischen »Baum« und »Welle« von Franco Moretti 2016, S. 60.
18 Brief von Alexander von Humboldt an Carl August Varnhagen von Ense von 27. Oktober 1834.
19 Johann Heinrich Campe 1809, Bd. 3, S. 364 [Hervorhebung G. M.]
20 Johann Gottfried Herder 1764, Bd. 1, S. 407.
21 Vgl. Herder 1785, Bd. 2, S. 18–19.
22 Herder 1785, S. 19.
23 Novalis 1978, Bd. I, S. 202.
24 Ebd.
25 Vgl. Kristian Köchy 1997 und ders. 2002, im Zusammenhang mit dem »Naturganzen« Petra Werner 2004, S. 42.
26 Jean Paul 1963, Bd. 5, S. 459–460.
27 Vgl. Titus Lucretius Carus V 276 und Donald Fludd 1626, S. 37.
28 Vgl. Tim Flannery 2006, S. 191; James Lovelock 1979.
29 Carl Ritter 1862, S. 38.
30 Zit. n. Julius Zöllner 1863, S. 79.
31 Blaise Pascal 1668, S. 47.
32 Julius Zöllner 1868, S. 79.
33 Ernst Julius Reimann 1857, S. 13.

34 Vgl. Hans Diller 1932, S. 35.
35 Vgl. Marcus Tullius Cicero, *De natura deorum* II 83. Zu Anaximenes vgl. a. a. O., I 26. Zu Cicero vgl. Leo Spitzer 1942, S. 4.
36 Vgl. Ambrosius Theodosius Macrobius, *Commentarii in somnium Scipionis*, 2, 4, 8. Erst Macrobius spricht von »sphaera«, Cicero verwendet »globus«.
37 Marcus Tullius Cicero, *De re publica* 6, 17.
38 Vgl. Alexander von Humboldt 2008d, Bd. VII/1, S. 66. Zu den vorsokratischen Wurzeln von Ambience und Milieu vgl. Leo Spitzer 1942, S. 2–13.
39 Alexander von Humboldt 2008d, Bd. VII/1, S. 54 f, Fn. 9 [zur Etymologie von *Kosmos*]. Der gotische *merigard* geht auf eine Übersetzung von Apuleius zurück, der »περὶ κόσμον« mit »de mundo« übersetzt, vgl. Leo Spitzer 1942, S. 15.
40 Vgl. exemplarisch Alexander von Humboldt 2004, S. 58.
41 Vgl. Alexander von Humboldt 2008, Bd. VII/2 [=»Kosmos ...«], S. 321.
42 Vgl. Alexander von Humboldt 2008, Bd. VI [=»Mexico-Werk«], S. 9.
43 Zum »gleitenden Übergang zwischen Ästhetik und Wissenschaft« vgl. Bettina Hey'l 2007, S. 217.
44 Alexander von Humboldt 1827/28, S. 29.
45 Alexander von Humboldt 1990, Bd. II, S. 258.
46 Vgl. etwa Frank Holl und Kai Reschke 1999, S. 13 und Hartmut Böhme 2004, S. 197 (hier zitiert).
47 Vgl. James Lovelock 2008, S. 30–31.
48 Vgl. Alan Weisman 2007.
49 Vgl. James Lovelock 2008, S. 234.
50 Vgl. a. a. O., S. 59 und 60.
51 A. a. O., S. 60.
52 Vgl. exemplarisch die Autoren des Cradle-and-Cradle-Konzepts Michael Braungart und William McDonough 2002 und 2013 und Harald Welzer 2013; ders. und Bernd Sommer 2014, letztere mit einer dezidierten Kritik am Optimismus der Upscaling-Thesen, die von verlustfreien Kreisläufen ausgehen.
53 Vgl. die Kap. III und IV in John Robison 1798, bes. S. 261 und 282 ff. Zu Robisons Freundschaft mit Watt und die gemeinsamen

Experimente in der Vorgeschichte der Eisenbahn vgl. Samuel Smiles 1865, S. 113–118.
54 Vgl. James Watts »Plain Story«, eine autobiographische Skizze über die Erfindung des Separate Condensers zit. n. James Patrick Muirhead 1858, Bd. 1, S. lxvii.
55 Vgl. Samuel Smiles 1865, S. 119 f.
56 James Watts »Plain Story«, zit. n. James Patrick Muirhead 1854, Bd. 1, S. lxviii f.
57 Vgl. James Patrick Muirhead 1858, S. 92; Samuel Smiles 1865, S. 119. Die Quellen variieren, ob die Maschine bloß zur Reparatur nach London geschickt wurde oder von Sissons Werkstatt selbst konstruiert wurde.
58 Vgl. James Watt 1854, Bd. 1, S. xxxvi und Robison über Watt in James Patrick Muirhead 1854, Bd. 1, S. 50.
59 Vgl. James Patrick Muirhead 1859, S. 52.
60 Vgl. Rosen 2010, S. 103–105. Rosen zitiert Alfred North Whitehead 1929, S. 117: »Die größte Erfindung des 19. Jahrhunderts war die Erfindung der Methode der Erfindungen«.
61 Vgl. James Patrick Muirhead 1859, S. 51.
62 William Rosen 2010, S. 102.
63 Zit. n. Samuel Smiles 1865, S. 112.
64 Vgl. James Patrick Muirhead 1858, Bd. 1, S. lxxx; James Patrick Muirhead 1858, S. 83; Samuel Smiles 1865, S. 114; Jennifer Uglow 2003, S. 58.
65 Vgl. James Patrick Muirhead 1854, Bd. 3, S. 13.
66 James Watt 1769, S. 2.
67 Vgl. Thomas Macho 2007, S. 181 f.
68 Vgl. exemplarisch Watts Briefe an John Roebuck vom 27. und 29. April 1768 sowie 10. Mai 1768, zit. n. James Patrick Muirhead 1854, Bd. 1, die Briefe [26.]–[28.]
69 Vgl. exemplarisch Watts Brief an William Small vom 3. November 1769, zit. n. James Patrick Muirhead 1854, Bd. 1, Brief [66.].
70 Zum Problem der *actio in distans* am Beispiel der Elektrizität vgl. Florian Sprenger 2012, S. 97–106.
71 Vgl. in der lateinischen und englischen Erstausgabe William Harvey 1628, S. 29, sowie ders. 1653, S. 33.

72 Vgl. William Harvey 1628, S. 34.
73 Vgl. das Lemma »Passage« bei Antoine Furetière 1690, Bd. 3, o. S.
74 Vgl. Charles du Fresne Du Cange 1710, Bd. 3, S. 210.
75 Vgl. Walther Needham 1673.
76 Vgl. Jean Pecquet 1653, S. 51–54. Pecquet erklärt die Entfaltung der Schwimmblase, entgegen Roberval, mit der Elastizität der Luft.
77 Zur Hydraulik und Hydrostatik vgl. etwa Jean François 1654, Stephen Spitzer 1729; zur Botanik vgl. exemplarisch Francis Willoughby 1671, S. 2123 und zur Medizin Guillaume Cavelier 1743 und Louis Malo Moreau de Saint-Élier 1738.
78 Alexander von Humboldt 1990, Bd. II, S. 258.
79 Vgl. Johann Christian Adelung 1793, Bd. 1, Sp. 1344.
80 Vgl. James Watt an John Roebuck am 29. April 1768, zit. n. James P. Muirhead 1859, Bd. 1, Brief Nr. 27.
81 Zur Geschichte und Kritik des Anthropozän-Begriffs vgl. Falko Schmiederer 2013.
82 Zum Begriff des Atmosphärendesigns und seinen Anfängen in der »Ärologie« Gottfried Herders vgl. Peter Sloterdijk 2002, S. 48–50; ders. 2004, S. 127–130.
83 Vgl. Paul J. Crutzen 2011, S. 7.
84 Alexander von Humboldt 2008e, Bd. V, S. 84.
85 Vgl. Ludwig Uhlig 2004, S. 257.
86 Alexander von Humboldt 2008c, Bd. II/3, S. 156.
87 Alexander von Humboldt 2008b, Bd. IV, S. 433.
88 Alexander von Humboldt 2008b, S. 73.
89 Alexander von Humboldt 1844, Bd. 2, S. 77.
90 Vgl. Alexander von Humboldt 2008d, Bd. VII/2, S. 23 f.
91 Zit. n. Georg Schirges 1855, S. 56.
92 Vgl. a. a. O., S. 52.
93 Alfred R. Wallace 1898, S. 83.
94 Vgl. Franz Reuleaux 1865, Bd. I, S. 10.
95 Vgl. Ernst Ferdinand August 1825, §§ 2 und 4.
96 Vgl. Alexander von Humboldt 1832, S. 169–171.
97 Ernst Ferdinand August 1928, S. 1. Humboldt erwähnt Le Roy (in der zeitgenössischen Schreibung »LeRoi«) ebenso, vgl. a. a. O., S. 169, Fn. 1.

98 Vgl. Alexander von Humboldt 2008d, Bd. VII/2, S. 304 und 310.
99 Vgl. Ernst Ferdinand August 1928, S. 4 f. Zu den »korrespondierenden Thermometern« vgl. ebd.
100 Carl Friedrich Peschel 1844, S. 639.
101 Vgl. Alexander von Humboldt 1832, S. 169.
102 Vgl. John Frederic Daniell 1826, S. 129 f.
103 Vgl. Ernst Ferdinand August 1828, S. 5.
104 Vgl. a. a. O., S. 14 f.
105 Alexander von Humboldt 2008, Bd. VII/2 [=»Kosmos...«], S. 304.
106 Alexander von Humboldt 2008, Bd. VII/2 [=»Kosmos...«], S. 304.
107 Vgl. a. a. O., S. 302.
108 Ebd.
109 A. a. O., S. 301 f.
110 Vgl. Ernst Ferdinand August: *Eukleidou stoicheia: Euclidis elementa: ex optimis libris in usum tironum: graeca edita*, Berlin 1826–1929.
111 Vgl. Ernst Ferdinand August 1829, S. 12–14.
112 Ernst Ferdinand August 1848, S. 4.
113 Die beiden Aufrisse *Voyage vers la cime de Chimborazo* und *Limite inférieure des Neiges perpétuelles à différentes latitudes* vgl. Alexander von Humboldt, *Atlas geographique et physique du nouveau continent*.
114 Alexander von Humboldt 1844, Bd. 1, S. 183.
115 Ebd.
116 Die Datierung der Zeichnungen kann man mit den Messwerten der Abzisse weiter eingrenzen. Humboldt muss die Zeichnungen nach seiner Asienreise um 1829 und womöglich auch erst mit den Vorarbeiten zu *Asie Centrale* um 1843 angefertigt haben.
117 Vgl. Alexander von Humboldt Großer Kasten 6, Nr. 41.42. Bl. 9. Zu den Abkürzungen und einer ersten eingehenden bildwissenschaftlichen Beschreibung und Analyse des Zettelkonvoluts vgl. Birgit Schneider 2013. Einzig die Abkürzung »Pyr« bleibt unklar, da die Pyrenäen sich nicht bis zum 44. Breitengrad erstrecken. Die Bergformen gleichen Humboldts vier Profilen in *Limite inferieure des Neiges perpétuelles à différentes Latitudes*, vgl. Fig. 72.
118 Vgl. Alexander von Humboldt 1844, Bd. 1, 3. Teilbd., S. 360, Tafel III.

119 Humboldt hat die Zahl korrigiert. Womöglich war die Datenlage unklar, weil man in Norwegen aufgrund der großen Nord-Süd-Erstreckung erhebliche Temperaturschwankungen in den Jahresmittelwerten findet.
120 Vgl. Birgit Schneider 2013, S. 34.
121 Alexander von Humboldt 1844, Bd. 1, S. 183.
122 Vgl. Alexander von Humboldt 2008d, Bd. VII/1, S. 54 f, Fn. 9 und ebenso *Mobile Inseln*, S. 151.
123 Vgl. die Fig. 76.
124 Vgl. Alexander von Humboldt 1830, S. 330.
125 Alexander von Humboldt 1830, S. 331 f.
126 Alexander von Humboldt 1830, S. 332.
127 Ebd., S. 327.
128 Zur »geografischen Deduktion« vgl. Max Eckert 1913, Bd. 1, S. 13; *Inseln und Meere*, S. 130 f.

4 Eine zirkuläre Reise auf der geraden Linie

1 Zur chronischen Eile vgl. Pierre Macherey 1974, S. 130–131; zur »Geometrisierung des Raumes« bei Verne vgl. Innerhofer 1990, S. 88–89.
2 Vgl. Pierre Macherey 1974, S. 100, und nach Pierre Macherey auch Michel de Certeau 2005, S. 140.
3 Beide Zitate vgl. Jules Verne 2007, S. 395.
4 Zur Metapher des »ununterbrochenen Metallbands« vgl. Jules Verne 2012, S. 205.
5 Ferdinand de Lesseps 1984 (1888), S. 549–550.
6 Vgl. William Butcher 2006, S. 225; Peter Costello 1978, S. 121–123; Franz Born 1960.
7 Vgl. Jules Verne 2009, S. 340 und 351. Ferdinand de Lesseps nennt dagegen 4789,41 km für die Strecke von Cadiz nach Bombay über den projektierten Suezkanal im Vergleich zur Seestrecke über den Atlantik.
8 Vgl. Jules Verne 2009, S. 352.
9 Vgl. Lars Wilhelmer 2015, S. 79.
10 Vgl. Ferdinand Löwe 1897, S. 14 f. H. G. Wells 1902, Kap. 1.

11 Vgl. Margaret Cohen 2010, S. 213. Der Begriff der »Grenze« und die Anspielungen auf die Frontier-Bewegung fallen bei Verne jedoch nicht.
12 Dionysius Lardner 1851, S. 315.
13 Ferdinand Loewe 1898, S. 133 und 137.
14 Vgl. die Diskussionen a. a. O., S. 135–146.
15 Vgl. W. Heimann 1836, S. 26–27.
16 Christoph Bernoulli 1833, S. 405. Zur Geradlinigkeit der Eisenbahnlinien vgl. auch W. Heimann 1836, S. 27–28, 45; Wolfgang Schivelbusch 2004, S. 15.
17 Christoph Bernoulli 1833, S. 405.
18 Christoph Bernoulli 1833, S. 401.
19 Zu den Nivellierungen in Versailles vgl. Abbé Jean Picard 1728, S. 148–183.
20 Vgl. Max Roscher 1911.
21 Zu den Merkmalen einer »kulturtechnischen Perspektive« vgl. Sibylle Krämer und Horst Bredekamp 2006, S. 18. Entgegen der Intuition von Krämer und Bredekamp (a. a. O., S. 16) spricht nichts dagegen, die kulturtechnische Perspektive auch auf die Techniken und Praktiken der Agrartechnik im 19. Jahrhundert selber anzuwenden. Die Frage nach den Kulturtechniken der Kultivierung wäre vermutlich ein interessanter Beitrag zu einer Technikgeschichte des Anthropozäns und einer Wissensgeschichte der nichteuklidischen Geometrie.
22 Simon Stampfer ^{4}1854, § 3.
23 Herbert G. Wells 1902, S. 10.
24 Wolfgang Schivelbusch 2004, S. 47.
25 Vgl. Herbert G. Wells 1902, S. 10.
26 Vgl. Herbert G. Wells 1895, S. 9. Simon Newcomb spricht vor der Mathematical Society am 28. Dezember 1893 über die Möglichkeit einer vierdimensionalen Geometrie, seine Rede ist unter dem Titel »Modern Mathematical Thought« in der Zeitschrift Nature 49 (1. Februar 1894) S. 325–329, abgedruckt. Wells' Zeitreisender zit. Newcomb hier auf S. 328 f.
27 Vgl. Robert Sanderson 1732, Bd. XIX, S. 239.
28 Vgl. Thompson Wescott 1857, S. 375.

29 Zur Vorgeschichte der Dampfschiffe ab 1630 vgl. Henry Preble 1895, S. 9–43, und Thompson Wescott 1857, S. 373–376. Für einen biografischen und technikhistorischen Überblick zu Fitchs Modellen vgl. die Kapitel 14 und 15 in Seymour Dunbar 1915, Bd. 1, S. 232–267.
30 Seymour Dunbar 1915, Bd. I, S. 256. Das erste Dampfschiff ist die Pyroscaphe von Claude de Jouffroy d'Abbas. Es fährt 1783, wenn auch nur für 15 Minuten, auf der Saône, dann brach es unter der Last der Dampfmaschine entzwei. Vgl. dazu Daniel R. Headrick 2011, S. 129
31 *New-York Magazine; or, Literary Repository*, 18. August 1790, S. 493, zit. n. dem Faksimile-Abdruck in Seymour Dunbar 1915, Bd. 1, S. 255. Vgl. auch Thompson Wescott 1854, S. 289.
32 Vgl. John Fitch zit. n. Seymour Dunbar 1915, Bd. I, S. 236.
33 John Fitch, »Brief an Benjamin Franklin vom 17.10.1785«, zit. n. Seymour Dunbar 1915, Bd. I, S. 237.
34 Vgl. *New-York Magazine; or, Literary Repository*, 18. August 1790, S. 493, zit. n. dem Faksimile-Abdruck in Seymour Dunbar 1915, Bd. 1, S. 255. Vgl. auch Thompson Wescott 1854, S. 289. Zum Vergleich von Inlandnavigation und Atlantik vgl. auch Dionysius Lardner 1851.
35 Brief von John Fitch an David Rittenhouse, 29. Juni 1792, zit. n. Henry Preble 1895, S. 34.
36 Vgl. Thompson Wescott, S. 390. Vgl. auch Louis C. Hunter 1984, Bd. II., S. 11.
37 Vgl. Louis Hunter 1984, Bd.2, S. 28 und 30.
38 Vgl. Daniel R. Headrick 2011, S. 181–182.
39 Vgl. Dionysius Lardner 1851b, S. 408. Vgl. dazu auch das geschlossene Verkehrssystem von Brunel 1870/1971, S. 47.
40 Vgl. Markus Krajewski 2005, S. 47.
41 Vgl. Dionysius Lardner 1851b, S. 408.
42 Vgl. Alexander von Humboldt o. J., Großer Kasten 6, Nr. 41.42., Bl. 9, handschriftlicher Nachlass und ders. 1843, Bd. 1/3.Teilbd., S. 360, Tafel III.
43 Vgl. Piers Brendon 1991, S. 57. Zu den Sparvereinen und den Verbindungen zu Paxton vgl. Jörn M. Mundt 2014, S. 63–65.
44 Zur Übertragung von Vernes Roman auf das Spielbrett vgl. Andreas Mahler 2013, S. 319–320.

45 Jules Verne 2012, S. 13 f. Vgl. auch S. 118.
46 Jules Verne 2012, S. 112.
47 Vgl. Marguerite Allotte de La Fuÿe 1950, S. 137.
48 Vgl. Peter Costello 1978, S. 118 und 119.
49 Zit. n. Piers Brendon 1991, S. 150. Vgl. auch Jules Verne zit. n. Marie Belloc 1895, S. 208. Verne bezieht sich dabei auf einen Zeitungsartikel, aber es dürfte sich um dasselbe Ereignis handeln.
50 Jules Verne 2007, S. 22 f.
51 Ebd.
52 Jules Verne 2007, S. 21.
53 Zit. n. Peter Costello 1978, S. 120.
54 Jules Verne 2012, S. 67.
55 Ebd.
56 Vgl. a. a. O., S. 272–274.
57 Jules Verne 2012, S. 54 und 53. Zum Uhrwerk vgl. auch Michel de Certeau 2005, S. 140 f.
58 A. a. O., S. 282.
59 Vgl. a. a. O., S. 397.
60 Michel de Certeau 1988, S. 209–210.
61 Gilles Deleuze 1992, S. 658.
62 Jules Verne 1966, S. 86.
63 Halford Mackinder 1922, S. 1.
64 A. a. O., S. 12.
65 Vgl. a. a. O., S. 1–5.
66 A. a. O. 1922, S. 13.
67 Zit. n. Piers Brendon 1991, S. 150.
68 Vgl. Volker Dehs 2010/11, S. 54 f.
69 Vgl. F. A. Garnier 1862, S. 11–20.
70 Vgl. etwa die Umschläge der Hetzel-Ausgaben von *Tour du Monde au quatre vingt jours*, 1873; sowie Jules Verne, *Les Enfants du capitaine Grant*, 1898/1899; ders., *Le Pays de Fourrures*, 1873; ders., *L'ile Mystérieuse*, 1875; ders., *Les Indes-Noires et Le Chancellor*, 1891; ders., *La Jangada. Huit Cent Lieues sur L'Amazones*, 1871; ders., *Kérban-Le-Têtu*, 1883, ders., *Petit Bonhomme*, 1893; ders., *Face au Drapeau/Clovis Dardentor*, 1896.

71 Tischglobus von E. Girard & A. Boitte, Rue Cassette 22, Paris 1887, Chromolithografie auf Pappmaché, Ø 32 cm, H 65 cm.
72 *Le Tour du Monde en 80 jours*, Stück in fünf Akten mit einem Vorwort von Adolphe D'Ennery, Musik von J. J. Debillemont, Théâtre de la Porte Saint-Martin, 7. November 1874.
73 Zur Geste der Besitznahme, die Vernes Helden charakterisiert, vgl. Roland Barthes 2010, S. 104.
74 Vgl. Ange Galdemar 1894; Robert H. Sherard 1894 und Marie A. Belloc 1895.
75 Max Popp 1905, S. 25. Kopp kannte vermutlich den Artikel und die Fotoserie von Marie A. Belloc im *Strand Magazine*, dies. 1895, S. 209.
76 Vgl. Marie A. Belloc 1895, S. 208.
77 Jules Verne 2012, S. 45.
78 Verne hat »Fogg« in einer ersten internen Bleistift-Fassung nur mit einem »g« geschrieben. Das deutet vermutlich darauf hin, dass William Parry Fogg nicht das historische Vorbild war (vgl. die Spekulationen bei Peter Costello 1978, S. 120), sondern der notorische Londoner Nebel.
79 Jules Verne 2012, S. 45–46.
80 Jules Verne 1872, S. 24–26; hier zit. S. 24.
81 Vgl. Jules Verne 1873, S. 18, 97 und 189 sowie George Bradshaw 1866, S. 546–547.
82 Vgl. Nikil Saval 2014, S. 37 f.
83 Siegfried Kracauer 1971, S. 26 f.
84 Vgl. Peter Haining 1978, S. 38.
85 Vgl. zuletzt Stefan Bogen 2013.
86 Zit. n. Marie A. Belloc 1895, S. 208. Vgl. ebenso Robert H. Sherard 1894, S. 121.
87 Zit. n. Jules Verne 2012, S. 351.
88 A. a. O., S. 297.
89 Vgl. a. a. O., S. 212.
90 Vgl. Siegfried Kracauer 1971, S. 26 f.

5 Die Mysterien der Dampfmaschine

1 Vgl. Robert H. Sherard 1894, S. 118, 120 und 123.
2 A. a. O., S. 118.
3 Vgl. ebd.
4 Vgl. W. H. Webb 1857, S. 16
5 Vgl. Anonymus 1887, S. 7.
6 Vgl. W. H. Webb 1857, S. 13, 25–26.
7 Vgl. Anonymus 1887, S. 6, und Webb 1857, S. 17
8 Vgl. Anonymus 1887, S. 6.
9 Vgl. William Butcher 2005, S. 176.
10 Vgl. das 7. Kapitel Jules Verne 1871, S. 39–44, und W. H. Webb 1857, S. 33.
11 Jules Verne 1871, S. 52 f.
12 Vgl. Arnold von Gennep 1986, S. 21.
13 Vgl. Henry Smith Evans 1851, S. 3.
14 Zu den Schiffsdaten vgl. W. H. Webb 1857, S. 33, zur Verflüchtigung der Ferne vgl. a. a. O., S. 28.
15 Vgl. W. H. Webb 1857, S. 28.
16 Vgl. den Brief von Isambard Kingdom Brunel an den Sekretär der Eastern Steam Company vom 10. Juni 1852, zit. n. d. Biographie des gleichnamigen Sohnes Isambard Brunel 1971 /1870, S. 292.
17 Zum Handel mit Reiseinformationen vgl. Jörn A. Mundt 2014, S. 159–160.
18 Zum Anschluss von Indien und Australien an das cooksche Buchungssystem vgl. Piers Brendon 1991, S. 212 und 213–214. Zur weltumspannenden Währung der Cook-Coupons vgl. Cook & Son 1876, S. 8–9.
19 Vgl. Adrian Franklin 2003, S. 22 f. und 36, vgl. John K. Walton 2009, S. 118.
20 Jörn A. Mundt 2014, S. 161.
21 Jörn A. Mundt 2014, S. 128.
22 Vgl. Kap. 3.
23 Vgl. Isabel Burton 1875, Bd. 2, S. 18.
24 Vgl. George Nathaniel Curzon in: *Excursionists*, 1. März 1898, zit. n. Piers Bredon 1991, S. 212.

25 Vgl. William Howard Russell 1869, Bd. 2, S. 322.
26 Ebd.
27 Cornelius O'Dowd [=Charles Lever] 1865, S. 230–231. Zur Auseinandersetzung zwischen O'Dowd und Cook vgl. Mundt 2014, S. 147–150. Mundts Zitate und Quellenangaben sind jedoch leider an einigen Stellen sehr ungenau.
28 Arnold van Gennep 2005, S. 84.
29 Victor Turner 1967, S. 95 f.
30 Karl Georges 1998, Bd. II, Sp. 3343 f.
31 Vgl. Nelson H. H. Graburn 1983, S. 18 f.
32 Vgl. Mircea Eliade 1989, S. 31–35; Arnold van Gennep 2005, S. 21.
33 Vgl. a. a. O., S. 33 nach Arnold van Gennep 2005, S. 72.
34 Vgl. Victor Turner 1967, S. 96.
35 Vgl. Victor Turner 1979, S. 469 und 475.
36 Vgl. a. a. O., S. 34 f.
37 Vgl. Dean McCannell 1976, S. 13.
38 Vgl. a. a. O. und Nelson H. H. Graburn 1977 und 1983, der vermutlich durch den Umweg über Victor Turners *From Ritual to Theatre* Johann Huizingas *Homo ludens* rezipiert. Zur Historiografie der Tourismusforschung von den ersten Schriften Leopold von Wieses (1930) bis zur Semiotik vgl. Erik Cohen 1983, S. 373 f; für die neueren Forschungen vgl. John K. Walton 2009.
39 Vgl. James Clifford 1992, S. 99 f.
40 Marc Augé 2012, S. 51.
41 Bronisław Malinowski 1979, S. 28.
42 Vgl. James Clifford 1997, S. 20.
43 Vgl. Fernando Ortiz 1963, S. 260 f., und Mary Louise Pratt 1992, S. 7 f. Vermutlich übernimmt Osterhammel den Begriff der »Kontaktarena« über Umwege von Pratt.
44 Vgl. Fernando Ortiz 1963, S. 260, und Mary Louise Pratt 1992, S. 8. Die »Auswilderung« der eigenen Kultur ist auch ein Topos der Frontier-Bewegung und zahlreicher Westernnarrationen.
45 Vgl. exemplarisch Peter Atteslander [13]2010, S. 77.
46 Vgl. ebd.
47 Vgl. Michael Werner und Bénédicte Zimmermann 2002, S. 621–624.

48 A. a. O., S. 626.
49 Victor Turner 2005, S. 96 f.
50 Zur Analogie von Pilgerreise und Tourismus vgl. etwa Dean McCannell 1977, S. 5; Nelson H. H. Graburn 1983, S. 15–17; ders. 1977, S. 17; Cohen 1979; Adrian Franklin 2003, S. 122–130.
51 Victor Turner 2005, S. 96 und 110.
52 Vgl. Arnold van Gennep 1984, S. 83–85.
53 Mircea Eliade 1988, S. 73–75.
54 Vgl. Peter Sloterdijk 2004, S. 391–392.
55 John Robert Seeley 1914, S. 49.
56 Vgl. a. a. O., S. 51.
57 A. a. O., S. 86–87.
58 A. a. O., S. 51.
59 Zum Konzept der »Uterotopien« und der Herleitung der Nation aus dem »Verwandtschaftsphantasma« vgl. Peter Sloterdijk 2004, S. 392 f.
60 Vgl. Gauri Viswanathan 1992; Sebastian Conrad und Shalini Randeria 2002, S. 31.
61 Zur Literatur als Erweiterung der Kolonialmacht und der Notwendigkeit der Freiwilligkeit vgl. Gauri Viswanathan 1992, S. 380. Die Subaltern-Studies verweisen auf die notwendige Abwertung der indischen Kulturen, der Annahme eines vermeintlichen Defizits oder Geschichts- und Kulturlosigkeit. Das »private self« sei in Wahrheit ein »public self«, nämlich die Erziehung zum Staatsbürger, vgl. Dipesh Chakrabarty 2000, S. 34–37. Zum Personal der Schwelle vgl. James Clifford 1997, S. 25.
62 Zit. n. Robert G. Angevine 2004, S. 190 f.
63 Zum Verhältnis von *Mother country* und *Greater Britain* vgl. John Robert Seeley 1914, S. 51; zu den Initiationsriten zum *regressus ad uterum* vgl. Mircea Eliade 1988, S. 97–100; zu den Initiationsriten der amerikanischen Literatur und Literaturkritik vgl. Felix Freese 1971, S. 138–142.
64 Zur Kulturgeschichte der pazifischen Dampfschiffslinien vgl. Frances Steel 2011, hier zit. S. 25. Zu den indischen Dampfschiffen vgl. David R. Headrick S. 190–194. Zu den ozeanischen Initiationsriten vgl. Mircea Eliade 1988, S. 113–117.

65 Vgl. exemplarisch James Clifford 1997 und Greg Dening 1980.
66 Vgl. Jules Verne 2005, S. 85 und 112.
67 Zu allen Stellen vgl. a. a. O., S. 14.
68 A. a. O., S. 10.
69 Vgl. Volker Dehs 2010, S. 51–52.
70 Vgl. James Hamilton-Paterson 2010, S. 54.
71 Zu den menschengemachten Ungeheuern und der Fabrikation der Wunder vgl. Peter Dance 1976 und John Ashton 1890.
72 Jules Verne 2007, S. 8.
73 Vgl. den Bericht von Kapitan Harrington, The Times, 12. und 16. Dezember 1857.
74 The Times (London), Freitag, der 12. Februar 1858, Ausgabe 22915, S. 11.
75 Vgl. ebd.
76 Aristoteles, Historia Animalium, 4, 4, 770b; Plinius, Historia Naturalis ix., iii. 4 und v. 9.
77 Erik Pontoppidan 1754, 2. Teil, Kap. VIII, S. 345–409; hier zit. S. 198. Zur amphibischen Lebensweise und Frage der Klassifikation der Seeschlangen vgl. ebd., S. 202.
78 Zu Hans Poulsen Egede [bei Verne »Paul Heggede«] vgl. a. a. O., S. 199.
79 Erik Pontoppidan 1754, 2. Teil, Kap. VIII, S. 359.
80 Vgl. Ferrys Zeugenaussage, zit. bei Erik Pontoppidan 1754, Bd. 2, S. 373.
81 Zu Gosse vgl. Bernd Brunner Berlin 2011, S. 37–57.
82 Vgl. Henry Lee 1883, S. 27.
83 Philip Henry Gosse 1863, S. 290.
84 Jules Verne 2009, S. 104.
85 Philip Henry Gosse 1853, S. v.
86 Entgegen Natascha Adamowskys These der Konjunktur des Geheimnisses, die schon 1867 auf eine neue Sichtbarkeit des Meeresbodens reagiere, vgl. dies. 2004, S. 225. Die Orientierung am Gegenteil (»je mehr man weiß, desto mehr weiß man auch, was man nicht weiß«, ebd., S. 220) lässt sich medial kaum erhärten. Die ersten Filmaufnahmen von Walen entstehen sogar erst 1984, vgl. Philip Hoare 2013, S. 44.
87 Jules Verne 2007, S. 85–86.
88 A. a. O., S. 86.

89 Vgl. a. a. O., S. 619.
90 A. a. O., S. 86.
91 Vgl. Sigmund Freud 1997, S. 103 [»Die Freudsche psychoanalytische Methode«, 1903/1904]
92 Vgl. a. a. O., S. 175 [»Ratschläge für den Arzt bei der psychoanalytischen Behandlung«, 1912]
93 Vgl a. a. O., S. 194 [= Zur Einleitung der Behandlung. Weitere Ratschläge zur Technik der Psychoanalyse I, 1913].
94 Vgl. Jules Verne 2007, S. 395.
95 Vgl. a. a. O., S. 516.
96 Vgl. ebd.
97 Jules Verne 2009, S. 95.
98 Vgl. Arnold van Gennep, S. 21.
99 Ebd.
100 Vgl. a. a. O., S. 82.
101 Zu den ingenieurstechnischen und sozialutopischen Interpretationen vgl. Werner Tschacher 2014, S. 52–53.
102 Jules Verne 2007, S. 86.
103 Vgl. Global Mammal Assessment Team: Homo sapiens, in: IUCN 2014. IUCN Red List of Threatened Species, 2014 (Version 2014.1., http://www.iucnredlist.org/details/136584/0, abgerufen am 29.6.2014).
104 Vgl. ebd. und Ursula K. Heise 2010, S. 113.
105 Vgl. a. a. O., S. 13 f.
106 Vgl. den gleichnamigen Civil Defense Film von Anthony Rizzo, den er 1951 in Kooperation mit der Civil Defense Administration gedreht hat.
107 Vgl. Ernst Heinrich Haeckel 1874, S. 434 und 436.
108 Vgl. a. a. O., S. 444.
109 Vgl. Ernst Haeckel 1874, S. 448.
110 A. a. O., S. 7–8.
111 Vgl. Sigrid Weigel 2006, S. 52.
112 Zum »Causalnexus von Ontogenie und Phylogenie« vgl. Haeckels Ausführungen im 1. Vortrag zur Anthropogenie, bes. Ernst Haeckel 1874, S. 7–8.
113 Vgl. a. a. O., S. 9.

114 Vgl. ebd.
115 Alfred Edmund Brehm 1878, Bd. 1, Abtheilung III, S. 634. Alternativ auch *Wasserhund* oder *Wassermonster*.
116 Vgl. Alexander von Humboldt 2008, Bd. IV [=»Mexico-Werk«], S. 484.
117 Vgl. a. a. O., S. 253.
118 Vgl. a. a. O., S. 484.
119 Vgl. die Bibliographie und Rekonstruktion von Vernes Bibliothek in Volker Dehs 2010.
120 Vgl. Jules Verne 2007, S. 20.
121 Wilhelm Bölsche 1900, Bd. 2, S. 89.
122 Vgl. a. a. O., Bd. 2, S. 89 und 130.
123 Vgl. a. a. O., S. 62. Hervorhebungen im Original. F. zu den Axolotl vgl. ebd. 1924, S. 74.
124 Zu den Kosmogonien und Welterzählungen vgl. Sándor Ferenczi 1924, S. 66 f.
125 Sándor Ferenczi 1924, S. 63.
126 Vgl. Sándor Ferenczi 1924, S. 73 f., und Roland Barthes 2010, S. 103.
127 A. a. O., S. 66.
128 Vgl. Olga Helma Feller 1915, S. 2–3.
129 Zu den Experimenten mit den Brachien vgl. Auguste Duméril 1867; zu der Vorrichtung mit dem Schraubstock vgl. Olga Helma Feller 1915. Zur Neotenie, der seltenen Fähigkeit, zerstörte oder amputierte Extremitäten vollständig nachzubilden vgl. Caspar Henderson 2014, S. 31.
130 Vgl. Sándor Ferenczi 1924, S. 66.
131 Vgl. a. a. O., S. 25–29 und 72.
132 Vgl. Gilles Deleuze 1997, S. 320.
133 Zur Rezeption der Rekapitulationstheorie vgl. Stephen Jay Gould 1977, S. 115–154. Zur Rezeption Haeckels bei Freud und Ferenczi vgl. ebd., S. 155–164. Ders. 2005, S. 198 f., und 2005, 294–299, zu Ferenczi ausführlicher ebd., S. 198 f. und 205 f.; Frank J. Sulloway 1979/1992, S. Tinneke Beeckman 2007, S. 125 f. Christian Kerslake 2007, S. 4 f; Caspar Henderson 2014, S. 32 f.
134 Robert H. Sherard 1894, S. 121. Zum Schulterzucken vgl. ebd.

135 Gemeint sind die Kapitel 11.–13. in Bd. 1.
136 Jules Verne 2007, S. 108.
137 A. a. O., S. 109.
138 Vgl. exemplarisch Roland Innerhofer 1996, S. 109 f.
139 Zum Konzept der »Uterotopien« vgl. Peter Sloterdijk 2004, S. 392–395.
140 Zur Verneschen Architektur der Regression mit Hinweis auf Barthes vgl. Till R. Kuhnle 2005, S. 48–50.
141 Jules Verne 2007, S. 169.
142 Charles Anthony Deane. Deane's, Vorrichtung oder Maschine, deren sich Personen bedienen, welche in Zimmer oder geschlossene Räume eindringen wollen. Hier zit. nach der Übersetzung im *Dingler's Polytechnischen Journal* 18 (1825), S. 11.
143 Jules Verne 2007, S. 169.
144 Julius zur Nieden 1869, S. 23.
145 Vgl. Wilhelm Braumüller 1869, S. 294, und Frederick A. Barnard 1870, S. 338–339.
146 Vgl. Ernst Friedel 1882, S. 189, und *Mobile Inseln*, S. 348 f.
147 Vgl. Anonymous 1873, S. 258.
148 Zur Bezeichnung der »künstlichen Lunge« vgl. Wilhelm Braumüller 1869, S. 294.
149 Zum Überblick der Forschungen in der ersten Hälfte des 19. Jh. vgl. Gustav Fritsch und Eduard Hitzig 1870, S. 301–308.
150 Vgl. Marie Jean-Pierre Flourens 1842, S. 32 und 101; Gustav Fritsch und Eduard Hitzig 1870, S. 304 f.
151 Vgl. die Versuche 17 und 24 in: David Ferrier 1884, S. 514–517 und 535–537. Zu Ferrier und H. G. Wells vgl. Laura Otis 2007, S. 42–46.
152 Vgl. Michael Hagner 1999, S. 20
153 Vgl. Herbert G. Wells 1895, S. 89.
154 Vgl. etwa Claude A. Piantadosi 2003, S. 242.
155 Manfred E. Clynes und Nathan S. Kline 1960, S. 27.
156 Herbert G. Wells 1992, S. 98.
157 Vgl. Simone Vierne 1973, S. 22 f. Vgl. zu Vierne auch die elektronisch publizierte Dissertationsschrift von Athanasia Theodoropoulou 2008, S. 41–43.

158 Roland Barthes 2010, S. 103.
159 A. a. O., S. 105.
160 Vgl. Mircea Eliade 1989, S. 11.
161 Vgl. Simone Vierne 1973, S. 29.
162 Vgl. den Titel des Kapitels in: Jules Verne 1871, S. 66.
163 Herman Melville 2001, S. 209.
164 Zum Inselparadox vgl. Gilles Deleuze 2003, S. 12; zu den Selbsttechniken vgl. Thomas Macho 2000, S. 28.
165 Peter Sloterdijk 2011, S. 343. Zum Sprechakt vgl. ebd., S. 342.
166 Vgl. Bronisław Malinowski 1979, S. 28.
167 Vgl. das zweite und dritte Gedankenexperiment im Kap. *Re-entry into a form*, George Spencer-Brown 1997, S. 59–61.
168 Vgl. Jules Verne 2007, S. 26.
169 Vgl. dagegen Peter Sloterdijk 2011, S. 429.

6 Nicht Fisch, nicht Land: Grenzfälle des Wissens

1 Vgl. Karl Georges 1998, Bd. II, Sp. 998 f.
2 »quorum quidem vim, ut tu soles dicere, verba ipsa prudenter a maioribus posita declarant. Quia enim ostenunt, protendunt, mostrant, praedicunt, ostenta, portenta monstra, prodigia dicuntur«. M. T. Cicero, *De divinatione* 1,94. Zu Ciceros Wortgebrauch vgl. den Kommentar von Christoph Schäublin 1991, S. 329, und Hugo Merguet 1962/1905, S. 568 (»prodigium«); ebd. S. 418 (»monstrum«); zur Gesamtdarstellung der verwendeten Begriffe im römischen Prodigienwesen vgl. David Engels 2007, S. 57 f., besonders zu »monstrum«, ebd., S. 276–278; zur Rezeption der römischen und griechischen Begriffe im Mittelalter vgl. M. Volker Scior 2012, S. 43–44.
3 Vgl. Karl Georges 1998, Bd. II, Sp. 1418 (»ostentum«), Sp. 1958 (»prodigium«), Sp. 1790 (»portentum«). Zu den unterschiedlichen semantischen Feldern vgl. Lorraine Daston 2003, S. 31 und 61, Fn. 1.
4 Homer, *Odyssee*, 9, 190–193, zit. n. der Übersetzung v. Wolfgang Schadewaldt 1963.
5 Vgl. ebd., 9, 182.

6 Homer, *Odyssee*, 1, 71.
7 Vgl. zu den »besonderen Erscheinungsformen und Gattungsnamen des Meeres« Ludwig Preller, Bd. 1, S. 432.
8 Zu Pontia und Limenia, der *Venus marina*, vgl. Pausanias Beschreibung Griechenlands, 2, 1, 7.
9 Vgl. Paul Haupt 1907, S. 254.
10 Vgl. Karl Georges, Bd. 1, Sp. 1104. Vgl. auch zur Bedeutung von »Whael« auch die »Wortkunde« in *Moby-Dick*, Hermann Melville 2003, S. 13. Zu Keto, die Mutter der Medusa, der Gorgonen und der von Geburt an ergrauten Graien vgl. Hesiod, *Theogonie*, 265–269 und 326–329.
11 Vgl. Plinius, hist. nat., IX 5, 9–11 und Karl Georges 1998, Bd. 1, Sp. 805 f.
12 Plinius, nat. hist., IX, 7, 13.
13 Zur Frage der Halluzination vgl. Thomas Macho 1990, S. 67–68.
14 Zur ethnologischen, religionswissenschaftlichen und psychoanalytischen Lesart der »Ungeheuer« als Doppelgänger vgl. ebd., S. 57 und 68–71.
15 Vgl. Philip Hoare 2013, S. 379.
16 Plinius, nat. hist., IX, 7, 19.
17 Vgl. a. a. O., 7, 18.
18 Vgl. Carl v. Linnæus 1758, Bd. 1, S. 13–14. Vgl. zum »Großkopf« auch Frederick Debell Bennett 1836, Bd. 2, S. 156. Der massive Kopf, der 1/3 des Körpers einnehme, habe dem Pottwal den Namen gegeben.
19 Herman Melville 2003, S. 230.
20 Vgl. ebd.
21 Vgl. a. a. O., S. 572. Zur Rezeption von Eadies Artikel »Jona« aus Kittos *Cyclopaedia* in Melville 2001, Kap. 83 (»Jonah historically regarded«), vgl. Îlânâ Pardes 2008, S. 55–64.
22 Vgl. Herman Melville 2003, S. 19. »For by Art is created that great Leviathan called a Commonwealth, or State (in latine civitas), which is but an Artificiall Man; though of greater stature and strenght than the Naturall for whose protection and defence it was intended«, Hervorhebungen im Original, Thomas Hobbes 1651, S. 1.
23 John Hunter und Joseph Banks 1787, S. 385; S. Thomas Beale 1839, S. 74.
24 Vgl. Wilhelm Meyer-Lübke 1935, S. 464, das Lemma »mō(n)strum«.

25 Vgl. Philipe Diolé und Jacques-Yves Cousteau 1975, S. 7–8.
26 Vgl. Klaus Barthelmeß und Joachim Münzing 1991, Bd. 2, Nr. 1, 10 und Bd. 1, Nr. 2.
27 Thomas Beale 1839, S. 21.
28 Vgl. Thomas Beale 1839, S. 16 f., und ebenso das Kap. »The Spounting of Whales« von Henry Lee 1883, S. 62–75.
29 Vgl. Herman Melville 2003, S. 423–429. Vgl. William Hogarth, Perseus and Andromeda, London 1730; Oliver Goldsmith 1809, S. 293, Tafel XV; Frédèrick George Cuvier 1836; Bernard-Germain La Cédèpe 1844.
30 Herman Melville 2003, S. 428 und 429.
31 Vgl. Frédéric George Cuvier 1836, S. iii; Thomas Beale 1839, S. 13.
32 Zu den Gärungs- und Verwesungsprozessen vgl. Klaus Barthelmeß und Joachim Münzing 1991, Bd. 1, S. 16.
33 Zur Menschenverwandtschaft vgl. auch Burkhardt Wolf 2012, S. 431.
34 Vgl. Klaus Barthelmeß und Joachim Münzing 1991, Bd. 1, S. 11.
35 »Me mea ad interritum moles pertaxit acerbum. Sic pereat, quisquis robore fidit atrox«. Zit. n. Klaus Barthelmeß und Joachim Münzing 1991, Bd. 3, Nr. 53.
36 Arthur Mangin 1866, S. 226.
37 Jules Michelet 2006, S. 174.
38 Ebd. Vgl. ebenso Jean-Jacques Cousteau und Philippe Diolé 1979, S. 81 f.
39 Vgl. Jules Michelet 2006, S. 175.
40 Vgl. a. a. O., S. 174 f.
41 Victor Turner 2005, S. 95.
42 Vgl. Herman Melville 2001, S. xvii. Vgl. Charles Richardson 1838, Bd. II, Sp. 2178.
43 Zu Vernes Englischkenntnissen vgl. seine eigenen Aussagen im Gespräch mit R. H. Sherard 1894, S. 121.
44 Arthur Mangin 1864, S. 297. Die erste französische Übersetzung von Melvilles *Moby-Dick* ist in massiv gekürzter Form unter dem Titel *La cachalot blanc* 1928 in Paris erschienen. Zu einer prominenten ausführlicheren Zusammenfassung von Moby-Dick in Vernes Zeit vgl. *Revue des deux mondes* 23 (Januar–März 1853), S. 491–515. Vgl. dazu auch Volker Dehs 2005, S. 169–170.

45 Arthur Mangin 1860, S. 210.
46 Vgl. Arthur Mangin 1866, S. xx.
47 Vgl. Owen Chase 1821 zit. n. dem ungekürzten Abdruck in Thomas Farel Heffernan 1981, S. 24–26.
48 Zum Aufenthalt auf der Henderson Insel vgl. Nathaniel Philbrick 2000, S. 177–194.
49 Vgl. für eine Zusammenfassung Robert Foulke 1997, S. 119. Nathaniel Philbruck 2000, S. 238 f.
50 Vgl. den »Report of the Essex Shipwreck and Rescue« in der *Sydney Gazette* vom Juni 1821. Hier zit. n. Thomas Farel Heffernan 1981, S. 238.
51 Zum Faksimile der handschriftlichen Anmerkungen s. Thomas Farel Heffernan 1981, S. 184–209.
52 Vgl. Robert Foulke 1997, S. 119.
53 Herman Melville 2003, S. 132.
54 Zur »magischen Zeichenpraktik der Pequod« vgl. Bernhard Siegert 2012, hier zit. S. 42.
55 Herman Melville 2003, S. 865.
56 A. a. O., S. 864.
57 Herman Melville 2003, S. 864. Buch Hiob 1,1. Zur Zusammenschau der Kommentare zu Melvilles Bibelrezeption vgl. Îlânâ Pardes 2008, S. 157, Fn. 7.
58 Buch Hiob 1,1–1,20.
59 Zur vergleichenden Lektüre von Melville und Hiob vgl. Nathalie Wright 1974, S. 89–93.
60 Herman Melville 2003, S. 864. Melvilles Leichentuch verweist auf die windstille Meeresoberfläche, die dem *Mare Pacifico* seinen Namen und Schrecken gab. Zu Magellan, dem Namensgeber des *Mare Pacifico* und dem Schrecken, vgl. Pigafettas Logbucheintrag vom 28. November 1520, zit. n. ders. 2012, S. 108–109.
61 Jules Michelet 2006, S. 184.
62 Vgl. Jules Michelet 2006, S. 184–185. Zur Tradition der Zirkusdarbietungen und Monstershows und besonders zum Zusammenhang zwischen der evolutionsbiologischen Suche nach dem »missing Link« und den Freakshows vgl. Thomas Macho 2005, S. 174.
63 Vgl. Peter Dance 1975, S. 43–46.

64 John Davies 1830, S. 188.
65 John Murray 1830, S. 447.
66 Zit. n. Peter Dance 1975, S. 46.
67 Jules Michelet 2006, S. 185–186.
68 Sigmund Freud 2009, S. 191.
69 Vgl. Gilles Deleuze und Felix Guattari 1992, S. 316–317, sowie in diesem Buch, S. 43.
70 Vgl. Friedrich Hoffmann 1837, S. 61–62.
71 Vgl. Ignatius Donnelly 1882, S. 50. Zur Challenger-Expedition vgl. auch Susan Schlee 1974, S. 117–132.
72 Friedrich Hoffmann 1837, S. 4.
73 A. a. O., S. 48.
74 Vgl. Johannes Walther 1905, S. 9.
75 Albrecht Penck 1907, S. 21–22.
76 Johannes Walther 1907, S. 47–48.
77 Friedrich Hoffmann 1837, S. 62.

7 Das Leben schreiben

1 Friedrich Tiedemann 1808, Bd. 1, S. vii. Vgl. die 10. Aufl. von Carl von Linné 1758, S. 16 und 75–77.
2 Vgl. Friedrich Tiedemann 1808, Bd. 1, S. 557.
3 Vgl. Plinius, nat. hist., VIII (Landtiere) und IX (Meerestiere). Zu den Seetieren zählt er auch die Vögel, da er die Tiere nach ihren Wohnorten sortiert. Zu den Walen vgl. ebd., IX, 3–7.
4 George Henry Lewes 1860, S. 89.
5 »Bestiarium« (Ms. Ashmole 1511, fol. 86v und fol. 87r), zit. n. Franz Unterkircher 1986, Bd. 3, S. 189 und Ps. 110, 25.
6 Vgl. Friedrich Tiedemann 1808, Bd. 1, S. 557.
7 Vgl. Staffan Müller-Wille 2001, S. 31.
8 Vgl. Friedrich Tiedemann 1808, Bd. 1, S. 566 [zur Anzahl der Magen], S. 560, Fn. a [zur Speicheldrüse] und S. 570 [zur Fortpflanzung].
9 John Hunter 1787, S. 372 f.
10 Jakob von Uexküll 1905, S. 12. Vgl. zu Uexküll und dem Milieubegriff Christina Wessely 2013.

11 Alan Turing 1950, S. 445 f.
12 Vgl. Bruno Latour 1986, S. 6.
13 Vgl. Philip Henry Gosse 1851, S. iv. Zur Rezeption des Lebendigen vgl. den ersten deutschen Aquariumsführer von Emil Adolf Roßmäßler, *Das Seewasser-Aquarium*, S. 2, (1857) und Mareike Vennen 2014, S. 86 f und 89 f.
14 Vgl. Philip Henry Gosse 1851, S. v.
15 Vgl. Staffan Müller-Wille 2001, S. 26–28.
16 Anke te Heesen 2007, S. 95.
17 Vgl. Gordon McGregor Reid 2007, S. 76.
18 Philip Henry Gosse 1851, S. v und ix–x.
19 Zu »claustrum« vgl. Karl Georges 1998, Bd. 1, Sp. 1200; zu »Schrank« vgl. Johann Christoph Adelung 1970, Bd. 3, Sp. 1641; Anke te Heesen/ Anette Michels 2007, S. 9.
20 Vgl. Staffan Müller-Wille 2001, S. 29–31, Linné zit. n. S. 31.
21 Vgl. Stephen Jay Gould 2005, S. 369. Gould führt an dieser Stelle aus, warum Linnés System mit der Evolutionstheorie kompatibel ist. Diese Eigenschaft trennt Darwin und Wallace von Humboldt.
22 Alexander von Humboldt 2008 [Kosmos. Entwurf einer physischen Weltbeschreibung], Bd. VII/1, S. 47.
23 Ebd.
24 A. a. O., S. 43.
25 Vgl. a. a. O., S. 53.
26 Alexander von Humboldt: Die Physiognomik der Gewächse (1849), zit. n. ders. 2008, Bd. V, S. 263.
27 A. a. O., S. 178.
28 Vgl. Stephen Jay Gould 2005, S. 378–380.
29 Vgl. Gilles Deleuze 1993, S. 320.
30 Vgl. Christopher Wood 1999, S. 62; Jonathan Smith 2006, S. 69.
31 William Powell Frith 1889, Bd. 1, S. 243.
32 Vgl. a. a. O., Bd. 1, S. 254.
33 Roland Barthes 2006, S. 129.
34 Vgl. a. a. O., S. 126, Vgl. ders. 1993, S. 170 f. In Umberto Ecos *Unendlicher Liste* (2011), der »chaotischen Aufzählung« (Umberto Eco 2011, S. 320 ff) oder in den »schwindelerregenden Listen« (ebd.,

S. 362–369) könnte man ebenso die Anfänge des Realismus erblicken. Doch nutzt Eco in seinem Katalog zur Ausstellung *Mille e tre* im Louvre selbst die Form der Anhäufung und Liste. Das Vorbild seiner Liste entspringt vor allem der Wunderkammer.
35 Vgl. Jules Champfleury (Jules François Félix Husson): *Du réalisme, lettre à Madame Sand*, September 1855. Vgl. Gustave Courbet: *L'Enterrement à Ornans* (1849/50), *Les casseurs de pierre* (1849), *L'Après-dînée à Ornans* (1848/49).
36 Vgl. Roland Barthes 2006, S. 166 f.
37 Zu Friths Vorarbeiten vgl. William Powell Frith 1889, Bd. 1, S. 243–251. Es bleibt zu prüfen, ob die Zeichnung und die Verschlusszeiten der frühen Fotografie nicht einfach zu langsam sind, um einen Sommeraugenblick am Strand festzuhalten.
38 Vgl. das Wood-Zitat bei Arthur Cannon Doyle 2009, S. 225, und Woods Beschreibung der *cyanea capillata*, die im Englischen *lion's mane* heißt, John George Wood 1874, das Kap.»Medusa and her locks«, S. 140.
39 Vgl. Jonathan Smith 2006, S. 71 f.
40 Vgl. Lynn Barber 1980, S. 13.
41 Vgl. a. a. O., S. 14.
42 Vgl. Philip Henry Gosse 1863, S. vi.
43 Alexander von Humboldt 2004b, S. 94.
44 Vgl. Lynn Barber 1982, S. 16.
45 Vgl. John George Wood 1889, S. 3 f.
46 Vgl. John George Wood 1859, S. 56.
47 Vgl. a. a. O., S. 93.
48 Vgl. Lynn Barber 1980, S. 71–82, und exemplarisch Philip Henry Gosse 1844.
49 Lynn Barber 1980, S. 43 f.
50 Vgl. Karl Georges 1998, Bd. 2, Sp. 658.
51 Vgl. Marc Augé 2012, S. 89.
52 Jürgen Osterhammel 2010, S. 157. Vgl. auch Sebastian Conrad 2013, S. 71 f., in Bezug auf die transnationalen Räume und als Vorgänger und prominenter Vertreter der *Atlantic History* Bernard Bailyn im gleichnamigen Essay 2005. Osterhammel, Conrad und Bailyn verbindet die kritische Auseinandersetzung mit Fernand Braudels

Klassiker *Das Mittelmeer und die mediterrane Welt in der Epoche Philipp II*.
53 Jürgen Osterhammel 2011, S. 403.
54 Vgl. Jonathan Smith 2006, S. 69.
55 Osterhammel 2011, S. 403, in Anspielung auf die einschlägige Monographie von Alain Corbin (1994), die mit der Kulturgeschichte der Strände, Bäder und Häfen eine beeindruckende Kulturgeschichte der Küste erzählt.
56 *The Ocean* (1844), *A Naturalist's Rambles on the Devonshire Coast* (1853), *Tenby – A Sea-side Holiday* (1856), *Aquarium: An Unveiling of the Wonders of the Deep Sea* (1858), *A Naturalist Sejourn* (1864) und *A Year at the Shore* (1865). Zur viktorianischen Mode, am Strand die lebende Fauna des Meeres zu sammeln vgl. Lynn Baber 1983, S. 13–26; Alain Corbin 1990; Jonathan Smith 2006, S. 68–91; Helen Scales 2009, S. 94; Ursula Harter 2014, S. 17 f; Mareike Vennen 2014, S. 84 f.
57 Philip Gosse 1865, S. 61.
58 Vgl. Philip Gosse 1865, S. 63.
59 Vgl. Eugenius Warming 1896, S. 11.
60 Zur Anpassung und Akklimatisation der Zootiere vgl. Staffan Müller-Wille 2001 und Lynn Nyhart 2009, S. 81.
61 Zu Humboldts Konzept des Kosmos als *merigard* und Insel, vgl. *Mobile Inseln*, S. 151.
62 Zu den Bedingungen einer Insel vgl. Alfred Russel Wallace 1880, S. 229, zur dritten Insel vgl. a. a. O., S. 232.
63 Gilles Deleuze 1997, S. 15–16.
64 Vgl. Philip Henry Gosse 1856, S. 3; ders. 1853, S. 439.
65 *London Daily News*, 21. Mai 1853, S. 5.
66 Vgl. Ursula Harter 2014, S. 18 f.
67 *The Atlas*, 25. Oktober 1865. Vgl. Helen Scales 2007, S. 97.
68 Zit. n. Bernd Brunner 2011, S. 93.
69 Jules Verne 2009, S. 107.
70 A. a. O., S. 207.
71 Jules Verne 2007, S. 152.
72 Zur Unterscheidung zwischen »field and closet naturalists«, den Wissenschaftlern und den Amateuren um 1850 vgl. Lynn Barber 1980, S. 40.

73 Vgl. daneben die Herleitung des Namens über Jacques-François Conseil, einem Erfinder und Bekannten Vernes aus Le Tréport, der um 1865 einige Jahre an einem dampfbetriebenen U-Boot gearbeitet hat. Vgl. dazu Peter Costello 1978, S. 102.
74 Jules Verne 2009, S. 156.
75 Jean-Baptiste de Lamarck 1909, Bd. 1, S. 11.
76 Hans Vaihinger 1922, S. 26.
77 Vgl. dazu das Kap. »Beweglich im beweglichen Element«.
78 Jules Verne 2009, S. 159.
79 Marshall McLuhan 2011, S. 190.
80 A. a. O., S. 98.
81 Vgl. Karin Harrasser und Thomas Brandstetter 2010, S. 15 f. und dies. 2014, S. 71.
82 Vgl. Philip Henry Gosse 1856, S. v f., hier zit. n. S. v.
83 Vgl. Isabel Kranz 2010, S. 164–167.
84 Vgl. für die detaillierte Beschreibung des Berliner Aquariums Ursula Harter 2014, S. 42–47.
85 Franz Hessel 1999, Bd. III, S. 101.
86 Vgl. ebd.
87 Zit. n. Ursula Harter 2014, S. 47.
88 Zur Verkehrung Welt und Umwelt vgl. Ursula Harter 2014, S. 47, und Isabel Kranz 2010, S. 167 und 171 f.
89 Vgl. Alfred Brehm 1868, S. 622.
90 Natascha Adamowsky 2006, S. 221–222; zum »Zusammenspiel von Durchsichtigkeit und Blickentzug« im Aquarium des 19. Jahrhunderts vgl. ebenso Isabel Kranz, 2010, S. 173.
91 Jakob von Uexküll 1905, S. 78.
92 Vgl. William Thompson 1856, S. 426.
93 Ebd.
94 Vgl. Wolfgang Baier 1977, S. 435 f.
95 Vgl. William Thompson 1856, S. 426.
96 Vgl. Roland Barthes 1989, S. 87. Zu Barthes und zur vergleichenden Diskussion der Zeitformen in Fotografie und Film vgl. Martin Seel 2013, S. 79 und 134.
97 Vgl. Henry Hopwood 1899, S. 45.

98 Zur Medien- und Technikgeschichte der lebenden Bilder vgl. a. a. O., Kap. III, S. 43–109.
99 Karl Wilhelm Wolf-Czapek 1911, S. 52.
100 Vgl. Étienne-Jules Marey 1994, S. 60–65.
101 Vgl. Thomas Elsaesser, der die wissenschaftliche Kinogeschichte der Chronofotografie von der Geschichte der »Projektionskünste«, »Volksvergnügen« und »Unterhaltung« absetzt. Elsaesser 2002, S. 48. Für eine Kinogeschichte der magischen Künste vgl. etwa Friedrich v. Zglinicki 1979, Bd. 1, die Kap. 3–7, und Friedrich Kittler 1986, S. 183–185.
102 Vgl. Friedrich Kittler 1986, S. 183.
103 Vgl. Herbert G. Wells 1891, S. 107.
104 Jules Verne 2007, S. 157 und 159.
105 Vgl. Sigmund Theodor Stein 1877, S. 260.
106 Zur Aufzählung und Zählung vgl. Brian Taves 2015, S. 9 und Fn. 17, S. 301, Volker Dehs 2005, S. 433–434, und Einträge in der Internet Movie Database, abgerufen am 01.07.2018. Zu den Verne-Verfilmungen von *Die geheimnisvolle Insel* und *20.000 Meilen unter den Meeren* Thomas C. Renzi 1998, S. 130–149 und 184–208.
107 Die Dokumentarfilme *Wonders of the Sea* (1922), *How Life Begins* (1916), *Thirty Leagues Under the Sea* (1914) und die Spielfilme *20,000 Leagues under the Sea* (1916), *The Mysterious Island* (1929), *The Submarine Eye* (1917).
108 Vgl. John Ernest Williamson 1936, S. 29.
109 Vgl. a. a. O., S. 30 f; Victor E. Allemandy 1915, S. 11.
110 Vgl. John Ernest Williamson 1936, das Kap. X »Making Jules Verne's Dream Come true«, S. 161–180.
111 Zum Vergleich mit der Luxuskabine eines *Ocean Liners* vgl. Victor E. Allemandy 1915, S. 46.
112 Vgl. Michel Serres 2013, S. 136, und Thomas C. Renzi 1998, S. 188.
113 Vgl. Bernd Brunner 2011, S. 93.
114 Vgl. Max Schmidt 1879, S. 281 und 283.
115 A. a. O., S. 283–284.
116 Vgl. Ernst Friedel 1882, S. 82–83.
117 A. a. O., S. 85.

118 A. a. O., S. 84.
119 Zu Vernes Aquarienbesuchen vgl. Dehs 2005, S. 177.
120 Zu den Daten vgl. Friedel 1868, S. 188.
121 Zit. n. Bernd Brunner 2011, S. 97. Mit gleicher Tendenz Friedel 1868, S. 189.
122 Vgl. Volker Dehs 2005, S. 177.
123 Vgl. a. a. O., S. 111.

Bildquellen

S. 19: Alfred R. Wallace, *Island Life*, 1881, S. 309.

S. 25: Jules Verne, *Histoire générale des grands voyages et des grands voyageurs. Les voyageurs du XIXe siècle*, Paris 1880, S. 360.

S. 27: Jules Verne, *Histoire générale des grands voyages et des grands voyageurs. Les voyageurs du XIXe siècle*, Paris 1880, S. 424–425.

S. 29: Victor Adolphe Malte-Brun, »Aperçu de l'état de nos connaissances géographiques en moment d'ouverture de congrès international a Paris«, in: *Bulletin de la Société de Géographie* 9 (1875), Tafel 1.

S. 30: Jules Verne, *Vingt mille lieues sous les mers*, Paris 1871, S. 104.

S. 33: Nadar, »Premier résultat de photographie aérostatique. Cliché obtenu à l'altitude de 520 m par Nadar«, Paris 1858.

S. 34: Jules Verne, *Cinq Semaines en Ballon*, Paris 1867, S. 57.

S. 43: Jules Verne, *Vingt mille lieues sous les mers*, Paris 1871, S. 101.

S. 57: Isidor von Sevilla, *Etymologiae*, Augsburg 1472.

S. 60–61: Johannes Ruysch, »Uniuersalior cogniti orbis tabula ex recentibus confecta obseruationibus«, Rom 1507.

S. 64: Olaus Magnus, *Carta marina et descriptio septemtrionalium terrarum ac mirabilium rerum in eis commentarium ...*, 1539.

S. 67: Gerhard Mercator, *Nova et Aucta Orbis Terrae Descriptio Ad Usum Navigantium*, Duisburg 1569.

S. 69: Martín Cortés, *Breve compendio de la sphera y de la arte de navegar*, Sevilla 1551.

S. 70: Leonhard Euler, »Recherches sur la déclinaison de L'aiguille aimantée«, in: *Memoires de l'academie des sciences de Berlin* 13 (1757), 1759, Tab. II, Fig. XI.

S. 82: Robert Recorde, *Whetstone of Witte*, 1557, Sig. Ff, f. i r.

S. 96–97: »Idealer Durchschnitt der Erdrinde nach dem heutigen Stand der Geognosie. Meist nach Nöggerath, v. Humboldt, Burkhart, Webster und Cotta bearbeitet ... Entworfen von Tr. Bromme. Ausgeführt von F. Malte«, in: Traugott Bromme, *Atlas zu Alexander von Humboldt's Kosmos*, Stuttgart 1851, S. 8. [David Rumsey Map Collection, 1615.013.]

S. 103: Jacob Pierre van Berchem, »Vue circulaire de la chaîne des montagnes depuis le glacier du Buet. Deux observateurs au centre du glacier servant de point de repère«, in: ders., *Itinéraire de la Vallée de Chamonix, d'une partie du Bas-Vallais et des montagnes avoisinantes*, 1790.

S. 105: Hans Sebald Beham, *Belagerung der Stadt Wien*, 1529.

S. 107: Caspar David Friedrich, *Mönch am Meer*, 1808–1810. [Staatliche Museen, Berlin.]

S. 108: Alexander von Humboldt, »Vue de l'intérieur du Cratère du Pic de Ténériffe«, Tafel LIV, *Vues des Cordillères, et monumens des peuples indigènes de l'Amérique*, Paris 1810.

S. 120–121: »Die bekannteren HÖHEN über der MEERESFLÄCHE in transparenten Profilen«, in: *Adolf Stieler's Hand-Atlas über alle Theile der Erde nach dem neuesten Zustande und über das Weltgebäude*, Gotha 1821/1823.

S. 123: Alexander von Humboldt, *Tagebücher der Amerikanischen Reise*, VIIc, 1801/1802. [Staatsbibliothek Berlin.]

S. 126: Pietro Vescontes Weltkarte, in: Marino Sanudo, *Liber Secretorum Fidelium*, Venedig 1320. [Vatican Library, MS. Vat. Lat. 2972.]

S. 128–129: Philip Carteret, »Three views of the Admiralty Isles. (with 6 other coastal views of Joseph Freewills Islands, Current Island, St. Andrews Islands, bay at south end of Mindanao). Publish'd Novr. 1st, 1773«, in: John Hawkesworth, *An account of the voyages undertaken by the order of His present Majesty for making discoveries in the Southern Hemisphere, and successively performed by Commodore Byron, Captain Wallis, Captain Carteret, and Captain Cook ...*, London 1773, Bd. 1, S. 605. [David Rumsey Map Collection, 3403.017.]

S. 132–133: Alexander von Humboldt, »Profil de la Peninsule Espagnole«, in: *Atlas de la géographie et physique des régions équinoxiales du Nouveau Continent*, 1814–1834. [David Rumsey Map Collection, 12125.025.]

S. 143, 144, 145: Friedrich Töpfer, *Kartographische Generalisierung*, Gotha 1974, S. 287, 301, 302.

S. 152: Heinrich Berghaus, »Erdkarte zur Übersicht der Vertheilung des Starren und Flüssigen der Verschiedenheit der Oberflächen

Gestaltung nebst den Andeutungen zu einer Arithmetisch-geographischen Entwicklung der waagrechten und senkrechten Ausdehnungen«, in: ders., *Physikalischer Atlas*, Abt. III (= Geologie), gezeichnet von Friedrich Schelle, gestochen von Wilhelm Jättnig, 1836. [David Rumsey Map Collection, 2515.028.]

S. 202–203: Alexander von Humboldt, »Limite inférieure des Neiges perpétuelles à différentes Latitudes«, in: ders. und Aimé Bonpland: *Voyage de MM. Alexandre de Humboldt et Aime Bonpland. Atlas Geographique et Physique, pour Accompagner la Relation Historique*, Paris 1831. [David Rumsey Map Collection, 12125.023.]

S. 206, 207: Alexander von Humboldt, Nachlass Alexander von Humboldt, Großer Kasten 6, Nr. 41.42, Bl. 7–10, o. D. [Staatsbibliothek zu Berlin – Preußischer Kulturbesitz.]

S. 227: *Le tour du monde en 80 jours d'après le roman de Jules Verne*, Paris: Société Française de Jeux et Jouets, um 1915.

S. 228: Auguste Thiollet, »Plan du palais avec les divisions par puissances par rues transversales et par rues concentriques«, in: François Ducuing (Hg.), *L'Exposition universelle de 1867 illustrée*, Bd. 2, 43. Lieferung (29. September 1867), S. 205.

S. 237: Halford Mackinder, *Britain and the British Seas*, London 1902, S. 4.

S. 240: André Gill, »M. Jules Vernes, par Gill«, in: *L'Eclipse*, Nr. 320 (13. Dezember 1874), S. 1.

S. 272: Henry Lee, *Sea Monsters Unmasked*, London 1883, S. 67.

S. 297: Gaston Tissandier, »Les Scaphandres«, in: *La nature. Revue des sciences et de leurs applications aux arts et à l'industrie*, Nr. 34 (1874), S. 124.

S. 315: Matth[eo Francken], »Warhafftige newe zeytung auß Gibraltal / in dem Königreich Hispania gelegen von einem Fisch den man Thonine heißt«, 1565 Augsburg, illustriertes Flugblatt. [Zentralbibliothek Zürich, Graphische Sammlung.]

S. 319: Strandung von drei Pottwalen bei Antwerpen, 2. Juli 1577, Flugblatt. [Rijksmuseum, Amsterdam.]

S. 325: »The mermaid! Now exhibiting at the Turf coffee-house, 39 St. James's Street«, 1822 London, hand-coloured etching. [British Museum, 1859,0316.169.]

S. 333: Johannes Walther, *Allgemeine Meereskunde*, Leipzig 1893, Fig. 10, S. 49.

S. 345: Carl von Linné, *Philosophia Botanica*, Stockholm 1751, Tab. XI, S. 309.

S. 356–357: William Powell Frith, »Ramsgate Sands (Life at the Seaside)«, 1854.

S. 359: John Leech, »Common objects at the sea-side – generally found upon the rocks at low water«, in: *Punch, or the London Charivari* 35 (21. August 1858), S. 76.

S. 374: Jules Verne, *Vingt mille lieues sous les mers*, Paris 1871, S. 105.

S. 389: John Ernest Williamson, *Art of Producing Lifelike Simulations to inanimate Objects*, patentiert am 17. Mai 1921.

S. 390: Georges Méliès, *Deux cent milles lieues sous les mers, ou le cauchemar d'un pêcheur*, 18', s/w, Stummfilm FR (1902), Filmstill.

S. 395: »The Grand Aquarium in the Exposition Park at Paris«, in: *Harper's Weekly* XI, Nr. 560 (21. September 1867), S. 604.

Erste Auflage Berlin 2020

Copyright © 2020
MSB Matthes & Seitz Berlin Verlagsgesellschaft mbH
Göhrener Str. 7, 10437 Berlin
info@matthes-seitz-berlin.de

Alle Rechte vorbehalten.

Umschlaggestaltung: Dirk Lebahn, Berlin
Satz: Tom Mrazauskas, Berlin
Druck und Bindung: Finidr, s.r.o., Český Těšín

ISBN 978-3-95757-627-9
www.matthes-seitz-berlin.de